OPEN是一種人本的寬厚。

OPEN是一種自由的開闊。

OPEN是一種平等的容納。

OPEN 2/45

塔西佗 歷史

作　　者　塔西佗
譯　　者　王以鑄　崔妙因
責任編輯　葉幗英
美術設計　吳郁婷
發 行 人　王學哲

出 版 者
印 刷 所　臺灣商務印書館股份有限公司
地址：臺北市 10036 重慶南路 1 段 37 號
電話：(02)23116118 · 23115538
傳眞：(02)23710274 · 23701091
讀者服務專線：0800056196
郵政劃撥：0000165 — 1 號
E-mail：cptw@ms12.hinet.net
網址：www.commercialpress.com.tw
出版事業登記證：局版北市業字第 993 號

初版一刷　2004 年 12 月
本書由北京商務印書館授權出版中文繁體字本

定價新臺幣 390 元
ISBN　957-05-1934-7（平裝）／c 41275000

OPEN 2/45

THE HISTORIES
塔西佗
歷史

塔西佗 Cornelius Tacitus／著
王以鑄 崔妙因／譯

臺灣商務印書館 發行

目錄

譯者的話

——寫在《編年史》及《歷史》中譯本前面

《編年史》主要譯自洛布古典叢書(The Loeb Classical Library)拉英對照本中約翰・傑克遜(John Jackson)的英譯本，翻譯過程中參考了企鵝古典叢書(The Penguin Classics)中邁克爾・格蘭特(Michael Grant)的英譯本、萬人叢書(Everyman's Library)中阿瑟・墨菲(Arthur Murphy)的英譯本和比爾努(J. L. Burnoüf)的法譯本。《歷史》主要譯自洛布古典叢書拉英對照本中穆爾(C. H. Moore)的英譯本，翻譯過程中參考了萬人叢書中阿瑟・墨菲的英譯本、比爾努的法譯本和昂利・葛爾策(Henri Coelzer)的法譯本。

在這幾種譯本裡，洛布古典叢書中的兩種拉英對照本（原書兩種分訂四册）譯文一般說來比較準確，但文采稍遜。萬人叢書中的墨菲譯本，雖然在相當長的一段時期裡是標準的英譯本，但嚴格說來，這幾乎不是翻譯，而是用自己的話加以複述，即英國人所說的 paraphrase。由於這個譯本在文字上不受原文的限制，所以在原文難於理解的地方，譯者可以根據自己的理解不吝筆墨地把字裡行間的意思替原作者表達出來。這種譯法雖有其可取的一面，但是離開原文卻遠了。

比爾努的法譯本（一八六一年），直到目前爲止仍不失爲較好的一個譯本，但這個譯本也有不少偏重意譯而不夠準確的地方。後來的葛爾策的《歷史》的法譯本（一九二一年）基本上彌補了這個缺陷。

此外，墨菲的譯本和比爾努的譯本還受到時代的限制。比如說，近百年來羅馬史的研究成果和對原文的研究成果就不能反映在他們的譯文上。這個譯本的參考價值毋寧說更多是在原文的理解和表達方面。

企鵝古典叢書中格蘭特譯的《編年史》（譯本的名稱是The Annals of Imperial Rome)是另一種風格的譯文。譯者根據內容將原作重新分了章節，把一些枝節性的敘述改爲腳注。由於譯者過分注意了便利讀者的閱讀這一點，因此對譯文的處理方式比較大膽靈活，這樣在一定的程度上就引起了和墨菲的譯本相同的情況：原文的風格和譯文的準確多少受到了一些影響。

然而我們還應當肯定，這幾個譯本都具有一定水平和特點，這些譯者從各種不同的角度去探索並用不同的方式來表達《編年史》和《歷史》這樣的原作的含意，這就便利了中譯者對譯文的理解。

我們在翻譯時，遇到幾個譯本相去很遠或完全不同而需要核對原文才能最後確定的地方，則核對拉丁原文解決。核對原文時除了使用洛布古典叢書本的原文部分之外，還使用了韋茲(C. H. Weise)編訂的原文本（一八七〇年版）和戈德利(A. D. Godley)編訂的《歷史》原文本（一八九一年初版，一九五〇年第十四版）。

《編年史》的注釋主要是根據洛布古典叢書的英譯本的注釋編譯而成的，酌量加入了其他譯本的注釋。《歷史》的注釋則主要的根據洛布古典叢書的英譯本和戈德利編訂本的原文的注釋編譯的，並根據其他譯本的注釋作了適當的補充。

譯者　一九六四年冬

附記

由於一場政治動亂，原來保存在譯者手中的一篇引言的草稿和有關的資料卡片，十年前早已作爲廢紙處理了。這次的引言「關於塔西佗」全部是重寫的，目的在於提供讀者一個極爲概括的介紹。但因譯者手頭資料散失，一時又找不回來，許多地方只能憑記憶，故而無法一一注明出處，這是要請讀者鑒諒的。

附錄中有關皇帝家系的說明是用來代替系圖的，我們覺得這個家系的說明比系圖反而實用一些，希望讀者在讀本書之前，用點時間把這個附錄看一遍（本書注釋部分也隨時作了適當說明）。東方兩個國家的世系是從格蘭特的譯本選用來的，年代只是個大略，未與其他材料核對，僅供參考，希讀者使用時注意。

此外，譯文中所用的「皇帝」、「皇子」之類的詞都是一種假定的譯名，和中國歷史上的「皇帝」、「太子」等等不是一回事。中國的皇帝和羅馬帝國的「皇帝」，無論就歷史背景、理論上和法律上的依據而論，都不是對等的。二十年前譯者之一翻譯《古代羅馬史》時，曾建議用「元首」的譯名，但這又同羅馬帝國的名稱有格格不入之感。在有更合適的譯名出現之前，我們還是暫時沿用了舊的譯法，讀者只須了解這是披著共和外衣的個人專政就可以了。

譯者　一九七八年九月

關於塔西佗

——生平、作品和思想

塔西佗是世界最偉大的歷史學家之一，又是古代羅馬最偉大的歷史學家，這一點在史學界可以說沒有很多爭論了。

但說來奇怪，這樣一位偉大的史學家竟沒有一篇哪怕是十分簡略的傳記留下來。我們不但對他的生平事蹟不甚了然，就連有關他的一些起碼的知識，諸如姓名、籍貫、家庭也不能確定。在古代羅馬的史料（包括他本人的作品）當中，直接或間接涉及他本人的，儘管百餘年來經過許多學者的探求，所得者仍然不過是一鱗半爪。因此對於他的生平，在大多數情況下，我們也只能是略加推斷而已。

先說他的姓名。大家知道，古羅馬人的姓名通常是由三部分組成，第一部分約略相當我們的名，第二部分是氏族的名稱，最後部分約略相當我們的姓。塔西佗的全名，我們目前能夠確定的只有後兩個部分，即科爾涅里烏斯・塔西佗(Cornelius Tacitus)。至於第一部分，有的史料是普布里烏斯(Publius)，有的是蓋烏斯(Gaius)，迄無定論。

再說他的籍貫。歷來的研究者都傾向於認爲塔西佗是山南高盧(Gallia Cisalpina)或納爾波高盧(Gallia Narbonensis)地方的人，也就是今天意大利北部或法國南部的人。①這種設想沒有爲直接史料所證實，但是有一定根據。塔西佗(Tacitus)在拉丁語中雖然有它的含義（「沉默的」），但作爲姓氏來說，卻只見之於高盧文獻，並非羅馬本地的著姓。再者，從塔西佗本人的作品可以看出，他熟悉高盧並且是帶著依戀和同情的心情來描述這個地方的。他的岳父阿古利可拉和他的老師阿佩爾也都是高盧人，而在他提到他的岳父出身高盧的馬西利亞（Massilia，即今天法國的馬賽）時，就特別指出這個地方的風氣是希臘的典雅和行省的淳樸兼而有之。

關於家庭出身。科爾涅里烏斯雖說是著名氏族，但我們並不能據以判斷塔西佗就一定是貴族出身，因爲我們知道，例如蘇拉就曾把這個名字大量地賜給被釋奴隸。各國羅馬史家幾乎一致認爲他出身於騎士等級的一個相當富裕的家庭（他的岳父和老師也是騎士等級出身）。他的父親可能就是皇帝在該行省的財務代理官(procurator)。老普利尼在《博物志》（Ⅶ, 16, 76）中提到過同他相識的一個叫科爾涅里烏斯·塔西佗的羅馬騎士，而如果我們聯想到後來小普利尼同塔西佗本人的親密關係，那末這個塔西佗就很可能是塔西佗本人的父親或從父。

---

①有的研究者，如蘇聯的羅馬史家瑪什金把塔西佗的生地定為意大利中部的翁布里亞。翁布里亞南部的城市音提拉姆那（今天的特爾尼）曾宣稱那裏是塔西佗的生地，並在一五一四年為他立了像。他的墳墓也被認為在那裏。但這都是後人的附會，並無史料可以證明。這就和說三世紀的皇帝塔西佗是歷史學家塔西佗的後人一樣，因為作為根據的材料都不足信。

如果上面的假設可以成立，那末他的家庭一般說來就必然同當時羅馬帝國的上層社會有廣泛的聯繫。而事實上，塔西佗就娶了阿古利可拉這個著名人物的女兒。而且也只有在這樣的前提下，他才有機會受到在當時來說是最好的教育。從他較早的作品我們知道，當時羅馬的兩位大演說家瑪爾庫斯・阿佩爾(Marcus Aper)和優利烏斯・謝恭都斯(Julius Secundus)都作過他的導師；有人認爲塔西佗還向當時的修辭學大師瑪爾庫斯・法比烏斯・克溫提里亞努斯(Marcus Fabius Quintilianus)請教過。此外，小普利尼的書信還反映出他同塔西佗的親密關係，這一點也足以說明他們兩人的經濟狀況和所受的教育有其相似之處。塔西佗和小普利尼甚至是當時社會上人們所公認的文學界的雙璧。

在他一生的經歷中，可以繫年的事情很有限。歷來的研究者大都把他的生年定在公元五五年左右，這正是尼祿即位之後不久的時候（尼祿在公元五四年十月十三日即位），相當我國東漢光武帝和明帝之交。生平經歷一般是根據他擔任公職的年代大致推算出來的，因爲在古代羅馬，擔任某一公職都有一定年齡的限制。此外，小普利尼的書信所提供的情況，即他們二人輩分相同而塔西佗年齡稍長，也可以作爲一個旁證（按小普利尼生於公元六一年）。

塔西佗在自己的著作、特別是他的兩部歷史作品（就傳世的部分而言）中，爲了證明他在寫作時公正無私，他極力聲明他個人同他寫的時代沒有利害關係，並且盡量避免把自己放到書裏去，甚至在他敘述他當時的事件時似乎也注意到了這一點。然而這恰恰給我們在探索作者的生平方面增加了很多困難。

按羅馬仕途的慣例，再參照他本人作品中十分有限的一些暗示，他開始擔任公職是在維斯帕西亞努斯時期。他最初擔任的大概是所謂Vigintiviri（這是一次對二十個青年人集體任命的低級官吏，無特定官銜，也不清楚他們的具體工作）和軍團將領(tribunus militaris)（和共和時期不同，這種類似一般軍官的軍職在帝國時期多由騎士等級出身的年輕人擔任，在legati即副帥之下，但實際上這不一定是實授的軍職，而只是一種空頭軍銜）。

公元七七年，他同阿古利可拉的女兒結婚。阿古利可拉就是那一年的執政官，卸任後就到不列顛領導軍團去了。

塔西佗在公元八一年應當是在某個行省擔任財務官(quaestor)。當然，在帝國時期，所謂財務官，也不一定就從事具體的財務工作，只是青年人要通過這一官階在行省取得從政的經驗而已。

公元八八年，塔西佗任行政長官(praetor)。這時已經是殘暴的多米提安的統治時期。同時，他還是保管西比拉預言書(libri sibyllini)和管理外來宗教的祭司團的一名成員。這之後，他可能不在羅馬，而是在某個行省擔任軍團的將領，直到公元九三年阿古利可拉去世時，他才返回羅馬，在多米提安的淫威之下戰戰兢兢地過著緘默的日子（後來在《阿古利可拉傳》裏，他曾痛苦地回憶了多米提安統治的十五年間的可怕的日子）。

公元九六年，多米提安垮台了。年邁的涅爾瓦即位後，政治氣氛爲之一變。在隨後的一年（公元九七年），塔西佗首次擔任執政官。同年，塔西佗又作了維爾吉尼烏斯・路福斯(Virginius Rufus)的臨葬演說。路福斯曾兩次拒絕被推選爲皇帝，因而被認爲是忠於共和理想的人物。他和涅爾瓦本人就是這一年度的兩位執政官。

也是在多米提安垮台後，塔西佗才在長期的沉默之後開始發表作品（或開始拿起筆來寫作）。他在公元九八年發表了《阿古利可拉傳》(De Vita Iulii Agricolae)和《日耳曼尼亞誌》(De origine et situ Germanorum)兩篇篇幅較短的專著。這之後不久，他又發表了《關於演說家的對話》(Dialogus de Oratoribus)。過去的研究者大多因《對話》所標舉的年代而把此書的寫作年代定在公元八〇年左右，但最近，研究者則更多傾向於認爲此書寫於公元九八年到一〇二年之間。

公元一〇〇年，他和小普利尼彈劾了馬利烏斯・普利斯庫斯(Marius Priscus)在阿非利加的勒索罪行。再者，小普利尼在公元一〇四或一〇五年的一封信上提到歡迎塔西佗到羅馬來，可以推知這時他不在羅馬，但原因不清楚，離開時間的長短也不清楚。公元一〇五年，他大概已經寫出了《歷史》的一部分（此書的完成時期大約在公元一〇九年）。公元一一二——一一三年，他是亞細亞行省的總督（根據後來發現的一個銘文推定）。他的最後、也是最有名的一部作品《編年史》的發表時間可能在一一六——一一七年間。他也可能在這時去世，而沒有來得及最後完成這部著作（因爲後人發現作品沒有最後完成的痕跡）。在這之後，就沒有任何一個確切的年代可以同塔西佗聯繫在一起了。因此，一般把塔西佗的卒年定在公元一二〇年左右，大體上可以說是妥當的。

塔西佗的著作保存下來的有五種，其中三種是比較完整的短篇著作，兩種是篇幅長但已殘缺的歷史著作。

如前所述，多米提安的統治時期是萬馬齊暗的殘暴統治時期，要想在這時發表作品是不可想像的。因此《阿古利可拉傳》和《日耳曼尼亞誌》的發表時期只能是在公元九八年，即涅爾瓦當政時期。當然，這並不等於說，這兩部短篇著作就是在這一年裏寫出來的。

《阿古利可拉傳》名義上是一部傳記，但從內容來看，它用很大一部分篇幅來記述不列顛本身和阿古利可拉在不列顛的軍功和治績。這部作品涉及了歷史、地理等等方面，所以也有人認爲這是一部歷史作品。它和《日耳曼尼亞誌》之於塔西佗，正如《卡提里那的陰謀》和《優古兒塔戰爭》之於他的前輩史家撒路斯提烏斯，可以說是歷史巨著之前的兩部試筆或習作。

《阿古利可拉傳》又可以說是作者爲阿古利可拉本人、也就是爲他自己所作的一篇辯護。作者同時還對當時國內的形勢提出了自己的看法。他對涅爾瓦和圖拉眞作了恰如其分的稱頌，藉以報答他在頭一年取得了執政官職位。

《日耳曼尼亞誌》是現存的有關古代日耳曼人的最早的、也是最詳細和系統的一部作品。作爲史料，這部著作的價値比《阿古利可拉傳》要高得多。恩格斯在寫作《家庭、私有制和國家的起源》和《論古代日耳曼人的歷史》時，就把《日耳曼尼亞誌》作爲主要史料之一。《日耳曼尼亞誌》的篇幅不大，但是記述得簡單扼要，鮮明生動，特別在風俗習慣和經濟生活方面，提供了極有價値的材料。我們在塔西佗後來的歷史作品中，常常感到他有一個比較顯著的缺點，就是把注意力過分放在羅馬，特別是羅馬的上層人物和政治事件上面，而忽略了特別是羅馬和行省的經濟生活。但從此書來看，塔西佗在這方面其實並不缺乏深入觀察和描述的才能，只是他的歷史作品的重點不放在這方面罷了。

《關於演說家的對話》，過去人們大多認爲寫於公元八〇年左右，有人因爲這一著作用的是西塞羅體(Ciceronean style)而把它認成是僞作（有人甚至認爲《編年史》也是文藝復興時代的僞作）。諾登(Norden)

認爲這一作品發表於公元九一年，商茨(Schanz)則認爲它是和上面提到的兩部作品在同一年（公元九八年）發表的。

從內容來看，此書的主題是探討演說術在羅馬帝國時期所以衰落的原因。雖然在這之前，佩特洛尼烏斯和克溫提里亞努斯都已討論過這個問題，但是對於塔西佗來說，此書的寫作正好是作者從研究演說術轉向研究歷史的一個轉折點。所以我們傾向於認爲，把此書的寫作年代放在公元九八年到一〇二年之間比較恰當。

其實早在公元九八年塔西佗便有了撰述歷史作品的想法。在《阿古利可拉傳》裏，他作過如下的保證：「我打算把我們先前那種受奴役的狀況記載下來，並證實我們當前的幸福……。」可以設想，從公元一〇二年前後開始，塔西佗已著手歷史作品的寫作。到公元一〇四—一〇五年，可能有幾卷《歷史》已經脫稿。此書的完成時期估計在公元一〇九年左右。

《歷史》(Historiae)全書過去一般估計有十四卷（後面還要談這個問題），記述的時期是從公元六九年元旦到多米提安之死（公元九六年）。但此書保存下來的只有第一至四卷和第五卷的開頭部分，即到公元七〇年八月爲止。

《歷史》是作者寫出的第一部正式歷史著作。這部書雖然標名爲《歷史》（這可能是作者自己所定的書名），但體裁仍是當時通行的編年體，和後來他的《編年史》並無不同，因此不少情節便不得不中斷，以保持年代的順序。

《歷史》可以說是帝國內戰時期的歷史。全書的背景要回溯到尼祿的統治時期。由於對尼祿的統治的不滿，公元六八年四月，貴族出身、當時已經七十三歲的伽爾巴在塔爾拉科西班牙被擁戴爲統帥（imperator，皇帝）。此人早就受到了奧古斯都和提貝里烏斯的賞識。公元三三年他已經是執政官了；公元三九年卡里古拉當政時期，他任高盧長官時，曾擊退日耳曼人的進攻；卡里古拉死時，他拒絕過友人要他爭取擔任皇帝的要求。公元四五年，克勞狄烏斯派他擔任阿非利加行省的總督，到那裏去整頓軍紀。在完成了這一任務之後，他就光榮地引退了。但是到公元六〇年，他卻再度爲尼祿所起用，去治理塔爾拉科西班牙。

公元六八年初，路格杜努姆高盧（Gallia Lugdunensis，Lugdunum 即今天的法國里昂）的長官溫代克斯建議伽爾巴發動反對尼祿的政變，並推舉伽爾巴爲皇帝。年事已高的伽爾巴不敢冒這個險。溫代克斯發難之後，伽爾巴雖被宣布爲統帥（皇帝），但他只稱自己爲元老院和羅馬人民的代表(Legatus senatus populique Romani)。路西塔尼亞的總督奧托和巴伊提卡的財務官凱奇納都站到了伽爾巴的一面。溫代克斯失敗自殺之後，伽爾巴的處境一度極爲危險，但這時尼祿的近衛軍長官尼姆皮狄烏斯・撒比努斯也站到伽爾巴的一面來，元老院這時才正式宣布尼祿的死刑。六八年六月九日晚上，尼祿死在他的被釋奴隸帕昂的市郊別墅裏。七天之後，消息傳到在西班牙的克魯尼亞伽爾巴那裏，伽爾巴才正式接受了皇帝稱號。由於要排除種種干擾，他向羅馬進軍的速度是緩慢的。直到這一年十月，他才在克服了一些水手的反抗之後，通過穆爾維烏斯橋進入羅馬。

《歷史》一書現存的前四卷和第五卷的開頭部分，其數量估計只不過是原書的三分之一弱。對照著較早發表的《阿古利可拉傳》和後來的《編年史》中對提貝里烏斯的描述來看，此書最著意描寫的必然是作者親歷的多米提安統治時期的那一部分，但可惜正是這一部分遺失了。

多米提安死後，塔西佗雖然稱讚納爾瓦能夠把權威和自由這兩個難以調和的事物結合到一起，但另一方面，對於多米提安的殘暴統治仍然難以釋懷。《歷史》的寫作實際上應當說是痛定思痛，是一場痛苦回憶的記述。但事情並不能到此爲止，他需要作進一步的探索才能解決共和何以竟然會蛻變爲暴政的問題。塔西佗就是帶著他對這一探索的認識回過頭來補寫帝國初期的歷史《編年史》的。《編年史》是他最後一部著作，最有特色的一部著作，同時也是他最精彩的一部著作。

《編年史》的確切寫作年代也難以確定，但時期大體上可以定在一一五——一一七年間。由於此書第二卷第六十一章有 nunc rubrum ad mare patescit（現在已經擴展到紅海了）的話，它常常被研究者用來確定此書的大致寫作時代。這裏的 rubrum mare，大多數研究者認爲是泛指今天的波斯灣，也有人認爲指的就是今天的紅海。如果是後一種情況的話，則這裏指的應當是一〇五或一〇六年羅馬的敘利亞軍團將領吞併阿拉伯地方納巴泰伊人(Nabataei)的王國的事情。關於這一點，且不說羅馬的阿拉伯行省的版圖是否能達到紅海沿岸，作者在公元一〇五年也還只能是剛剛著手《歷史》的寫作呢。

我們認爲所謂 rubrum mare 在當時不過是泛指地中海以外的東方海域，因此今天的紅海、波斯灣，乃至更大範圍的印度洋都應包括在這一地理概念之內。把作者諸書的寫作次序和當時羅馬的歷史背景對照起來看，這裏仍以指一一六年圖拉眞征服帕爾提亞（安息）一事爲妥。有人認爲這一句話可能是在修改時加上的。因此，雖然我們不能確定作者著手撰寫《編年史》的年代，但完成時期在一一六——一一七年間或更晚到一二〇年的時候，即阿德里亞努斯當政時期，大致上是妥當的。

《編年史》在美狄凱烏斯手稿上所附標題的 ab excessu divi Augusti（自聖奧古斯都之死）。我們沒有直接的證據說明這就是作者本人所加的標題。這標題是抄者或手稿收藏者加上的也未可知。《編年史》全書記述的是從奧古斯都之死到《歷史》一書開始前的一段時間，即優利烏斯——克勞狄烏斯朝的四個皇帝的當政時期。他們是提貝里烏斯（公元一四——三七年）、卡里古拉（公元三七——四一年））、克勞狄烏斯（公元四一——五四年）和尼祿（公元五四——六八年）。

《編年史》也沒有全部保存下來，我們現在能看到的只是第一到四卷、第五卷的開頭幾章、第六卷（缺開頭部分）和第十一卷到第十六卷第三十五章。第十六卷是我們看到的此書的最後卷次。這樣，關於提貝里烏斯統治時期的兩年、卡里古拉的全部統治時期、克勞狄烏斯統治的早期、也是他最好的統治時期加上尼祿統治末期的記述就失傳了。不過總的說來，《編年史》殘缺的情況比《歷史》要好一些，在全書記述的五十四年當中只缺了十四年。

《編年史》全書到底有多少卷，也還是個沒有解決的問題。從耶羅美(Jerome)的記述來看，我們知道塔西佗的《歷史》和《編年史》加起來一共是三十卷。如果像一般認爲的那樣，把《歷史》定爲十六卷，那末，按現存部分的寫法和材料分配情況來推測，《編年史》的第十六卷第三十五章之後，斷然容納不下從中斷時起到六八年年底所發生的那些事情。按前面各卷的平均篇幅來計算，第十六卷後面最多也只能還有五十到五十五章，然而在這裏面要記述的卻是相當緊張的一段：提里達特斯的來訪、猶太的起義、維斯帕西亞努斯和提圖斯的崛起、尼祿出巡希臘、處死科爾布羅、溫代克斯的發難、維爾吉尼烏斯・路福斯的勝利和他之拒絕擔任統帥、伽爾巴的 pronunciamiento 和尼祿的垮台和自殺。把這些事件壓縮到只有半卷多一點的篇幅之中的這種布局顯然是難以想像的。因此我們只能同意希爾施費爾德(Hirschfeld)、里特爾(Ritter)和韋爾夫林(Wölflin)等人的看法，即《編年史》的全書應當是十八卷。這樣《歷史》就只能有十二卷了。

依據傳世的部分來推測，《歷史》和《編年史》的三十卷，可以整齊地分成五個單元，每個單元各包括六卷。《編年史》部分的前六卷以提貝里烏斯爲中心，中六卷記述卡里古拉和克勞狄烏斯，後六卷是尼祿。有的研究者認爲《編年史》可能沒有最後定稿，因爲他們發現在第十五和十六卷裏有類似臨時增補的地方和文字草率的痕跡。

《編年史》記述的雖然是羅馬帝國初期的歷史，但可以說它是以整個古代羅馬的歷史，甚至可以說是以羅馬爲中心的西方世界歷史爲背景的。它在西方的史書中集中地有力地提出了由共和向帝國過渡的原因這樣一個帶有根本性的、千百年來爭論不絕的問題。學過一點世界史的人都知道，羅馬最初只不過是意大利中部台伯河畔一個城邦。傳說中的羅馬是公元前八世紀建城的（具體說法不一）。最早是所謂王政時期，由國王統治。幾代之後就轉入共和階段，由逐年選出的執政官來管理國家，即所謂公物（res publica，多數西歐文字共和一詞即由此詞變化而來）。這個城邦通過不斷的戰爭和征服而逐步擴大其版圖，到公元前三世紀，它的聲威已擴大到海外。而在這之後的百餘年，羅馬進而發展成爲一個橫跨歐亞非三洲的世界強國。地中海第一次（應當說也是最後一次）成爲羅馬一個國家的「內海」(Mare internum)。在古羅馬人開始感到有寫一部歷史的需要的時候，他們總是忘不了從他們祖先的創業活動（即建城）講起，這似乎永遠是他們最光榮的一段。這一段雖然幾乎不過是一連串的故事（根據後人的研究，這些故事都有其眞實的歷史內核，其中不少已爲考古發現所證實，未可一概斥之爲荒唐無稽），但他們卻津津樂道，把它們當做眞正的歷史來敘述。《編年史》的作者卻拋棄了在他之前許多羅馬史家的這樣一個框框。他一開頭只是極爲扼要地回顧了羅馬從建城到帝國時期的全部歷史，幾乎等於三言兩語就交代過去；雖然在敘述中不免有一些事實的出入（參見《編年史》開頭的有關注釋部分），但這畢竟是古代羅馬的大手筆爲羅馬本國的古代歷史所作的一個最概括的敘述。

這之後，作者就以史家的身分開門見山地講出了自己的看法（特別是沒有放過「神聖不可侵犯的」奧古斯都），並且總結了帝制的產生和鞏固的過程。

面對羅馬版圖之日益擴大、內外事務日趨複雜這一情況，以前用來治理一個城邦的體制顯然不能適應了。在這期間，羅馬各種制度當然也必然爲適應不斷改變的內外形勢而加以調整、修改。在羅馬歷史上的非常時期，有過暫時把全部權力集中於獨裁官一人之手的情況，例如蘇拉和凱撒就分別在公元前八一——七九年和公元前四八——四四年獨攬大權於一身，但到奧古斯都當政時期，這種專制制度就在共和的外衣下變相地正式固定下來了。這就是元首制(principate)，即帝制。這一制度是適應羅馬和行省已經擴大的統治階級利益的必然產物。奧古斯都一手結束了羅馬的長期混戰局面，但是他這個從內戰中廝殺過來的人多少知道一些人民群衆的力量，又接受了他的外舅祖父凱撒的教訓，因此他只能在尊重和保衛共和傳統的外衣下逐步地把一切統治大權集於己身。他的統治給全國帶來了一定程度的安定，使經濟、文化都得到了發展，即所謂「羅馬和平」(pax Romana)，雖然，對於這種和平，塔西佗也不能不痛苦地指出：和平是建立起來了，但這是血腥的和平；和平下面掩蓋的是 ignavia（萎靡、卑怯）。然而這種和平無論如何仍是人們普遍希望的，儘管還有其消極的一面，就像塔西佗在上面指出的：生殺予奪一切取決於個人；元老院成了應聲蟲和附庸，成了歌功頌德的場所；人民實際上從權力的主體變成了臣民。奧古斯都當政時期由於個人和歷史的特殊情況，人們對這一陰暗面的感覺還不太突出，而到提貝里烏斯當政時期，消極的一面就突出了，最後竟發展到尼祿那樣的胡作非爲。人們到了忍無可忍時，就只好用宮廷政變或軍隊嘩變的辦法來解決問題，從此全國再度陷入混戰的局面，軍隊，甚至少量的軍隊，也可以參加皇帝的推舉，決定帝國的命運。《編年史》和其後的《歷史》所記述的就正是這樣一個過程。問題在於作者的階級局限性，使他不能聯繫社會的發展和當時的物質生產條件來分析他所看到的現象，而單純從個人的心理上、道德上的因素加以解釋，這就不能不產生主觀片面的缺點了。

爲了闡明塔西佗的著作在羅馬史學上的地位，下面我們有必要把塔西佗的歷史著作產生前，羅馬歷史作品的演變情況作一極爲簡略的回顧。

羅馬最早勉強可以稱之爲歷史（其實是史料）的東西，大概是公元前五世紀時的一種極其簡單的編年紀事，這種編年紀事和另一種純屬宗教性質的大祭司釋義書後來大都經過種種改編。它們原來是怎樣的情況，因爲沒有直接的史料可以拿來參證，我們已無法推測了。

眞正可以稱得上歷史的作品，是到公元前三世紀後半（布匿戰爭時期）才在希臘的影響下開始出現，因爲直到這時，羅馬人才開始感到有必要記述先人的豐功偉績和說明自己祖先所以偉大的原因。羅馬這時雖然已是一個強大的國家，是征服者和勝利者，但文化的主導權卻在被征服的希臘人手裏，因此羅馬人最早的比較系統地記述自己歷史的作品，都是用希臘語寫成的。

最初用希臘散文記述羅馬歷史的，早些的（公元前三世紀）有克溫圖斯・法比烏斯・庇克托爾和洛奇烏斯・琴啓烏斯・阿里門圖斯這兩人所寫的歷史，目的在於向希臘人宣傳羅馬人的聲威。

用詩體的拉丁語記述羅馬史的，最早的是格涅烏斯・涅維優斯和克溫圖斯・恩尼烏斯。涅維優斯生於公元前二七〇年左右，他本來是受希臘影響很深的一位喜劇作家，但他同時又是第一部羅馬史詩的作者。他的史詩對後來的恩尼烏斯和味吉爾都有影響。恩尼烏斯用詩體寫的《編年史》有十八卷，但保存下來的只有六百行。

但是這兩個人的作品嚴格地說只能算是具有歷史因素的史詩，而不是眞正的歷史。第一個用拉丁語散文寫作歷史的是瑪爾庫斯・波爾奇烏斯・加圖（前二三四——前一四九年）。他在史學方面的功績，是寫了一部稱爲《創始記》(Origines)的通史。這部書不僅記述了羅馬城的歷史，而且記述了意大利其他一些城市的歷史。加圖還突破了歷史的編年體的寫法而按章節來敘述同類的事件，並在寫作時廣泛利用並細心研究了前人的作品、官方文件、各種傳說等等。

加圖的同時代人路克優斯・卡西烏斯・赫米那和格涅烏斯・蓋里烏斯也是用拉丁語散文寫作羅馬歷史的。赫米那第一個用拉丁語散文寫了編年史，所以人們認爲他是最早的編年史家，即所謂「老編年史家」。公元前一三三年度執政官路奇烏斯・卡爾普爾尼烏斯・披索也是老編年史家。他的編年史（至少有七卷）也是從遠古敘述到他當時的。大概也是受了加圖的影響，他把古代理想化，有很濃厚的說教氣味。後來的瓦羅、西塞羅、李維、狄奧尼修斯等人都很熟悉並引用過他的作品。

在這之後，到公元前一世紀，則是所謂「小編年史家」的時代。現在我們知道名字的「小編年史家」有克溫圖斯・克勞狄烏斯・克瓦德里伽里烏斯、瓦列里烏斯・安提亞圖斯、蓋烏斯・李啓尼烏斯・瑪爾庫斯和克溫圖斯（或路奇烏斯）・埃里烏斯・吐貝羅等人。「小編年史家」受到希臘修辭學的很大影響。他們的作品由於民族虛榮心和大國主義的影響而加上了大量虛構和想像的成分，使得記述的事情眞僞莫辨，所以幾乎不能把它們認成是眞正的歷史。但由於這些作品故事性強，加上文字流暢，通俗易懂，所以能吸引大量讀者，影響十分廣泛。歷史學家李維、普魯塔克主要就是拿他們的作品作爲藍本，這給研究者造成了一定程度的混亂。

如果李維的作品可以認爲是羅馬史學史上一座里程碑的話（在這點上，李維的作品的確當之無愧），那末在他之前的一切歷史作品，都只能算是一個準備階段罷了。

李維的歷史作品保存下來的只有三十五卷。他的最大功績是第一次把自古以來的羅馬歷史用優美流利的散文寫成一部完整的作品，有人甚至認爲他的歷史的前十卷（從建城到公元前二九三年）可以同味吉爾的史詩比美，稱之爲史詩般的散文。在希臘史論和羅馬修辭學的雙重影響下，李維的文章達到很高的成就：他的文章詞匯豐富，語言流轉生動，對當時和後世的影響都相當大。作爲帝國時期一位有很高教養的人，塔西佗無疑熟悉李維的著作。李維的共和情緒，他的文章的嚴謹結構，他的人道主義思想，肯定都會對後來的塔西佗發生深刻的影響。

但是塔西佗史學著作的源流，除了李維之外，還應提到和李維同時的哈利卡爾那索斯人狄奧尼修斯。狄奧尼修斯是歷史學家，又是修辭學家和文學批評家。狄奧多洛斯的作品對共和末期的羅馬史學也很重要。他寫了一部有四十卷的《文庫》(Bibliotheke)，這實際上是一部從遠古到凱撒征服高盧（前五四年）時的世界史。這部書完全保存下來的只有第一——五卷和第十一——二十卷，其他各卷則只有斷片。羅馬的早期歷史保存在第十一——二十卷中。狄奧多洛斯的著作以希臘史爲中心，羅馬史只起陪襯作用。他的作品與其說是著作，毋寧說是一種史料匯編。他的某一時期的歷史一般是以某一特定史料爲依據的，所以此書的史料價值很大。

綜上所述可以看到，塔西佗的歷史著作在古典史學中雖然具有獨特風格，卻又不是無所依傍。可惜他使用的各種史料（無論直接的或間接的），就和他本人的經歷一樣，除了在極少的場合下他自己提起過之外，我們都不甚清楚了。

但是考慮到塔西佗的出身和社會地位以及當時羅馬「出版業」（即抄寫和販售書籍的行業）之發達和書籍之浩瀚（必然有大量作品已完全失傳，我們連這些作家的名字都不知道了），塔西佗肯定有機會接觸到大量的史料和歷史專著，更何況他記述的又基本上是他自己的歷史時代，而其中最晚的一部分，他本人就是登場人物之一呢；對於其中較早的一部分，他也可以根據大量檔案材料，甚至當事人的追述和回憶取得第一手材料。因此，即使拋開本來很高的文學價值不論，他的歷史著作也是我們研究帝國初期歷史的最早的也是最珍貴的史料。

然而上面我們提到的塔西佗以前的作家，大都涉及從羅馬的建城到共和末期的一段。對塔西佗的歷史著作較少直接史料的意義。而與塔西佗的作品所記述的時代相同或略早的歷史作品，例如我們知道的路斯提庫斯、巴蘇斯、老普利尼、克路維烏斯的歷史作品就都失傳了，保存下來的也寥寥無幾，而且它們的價值又都比不上塔西佗的著作，因而只能起對照的作用。

塔西佗的歷史著作的史料價值如何？對這個問題，近百年來人們作過不少研究。帝國初期的許多史書已經失傳，僅就傳世的作品來看，通過比較、核對，我們不能不承認：塔西佗的著作儘管在史實方面有錯誤或不準確的地方（這些地方，譯者都在譯文的注釋裏適當加以說明），但總的說來是可以相信的。作者的寫作態度無疑是嚴肅認眞的。當然，爲了本身的政治目的，他對材料有所取捨，但也只能說是材料的取捨，卻從來沒有發現揑造和歪曲的地方。

和任何一部古典史學名著一樣，塔西佗的歷史著作的文學價值足以同它的史學價值相比美。他的著作可以不折不扣地稱爲古羅馬帝國初期歷史的一面絢麗的繪卷，這個繪卷即使在古今中外的歷史上也堪稱稀有。

塔西佗的歷史著作（尤其是《編年史》）的文學價值最突出地表現在他的獨特的文字風格上面。這一點早就引起了許多讀者的注意。塔西佗的早期著作，且不說《演說家對話錄》，就是早些年動筆的《歷史》也同他最後的一部歷史著作《編年史》在風格上有很大的差異。同時代人的著作可以拿來對照的，例如小普利尼、優維納爾斯、蘇埃托尼烏斯、克溫提里亞努斯等人的文風，也都和他的文風迥然不同。在歷史作品方面，我們可以拿來同他的作品作比較的只有凱撒、撒路斯提烏斯和李維的作品，但他們最晚的也要比塔西佗早一個世紀，而和他在時代上較近的，除了蘇埃托尼烏斯之外，幾乎都已失傳。或者他的獨特的文風確有所本，但在新的史料發現之前，這一點我們是不能隨意作出肯定結論的。

此外，他的兩部歷史著作，只保存在唯一的兩個中世紀的抄本上，沒有別的抄本可供對勘。這一點也大大增加了研究者的困難。塔西佗的文字的突出特點是簡潔、含蓄、有力，他的文字往往簡潔到晦澀，讀者只能聯繫上下文對其含義加以揣摩。後來的學者付出了辛勤的勞動，爲他的作品編了專門的辭書，對之作了幾乎是逐字的分析。他們在這方面雖然取得了一些成績，但到目前爲止新的資料和新的見解仍然不多，許多問題提出來了，但都未能最後解決。

文字的形式是同內容密切相關的。塔西佗的歷史著作意在鞭撻，意在揭露，意在發洩一個共和派對於專制制度的蓄積已久的憤怒情緒，這就不是凱撒、西塞羅或李維的語言所能做到的了。西塞羅的得力之作《反卡提里那的演說》是學拉丁語的人都讀過的，但那力量比起塔西佗的獨特的文體來顯然要差得多。首先在用詞上，塔西佗就有他極大的特色，而《編年史》一書在這方面尤爲突出。拉丁語這時已趨成熟，又有克溫提里亞努斯所提出的西塞羅這一典範擺在前面。但塔西佗偏偏要擺脫這些「陳言」，來獨特地表現自己的思想，那眞不是一件容易的事！爲了準確有力而又出色地表達自己的思想，已經用濫了的政治術語、粗俗生硬的詞、平庸無奇的詞、最流行的西塞羅式的詞以及在演說中常見的說教用詞，他都要極力迴避。此外，他還有如布爾諾所指出的，看來是他自己創造的詞（如果不是誤抄的話）。也許這些只見於他的作品中的詞也都有所本吧，因爲文獻不足，我們就不去作更多的猜測了。

除了塔西佗文體上的特色和他描寫心理性格與處理大場面的能力之外，人們還注意到他那表現力極強並爲後人傳誦的許多著名短語和警句，這種警句在他的短篇作品以及在兩部史書中眞可以說是俯拾皆是。

塔西佗動手寫歷史時，羅馬帝國已經有了一百多年正反兩方面的經驗了。儘管他無可奈何地承認共和到帝國是一種不可逆轉的趨勢，而且他本人在帝國又躋身高位，是行省騎士等級中的既得利益者，但他的貴族的共和情緒始終是十分強烈的。這種情緒典型地表現在：反對皇帝個人的專斷殘暴；極度蔑視元老的阿諛奉承（相反地，頌揚例如斯多噶派特拉塞亞的剛正）；把古老的共和制度理想化，而排斥違反古樸的羅馬風習的一切內外事物；維護古老的宗教信仰，排斥基督教；等等。恩格斯把塔西佗說成是羅馬貴族思想方式的最後代表人物，這一概括確實爲不刊之論。

然而塔西佗又是誠實而公正的。他是羅馬的一位愛國主義者，一位貴族古老道德準則的維護者，他自稱他的史書目的就在於懲惡揚善；即使如此，對於敵視羅馬的日耳曼人、東方民族等等，他從不講一句違心的誣蔑之詞，也絕不故意歪曲他們的領袖人物的崇高形象；甚至對於他作爲反面人物著意刻畫的如皇帝提貝里烏斯，他依然採取誠實的、實際的態度，絕非一筆抹殺；這就使我們仍然能從他筆下的提貝里烏斯看到此人應予肯定的一面。

因此，後世的人們（特別在啓蒙時期和法國革命時期）由於塔西佗的反專制的精神而重視他的作品，乃至稱他爲「暴君的鞭子」、說他的名字使暴君變色，就沒有什麼奇怪的了。

《編年史》和《歷史》的殘篇是靠著僅有兩個鈔本傳下來的。讀者只能看到它的殘篇，這當然是不幸，但又可以說是大幸，因爲它畢竟保存下來了這樣多，而不知又有多少作品（我們知道的和更多是不知道的）卻永遠地遺失了。我們知道，直到四世紀，人們都在閱讀和傳抄塔西佗的歷史著作，因爲阿米亞努斯·瑪爾凱里努斯就曾寫過一部歷史接續塔西佗的作品。這之後，直到它們重新被發現的時候，我們就不太清楚塔西佗作品的命運了。這兩個鈔本是現在保存在佛羅棱薩勞倫提亞圖書館的美狄凱烏斯第一鈔本(mediceus primus)和第二鈔本(mediceus secundus)。保存在第一鈔本上的是《編年史》第一卷至第六卷，保存在第二鈔本上的則是《編年史》的第十一卷至第十六卷和《歷史》現存的全部，此處還有阿普列烏斯(Apuleius)的《變形記》(Metamorphoses)等三個作品。第一鈔本是九世紀的，第二鈔本是十一世紀的，是在蒙特卡西諾(Monte Cassino)用朗哥巴德字母(Langobard script)抄寫的。它們的重新發現是很久以後的事情了。第一鈔本是在一五一〇年左右，而第二鈔本是在一四三〇年左右重新發現的。發現當時正是西塞羅文體盛行的時候，塔西佗的作品似乎沒有引起人們的注意。關於兩個鈔本的發現經過以及意大利作家薄伽丘（一三一三——一三七五年）據說見到過其中一個鈔本的事情，就不在這裏詳說了。

《編年史》和《歷史》的印本最早的是一四七〇年在威尼斯由溫代里努斯·德·斯皮拉(Vindlelinus de Spira)出版的所謂 editio prikceps。這個本子包括《編年史》的第十一——十六卷，《歷史》、《日耳曼尼亞誌》和《演說家對話錄》。至於全部傳世作品的印本則以一五一五年在羅馬由倍羅阿爾都斯(Beroaldus)的版本爲最早。

關於近代學者對此書的編訂本，我們知道的很少，見到的更少，可以舉出的編訂本有一七六〇年的拉勒芒(Lallemand)本；一七七六年的布洛提耶(Brotier)本；一八〇一年的歐伯蘭(Oberlin)本；一八七〇年的威茲(Weise)本；一八八四年哈姆(Halm)本；一九〇〇年的范・德・弗利特(Van der Vliet)本和一九一〇年的費舍(C. D. Fisher)本等。

本書提要

第一卷記述的是公元六九年的事情。

第一章：歷史家的引言，他的意圖。

第二～五章：全書概略；城市、軍隊和行省。

第六～七章：伽爾巴的宮廷及其統治時期的罪惡。

第八～十一章：西班牙、高盧、上下日耳曼、敘利亞、埃及和阿非利加的情況；由維斯帕西亞努斯進行的、對猶太人的戰爭。

第十二～十三章：上日耳曼軍團的譁變；伽爾巴商討選一繼承人的問題；他的近臣維尼烏斯、拉科和伊凱路斯（他的一名被釋奴隸）的不同意見；奧托有被指定的希望。

第十四章：選定披索爲繼承人。

第十五～二十章：選定時伽爾巴的發言；他在軍營和元老院宣布指定繼承人一事；伽爾巴的不適時的嚴厲；一個使團被派往日耳曼軍團。

第二十一～二十八章：奧托策劃一次政變；他收買近衛軍；兩個普通士兵著手處理統治權問題；奧托

被宣布為皇帝。

第二十九～三十六章：伽爾巴這時正在首都奉獻犧牲，披索對士兵的演說。伽爾巴一方的情況。

第三十七～三十九章：奧托在軍營中向近衛軍士兵發表演說。

第四十～四十一章：近衛軍士兵衝入城內，伽爾巴被殺。

第四十二～四十五章：提圖斯・維尼烏斯之死；一個百人團長的堅定不屈；被索被處死；元老院和人民阿諛奧托，奧托巧妙地挽救了凱爾蘇斯。

第四十六～四十七章：士兵支配一切，大批人被殺。

第四十八章：披索和提圖斯・維尼烏斯的性格。

第四十九章：伽爾巴的性格。

第五十章：伽爾巴死前，維提里烏斯便已有意奪取統治大權。

第五十一～六十二章：日耳曼軍團譁變的理由，維提里烏斯被推舉為皇帝，他派遣兩支軍隊向意大利發動進攻，一支由法比烏斯・瓦倫斯率領，另一支由凱奇納率領，瓦倫斯和凱奇納的殘暴和掠奪。

第六十三章：高盧人部分由於恐懼，部分由於同情而效忠維提里烏斯。

第六十四～六十六章：瓦倫斯在進軍時聽到伽爾巴死亡的消息。

第六十七～七十章：凱奇納進攻埃爾維提人並且蹂躪了他們的國土，他穿過奔尼努斯隘路進入意大利。

第七十一章：奧托在羅馬的行動，他開始加緊行動。

第七十二～七十三章：提蓋里努斯的死亡和他的性格。

第七十四～七十九章：奧托和維提里烏斯之間的信件，他們都想騙過對方，雙方都向對方派出密探，撒爾瑪提亞人進攻美西亞行省，但遭到慘敗。

第八十～八十二章：羅馬本城士兵的譁變。

第八十三～八十五章：奧托對士兵的演說。

第八十六章：一些朕兆和怪事在羅馬引起普遍的驚恐。

第八十七～八十八章：奧托研究作戰方案：他任命將領並把艦隊派出去進攻納爾波高盧。

第八十九～九十章：羅馬人民的悲慘處境；奧托出征維提里烏斯的軍隊並離開了他兄弟、羅馬長官撒爾維烏斯・提齊亞努斯。

第二卷記述的仍是公元六九年伽爾巴死後幾個月裡的事情。

第一～四章：奉父親維斯帕西亞努斯之命向伽爾巴表示祝賀的提圖斯得到了皇帝的死訊而停留在科林斯；他決定返回敘利亞並乘船赴羅得島和塞浦路斯；他在塞浦路斯訪問了帕波司的維納斯的神殿；關於這一女神的記述和對她的祭儀；他在敘利亞登陸。

第五～七章：維斯帕西亞努斯和木奇亞努斯的性格；他們忘掉過去的不和並諧調地行動；東方的軍團決心參加皇帝的推舉。

第八～九章：人們發現並逮捕了一個僞尼祿。

第十章：在羅馬，細小的事件引起重大的分歧；維比烏斯・克利司普斯控告告密者安尼烏斯・法烏司圖斯並使他被定了罪（但克利司普斯本人也是一個告密者）。

第十一章：關於奧托的兵力的記述。

第十二～十三章：他的海軍威力所及直到沿海阿爾卑斯山一帶；奧托派打劫阿爾賓提米里烏姆城；一

位母親英勇地保衛了自己的兒子。

第十四～十五章：奧托的艦隊騷擾納爾波高盧沿岸；在那一地區同維提里烏斯派的戰鬥，奧托派得到勝利。

第十六章：科西嘉的統治者帕卡里烏斯擁護維提里烏斯並被謀殺。

第十七～二十六章：凱奇納率領維提里烏斯派的軍隊進入意大利並包圍了普拉肯提亞；奧托派的一名軍官司普林那保衛那個地方；凱奇納撤除了包圍並率軍退往克雷莫納（克列蒙那）；那裡的一次戰鬥；奧托派獲勝；瓦倫斯進入意大利；凱奇納在瓦倫斯到達之前決定進行一次打擊；他伺伏奧托派，但是在卡司托路姆地方被蘇埃托尼烏斯・保里努斯打敗；在奧托一面作戰的國王埃披帕尼斯負傷。

第二十七～三十章：瓦倫斯到達提奇努姆；巴塔維亞人的一場騷亂；瓦倫斯和奧托為共同的事業結合起來。

第三十一～三十三章：奧托和維提里烏斯的比較；奧托召開會議討論作戰方案；有人主張拖延，有人主張馬上行動；奧托主張進行一次決定性的打擊；他按照勸告退到布利克賽路姆去。

第三十四～三十六章：凱奇納和瓦倫斯等待敵人的行動；維提里烏斯作出要渡過波河的姿態，企圖抵抗的奧托派被擊敗。

第三十七～三十八章：有一個十分可能實現的消息，即雙方軍隊傾向於講和。

第三十九～四十章：奧托的兄弟提齊亞努斯和近衛軍長官普洛庫路斯被委以最高統帥權；他們在離貝德里亞庫姆四英里的地方設營；奧托從布利克賽路姆發布命令，要他們趕緊作戰。

第四十一～四十四章：貝德里亞庫姆之戰；奧托派戰敗，他們在第二天放下了武器；維提里烏斯派進入軍營，雙方含淚擁抱。

第四十五～四十九章：奧托對內戰感到厭倦，雖然士兵們保持對他的忠誠，但他決定制止進一步發生流血事件；他用劍自戕；立刻舉行了他的葬儀；一些人在火葬堆附近自殺。

第五十章：奧托的身世和性格。

第五十一～五十四章：他的士兵的譁變；維爾吉尼烏斯因他們的憤怒而處於危險之中。

第五十五章：羅馬平靜；按照習俗舉行凱列司賽會；劇場內知道了奧托死亡的消息；人民以歡呼宣布擁護維提里烏斯。

第五十六章：維提里烏斯派蹂躪意大利。

第五十七～五十九章：維提里烏斯向意大利進發，並聽到他的將領取得勝利的消息；兩個瑪烏列塔尼亞宣布擁護他；從西班牙進入阿非利加的克路維烏斯・路福斯的密使把瑪烏列塔尼亞長官阿爾比努斯殺死。

第六十～六十一章：維提里烏斯下令把奧托派的百人團長中最勇敢者處死；瑪利庫斯在高盧的瘋狂企圖；在一種神經失常的情況下他把自己說成是神；他被捕並被處死。

第六十二章：維提里烏斯的貪吃使羅馬窮於應付；在給羅馬的信函中，他暫時拒絕了奧古斯都的稱號並完全拒絕了凱撒的稱號；占星術士被送出意大利；嚴禁羅馬騎士去鬥獸場表演。

第六十三～六十四章：維提里烏斯將多拉貝拉陷害致死；路奇烏斯・維提里烏斯的妻子特里婭里婭的凶悍和他的母親塞克司提拉的和藹可親的性格。

第六十五～六十七章：克路維烏斯・路福斯從西班牙來到羅馬並受到維提里烏斯的寬恕；被戰敗的軍隊仍不馴服；巴塔維亞人和第十四軍團士兵之間的爭端。

第六十八～六十九章：當維提里烏斯在狂歡濫飲時，提奇努姆發生嚴重騷動。

第七十～七十一章：維提里烏斯去克雷莫納，他視察了貝德里亞庫姆的戰場，那裡仍殘留著陰森可怕的屠殺痕跡；他的奢侈可以同尼祿相比；他在快到羅馬時愈益沉湎在放蕩的行爲之中。

第七十二～七十三章：一個叫蓋塔的奴隸自稱是司克里波尼亞努斯；他被發覺並因維提里烏斯的命令而被處死。

第七十四～七十六章：在東方，維斯帕西亞努斯和木奇亞努斯進行種種考慮；木奇亞努斯就這一問題發表意見。

第七十七～七十八章：維斯帕西亞努斯受到神託的鼓舞；他在卡美爾山上請示神託。

第七十九～八十章：維斯帕西亞努斯被宣布爲皇帝，最初是在埃及，隨後是在敘利亞的軍隊中。

第八十一章：國王索海木斯、安提奥庫斯、阿格里帕和女王貝列妮凱結成同盟。

第八十二～八十四章：作戰計劃；維斯帕西亞努斯掌握了埃及；他的兒子提圖斯繼續對猶太人作戰；木奇亞努斯向意大利進發。

第八十五～八十六章：美西亞、潘諾尼亞和達爾馬提亞的軍團由於安托尼烏斯・普利姆斯和科爾涅里烏斯・富斯庫斯的策動而倒向維斯帕西亞努斯。

第八十七～八十九章：維提里烏斯率領一大批放蕩之徒進入羅馬。

第九十～九十一章：他發表了一篇自吹自擂的浮誇的演說；他在那裡的行爲。

第九十二～九十四章：凱奇納和瓦倫斯掌握了行政大權；士兵們的懶散、騷亂和死亡；維提里烏斯需要錢，卻又浪費無度；他的被釋奴隸搜括了巨額財富。

第九十五～九十八章：人民受苦，但維提里烏斯卻大肆揮霍地做壽；皇帝爲尼祿辦喪事；關於在東方發生叛亂的傳聞無法消除；維提里烏斯向西班牙、日耳曼和不列顛求援，卻又想掩蓋這種需要。

第九十九～一〇一章：敵人的部隊開進意大利；凱奇納和瓦倫斯下令作戰；凱奇納的背叛；他和路奇里烏斯·巴蘇斯（拉溫那和米塞努姆的海軍司令官）勾結到一起。

第三卷所記述的仍是公元六九年間的事情。

第一～五章：維斯帕西亞努斯派的領袖們考慮他們的作戰計劃；安托尼烏斯主張出征；他率領軍隊到達意大利。

第六～七章：阿里烏斯·伐魯斯在軍中是安托尼烏斯的副手；他們占領了阿克維萊阿和其他城市。

第八章：安托尼烏斯確定維羅那爲作戰地點；維斯帕西亞努斯不知在意大利的迅速進展；他寫信建議要小心，不要操之過急；木奇亞努斯也寫了同樣意思的信。

第九章：在凱奇納和維斯帕西亞努斯的將領之間的書信往來。

第十～十一章：安托尼烏斯平息了維斯帕西亞努斯軍隊中的叛亂。

第十二章：路奇里烏斯·巴蘇斯和凱奇納陰謀背叛維提里烏斯；拉溫那的海軍叛投維斯帕西亞努斯；路奇里烏斯·巴蘇斯被捕後送往維本尼烏斯·路菲努斯處，上了鐐銬。由於維斯帕西亞努斯的被釋奴隸霍爾姆斯的干預，他被釋放了。

第十三～十四章：凱奇納擬在軍隊中發動全面的叛亂；由於他的建議，一些人向維斯帕西亞努斯宣誓效忠；士兵對這一做法的不滿；他們給凱奇納加上了鐐銬。

第十五～十九章：安托尼烏斯到達貝德里亞庫姆；對維提里烏斯派的一次戰鬥；維斯帕西亞努斯的軍

隊獲勝；士兵急於向克雷莫納推進。

第二十章：安托尼烏斯向士兵們發出呼籲，勸他們稍安毋躁。

第二十一～二十三章：得到六個軍團的增援的維提里烏斯派轉回來發動進攻；安托尼烏斯奮力迎戰；一場頑強的戰鬥；維提里烏斯派戰敗。

第二十五章：一個兒子在戰鬥中殺死了自己的父親，而在認出了對方是誰時他撫屍痛哭。

第二十六～三十五章：克雷莫納被包圍；維提里烏斯派的軍官有投降之意。他們釋放了凱奇納，指望通過他同勝利者講和；凱奇納拒絕了他們的建議；克雷莫納向安托尼烏斯投降；但他的士兵仍然衝入城內，進行了可怕的蹂躪。克雷莫納被燒成平地。

第三十六～三十七章：維提里烏斯沉湎於豪奢的生活之中；他召開元老院的會議；元老院在凱奇納缺席時定了他的罪；羅西烏斯・列古路斯擔任了一天的執政官。

第三十八～三十九章：皇帝的兄弟路奇烏斯・維提里烏斯使得尤尼烏斯・布萊蘇斯被殺；布萊蘇斯的性格。

第四十～四十三章：法比烏斯・瓦倫斯的耽擱和豪奢毀了維提里烏斯的事業；聽到克雷莫納戰敗的消息，他和一些侍從逃跑；他從海上逃跑，但是被逮捕。

第四十四～四十五章：西班牙、高盧和不列顛的軍團宣布向維斯帕西亞努斯效忠；不列剛提斯人的女王卡爾提曼杜婭的已離婚的丈夫維努提烏斯在不列顛人當中煽起騷動。

第四十六章：日耳曼諸民族和達奇亞的一次叛亂；木奇亞努斯平息了達奇亞的叛亂。

第四十七章：一個叫阿尼凱圖斯的被釋奴隸在本都發起了一次暴動；此人被捕並被處死。

第四十八章：維斯帕西亞努斯攻占了亞歷山大，目的在於造成了羅馬的饑饉。

第四十九～五十章：安托尼烏斯把他的一部分軍隊留在維羅那並出發去搜索維提里烏斯派。

第五十一章：一名士兵因爲在戰鬥中殺死自己的兄弟而索取報酬；對這類不合情理的行爲的想法。

第五十二章：木奇亞努斯在他給維斯帕西亞努斯的信中指責安托尼烏斯過於魯莽行事。

第五十三章：安托尼烏斯對木奇亞努斯表示不滿；兩位統帥相互結怨。

第五十四章：維提里烏斯試圖向羅馬人民隱瞞在克雷莫納戰敗的消息；一位百人團長優利烏斯・阿格列斯提斯的堅定表現。

第五十五章：維提里烏斯下令固守亞平寧山的各個山口並且親自去巡視軍營。

第五十六章：朕兆和奇蹟；維提里烏斯本人就是最突出的一個朕兆；他返回羅馬。

第五十七章：米塞努姆海軍的叛變；普提歐里的人民宣布效忠維斯帕西亞努斯；卡普阿堅定地站在維提里烏斯的一面；克努狄烏斯・優利亞努斯投向維斯帕西亞努斯方面，成了塔爾拉乞那的統治者。

第五十八章：皇帝的兄弟路奇烏斯・維提里烏斯被派出去領導康帕尼亞的戰爭；羅馬要徵募一支軍隊，但元老和騎士抵制。

第五十九章：維斯帕西亞努斯的軍隊開始穿過亞平寧山；打扮成農民的佩提里烏斯・凱里亞里斯參加了這些軍隊並被作爲統帥受到接待。

第六十章：士兵們急於作戰；安托尼烏斯發表演說並約束了他們的暴躁情緒。

第六十一章：在維提里烏斯派中間流行一種叛離的情緒；普利斯庫斯和阿爾菲努斯離開軍營回到維提里烏斯處。

第六十二章：法比烏斯・瓦倫斯在烏爾比努姆被處死；他的性格。

第六十三章：維提里烏斯派的軍隊在納爾尼亞放下武器；對方向維提里烏斯提出建議；他傾向於接受這一建議並談論欣然退休的問題。

第六十四章：羅馬的首要人物試圖鼓動維斯帕西亞努斯的兄弟佛拉維烏斯・撒比努斯進行活動。

第六十五章：撒比努斯同維提里烏斯商談和平問題並在阿波羅神殿達成協議。

第六十六～六十八章：維提里烏斯的友人勸他鼓起勇氣而未成；他走出宮廷自願投降；在士兵和民衆的強迫下又返回宮殿。

第六十九～七十章：撒比努斯擔起治理羅馬的責任；日耳曼的士兵反對他；發生了衝突；維提里烏斯派占了上風；撒比努斯把自己關進了卡披托里烏姆神殿。

第七十一～七十二章：卡披托里烏姆神殿被包圍和燒平；關於這一災難的種種聯想。

第七十三章：撒比努斯和執政官克溫圖斯・阿提庫斯被俘。

第七十四章：多米提安由於給被釋奴隸科爾涅里烏斯・普利姆斯藏了起來而得救；撒比努斯被拖到維提里烏斯面前，維提里烏斯想好意地接待他，但他卻被殺死並被陳屍示衆。

第七十五章：撒比努斯的性格；執政官克溫圖斯・阿提庫斯擔起了放火燒掉卡披托里烏姆神殿的責任，維提里烏斯救了他。

第七十六～七十七章：路奇烏斯・維提里烏斯攻下了塔爾拉乞那；克勞狄烏斯・優利亞努斯被處死。

第七十八章：維斯帕西亞努斯的軍隊在亞平寧山中停留數日，但是聽到卡披托里烏姆神殿被焚毀的消息後，他們就繼續向羅馬推進。

第七十九章：維提里烏斯派在離羅馬不遠的一次戰鬥中戰勝了佩提里烏斯・凱里亞里斯。

第八十章：元老院派代表去軍營勸說締結和約；阿路列努斯・路斯提庫斯負傷；去安托尼烏斯那裡的使節受到了比較溫和的接待。

第八十一～八十二章：維斯帕西亞努斯的軍隊分三隊進入羅馬；城外的小接觸；維提里烏斯派戰敗，但他們又在城內集合起來，準備迎擊敵人。

第八十三章：發生了一場可怕的屠殺；羅馬成了進行殺戮和荒淫無恥的地點；人民觀看戰鬥，如同觀看劍奴的互鬥那樣叫好。

第八十四章：維斯帕西亞努斯包圍並攻克近衛軍的軍營。

第八十五章：維提里烏斯在其躲藏的地方被發現；在受到民衆的種種侮辱之後被處死。

第八十六章：維提里烏斯的性格；多米提安被宣布爲凱撒。

第四卷記述了主要是公元七〇年的事情，但其中有關維斯帕西亞努斯和維提里烏斯兩派之間內戰的部分還是公元六九年的事情。維斯帕西亞努斯即位後，則是公元七〇年的事情了。在這一年裡，最先擔任執政官的就是維斯帕西亞努斯本人和他的兒子提圖斯。

第一章：維斯帕西亞努斯的軍隊在羅馬的殘酷行爲。

第二章：路奇烏斯・維提里烏斯和他的全部軍隊投降；他被處死。

第三章：路奇里烏斯・巴蘇斯恢復康帕尼亞的秩序；元老院承認了維斯帕西亞努斯的統治。

第四章：在木奇亞努斯不在場的情況下把榮譽授給了他；安托尼烏斯和阿里烏斯・伐魯斯得到榮譽；決定重建卡披托里烏姆神殿：赫爾維狄烏斯・普利斯庫斯表現了獨立不倚的精神，沒有任何諂媚之處。

第五～八章：赫爾維狄烏斯・普利斯庫斯的性格；他同瑪爾凱路斯・埃普里烏斯的較量。

第九章：關於國家支出的辯論。

第十章：穆索尼烏斯・路福斯攻擊普布里烏斯・凱列爾，後者曾因僞證而陷害過巴列亞・索拉努斯。

第十一章：木奇亞努斯進入羅馬；他掌握了國家的全部權力；卡爾普爾尼烏斯・伽列里亞努斯和被釋奴隸亞細亞提庫斯都被處死。

第十二～十三章：日耳曼爆發戰爭；戰爭的原因；戰爭的發動者是巴塔維亞人克勞狄烏斯・奇維里斯。

第十四章：最早拿起武器的是奇維里斯領導下的巴塔維亞人。

第十五～十六章：布林諾領導的坎寧尼法提斯人和弗里喜人都參加了他們的聯盟；羅馬人的一座要塞被摧毀。

第十七章：日耳曼各民族也拿起了武器；奇維里斯向高盧求援。

第十八章：霍爾狄奧尼烏斯・佛拉庫斯的無所作爲；穆尼烏斯・盧佩爾庫斯對奇維里斯作戰；爲羅馬服役的巴塔維亞人轉向敵人一面；羅馬人被打敗；他們逃到叫做維提拉的營地去。

第十九～二十章：一些開向羅馬的巴塔維亞人的中隊和坎寧尼法提斯人的中隊被奇維里斯爭取過去；他們不顧霍爾狄奧尼烏斯・佛拉庫斯的許諾而返回下日耳曼並在波恩擊敗了羅馬人。

第二十一章：奇維里斯掩蓋了自己的眞實意圖而作出擁護維斯帕西亞努斯的樣子。

第二十二～二十三章：他包圍叫做維提拉的營地。

第二十四～二十五章：霍爾狄奧尼烏斯・佛拉庫斯由於營中的譁變而被趕下領導崗位；他把權力交給了沃庫拉。

第二十六～二十八章：希倫尼烏斯・伽路斯同沃庫拉聯合起來，軍隊在蓋爾杜巴設營；一隻滿載糧食的船從羅馬人手裡被拖到萊茵河對岸去；希倫尼烏斯・伽路斯受到他自己的士兵的痛打並被監禁起來，但沃庫拉釋放了他。

第二十九～三十章：奇維里斯想在夜間進攻維提拉。

第三十一章：安托尼烏斯的來信告訴羅馬人克雷莫納勝利的消息；高盧的輔功部隊背離了維提里烏斯；霍爾狄奧尼烏斯・佛拉庫斯迫使士兵對維斯帕西亞努斯宣誓效忠。

第三十二章：在克雷莫納統率維提里烏斯派的一個中隊的蒙塔努斯被派到奇維里斯那裡去，要求他放下武器；奇維里斯激發蒙塔努斯的叛變情緒。

第三十三～三十五章：奇維里斯派出一支隊伍去進攻沃庫拉；發生了一場戰鬥，最初優勢是在日耳曼人方面；羅馬人終於取得了勝利，但沃庫拉沒有利用這一勝利。

第三十六章：奇維里斯使自己成爲蓋爾杜巴的主人；在羅馬人中間發生了新的譁變；士兵們殺死了霍爾狄奧尼烏斯・佛拉庫斯；沃庫拉扮作奴隸的樣子逃掉。

第三十七章：沃庫拉重新擔任領導，他率領士兵解除了對摩功提亞庫姆的圍攻；特列維利人叛變後投到奇維里斯一面去。

第三十八章：羅馬的情況；維斯帕西亞努斯和提圖斯不在羅馬時被宣布爲執政官；羅馬擔心會發生饑荒；傳說阿非利加方面拿起了武器。

第三十九章：多米提安擔任行政長官；木奇亞努斯嫉妒普利姆斯・安托尼烏斯和伐魯斯・阿里烏斯；他削弱這兩個人的權力；部分軍隊奉命開回日耳曼；羅馬恢復了平靜。

第四十～四十一章：伽爾巴的哀榮；穆索尼烏斯・路福斯再度指控普布里烏斯・凱列爾；凱列爾被定罪。

第四十二章：維普斯塔努斯・美撒拉爲他的兄弟、臭名昭著的告密者阿克維里烏斯・列古路斯求情；庫爾提烏斯・蒙塔努斯發表了一篇反對列古路斯的激烈的演說。

第四十三～四十四章：埃普里烏斯・瑪爾凱路斯再次受到赫爾維狄烏斯・普利斯庫斯的攻擊；多米提安建議大家忘掉過去的怨恨；命令一些罪犯返回他們的流放地。

第四十五章：一名元老抱怨自己在謝納移民地遭到當地居民的毆打；罪犯被帶到羅馬並受到懲處。

第四十六～四十七章：近衛軍部隊發生的騷亂爲木奇亞努斯所鎮服；維提里烏斯所確定的擔任執政官的次序被宣布無效；爲佛拉維烏斯・撒比努斯舉行了監察官的葬禮。

第四十八～四十九章：路奇烏斯・披索在阿非利加被暗殺。

第五十章：歐埃阿和列普提斯兩城人民之間的戰爭爲軍團將領費司圖斯所制止；伽拉芒提斯人被趕跑。

第五十一章：維斯帕西亞努斯得知維提里烏斯死去的消息；帕爾提亞國王想提供援助，但被謝絕。

第五十二章：維斯帕西亞努斯聽到多米提安在羅馬的行爲後十分生氣；提圖斯試圖緩和他父親的怒氣；他出發去進行對付猶太人的戰爭。

第五十三章：重建卡披托里烏姆神殿之事委託給路奇烏斯・維司提努斯。

第五十四～五十七章：由於維提里烏斯之死，在日耳曼和高盧同時爆發戰爭；在克拉西庫斯、圖托爾和優利烏斯・撒比努斯的影響下，特列維利人和林哥尼斯人叛離了羅馬人；高盧人的其他各地也即將叛離。

第五十八～五十九章：沃庫拉向他的士兵發表演說；他被克拉西庫斯派來的一名密使殺死；士兵宣布

擁護高盧人的統治大權。

第六十章：在維提拉被包圍的軍團同樣向高盧人投降。

第六十一章：奇維里斯曾許願把頭髮留起來：在打敗軍團之後，他認爲他許的願已經實現了，所以就把它剪短了；據說他把他的羅馬俘虜交給他的小兒子作爲練習射箭和投槍的靶子；他送禮物給日耳曼的女預言者維列妲；瑪爾庫斯・盧佩爾庫斯作爲禮物給送到她那裡去，但他在路上就被殺死了；維列妲預言軍團的覆滅；她的威望在全日耳曼越來越高。

第六十二章：被俘的軍團垂頭喪氣地從諾瓦伊西烏姆開赴特列維利人的移民地去；皮肯提那騎兵中隊爲沃庫拉之死進行報復。

第六十三～六十五章：科洛尼亞・阿格里披嫩西斯（科隆）受到萊茵河對岸民族的威脅。

第六十六章：奇維里斯對克勞狄烏斯・拉貝歐作戰；在把他打敗之後，把巴塔維亞人和通古里人收歸自己的保護之下。

第六十七章：林哥尼斯人被謝夸尼人打敗；優利烏斯・撒比努斯（林哥尼斯人的首領）逃跑，在這之後的九年間生活在地洞裡；他的妻子埃波尼娜的忠貞。

第六十八～六十九章：人們認爲羅馬的統治大權處於危險之中；木奇亞努斯和多米提安準備去高盧；高盧人召開各地的代表大會；他們寧要和平而不願冒險作戰。

第七十章：奇維里斯和圖托爾在作戰方面意見分歧。克拉西庫斯同意圖托爾的看法，他們決定冒險一戰。

第七十一章：佩提里烏斯・凱里亞里斯到達摩功提亞庫姆；他在莫塞列河上的利果杜路姆對特列維利

人取得了全面勝利；特列維利人的首領瓦倫提努斯被俘。

第七十二章：背叛的軍團返回羅馬營地。

第七十三～七十四章：凱里亞里斯把特列維利人和林哥尼斯人收歸自己的保護之下。

第七十五～七十八章：凱里亞里斯對奇維里斯和克拉西庫斯作戰：戰鬥開始時勝負難分，但最後羅馬人獲勝。

第七十九章：科洛尼亞・阿格里披嫩西斯人民背棄了日耳曼人的事業。

第八十章：木奇亞努斯下令處死維提里烏斯的兒子；安托尼烏斯・普利姆斯不滿意木奇亞努斯的行爲而去維斯帕西亞努斯處，但是沒有受到應有的接待。

第八十一～八十二章：維斯帕西亞努斯在亞歷山大時出現的奇蹟；他訪問了塞拉皮斯的神殿。

第八十三～八十四章：記述埃及人對這個神的崇拜的起源。

第八十五章：在阿爾卑斯山下，瓦倫提努斯被解送到木奇亞努斯和多米提安面前；他被處死；他臨死時的堅定表現。

第八十六章：多米提安到達路格杜努姆（里昂）；他想說服凱里亞里斯放棄日耳曼的軍事統帥權；他的僞裝：他做出專心研究文學的姿態，藉以掩蓋自己的眞正意圖。

第五卷所記述的仍是公元七〇年的事情。

第一章：提圖斯負起對猶太人作戰的任務；他進入猶太；他的軍隊的實力；他在耶路撒冷城下設營。

第二～五章：猶太人的起源；他們的風俗習慣、政治制度和宗教。

第六～七章：他們的領土和疆界；棕櫚樹和鳳仙花；黎巴嫩山；約旦河；生產瀝青的湖；大片的不毛

之地；倍路斯河口的可以製造玻璃的沙子。

第八章：首都耶路撒冷；神殿的巨額財富；在亞述人、米地亞人、波斯人統治時期猶太人的處境；他們的國王。

第九～十章：龐培是第一個包圍和占領過耶路撒冷的羅馬統帥；瑪爾庫斯・安托尼烏斯使希羅登上王位；卡里古拉下令把自己的胸像安放在神殿之內，猶太人拒不執行；同羅馬長官蓋西烏斯・佛洛路斯的新的爭端；尼祿派維斯帕西亞努斯去進行這場戰爭。

第十一～十二章：提圖斯圍攻耶路撒冷；該城的兵力和防禦設施；它的神殿；城內由不同將領統率的三支軍隊。

第十三章：圍攻前的怪事，但猶太人均不介意；被誤解了的古代預言。

第十四章：繼續記述奇維里斯在日耳曼進行的戰爭。

第十五～十八章：奇維里斯和凱里亞里斯在不同戰鬥中取得各種勝利。

第十九～二十章：奇維里斯率領他的全部軍隊開入巴塔維亞島並進攻羅馬的衛戍部隊。

第二十一章：凱里亞里斯前往解救羅馬人。

第二十二章：凱里亞里斯由於疏忽而幾乎在敵人的夜襲中被捉去。

第二十三～二十五章：奇維里斯在瑪司河口附近廣大海灣上裝備了一支龐大的海軍；凱里亞里斯集合了一些船隻並展開了戰鬥；海上的一次小的戰鬥；這是奇維里斯最後的舉動；他退到萊茵河對岸去；洪水淹沒了巴塔維亞島，羅馬人受到很大威脅。

第二十六章：奇維里斯傾向於講和；他同凱里亞里斯會晤。〔後面部分已佚。〕

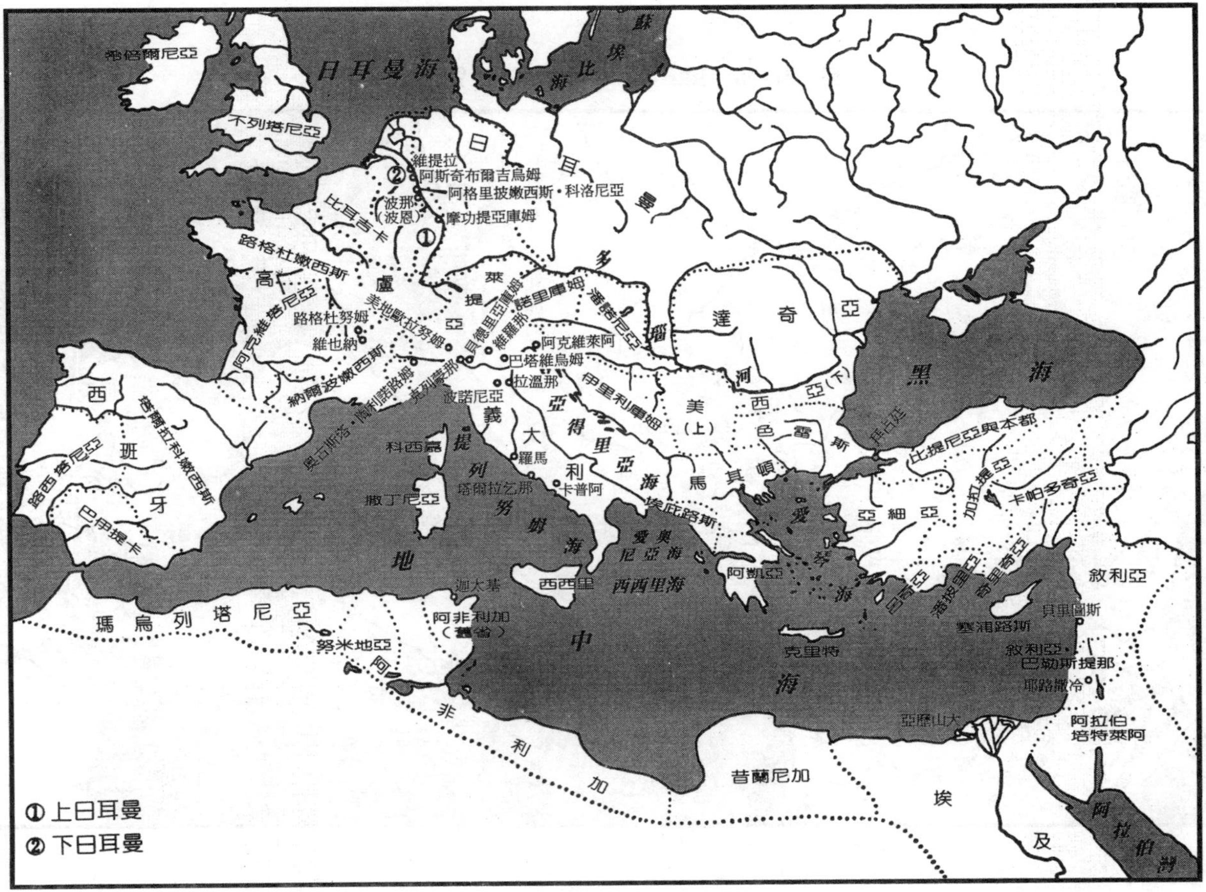
希伯爾尼亞
不列塔尼亞
日耳曼海
蘇
埃
比
海
日
耳
曼
多
瑙
河
達
奇
亞
黑
海
維提拉
阿斯奇布爾吉烏姆
阿格里披嫩西斯・科洛尼亞
波那
(波恩)
摩功提亞庫姆
比耳吉卡
路格杜嫩西斯
高
盧
萊
提
亞
美地歐拉努姆
路格杜努姆
維也納
阿克維塔尼亞
納爾波嫩西斯
貝德里亞庫姆
諾里庫姆
潘諾尼亞
維羅那
阿克維萊阿
巴塔維烏姆
拉溫那
伊里利庫姆
克列蒙那
波諾尼亞
奧古斯塔・陶利諾路姆
西
班
牙
塔爾拉科嫩西斯
路西塔尼亞
巴伊提卡
科西嘉
撒丁尼亞
義
大
利
羅馬
卡普阿
提
列
努
姆
海
塔爾拉乞那
亞
得
里
亞
海
愛奧
尼亞海
西西里
西西里海
埃庇路斯
馬
其
頓
美
(上)
西
亞(下)
色
雷
斯
拜占廷
比提尼亞與本都
加拉提亞
卡帕多奇亞
亞
細
亞
愛
琴
海
阿凱亞
克里特
呂奇亞
潘披里亞
奇里奇亞
塞浦路斯
敘利亞
貝里圖斯
敘利亞・
巴勒斯提那
耶路撒冷
阿拉伯・
培特萊阿
阿
拉
伯
灣
地
中
海
迦大基
阿非利加
(舊省)
瑪烏列塔尼亞
努米地亞
阿
非
利
加
昔蘭尼加
亞歷山大
埃
及
① 上日耳曼
② 下日耳曼

羅馬帝國

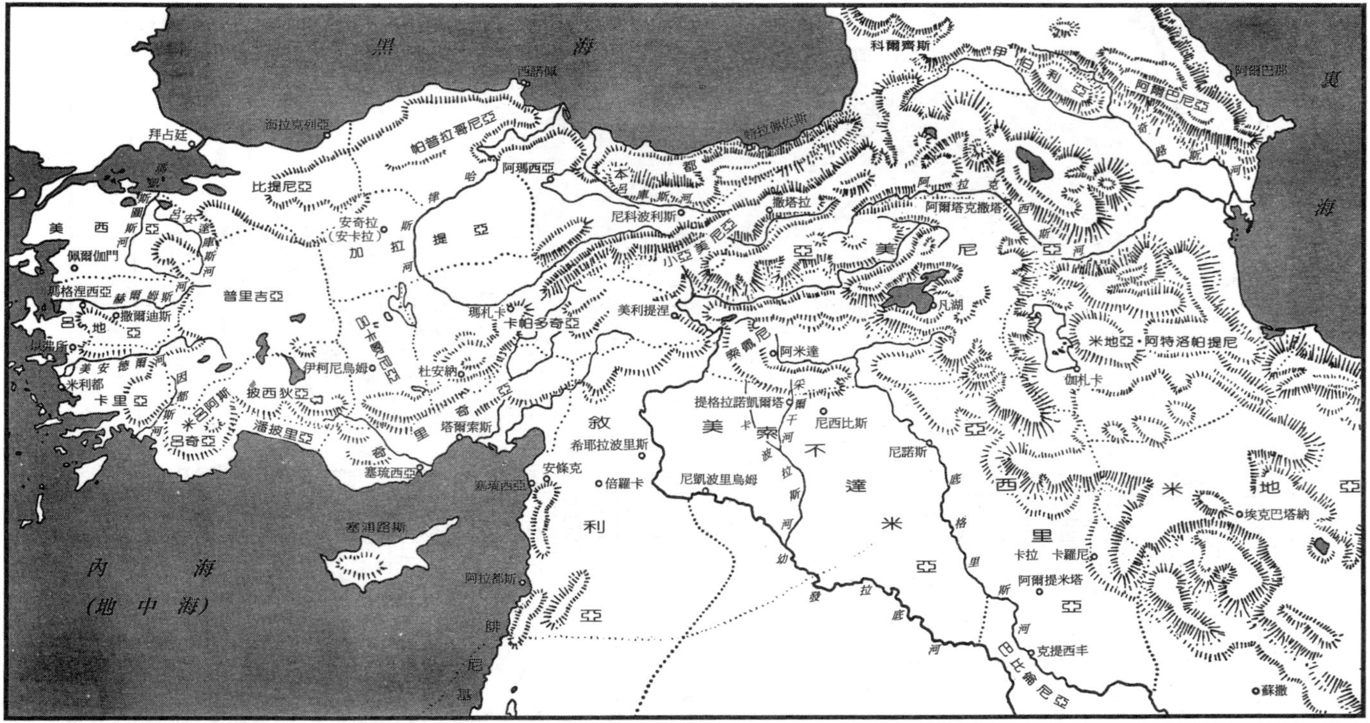
黑海
裏海
內海
(地中海)
科爾齊斯
伊伯利亞
阿爾巴尼亞
阿爾巴那
西諾佩
海拉克列亞
拜占廷
帕普拉哥尼亞
比提尼亞
阿瑪西亞
本都
特拉佩佐斯
撒塔拉
尼科波利斯
阿爾塔克撒塔
小亞美尼亞
美尼亞
凡湖
美西亞
佩爾伽門
安奇拉
(安卡拉)
加拉提亞
普里吉亞
瑪格涅西亞
撒爾迪斯
呂地亞
以弗所
米利都
卡里亞
呂奇亞
披西狄亞
伊柯尼烏姆
呂卡奧尼亞
杜安納
瑪札卡
卡帕多奇亞
美利提涅
阿米達
提格拉諾凱爾塔
尼西比斯
尼諾斯
米地亞・阿特洛帕提尼
伽札卡
埃克巴塔納
潘披里亞
奇里奇亞
塔爾索斯
塞琉西亞
安條克
希耶拉波里斯
倍羅卡
敘利亞
塞浦路斯
阿拉都斯
腓尼基
尼凱波里烏姆
美索不達米亞
亞西里亞
卡拉
卡羅尼
阿爾提米塔
克提西丰
巴比倫尼亞
蘇撒
米地亞
幼發拉底河
底格里斯河
哈律斯河

羅馬帝國時代西亞地圖

歷史

第一卷

1 我的這部著作是從謝爾維烏斯·伽爾巴第二次出任執政官的時候開始的，他的同僚是提圖斯·維尼烏斯①。從羅馬建城以來的八百二十年間的事情，已經有很多歷史學家寫過了；關於羅馬人民的歷史②，他們寫得同樣雄辯有力而又眞誠坦率③。但是在阿克提烏姆一役之後，當和平的利益要求把全部權力集中到

①按尼祿死於羅馬建城八二一年，即公元六八年六月十一日。元老院當即宣布當時在西班牙的伽爾巴為皇帝。伽爾巴於是與提圖斯·維尼烏斯於次年即六九年一月一日就任執政官之職。伽爾巴於一月十五日即遭殺害。

②指共和國時期的歷史。

③按精確的計算，按瓦羅關於羅馬建城的日期的說法，到這時已是建城八二二年。但在塔西佗當時，人們一般認為羅馬的建城是在公元前七五三年。

一人之手的時候①，具有這種才能的大師就再也看不到了。同時，歷史的眞相在很多方面受到了損害。首先這是因爲人們認爲政治與自己毫無關係，從而也就對政治一無所知；其次，則是因爲他們熱中於逢迎諂媚，或是因爲對他們的專制主子的憎恨。一批人卑躬屈節地討好，另一批人又在咬牙切齒地痛恨，這樣一來，他們就置後世子孫於不顧了。然而當人們很快地對那些趨時討好的歷史家感到厭惡的時候，他們卻又喜歡傾聽那些誹謗和怨恨的話了。阿諛諂媚被斥責爲奴隸根性的可恥表現，但是惡意卻又在人們心目中造成獨立不倚的假象。至於我本人，我同伽爾巴、奧托或維提里烏斯都沒有任何恩怨可言。我不能否認，我是由維斯帕西亞努斯的關係而開始了政治生活的；這一事業後來經提圖斯加以促進，多米提安又幫了忙②；但是自稱始終不渝地忠於眞理的人們，在寫到任何人時都不應存個人愛憎之見。如果我能夠活得長久的話，那麼我就要把聖涅爾瓦的統治時期和圖拉眞的統治時期保留到我老年的時候再去寫，這是一段內容比較豐富而且危險性較小的時期，因爲在這段時期裡，我們享有這樣一種稀有的幸福：我們在這一時期裡可以按照願望去想，按照心裡想的去說③。

2 我正要寫的這段歷史，是充滿了災難的歷史，在這裡面有恐怖的戰爭、激烈的內訌，這些內訌即使

①這樣看來，塔西佗認為帝國是開始於公元前三一年。但是實際上奧古斯都的地位是直到公元前二七年一月才完全在法律上確定下來。

②塔西佗在維斯帕西亞努斯或提圖斯時期必然已經擔任了財務官，因為在公元八八年他是行政長官，在公元九七年他是執政官。

③據我們所知，塔西佗始終沒有完成自己的計劃。在完成了包括從公元六九年至九六年這一段時期的《歷史》之後，他又向前追溯，寫了包括從公元一四年到公元六八年的《編年史》。

沒有大動干戈也是恐怖的。有四個皇帝被殺①；發生了三次內戰，更多的對外戰爭，常常是國內與國外的戰爭同時進行。在東方成功了，在西方卻遇到不幸。伊里利庫姆②受到騷擾，高盧諸行省動盪不安，不列顛被征服之後很快地又失掉了③。撒爾瑪塔伊人和蘇埃比人起來反對我們。達奇人由於在對我們的戰爭中互有勝負而取得了榮譽；甚至帕爾提亞人由於一個冒稱尼祿的人的詭計，也幾乎拿起武器來反對我們④。此外，意大利還被一些災難折磨著，這些災難都是前所未有，或是多年未有、最近才又發生的。康帕尼亞的十分肥沃富庶的海岸上的城市都被吞沒或是被毀了⑤；羅馬遭到大火的浩劫，它的最古老的神殿燒掉了，連卡披托里烏姆神殿也被市民燒毀了⑥。神聖儀節遭人褻瀆；名門大族常常發生姦情，海上到處是亡命者，

---

①他們是伽爾巴、奧托、維提里烏斯和多米提安。

②塔西佗在這裡一般用伊里利庫姆這個詞來指潘諾尼亞、達爾馬提亞和美西亞諸行省；但是其他歷史家和寫《編年史》時的塔西佗卻擴大或縮小這一詞的範圍。

③在三次內戰裡，有奧托對維提里烏斯的一次和維提里烏斯對維斯帕西亞努斯的一次；另一次大概是多米提安鎮壓上日耳曼的背叛的長官路奇烏斯・安托尼烏斯・撒圖爾尼努斯的一次（公元八九年）（參見蘇埃托尼烏斯：《多米提安傳》，第六章；狄奧・卡西烏斯，第六十九卷，第十一章）。

對外的戰爭是對羅克索拉尼人（參見本書，第一卷，第七十九章）和對猶太人（參見本書第五卷，第一章）的戰爭。這裡所說的東方成功是指對猶太人的戰爭的勝利，在西方遇到的不幸則指奇維里斯和他手下的巴塔維亞人對羅馬的叛變，這一點在本書後面還要提到，特別是第四卷，第十二～三十七章，第五十四～七十九章；第五卷，第十四～二十六章。不列顛是由塔西佗的岳父阿古利可拉在公元七十七～八十四年間征服的；在多米提安的統治晚期這一行省的某些部分顯然又失掉了。

④參見蘇埃托尼烏斯：《多米提安傳》，第六章；《涅爾瓦傳》，第五十七章。

⑤這裡所指的是公元七九年維蘇威火山噴火的事情。參見小普利尼：《書信集》，第六卷，第十六、二十章。

⑥這裡指公元六九年的火災（參見本書第三卷，第七十一章）和公元八〇年提圖斯當政時的大火。參見狄奧・卡西烏斯，第六十六卷，第二十四章。

臨海的懸崖上沾滿了死者的血跡。在羅馬則是更加可怕的暴行。高貴的出身、財富、拒絕或是接受官職，這一切都會成為進行控訴的理由，而德行則會引起貨眞價實的毀滅。控告者所得到的報酬和他們所犯的罪行是同樣令人憎恨的東西；因為他們中間的某些人取得了祭司職位和執政官職位作為贓物，另一些人則取得了皇帝代理官的地位和宮廷中的潛在勢力，他們到處為非作歹，引起了憎恨和恐怖。奴隸們受賄陷害他們的主人，被釋奴隸受賄陷害他們的保護人。那些沒有仇人的人結果卻毀在自己的朋友的手裡。

3 然而，在這個時代，道德並沒有淪喪到連一點崇高的典範都見不到的地步。母親陪同自己的孩子們一同逃跑，妻子跟著自己的丈夫一道被流放①；親族們表現了勇氣，女婿們表現了堅定②，奴隸們表現了甚至嚴刑拷問都不能動搖的忠誠③。一些著名的人物以剛毅不屈的精神迎接他們不可避免的死亡，他們在臨死時的氣概可以與古人的光輝的死亡並列而無愧④。在人類遭到的多次不幸的打擊之外，人們還看到了出現在天空和地上的一些怪異的事物，聽到了雷聲的示警，關於未來的歡樂的和陰暗的預言，曖昧的和明確的預言。諸神不關心保護我們的安全，卻很注意我們所受的懲罰，這一點可以從羅馬人民身受的可怕災難或不容懷疑的朕兆得到最充分的證明⑤。

①參見《阿古利可拉傳》，第四十五章（中譯本，商務印書館一九七七年版）和小普利尼：《書信集》，特別是第七卷，第十九章，在這裡他就提到了特拉西婭的女兒芳尼婭對她的丈夫赫爾維狄烏斯·普利斯庫斯的忠誠。

②參見塔西佗在本書第四卷，第五章，對赫爾維狄烏斯·普利斯庫斯所作的描述。

③作者在本書第四卷，第五十章裡，就記述了一個叫做披索的奴隸為了要拯救主人而犧牲了性命的事情。

④這裡可能是指例如蘇格拉底和烏提卡的加圖那樣的死亡。

⑤作者在這裡好像是受到路卡努斯在《帕爾撒里亞》（第四卷，第八〇七行）中的話的影響：「幸福的羅馬！幸福的市民！如果諸神像喜歡懲罰那樣關心自由就好了。」

4 但是在我開始按計劃執筆寫作之前，我認爲我們應當回過頭去，考慮一下羅馬的情況、軍隊的情緒、行省的態度、整個世界上有利的和不利的因素，這樣我們不僅可以理解多半出於偶然的事件及其結局，而且可以理解它們的來龍去脈。雖然尼祿的死亡在開頭時受到人們的熱烈歡迎，但是這一事件卻不單單在羅馬的元老、人民和衛戍士兵中間，而且也在所有的軍團和將領中間都引起了各種不同的反應。由於帝國的秘密現在已被揭露出來：在外地可以同在羅馬一樣地擁立皇帝①。元老們皆大歡喜，他們自然立刻便充分利用了他們的自由，因爲他們必須對付還沒有到來的一個新皇帝。騎士階級中的首要人物幾乎和元老感到同樣的高興。普通人民中間有身分的那一部分，以及依附名門大族的人，那些被判罪和被流放的人的食客和被釋奴隸，又都有了希望。沉湎於賽馬和看戲的最下層的階級以及跟他們在一起的最卑賤的奴隸，還有浪費掉自己的財產之後、竟然可恥地仰仗尼祿的賞賜爲生的那些人，則感到垂頭喪氣，並且急不可待地打聽著每一個消息。

5 城市的衛戍部隊長期以來就習慣於向皇帝們宣誓效忠，他們之背棄尼祿與其說是出於自己的意思，無寧說是由於別人施加了巧妙的壓力。但是現在，他們看到以伽爾巴的名義答應給他的贈賜實際上並沒給他們②；看到在和平時期和戰爭時期不同，人們並沒有大顯身手和取得豐厚賞賜的機會；看到軍團已經從他們擁立的皇帝那裡取得了好處，於是，本來已經有了支持政變傾向的士兵進一步又受到了近衛軍長官尼

①伽爾巴是第一個在羅馬之外被宣布為皇帝的人。
②尼姆披狄烏斯曾經答應給近衛軍每人七千五百德拉克瑪（約合一千五百美元），給軍團士兵每人一千二百五十德拉克瑪（約合二百五十美元）。七千五百德拉克瑪是曾經許給士兵的最大的一筆款項，參見普魯塔克：《伽爾巴傳》，第二章。

姆披狄烏斯·撒比努斯的罪惡行動的煽惑，因爲他本人也想取得皇帝的地位①。不錯，尼姆披狄烏斯的這個企圖被粉碎了，但是，叛亂的首腦雖被消滅，大部分的士兵仍然沒有忘記他們犯下的罪行。他們中間的許多人對伽爾巴的年紀和他的貪欲作了不利的評論。他的嚴格在過去曾經受到稱許並且得到士兵們的讚揚，但現在這種嚴格卻使他們感到苦惱，因爲他們討厭舊日的紀律；在十四年中間，尼祿把他們訓練得喜愛皇帝的過錯就和過去他們尊重皇帝的德行一樣。此外，伽爾巴還有這樣一種說法，那就是：他習慣於選拔，而不是收買他的士兵；這話說得不錯，它對國家有利，但對他本人卻是危險的。因爲實際上，所有其他的一切都不符合這樣一個標準。

6 伽爾巴身體衰弱，年紀也老了。他的威信就毀在世界上最壞的人提圖斯·維尼烏斯和世界上最懶的人科爾涅里烏斯·拉科兩個人手裡，因爲人們對提圖斯的罪行的憎惡和對科爾涅里烏斯的昏昏沉沉的作風的嘲罵這些負擔，都只能由伽爾巴承受著②。伽爾巴前來羅馬的速度十分緩慢，並且伴隨著血腥的罪行：當選而尚未就職的執政官欽戈尼烏斯·瓦羅和先前擔任過執政官的佩特洛尼烏斯·圖爾披里亞努斯被處死

①尼姆披狄烏斯不久就感到他做的事情並沒有得到伽爾巴的應有的賞識，同時還感到提圖斯·維尼烏斯和科爾涅里烏斯·拉科已在伽爾巴的心目中代替了他的位置。繼而他便說明他是卡里古拉的兒子（參見塔西佗：《編年史》，第十五卷，第七十二章；普魯塔克：《伽爾巴傳》，第九章），並且希望說服近衛軍宣布他為皇帝以代替伽爾巴；但是近衛軍拒絕了他，而當他自己企圖強行闖進近衛軍軍營的時候，他們就把他殺死了（參見普魯塔克：《伽爾巴傳》，第十四章；蘇埃托尼烏斯：《伽爾巴傳》，第十一章）。

②關於提圖斯·維尼烏斯，參見本書後面的第一卷，第四十八章；代替尼姆披狄烏斯被任命為近衛軍長官的拉科在伽爾巴的短期統治中起了顯著作用，但是他卻和伽爾巴同時被奧托殺死了（參見本書第一卷，第四十六章；普魯塔克：《伽爾巴傳》，第二十七章）。

了。欽戈尼烏斯被處死，是因爲他曾與尼姆披狄烏斯同謀；佩特洛尼烏斯則是因爲他是尼祿手下的將領①。這兩個人都是未經審問、沒有得到辯護的機會便被處死了的，所以人們都認爲他們死得冤枉。伽爾巴進入羅馬之前的朕兆是不吉利的，因爲在這之前成千上萬的手無寸鐵的士兵被屠殺了，這件事情甚至引起了屠殺者們本身的恐懼。一個西班牙軍團被調到羅馬來；早先尼祿從海軍裡徵募來的那個軍團也還留在那裡，這樣一來羅馬城裡便有了一支不尋常的兵力。此外還有從日耳曼、不列顛和伊里利庫姆調來的許多隊伍，這些隊伍同樣是經尼祿選拔之後，派到卡司披亞門那裡去參加他準備對阿爾巴尼人進行的戰役的。但是他把他們召了回來，是爲了鎮壓溫代克斯的不軌圖謀。這裡有許多能引起政變之火的燃料。當士兵們無意擁戴任何特定人物的時候，他們是準備爲任何一個有膽量的人效勞的。

7 恰巧與此同時，人們又聽到了克洛狄烏斯・瑪凱爾和豐提烏斯・卡皮托被處死的消息②。毫無疑問，曾在阿非利加製造過騷亂的瑪凱爾是根據伽爾巴的命令被皇帝的代理官特列波尼烏斯・伽路提亞努斯處死的。有過同樣企圖的卡皮托是在日耳曼給軍團的將領科爾涅里烏斯・阿克維努斯和法比烏斯・瓦倫斯在他們接到這樣做的命令之前就處決了的。有一些人認爲，雖然卡皮托的品行墮落而且有貪婪和縱欲的惡行，但他仍然不曾有過任何要發動叛亂的想法，倒是那些慫恿他發動戰爭的將領們在他們發現不能說服他的時

①欽戈尼烏斯・瓦羅是尼姆披狄烏斯向近衛軍發表的演說的實際起草人。參見普魯塔克：《伽爾巴傳》，第十四章。佩特洛尼烏斯・圖爾披里亞努斯（公元六一年度執政官）在公元六一～六三年間是不列顛的長官（參見塔西佗：《編年史》，第十四卷，第三十九章；《阿古利可拉傳》，第十六章）。他被尼祿選拔出來擔任對溫代克斯和伽爾巴作戰的將領，但是他卻和伽爾巴取得了協議（參見佐納列斯，第十一卷，第十三章）。

②克洛狄烏斯・瑪凱爾是阿非利加的長官，參見本卷第七十三章；蘇埃托尼烏斯：《伽爾巴傳》，第六、十三章；豐提烏斯・卡皮托是公元六七年度的執政官，下日耳曼的長官，參見本卷，第五十八章，本書第三卷，第六十二章。

候，才故意地捏造了他的大逆罪。他們還認爲，伽爾巴同意不管用什麼方法處死這兩個人，完全因爲非這樣做不可：這或者是由於他生性猶豫不決，或者是由於他不想深究這件事情。不過外界對這兩次處決的反應很不好，而且一旦皇帝成了人們憎恨的對象，他做的好事和壞事就同樣會引起人們對他的厭惡。一切東西都是可以出賣的，他的被釋奴隸很有勢力，他的奴隸則貪婪地去爭奪那些能夠大發橫財的機會，因爲在這樣一個老皇帝的統治之下，這種迫不及待的心情是十分自然的。新宮廷裡的罪惡和舊宮廷裡的一個樣：它們同樣是罪惡累累，然而卻不能得到同樣的諒解。在那些已習慣於尼祿這個年輕皇帝並且按照俗人的見解、以外貌的美醜來比較皇帝的人們中間，伽爾巴的衰年遭到了嗤笑和嘲罵。

8 以上就是在羅馬這裡表現出來的各種反應，而在擁有這樣大量人口的城市裡，有這樣多的反應是不足爲奇的。在各行省當中，西班牙的長官克路維烏斯・路福斯是一個能說會道的人，他在政治方面很有辦法，但是在軍事上卻沒有受過什麼鍛煉①。高盧諸行省保持著對羅馬的忠誠，這不僅因爲他們沒有忘記溫代克斯的失敗，而且還因爲他們在不久之前取得了羅馬公民權，他們今後的稅也都減輕了②。雖然如此，離日耳曼的軍隊最近的那些高盧部落卻不曾得到和其餘的高盧人同樣的榮譽；有些人實際上被剝奪了他們的土地，這樣不管是他們計算他們鄰人所得到的東西或是他們自己所遭到的損失，他們都是同樣感到激怒

①克路維烏斯・路福斯這時是塔爾拉科西班牙（今天西班牙西北部的行省）的長官，他記述過尼祿、伽爾巴、奧托和維提里烏斯四朝的故事。他是塔西佗指名道姓提到的作家之一。

②公元四八年克勞狄烏斯把完整的公民權給予科瑪塔（長髮的）高盧貴族（參見塔西佗：《編年史》，第十一卷，第二十三章）。伽爾巴把這一公民權授予擁護溫代克斯和他本人的高盧部落和城市的全部公民；同時他還把租稅降低了四分之一（參見本書第一卷，第五十一章；普魯塔克：《伽爾巴傳》，第十八章）。

的①。日耳曼的軍隊感到憤恨和惱怒，而在大量軍隊都有這種情緒時，這確是十分危險的事情②。由於最近取得的勝利，他們有一種自豪感，但是他們心裡卻又感到害怕，因爲他們是站在失敗的一方面的。他們拋棄尼祿的時間較晚，而且他們的將領維爾吉尼烏斯③並沒有立刻宣布擁護伽爾巴；人們都傾向於這樣一個意見：他自己也不是沒有做皇帝的意思。人們還相信士兵曾經把皇帝的大權給予他。甚至那些不能爲豐提烏斯・卡皮托之被處決而鳴不平的人也憋了一肚子火。但是他們沒有領袖，因爲在友誼的名義之下維爾吉尼烏斯被調走了。他沒有被送回來，而實際上是受到了審訊，這件事情在士兵們眼裡看起來，正是對他們自己的一種控訴。

9 上日耳曼的軍隊瞧不起他們的統帥霍爾狄奧尼烏斯・佛拉庫斯。佛拉庫斯由於年老腿瘸而失去了工作能力，他既沒有勇氣，又沒有威信。甚至在士兵們平靜無事的時候，他都沒有能力控制他們。士兵們一旦被激怒，他那軟弱無力的限制只會使他們更加憤慨。下日耳曼的士兵在很長的一段時期裡都沒有一位執政官級的統帥，最後伽爾巴才把奧路斯・維提里烏斯派了來。這個人就是那個曾經擔任過監察官並且三次擔任過執政官的維提里烏斯的兒子：奧路斯・維提里烏斯的父親的榮譽似乎給了他相當大的威望④。駐紮

---

①這裡指的是支持維爾吉尼烏斯的林哥尼斯人和特列維利人。參見本書第一卷，第五十三章以次。

②為了行政上的和軍事上的目的，萊茵河的地區分成了上日耳曼和下日耳曼兩部分。上日耳曼位於萊茵河的兩岸，從溫多尼撒（今天康斯坦茨湖附近的溫狄什）到摩功提亞庫姆（今天的美因茨）；下日耳曼從摩功提亞庫姆到北海，但是只包括萊茵河東岸的很少一部分土地。在上、下日耳曼通常各有四個軍團，但是這時在上日耳曼只有三個軍團。

③他是上日耳曼的長官，曾鎮平溫代克斯的起義。他是沒有父親的小普利尼的監護人。我們從小普利尼的書信中知道不少有關他的事情。他活到公元九七年，當時擔任執政官的塔西佗為他發表了臨葬演說。

④奧路斯・維提里烏斯曾先後受到卡里古拉、克勞狄烏斯和尼祿三人的寵信。公元四八年他和路奇烏斯・維普斯塔努斯・波布里科拉是常任的執政官；公元六〇～六一年他顯然是阿非利加的總督，次年，他在同一行省擔任他的兄弟（當時是長官）的副帥。他是最重要的一個祭司團的成員，並且還在羅馬負責公用事務。塔西佗在本書第二卷的第八十六章裡曾對他作了描述。

在不列顛的軍隊並沒有敵對的情緒；而在由於內戰所造成的全部混亂時期，確實沒有任何其他軍團在行動上比他們更規矩的了，這或者是因為他們遠離羅馬並且有大洋在中間隔著，或者是因為他們在多次的戰役裡學會了寧肯把憎恨放到敵人身上。伊里利庫姆也是寧靜的，雖然尼祿從那一行省召來的那些軍團，當他們還駐紮在意大利的時候，曾通過他們的代表向維爾吉尼烏斯提出過建議①。但相互隔得很遠的各支軍隊——這是使軍隊保持忠誠的最有效的辦法——卻未能把他們的罪惡或是他們的力量結合起來。

10 東方依然平靜無事。敘利亞和它的四個軍團控制在李奇尼烏斯・木奇亞努斯的手裡，這是一個在好運和逆運方面都十分著名的人物②。年輕的時候，他為著個人的目的結交了顯貴的朋友；後來，當他的財產花光了的時候，他就不能再保持他自己的地位，又懷疑克勞狄烏斯在生他的氣，於是他就退居到亞細亞，幾乎成了一個逐客，就和後來他幾乎成了皇帝一樣。這個人充滿著矛盾的性格：他是既奢侈又勤儉，既親切又傲慢，既有良好的品質又有惡劣的毛病。他在閑居無事時遊樂無度，但是每當作戰的時候，他卻表現出崇高的品德。他的從政生活也許值得你的讚許，但是，他的私生活卻又是聲名狼藉的。通過各種不同的誘惑，他得以控制他的部屬，他的親信和他的同僚；他又是這樣一個人：他認為把統治大權授予別人較之由他自己掌權更容易些。對猶太人進行的戰爭是由統率著三個軍團的佛拉維烏斯・維斯帕西亞努斯指

①這裡所說的軍團是由於溫代克斯的起義才被撤回來的。

②李奇尼烏斯・木奇亞努斯在尼祿當政時擔任過執政官，公元六七年他被任命為敘利亞的長官。在維斯帕西亞努斯取得了皇帝大權時，他是維斯帕西亞努斯的最有力的支持者。詳細情況參見本書第二至四卷。

揮的①；他是尼祿親自選拔的統帥。維斯帕西亞努斯就他的願望和情緒而論都不反對伽爾巴，因爲他曾把他的兒子提圖斯派去向伽爾巴致敬，並且向他表示自己的忠誠。這些事情我到適當的時候還要談。注定要使維斯帕西亞努斯和他的兒子們取得統治大權的命運的秘密和朕兆與神示，只有在他取得了成功之後我們才能相信。

11 有軍隊來維持秩序的埃及從聖奧古斯都的時代起便由羅馬騎士代替那裡先前的國王進行統治②。把埃及這個行省置於皇室的直接控制之下看來是一個明智的辦法，因爲要到這個地方去，交通不便，但該地盛產糧食，又常常發生內訌和出其不意的騷亂；原來該地居民性格狂熱，又很迷信，他們既不懂得我們的法律，又不習慣我們的民政制度。這時的長官是提貝里烏斯・亞歷山大③，他本人就是一個埃及人。現在克洛狄烏斯・瑪凱爾既然已被殺死，則業已領教過一個小暴君的滋味的阿非利加和它的軍團，對任何皇帝都會覺得滿足了。瑪烏列塔尼亞（或譯毛里塔尼亞。——中譯者）的兩個行省、萊提亞、諾里庫姆、色雷斯和由皇帝的代理官所管理的其他地區，則按照每一個地區附近軍隊的情況，通過同比他們本身要強大的

---

①提圖斯・佛拉維烏斯・維斯帕西亞努斯公元九年生於列阿特，直到這時為止，他一直過著軍人生活。他治理過色雷斯、克里特、日耳曼和不列顛；公元三八年他是營造官，公元四〇年是行政長官，公元五一年是執政官，公元六六年猶太戰爭爆發，第二年他被尼祿任命為對猶太人作戰的統帥。

②關於埃及的地位及其重要性，參見塔西佗：《編年史》，第二卷，第五十九章：「原來作為保持專制統治的秘密手法之一，奧古斯都曾禁止任何元老或高級騎士進入埃及，除非是得到了他的許可。他通過這種做法來孤立埃及，以便不使任何一個人（在這裡不管他的守衛力量何等小，而他要抗擊的兵力又有多麼強大）力圖通過控制這一行省以及海上和陸上的樞紐地點，而陷意大利於饑餓的境地。」

③他從公元六三年起是埃及的代理官(Praefectus Aegypti)。他在行省的統治者當中是第一個擁護維斯帕西亞努斯的（參見本書，第二卷，第七十四章）。

軍隊的接觸而決定採取擁護或是反對的態度。沒有軍隊駐守的行省，特別是意大利本土，則是任何一個主人的奴役對象，它注定會成爲勝利者手中的戰利品。

當第二次當選執政官的謝爾維烏斯·伽爾巴和他的同僚提圖斯·維尼烏斯進入伽爾巴一生的最後一年同時又幾乎是他的國家遭到毀滅的一年的時候，羅馬國家的情況就是這樣。

12 元旦之後不幾天，皇帝在比爾伽伊高盧①的代理官彭佩烏斯·普洛皮恩庫斯送來了一個急報，說上日耳曼的軍團已經完全不再理會他們的效忠誓言，要求擁立另一個皇帝，不過他們卻把選擇皇帝的權力交給元老院和羅馬人民，這樣他們的叛亂行爲就不會顯得那樣嚴重了。這個消息加速了伽爾巴的決心。他自己已經考慮，並且同他的密友一起考慮了選擇一位繼承人的問題。在過去幾個月裡，確實沒有一個問題比這個問題更加受到全國人士關心的了，這首先是因爲人們對這類事情非常喜歡毫無顧忌地談論，其次則是因爲伽爾巴已經衰老了。具有健全判斷力或是眞正愛國心的人是很少的；大多數懷抱著癡心妄想的人在他們私下的談話裡就提到了他們的這個保護人或那個朋友的名字。他們也憎恨提圖斯·維尼烏斯，此人的權力越大，就越遭人憎恨。此外，伽爾巴的親切照顧也助長了他的朋友們的貪心，這些人在春風得意之時貪欲大大滋長起來。他們正在與之打交道的是一個身體虛弱而又容易相信別人的人物，因此他們雖然做了壞事，卻是有恃無恐，並且因而抱有更多的希望。

13 帝國的實際大權是由執政官提圖斯·維尼烏斯和近衛軍長官科爾涅里烏斯·拉科分掌著，伽爾巴的

---

①高盧四個行省中最北的一個，約略相當於今日比利時及其附近地區。對皇帝宣誓效忠，在每年元旦，也在他的生日那天舉行。

被釋奴隸伊凱路斯的勢力也不比他們的小。他曾被賜以騎士的金指環，而人們則喜歡用騎士的名字瑪爾奇亞努斯來稱呼他①。這三個人②是不和的，在比較次要的事情上，他們三個人各自追求自己的目的。但是在選擇一個繼承者這樣一個問題上，他們分爲兩派。維尼烏斯中意瑪爾庫斯・奧托；拉科和伊凱路斯雖不是已經一致同意選定他們喜歡的某一特定的人，但在堅決不同意奧托這一點上他們是一致的。伽爾巴並不是不知道奧托和維尼烏斯之間的友誼；而人民對什麼問題都要說短道長，這時他們在談論中已經把奧托說成是維尼烏斯的女婿，因爲奧托這時還是單身漢，而維尼烏斯又正有一個沒有出嫁的女兒。我可以相信伽爾巴也有一些愛國之情，如果把從尼祿手裡奪來的國家交到奧托這樣一個人手裡，那麼奪取尼祿的國家的這一行動就沒有意義了。因爲奧托的少年時代無人管教，青年時代行爲放蕩。他是由於仿效尼祿的放縱才取得了尼祿的歡心的。由於這個緣故，尼祿才把他自己的情婦波培婭・薩比娜託付給參預他的醜事的奧托③，直到他能夠擺脫掉自己的妻子屋大維婭。後來皇帝懷疑他本人和這個波培婭的關係也十分曖昧不清，這才以到行省去擔任長官的名義把他調到路西塔尼亞去。奧托在那裡的治績還是不錯的，但是他首先就加入了伽爾巴的一派並且是相當出力的一個成員。在整個戰爭期間，他在伽爾巴的所有最親近的支持者中間是最出色的一個，現在當他一旦有了被伽爾巴過繼爲繼子的希望，他就日益強烈地想實現這件事了。大部分的

①伊凱路斯一得到尼祿死去的消息，立刻就從羅馬到西班牙伽爾巴那裡去，並且被賜以金指環和在衣服上面加窄紫條(angustus clarus)的特權（這是騎士階級的特權）。那時他就成了伽爾巴的主要謀士；他後來被奧托處死，參見普魯塔克：《伽爾巴傳》，第七章；蘇埃托尼烏斯：《伽爾巴傳》，第十四、二十二章。

②蘇埃托尼烏斯說這三個人是伽爾巴的「指導人」(paedagogi)。

③關於奧托和波培婭之間的關係參見塔西佗：《編年史》，第十三卷，第四十五、四十六章，但內容略有不同。

士兵對他都抱有好感，尼祿的廷臣們也都傾向於他，因爲他和尼祿是一類人物①。

14 伽爾巴接到日耳曼方面有背叛活動的消息，雖然他還沒有得到關於維提里烏斯的任何確實情報，但他對於軍事叛變可能引起的後果感到十分苦惱，他甚至對羅馬城裡的軍隊都沒有信心。因此便召集了一次御前會議，他把這看成是他的唯一補救辦法②。參加會議的人除了維尼烏斯和拉科之外，他還召來了已經選出但尚未視事的執政官馬利烏斯·凱爾蘇斯和羅馬市長官杜肯尼烏斯·蓋米努斯。他首先簡略地談到他本人的高齡，然後指出應當把李奇尼亞努斯·披索召來。這也許是他自己的意思，也許像某些人所說的那樣，是出於拉科的主張，因爲在路貝里烏斯·普勞圖斯的家裡，他曾和披索結成十分親密的友誼。但是拉科巧妙地支持披索，把他當成彷彿是一個和自己不相干的人，而披索的好的聲譽也增加了拉科的意見的分量。披索是瑪爾庫斯·克拉蘇斯和司克里波尼婭的兒子，他的父母雙方都是高貴出身③。他的外貌和舉止都是老派人物的樣子，因此可以正當地被稱爲嚴厲的人物；但是那些論人比較苛刻的人們卻覺得他這個人陰鬱。他的性格中的這一因素使得顧慮多的人對他不大放心，但是卻使伽爾巴把他過繼爲繼子。

15 據說後來伽爾巴拉著披索的手說了這樣的話：「如果作爲一個普通市民，我遵從元老院的法律，按

---

①瑪爾庫斯·撒爾維烏斯·奧托生於公元三二年。他在尼祿當政的一段時期中間（公元五九～六八年）把路西塔尼亞治理得很不壞，但是他很快地便參加了伽爾巴派，隨他一同到了羅馬。

②會上是要正式提出過繼披索為義子的問題。過繼的儀式是在一月十日舉行的。

③披索生於公元三八年，他在尼祿當政時期長期被放逐在外（參見本書第一卷，第四十八章），因此在羅馬沒有擔任過行政職務。他的父親、母親和一個兄弟都被克勞狄烏斯處死，另一個兄弟則是被尼祿殺死的。

照傳統的方法①在祭司們的面前過繼你爲繼子的話，那麼這就是我的一個榮譽，因爲我把格涅烏斯・龐培和瑪爾庫斯・克拉蘇斯的後人帶到我的家裡來。同時這對你來說，也是一件殊遇，因爲你把蘇爾皮奇烏斯家族和路塔提烏斯②家族的榮譽又加到你自己的高位上面了。但是我實際上是由於諸神和人民的同意才取得皇帝大權的，現在我受到你的崇高品格和愛國精神的感動，要以和平方式把皇帝的統治權給了你；要知道，我們的祖先都是馬上得天下，而我也是通過武功取得政權的。我在這方面是模仿聖奧古斯都的榜樣：聖奧古斯都放在僅次於他的高位之上的，最初是他的姊妹的兒子瑪爾凱路斯③，其次是他的女婿阿格里帕，後來又是他的孫輩，最後才是他的繼子提貝里烏斯・尼祿。不過奧古斯都是在他自己的家族中尋求繼承人，可是我卻在全國範圍內尋求繼承人。我所以這樣做，並不是因爲我自己沒有親族或戰友；我自己不是爲了追求個人的目的才取得這皇帝大權的，我要用這樣一件事實來證明我的決定的性質，那就是，我不僅把我的親族，而且把你的親族也放在比你次要的地位上去。你有一個和你自己一樣高貴、但是比你年紀大的哥哥④，如果不是你比他更好的話，你這個哥哥的確也是配得上皇帝的地位的，你的年齡不小，已經不是血氣未定的青年了；你持身方正，這使你在回顧過去時沒有什麼可以抱愧的地方。直到當前爲止，你一直是命途多舛；順境對人們的精神的考驗是更加嚴厲的，因爲我們對不幸完全能忍受，但是在成就面前卻容易

①要使過繼一個成年人為繼子這一行為(arrogatio)具有法律上的效力，就必須得到庫里亞和祭司們的同意。公元前二八六年庫里亞民會即已失去它的政治權力，然而在舉行儀式時它仍有由大祭司召集的三十名侍從(lictor)作為代表。伽爾巴是最高祭司(pontifex maximus)，他廢除了傳統的方式。

②伽爾巴的母親也是克溫圖斯・路塔提烏斯・卡圖路斯的後人。

③他是屋大維婭和克勞狄烏斯・瑪爾凱路斯的兒子，又是奧古斯都的女兒優利婭的丈夫。他死於公元前二三年。

④指克拉蘇斯・司克里波尼亞努斯，參見本卷四十七章。

受到腐蝕。人們心目中的主要幸福，即榮譽、自由、友誼，你都能和先前一樣持之有恒地加以維護；但是別的人卻由於他們的奴性而企圖削弱這些幸福。諂媚、阿諛和侵害一顆誠實的心靈的最壞的毒藥，即私欲，就要侵蝕進來了。儘管你和我今天十分坦率地相互交談，但是所有其他的人卻更願意談論我們的無比幸運，而不是我們本身。因爲說服一個皇帝去履行自己的職責是一件艱巨的事情，但是要順從他，而不管他是怎樣一個皇帝，那只要掩蓋自己的眞實感情就可以做到。

16「如果帝國的龐大機構在沒有一個統治者的情況下仍然能夠維持下去的話，那麼從我這時起，就可以把共和國重新建立起來了。但實際的情況卻是，長期以來，我們處於這樣一種狀態：我在老年時除了確定一個好的繼承人之外，不能給羅馬人民更多的東西，或者說，你在青年時代除了做一個好的皇帝之外，也不能給羅馬人民更多的東西。在提貝里烏斯、蓋烏斯和克勞狄烏斯的統治時期，我們羅馬人民可以說是一個家族的私產；我們皇帝現在開始通過推選而產生，這一事實對所有的人來說意味著有了自由；既然優利烏斯和克勞狄烏斯家族都已經不復存在，那麼過繼時就只能選拔最好的人物了。因爲生在帝王之家只不過是一種機緣，人們對這一點不會給予更大的重視，但是在過繼的情況下，人們卻可以充分運用自己判斷力；如果人人都希望進行選擇的話，大家的一致同意會指出誰該當繼承人的。你要以尼祿爲誡。這個以自己出身於帝王世家而自豪的人物是怎樣毀掉的呢？毀掉他的不是領導著一個沒有武裝的行省的溫代克斯，也不是只領導著一個軍團的我本人，而是他自己的那些惡劣之極的品行，是他自己的奢侈無度，使他自己從人民的脖子上摔了下來。然而給皇帝判罪的事情在先前是從來沒有過的。我們這些通過戰爭和人民對我們的優點的認識而取得了權力的人，不管我們能證明自己是何等公正誠實，也將會引起別人的嫉妒。如果在基礎已被動搖的世界裡，還有兩個軍團的騷動沒有被壓制下去，那你是用不著害怕的。我個人並不是在安全無事的環境中取得了皇帝大權的。當人們聽說我將你過繼爲繼子的時候，看來我就不再是一個老年人，雖然年老正是人們加給我的一項罪名。品質最壞的公民對於尼祿的死一直覺得惋惜。但是你和我卻必須要注意到不要使好人對他的死亡也感到惋惜。現在還不宜於給你更多的勸告；此外，如果你的行爲證明我的選擇是明智的，那麼我對你的一切勸告就都實現了。要分辨善惡，人們有一個最實用的，而且是最便捷的辦法，這就是，你只須想一想，如果別人做皇帝的話，你希望他做的和反對他做的都是些什麼就可以了。因爲在我們這裡，和由國王統治的國家那裡的情況不同，在那裡有固定的統治家族，而其他的人都是奴隸；但你將要統治的人卻是既不能忍受完全的奴役，又享用不了完全的自由。」

伽爾巴又講了同樣內容的一些話，看來好像他正在選定一個皇帝，但所有其他的人在和披索交談時，卻把他看成是已經被指定爲皇帝的人了。

17 據說，不論是在當時望著披索的那些人的面前，還是後來他成了所有的人的注意中心的時候，他都沒有過焦慮不安或是興高采烈的表情。他懷著對父親和皇帝的應有的尊敬作了回答。他謙虛地談到自己。他的表情和他的衣著都沒有任何改變。看起來他是一個有能力擔任皇帝，然而卻沒有這種願望的人。當時人們曾討論了這樣一個問題：他被過繼的事情將在廣場的講壇(rostra)上宣布，是在元老院宣布，還是在近衛軍的營地裡宣布。後來人們決定還是到近衛軍的營地去宣布這件事情，因爲他們認爲通過正當途徑而取得的他們的支持，這將是對軍隊的一種榮譽；更何況即使通過賄買和勸誘等不正當手段取得他們的支持，也是未可輕視的。正在這時，那些等候著消息的人民群衆包圍了皇帝，他們迫不及待地等待著這次重大的機密決定，而那些想消除謠傳的人們的無效的努力反而使外面議論得更加厲害了。

18 正月伊都斯日之前的第四天①，竟日暴雨，雷聲、閃電等上天的異乎尋常的恐嚇，使暴雨顯得十分可怕。在古時，這些朕兆會使一次選舉停止舉行，但是這時它們卻未能阻止伽爾巴到近衛軍的軍營去，因爲他認爲這些事情不過是一種偶發的事件，並不是什麼預兆。也許實際上是因爲命運所注定的事情，不管通過什麼朕兆表現出來，都是我們無法避免的。他在大群士兵的面前，以符合皇帝身分的簡潔語言，宣告他遵照聖奧古斯都的先例，並根據一個人選定另一個人時所用的軍事慣例②，過繼披索爲繼子。他覺得要隱瞞軍團的叛變反而會使人誇大這次叛變的意義，因此他接著又說，第四和第二十二軍團曾被少數叛亂的將領引入歧途，不過他們的錯誤僅限於一些言論和叫囂，很快地他們就會就範的。他並沒有向士兵們討好，也沒有提到要給他們什麼東西。那些同他最接近的將領、百人團長和士兵以令人滿意的方式回答了他；但是在所有其他近衛軍士兵中間，卻是情緒低沉，一聲不吭，因爲他們感到，由於戰爭，他們竟然失掉了取得甚至在和平時期都屬於他們的贈賜的權利。毫無疑問，這個吝嗇的老頭子，只要是把手稍稍放鬆一些，近衛軍士兵對他的忠誠是完全可以爭取過來的。他的舊式的嚴格和過度的嚴厲毀了他自己，這已是我們不能再容忍的一些品質了。

19 伽爾巴在元老院的發言與對士兵的發言同樣單調而簡短。披索的發言則很得體，元老們對他的發言表示同意。許多人表示同意是出於善意，那些內心裡反對這次過繼的人則故意更加熱心地表示這一點，而那些占最大多數的無所謂的人則對誰都採取卑躬屈節的態度，因爲在這些人心裡都各有自己的打算，他們根本沒有考慮過國家的利益。在被過繼到他被殺之間的四天中，披索在外面沒有再發表任何言論，也沒有

---

①伊都斯日(idus)一般指每月的十三日或十五日。這裡是指一月十日而言。

②根據徵兵的原始的方法。

任何行動。

日耳曼叛亂的消息日益頻繁地傳到羅馬來。由於公民們容易聽信怪事和壞事，所以元老院便決定派一個使團到日耳曼的軍隊那裡去。在暗中還討論了是不是把披索也派去的問題，因爲這樣一來這個使團就顯得更有分量了：使團的其他成員帶有元老院的權力，披索則具有凱撒的高貴身分。他們還決定把近衛軍長官拉科也派去，不過拉科卻否決了他們的計劃。於是元老院便決定由伽爾巴自己選擇使團的成員。伽爾巴缺乏定見，這個缺點實在丟人。他任命了一些人，後來又免掉對他們的任命，而用別的一些人代替他們，因爲這些人按照自己是有所畏懼還是有所希求而請求他把他們留下來，或把他們派出去。

20 另一個心事就是錢的問題。經過充分的考慮之後，看來最好的辦法還是從造成貧困的原因的那個地方去弄錢。原來尼祿以贈賜的名義浪費掉的錢有二十二億謝司特爾提烏斯①。元老院決定把人們召集起來，並且決定每個人只能保留尼祿原來贈賜的十分之一。但是尼祿的寵臣們所剩下的錢幾乎連十分之一都沒有了，因爲他們浪費別人的錢和浪費自己的錢一個樣；最貪婪的和最墮落的人們既沒有土地也沒有資金，他們剩下的只是助長他們爲非作歹的那些東西。任命了三十名羅馬騎士來進行收集款項的工作。這是一種新的官職，同時也就成了一個新的負擔，因爲擔任這一職務的人員衆多，而且他們詭計多端。到處都在進行拍賣，到處都是投機倒把分子，城裡給訴訟事項搞得烏煙瘴氣。然而使人們看了特別高興的是，從尼祿那裡取得了贈賜的那些人就要和被他們奪取了金錢的人一樣貧窮了。就在這些日子裡，四個將領被免職了，安托尼烏斯·陶路斯和安托尼烏斯·納索被開除出了近衛軍，埃米里烏斯·帕肯西斯被開除出了城市步兵

①至少相當於今天的二十億美元。

中隊，優利烏斯・佛隆托被開除出了警衛隊。這些措施對其餘的人並不發生什麼有益的影響，但是卻引起了他們的恐懼：他們認為，由於所有的人都遭到懷疑，因此他們將被巧妙而又小心地、一個一個地解除了職務。

21 在這個時候，從和平的安排中根本不能得到任何好處並且把自己的打算完全建立在混亂之下的奧托，由於很多的理由而加緊展開了活動。他窮奢極欲，連皇帝都花費不起那麼多錢；他貧窮時，過的又是普通公民都受不了的生活。他恨伽爾巴，他嫉妒披索。他裝出恐懼的樣子，以便滿足更大的貪欲。他說他過去在尼祿眼裡是一個可怕的人物，但是他卻不想再去路西塔尼亞，不想再享有第二次放逐的光榮了；他說，暴君總是懷疑和憎恨那被認為是他們的繼承者的人的；正是由於這一原因，他受到了年老的皇帝的傷害，而稟性殘忍和因長期的放逐而性格變得很壞的年輕皇帝一定會給他以更大的傷害。一個奧托是可以被謀害死的①；因此當伽爾巴的威信還不高而披索的威信又還沒有建立起來的時候，他必須鼓起勇氣來有所行動。這種變革的時代是發動大事的最好的時機，而當無所事事較之唐突行事更為有害的時候，就不應當徘徊觀望。大自然注定一切人最終都要死亡；但是死亡與死亡卻有所不同：有的人死後沒沒無聞，有的人卻流芳百世。如果有罪的和無辜的都會遭到同樣後果的話，那麼一個有更大魄力的人物是應當死得更有意義的。

22 奧托的思想並不像他的體格那樣懦弱。他的親信的被釋奴隸和奴隸過著比在一般私人家庭中更加放縱的生活，他們經常把尼祿的宮廷中的奢侈生活、他的淫亂、他的多次的結婚和宮廷中的其他罪惡說給渴望這些東西的奧托聽。他們指出，只要他有膽量去取得它們的話，他所渴望的這些享樂就可以為他所有，

①這話的意思是：伽爾巴和披索都不會輕輕饒過也有擔任皇帝希望的奧托。有些人想修改或刪去這句話，這顯然是不正確的。

而如果他不及時行動起來，那麼這些東西就是屬於別的人的了。占星術士們①——這類人得不到有勢力的人的信任，他們會欺騙有野心的人，他們在羅馬常常是既被禁止又被保留——也催促他行動起來，他們說從天上的星象來判斷，就要發生新的變動，而且當年對奧托來說將會是光榮的一年。許多這樣的占星術士成了皇后的最壞工具，他們曾參與過波培婭的密謀，而且其中一個名叫托勒米②的人曾和奧托一道住在西班牙，他曾經告訴奧托，奧托的壽命一定能比尼祿長。在這件事上取得了信任之後，他便利用他自己的猜測和那些用伽爾巴的年老和奧托的年輕相比的人的閑談，告訴奧托說，他會被選定爲皇帝。但是奧托卻相信了他的預言，好像這些預言是通過托勒米的技能而揭示給他的、對於命運的眞正的預告，因爲人類的本性是特別願意相信神秘莫測的事物的。而且托勒米正是積極地這樣幹的，他甚至在唆使奧托犯罪了。而對於有著奧托這樣的野心的人來說，他又是極其容易幹出這樣的罪行的。

23 不過我們還無法確定，犯罪的想法是不是突然出現於奧托的頭腦之中的。很久以來他就設法取得士兵們對他的好感，因爲他希望繼伽爾巴爲皇帝或是準備發動某種大膽的舉動。在行軍時、檢閱時或是在營地裡，他叫得出所有最老的士兵的名字，他提醒他們說，他們曾一同在尼祿的手下共過事③，因此他就稱他們爲伙伴。他和一些人拉老交情，向一些人問寒暖，又用金錢或是自己的勢力幫助另一些人。在談話的

---

①參見塔西佗《編年史》第二卷第二十七、三十二章中他們被逐的事情。

②蘇埃托尼烏斯：《奧托傳》，第四章稱他為塞琉古(Seleucus)，這可能是同本書第二卷第七十八章的那個同名的占星術士混淆了。普魯塔克的說法與本書相同。

③尼祿的親兵都是由近衛軍士兵組成的；既然在西班牙那裡沒有近衛軍士兵，所以有人認為這一章是被竄改了的，但也可能有一隊皇帝的親兵曾被派出去迎接伽爾巴。

時候，對伽爾巴他常常加進一兩句抱怨話或是含混的語義雙關的意見，並且還做了另一些會激起士兵的不滿情緒的事情。因爲他們對於辛苦的行軍、給養的缺乏和嚴酷的紀律是非常不滿的。過去習慣於乘船到康帕尼亞的湖泊和阿凱亞①的城市去的人，現在要背著武器攀登比利牛斯山和阿爾卑斯山，並且要在山路上進行永無休止的行軍，這在他們看來當然是十分艱苦的了。

24 士兵們的情緒已經被煽動起來了。這時，提蓋里努斯②的最親密的友人之一麥維烏斯·普登斯更在火上澆油。所有那些性格輕率的人、需要錢用的人，以及熱望發動變革的人，都被他爭取過來，這樣他便逐步做到每當伽爾巴在奧托家裡用餐的時候，得以用晚宴爲名發給警衛的步兵中隊③的每一名士兵一百謝司特爾提烏斯④。這是按國家的規定給予的贈賜，但是奧托卻通過暗中給予個人的賞賜而增加了這種贈賜的分量。而且在他的行賄行動上，他的膽子竟大到這種程度，以致當著皇帝的親衛隊⑤中的一名士兵科凱烏斯·普洛庫路斯同他的鄰人因爲地界的問題發生爭吵時，奧托竟用他自己的錢把這個鄰人的全部田地買了過來，送給這個普洛庫路斯。只是由於對壞事和秘密的事情同樣都看不出來的近衛軍長官拉科的糊塗，這樣的事情才能做得出來。

①阿凱亞是希臘行省的正式名稱。近衛軍士兵常常陪同尼祿到那裡去。但如果認為近衛軍陪著伽爾巴從西班牙來到羅馬，卻是不合事實的。

②關於提蓋里努斯，參見本書第一卷，第七十二章以次。

③晚餐時由士兵警衛的習慣是由克勞狄烏斯開始的，參見狄奧·卡西烏斯，第六十卷，第三章。

④用來代替應當款待他們的晚餐。這就當時來說是很大的一筆賞錢。

⑤皇帝的親衛隊士兵(speculator)是從近衛軍士兵中選拔出來的。他們有時也擔任送急信的任務（參見本書第二卷，第七十三章）。

25 於是奧托便委託他的一個被釋奴隸名叫歐諾瑪斯圖斯的來執行他的罪惡計劃。當歐諾瑪斯圖斯把給親衛兵傳達口令的軍官①巴爾比烏斯·普洛庫路斯和普洛庫路斯的助手維圖里烏斯爭取過來，並且通過各種各樣的交談知道這兩個人都是既聰明而又有膽量的時候，他就把大量的賞賜贈給他們兩人，對他們作了許多許諾並且給他們錢，要他們去賄賂更多的人，使他們叛變。這樣一來，兩名普通士兵就幹出了轉移皇帝大權的事情，而且他們也眞的做到了這一點。知道這一陰謀的人極少。他們利用各種各樣的辦法煽起士兵們的不安情緒；對於較高級的士兵，他們設法使這些士兵相信自己受到懷疑，因爲尼姆披狄烏斯曾對他們表示過好感；而對於一般士兵，則是激起他們的憤怒和失望情緒，因爲許給他們的贈賜一再地拖延不給。也有一些人還熱烈地想念著尼祿和他們先前的放縱生活；不過所有的人都有一種共同的恐懼，那就是害怕他們的編制會有所變動。

26 這種渙散軍心的做法也影響了軍團士兵以及輔助部隊的忠誠，這些軍隊已經發生了動搖，因爲這時大家都知道，日耳曼的軍隊有了反叛情緒。那些不懷好意的人是這樣迫不及待地發動叛亂，甚至正派的人對於壞事都採取不聞不問的態度，以致在一月十四日，當奧托在晚飯之後回去的時候，如果不是害怕夜裡發動沒有把握，如果不是因爲各隊的士兵分散在城內各處，如果不是由於人們在喝醉的時候，難於共同行動的話，他們是會按照計劃把奧托擁立爲皇帝的。他們並不爲國家的前途擔心，因爲他們內心深處實際上正是準備用他們的皇帝的鮮血來玷污他們的國家；然而他們害怕在黑暗中，從潘諾尼亞或日耳曼來的士兵會把他們隨便碰上的一個什麼人當做奧托而宣布他爲皇帝，因爲大部分的人都不認識他。已經有了許多爆

① 親衛隊中有專門向親衛隊士兵傳達口令的人，稱為tesserarius，因為口令是寫在小板(tessera)上的，發口令的人則是親衛兵的將領，或是皇帝本人。

發叛亂的徵兆，但是這些徵兆都被陰謀者壓下去了。伽爾巴聽到了一些事情，但近衛軍長官卻不把它們放在心上。他並不了解士兵們的情緒，只要不是他自己提出的計劃，不管多麼好的計劃他都反對，而那些比他有見識的人也被他認爲是死對頭。

27 在二月朔日之前的第十八天①，當伽爾巴在阿波羅神殿的前面奉獻犧牲的時候，占卜師翁布里奇烏斯宣布說朕兆不吉，一件陰謀即將爆發，而且在他家中就隱藏著一個敵人。當時奧托就站在伽爾巴旁邊，所以他是聽到了這話的，但是他從相反的一方面來理解這句話，認爲這個朕兆對他有利，並且預示他的目的能夠實現。不一會兒，他的被釋奴隸歐諾瑪斯圖斯便向他宣布說，他的建築師和承包人都在等著他。其實這是他們約好的暗號，表明士兵業已集合起來，陰謀時機也已成熟了。當有些人問奧托爲什麼要離開的時候，他藉口說他購置了一些產業，不過他因爲這些產業的修建年代而懷疑這些產業的價值，因此他想自己先去看一看。他在他的被釋奴隸的攙扶之下，穿過提貝里烏斯的宮殿到維拉布魯姆②去，然後又來到撒圖爾努斯神殿附近黃金標柱③的地方。二十三名親衛兵便正式擁戴他爲皇帝；由於前來迎接他的士兵很少，所以他滿懷恐懼，但就在這時，士兵迅速地把他放在肩輿上，帶著出了鞘的刀趕忙把他抬走了。大約有同樣數目的士兵在途中加入了他們的隊伍，他們中間的一些人由於事先知道這事，但更多的人則由於感到驚奇，一部分人大聲吶喊，抽出刀來；一部分人沉默不語，他們要等待事情有了結果之後才有勇氣表示自己

---

①即一月十五日。

②地名，位於帕拉提努斯山附近。

③黃金標柱(miliarium aureum)是奧古斯都所建立的、上面鍍了青銅的圓柱，上面刻著羅馬帝國的主要城市的名字以及它們和羅馬之間的距離。

的態度。

28 那一天，營地裡值勤的將領是優利烏斯・瑪爾提亞里斯。他被這一突如其來的嚴重罪行嚇壞了，他不知道營地裡有多少士兵有叛變情緒，同時又害怕若是反對的話自己有被殺死的危險，因此他對這件事的反應使得大多數的士兵猜想他是參與謀反者。所有其他的將領和百人團長也寧肯採取當前的這種曖昧的態度以求自保，而不肯爲了國家的利益去冒險。他們的想法是：只有少數人敢於犯叛國的罪行，較多的人想這樣做，但所有的人則對之採取默許的態度。

29 伽爾巴完全不知道這時發生的事情。他正在專心致志地奉獻犧牲，向著現在已不屬於他的帝國的諸神進行祈求；就在這時，他得到報告說，一位元老或別的一個什麼人已匆忙趕到軍營那邊去了。後來又傳說這個人就是奧托；與此同時，民衆從全城的四面八方擁來了，正好看見了剛剛發生的事情的那些人因爲害怕而誇大了事實，有些人則又認爲這種事情算不了什麼，因爲甚至這時他們仍然沒有忘掉阿諛諂媚。在經過集會討論之後，決定先對守衛宮廷的步兵中隊的情緒進行試探，不過不是通過伽爾巴本人，伽爾巴的威信要等到最緊迫的關頭再拿出來。站在宮廷台階上的披索把士兵們召集起來對他們說：「我的同伴們，在不知道未來命運如何的情況之下，我被過繼爲凱撒已經五天了，我不知道這個頭銜將會引起人們的羨慕還是恐懼。我的家族和國家的命運都依靠你們。我講這話並不是因爲我害怕自己會遭到什麼不幸，因爲我飽嘗過不幸的命運，而目前我知道好運也不會帶來更少的危險。但是我爲我的父親、爲元老院和帝國本身的命運而悲痛，如果我們必須自己在今天喪命或是把別人殺死的話——因爲這樣的行動會同樣給好人也帶來悲傷。在前一次政變中，我們感到欣慰的事實是：城裡並沒有發生流血事件，政權也是在毫無異議的情況下轉到另一個人的手裡去的；看來過繼的事情甚至在伽爾巴死後也都是可以防止任何戰爭的。

30「我不想標榜我本人的高貴出身或品格，而在同奧托這樣一個人相比較時，我也無須列舉我的德行方面的一些優點。他能夠用來炫耀的東西只是缺點，這些缺點甚至在他自命是皇帝的朋友的時候都在危害著帝國的生存。難道他的言談舉止或是他的那種女人氣的服飾能夠配得上皇帝的寶座麼？那些受到表面上的慷慨贈賜而染上了奢侈惡習的人是受騙了。奧托只知道怎樣毀人，可是他不知道怎樣把東西給人。他滿腦子裡想的不外是淫亂，是酒宴，是大群的女人，他把這些東西看成是皇帝的特權。這些特權所帶來的淫欲和歡樂都是屬於他的，但它們所帶來的羞恥和恥辱卻是要每個羅馬人來負擔。要知道，通過不正當的手段取得的皇帝大權，意味著誰也不能光榮地行使這種權力。全人類同意伽爾巴擔任皇帝，而伽爾巴又是在你們的同意之下使我成為皇帝的。如果國家、元老和人民只是徒具虛名，那麼，同伴們，你們就應當注意到不要使品質最壞的公民把皇帝擁戴出來。軍團的士兵叛離他們的統帥，這樣的事情是常常可以聽到的；但你們的忠誠和令名直到今天卻一直是潔白無瑕的。就是尼祿，也是他拋棄了你們，不是你們拋棄了他。不到三十個叛徒或是逃兵甚至連推選一個百人團長或將領的權力都沒有，難道竟能容許他們把皇帝的大權授予一個人麼？你們能容忍這樣的事例麼，你們容忍的話，不就是使他們的罪行變成你們自己的罪行了麼？這種放肆的行為會蔓延到各個行省去，他們的罪行的後果會落到我們身上，而引起的戰爭則要由你們負擔。給予謀殺皇帝的凶手的報酬不會比給予克制自己不去犯罪的人們的報酬更大。要知道，由於忠誠而從我們手裡得到的賞賜是不會少於由於叛變而從別人手裡得到的賞賜的。」

31親衛隊的士兵們溜走了，但是步兵中隊的其他人等卻並不拒絕聽他的講話，並且正像在騷動時期常常發生的情況那樣，他們倉卒地毫無計劃地打起自己的軍旗，而不是像後來所認為的那樣，有意掩蓋他們的背叛行為。凱爾蘇斯・馬利烏斯奉派到從伊里利亞來的精銳部隊（這些軍隊駐紮在維普撒尼烏斯門①）那裡去；主力百人團長阿穆里烏斯・謝列努斯和多米提烏斯・撒比努斯則奉命把日耳曼的軍隊從自由殿堂②那裡召來。海軍的軍團是得不到信任的；他們對伽爾巴還抱敵視的態度，因爲伽爾巴在初進羅馬時，立刻把他們的同伴都屠殺了③。凱特里烏斯・謝維路斯、蘇布里烏斯・代克斯特和彭佩烏斯・隆吉努斯這三個將領竟到近衛軍的軍營裡去看一看風向，他們的打算是，如果叛亂剛剛開始而還沒有達到高潮的話，他們就想用比較明智的說服辦法來制止這場叛亂。蘇布里烏斯和凱特里烏斯受到了士兵的攻擊和恫嚇，他們並且抓住隆吉努斯，並解除了他的武裝；士兵們所以對他採取這樣的行動，是因爲他還對伽爾巴保持忠誠，而這種忠誠並不是由於他的軍事地位，而是由於他和伽爾巴之間的友情。這樣一來，叛亂的士兵就更加懷疑他了。海軍軍團毫不猶豫地站到近衛軍這一面來。伊里利亞的精銳部隊用槍尖對著凱爾蘇斯，把他趕跑了。日耳曼的軍團分隊觀望了很長一個時候；他們的體力還是弱的，對於伽爾巴的態度也是好的，因爲尼祿曾把他們派到亞歷山大去，而當他們在返回時因長途行軍而病倒的時候，伽爾巴曾十分用心地照料過他們。

32 宮殿裡擠滿了大群的民衆，和他們在一起的還有奴隸。人們發出雜亂的呼聲要求處死奧托，要求處死陰謀者，情況就完全和人們在賽馬場裡或是在劇場裡要求表演節目時一樣。他們提出這種要求，並不是

---

①這座門在阿格里帕廣場(Campus Agrippae)的西面，阿格里帕廣場是瑪爾庫斯・維普撒尼烏斯・阿格里帕在瑪爾斯廣場(Campus Martius)上開闢的，公元前七年由奧古斯都完成並奉獻。廣場位於羅馬第七區，在瑪爾斯廣場和皮恩奇烏斯山(Mont Pincius)之間。神殿或柱廊式的門往往被用來駐軍。

②這座保存檔案文件和監察官辦公用的建築物是阿西尼烏斯・波里歐修復的。波里歐在公元前三九年在這座建築物裡設立了羅馬的第一座公共圖書館。看來這座建築位於圖拉真後來修建他的廣場的地方或在它的附近。

③參見本卷第六章。

由於他們有什麼是非之心，也不是出於他們的眞誠，因爲就在這一天裡面，他們也曾同樣熱心地提出過相反的要求①。他們只不過是按照以令人作嘔的喝采和毫無意義的熱情來阿諛皇帝的傳統習慣行事，不管這皇帝是什麼人。

在這個時候，伽爾巴在兩種建議之間搖擺不定：提圖斯・維尼烏斯主張伽爾巴必須留在宮內，把奴隸武裝起來進行自衛，封鎖宮廷的各個入口，並且不要到憤怒的軍隊中去。他認爲伽爾巴應當給不忠誠的人以悔悟的時間，應當給忠誠的人以取得一致的協議的時間。罪惡通過迅猛急速的行動而取得力量，但賢明的意見卻通過耽擱而取得力量。總之，如果這種辦法被證明是賢明的，那麼他自己在以後仍然有機會採取相應的行動，但是如果他目前便輕舉妄動而又未能成功的話，那麼他能不能再回到宮裡來，就要依靠別人了。

33 但是所有其餘的人則認爲他應當立刻行動起來，不要讓那力量還不大而且又僅限於少數人的陰謀得逞。他們說，如果伽爾巴立刻行動起來，奧托就會嚇得喪魂落魄。他是偷偷地溜出去，並出現在並不認識他的人民群衆面前的，但是現在由於那些正在浪費著自己時間的人們的觀望猶豫和無所作爲，奧托就有覬覦皇位的機會了。必須不讓奧托得到在軍營中安排一切的機會，必須進攻廣場，並在伽爾巴親眼看到的情況下到卡披托里烏姆神殿②去；但是最尊貴的皇帝和他的勇敢的朋友們卻把自己關在宮裡，不出宮門一步，等待肯定被包圍的命運！如果全體人民的共同感情和他們在開頭時的最強烈的義憤情緒冷下來的話，奴隸們會向他們提供最有力的支援！因此，不光彩的決定就是危險的決定。即使他們免不了覆滅的命運，他們

①參見優維納爾：《諷刺詩》，第十卷，第五十四至七十七行。
②取得了最高統治權的人照例要到那裡去占卜朕兆和奉獻犧牲。

也應當迎著危險前行；這種做法可以給奧托帶來更多的恥辱，給他們自己帶來更多的榮譽。當維尼烏斯反對這個意見的時候，拉科就帶著恫嚇的口吻攻擊他。伊凱路斯在後面煽動拉科，而伊凱路斯對維尼烏斯的強烈的私人仇恨，終於毀了國家。

34 伽爾巴不再猶豫了，他同意那些提出更加冠冕堂皇意見的人的做法①。雖然如此，披索還是首先被派到營地去②，因爲他年紀輕，有聲望，並且由於新近才被召來作皇位的繼承人從而贏得了士兵的愛戴；他也是提圖斯·維尼烏斯的對頭，這或是一個事實，或是因爲維尼烏斯的敵人在盛怒時希望情況就是這樣：要知道，仇恨特別容易使人輕信啊。在披索幾乎還沒有離開宮殿的時候，外面就有這樣一個起初是模糊和不能肯定的傳說：奧托在軍營裡被殺死了。過了一會兒，正如在傳播重大的謊言時自然會發生的情況那樣，有人竟然自稱當場曾看到這次殺人的行爲。那些聽到這個消息後感到高興和無所謂的人，都信以爲眞。但許多人則認爲這種說法是混在群衆當中的奧托一派的人揑造和故意加以誇大的，這些人散布這個聽了令人高興的謠言，目的是把伽爾巴從宮中引誘出來。

35 對這件事情感到歡天喜地的，其實不止是人民以及盲目無知的群氓③，就是在騎士和元老中許多人也是這樣。他們不再害怕了，不再謹小愼微了，他們衝進了宮殿的大門，向伽爾巴抱怨說，他們失去了報復的機會。這些人其實都是卑鄙無恥的膽小鬼，而事實也證明，他們在危險的時候一點骨頭也沒有，但現在他們卻特別大言不慚並且表現得激昂慷慨。誰也不知道情況到底是不是這樣，但每個人卻都肯定他們聽

①蘇埃托尼烏斯在《伽爾巴傳》第十九章中的說法和這裡的說法不同。
②蘇埃托尼烏斯沒有提到披索的這一使命。
③拉丁文原文人民(populus)和群氓(plebs)，如仔細區別，plebs似專指更加窮苦的人們。

到的消息。伽爾巴最後知道傳說沒有根據，是大家弄錯了，於是他就披掛上了他的甲冑。他的年齡和體力都無法應付蜂擁而至的人群，結果他就被抬上了一個肩輿。他的親衛隊的一名士兵優利烏斯・阿提庫斯在宮殿裡遇到了他時，把自己的沾上了血跡的刀拿給他看，喊著說他已經殺死了奧托。伽爾巴在約束士兵的放肆行爲這一點上向來是不放鬆的，於是他就問這個士兵：「戰友，你這樣做，是誰下的命令？」①伽爾巴這個人不會被威脅嚇倒，更不會被諂媚沖昏頭腦。

36 這時軍營中所有士兵的情緒傾向於哪一方，已不再有什麼懷疑了。他們的情緒熱烈到這樣的程度，以致不滿足於在他們行進時把奧托扛在肩頭上，他們還把他放在不久之前上面還立著伽爾巴的一座鍍金胸像的台座上，並且用軍旗把他圍了起來。他們不許任何一個將領或百人團長挨近他。普通士兵們一直在叫喊著說，他們首先必須提防著他們的統帥們。呼哨、騷動和相互的激勵鬧得一片混亂。這時和人民群衆集會時通常會出現的各種各樣的呼叫和並非出自誠意的諂媚表示不同，他們是把每一個來到他們跟前的人抓住，擁抱他，把他帶到台座那裡去，告訴他誓詞，要他宣誓效忠，他們時而把皇帝介紹給士兵，時而又把士兵介紹給皇帝。奧托這一方面也沒有閑著，他伸出雙手向普通士兵致意，向他們飛吻②，並且爲了取得最高統治大權而不惜做出一切卑躬屈節的姿態。

當海軍的整個軍團③向他宣誓效忠之後，他對自己的力量有了信心，並且認爲現在應當對他先前個別進行鼓動的人們，作爲一個整體來加以鼓勵了。於是他就站在軍營的壁壘上講了這樣的話：

---

①蘇埃托尼烏斯的記述的原文是 quo auctore?

② adoratio 的意思是用右手摸自己的嘴唇，參見阿普列烏斯：《變形記》，第四卷，第二十八章。

③這是駐在羅馬的唯一的海軍軍團。

37 「同伴們，我不知道我以什麼身分在你們面前講話，因爲在你們擁戴我爲皇帝之後，我已不能自稱爲一個普通公民，然而在別的人還掌握著統治大權的時候，我又不能稱自己爲皇帝。當本人在軍營中還不能確定是一個皇帝還是羅馬人民的敵人的時候，你們的稱謂也是難以確定下來的。你們難道沒有聽到有人要求處決我，同時又要嚴懲你們這些同謀犯嗎？毫無疑問，我們要死就死在一起，要活也活在一起。伽爾巴是個多麼仁慈的人物啊！這時他也許已經向人們作出了適合於自己的人格的保證：他是個無須經過任何人的請求便能夠冷酷地殺害成千上萬無辜士兵的人啊！每當我回想到他那次不祥的入城時，我就不寒而慄，而就在他取得了僅有的一次勝利的時候，他就下令把那些投降的人當中的十分之一當著全城人民的面殺死。而這些人正是他接受其請求而置於自己的保護之下的！他就是在這樣的前兆下進了城的。他給皇帝的大權帶來了什麼光榮呢？他做的事情是在西班牙殺死了奧布爾特洛尼烏斯・撒比努斯①和科爾涅里烏斯・瑪爾凱路斯②，在高盧殺死了貝圖斯・奇羅③，在日耳曼殺死了豐提烏斯・卡皮托④，在阿非利加殺死了克洛狄烏斯・瑪凱爾，在前來羅馬的途中殺死了欽戈尼烏斯，在城裡殺死了圖爾披里亞努斯，在軍營裡殺死了尼姆披狄烏斯。哪一個行省，哪一個營地，沒有被鮮血玷污過，或者用伽爾巴的說法，沒有被清洗和整肅過？原來別人稱爲罪行的東西，他則稱爲「整頓」，他顛倒黑白地把殘酷稱爲「嚴格」，把貪婪稱爲「節儉」，把你們身受的懲罰和侮辱稱爲「紀律」。尼祿已經死了七個月，但是伊凱路斯所搜括的財產，比波里克利

①克勞狄烏斯當政時期的國庫財務官(quaestor aerarii)，參見塔西佗：《編年史》，第十三卷，第二十八章。
②可能是西西里的財務官和後來的總督。參見塔西佗：《編年史》，第十六卷，第八章。
③不詳，此人姓名只在銘文中再見一次。
④以下五人參見本卷第五、六、七章。

圖斯①、瓦提尼烏斯②、埃吉亞路斯③之流所浪費④的全部財產還要多。提圖斯·維尼烏斯如果他本人作皇帝的話，他的貪欲和非法的行徑也許反而要好一些。現在我們被他踐踏在腳下，幾乎和他的奴隸一樣。他瞧不起我們，因爲我們是屬於另一個人的。伽爾巴一家的財富就足夠償付他每天許諾給你們、但從來不給你們的贈賜。

38 「此外，爲了使你們甚至不能把希望寄託在他的繼承人身上，伽爾巴竟然從放逐中把這樣一個人召了回來，因爲在他看來，這個人的陰鬱和貪婪使得這個人看來和他自己幾乎一模一樣。同伴們，你們已經看到，甚至諸神都通過一場可怕的風暴表示他們對這一不祥的過繼是不同意的。元老院和羅馬人民也有同樣的感覺。他們對你們的勇敢行動寄予很大的希望，因爲你們是實現光榮的計劃的全部力量，不得到你們的參加，不拘是何等崇高的意圖都是沒有用的。我不是號召你們去作戰或是去冒險。全部武裝力量都在我們的一面。而穿著便服的一個步兵中隊⑤現在並不是在保衛著，而是拘留著伽爾巴；當他們一旦看到你們，當他們一旦接受我的口令的時候，你們之間所要較量的就是要看哪一方對我表現最熱誠的擁護了。對於只有付諸實現才值得稱讚的計劃，是不應當耽擱的。」說完這話之後，他就下令打開武器庫。士兵們立刻拿起了武器，不管什麼軍事慣例或等級，也不想用自己的標幟來區別什麼近衛軍的和軍團的士兵；他們不加區別地戴上了輔助部隊的頭盔，並拿起了輔助部隊的盾牌；沒有任何將領或百人團長率領著他們。每個人

---

①參見塔西佗：《編年史》，第十四卷，第三十九章。

②參見同上書，第十五卷，第三十四章。

③不詳。這不像一個希臘的或拉丁的名字，所以有人都懷疑有錯誤。

④原抄本 perierunt，今從通行的校讀為 perdiderunt（浪費）。

⑤城內親衛隊的士兵，穿便服以代替軍服，但是佩帶武器。

都是自己率領著和激勵著自己前進。流氓惡棍的主要刺激物就是忠貞之士的不幸。

39 披索被越來越嚴重的騷動所發出的吼聲以及甚至在城裡都能聽得到的叫囂聲嚇壞了，他追上了這時已離開了皇宮並且走近廣場的伽爾巴。馬利烏斯・凱爾蘇斯已經帶來了一個令人沮喪的消息。於是一些人建議伽爾巴返回皇宮，另一些人則建議他設法到卡披托里烏姆神殿去，但又有許多人認爲必須先占奪廣場上的講壇①。但是大多數的人堅決反對其他人的意見；而正像在提出這樣一些不幸的建議時通常所發生的情況那樣，業已錯過了機會的那些計劃現在看來卻似乎是最好的計劃了。人們說拉科想背著伽爾巴殺死提圖斯・維尼烏斯，這或者是爲了通過對他的懲罰來平息士兵的怒氣，或者是因爲他相信維尼烏斯參預了奧托的機密，或者乾脆就因爲他恨維尼烏斯。但是他在時間和地點上拿不定主意，因爲屠殺一旦開始，再想要制止就很困難了；再者，他的計劃也由於那些令人不安的消息和他最親信的黨羽的背叛而被破壞了，因爲那些最初曾熱望表現自己忠誠和勇敢的人，現在都已經沒有那麼大的勁頭了。

40 伽爾巴在起伏不定的人潮裡被沖來沖去。公共會堂②和神殿到處都擠滿了趕來觀望這一陰鬱不祥事件的人群。普通人民和下等人群全都一言不發，但是他們臉上卻帶著恐怖的表情，他們對任何一個聲音都不肯放過去。這裡沒有吵鬧聲，卻並不平靜，而是和巨大的恐懼與巨大的憤怒伴隨在一起的一種沉默。不過奧托接到一個報告，說群氓正在武裝起來；於是他下令手下的人火速到那裡去，搶先制止這一危險。羅馬士兵於是蜂擁而上，就好像他們正在去把一個沃洛伽伊蘇斯（沃洛吉西斯）或一個帕科路斯從阿爾撒奇

---

① 講壇(rostra)是向人民群衆發表演説的地方，而發表演説是爭取群衆的重要手段。

② 一般指廣場周邊的巨大建築物，人們把它利用為法庭和在那裡談判商務。

達伊族的世代相傳的王位上趕下來①，而不是忙著去殺死他們自己的皇帝——一個手無寸鐵的老人。他們衝散了群氓，踐踏了元老；用武器嚇住了別人，這樣他們就很快地衝到了廣場。眼前看到的卡披托里烏姆神殿，聳立在他們上方的殿堂的神聖性，以及關於古往今來的皇帝的想法，都不能阻止他們犯罪——犯下一件任何繼承皇位的人都必須加以懲處的罪行。

41 當他看到武裝士兵逼近他的時候，衛護伽爾巴的步兵中隊的旗手——據說他的名字叫阿提里烏斯·維爾吉里奧——就把伽爾巴的像②從軍旗上扯下來拋在地上。這一信號就明白地表示，所有士兵的情緒是擁護奧托的。人民都從廣場逃跑了。如果有誰在那裡猶豫的話，軍隊就用他們的武器來恐嚇他們。當伽爾巴被驚惶失措的抬肩輿的人們從肩輿上摔到地上的時候，他正好在庫爾提烏斯池③的近旁。他最後說的話是什麼，人們的說法各不相同，因爲有的人憎恨他，有的人崇拜他；有人說他用懇求的語氣問他到底做了什麼壞事，並且請求給他幾天的寬限把贈賜給予士兵；又有許多人報導說，他自動把脖子伸給想殺死他的人，並告訴他們說，如果這樣做符合國家的利益的話，那麼就快快動手吧。殺死他的人哪裡還管他講了些什麼話。關於殺死他的人到底是誰，我們也沒有確實的材料。有人說這個人是後備部隊中的一個叫做提倫

---

①沃洛吉西斯(Vologaesus)，在克勞狄烏斯的統治時期是帕爾提亞人的國王；他的兄弟帕科路斯現在顯然臣屬於帕爾提亞人的米地亞的國王。參見塔西佗：《編年史》，第十二卷和第十五卷。

②軍旗的圓牌上面，有皇帝的浮雕像。

③從奧維狄烏斯的《年代記》（第四卷，第四〇三行），我們知道這是廣場中心的一個有欄杆圍繞的池子。李維對它的起源提出了兩個說法：*1.*薩比尼人美提烏斯·庫爾提烏斯在一次戰鬥中幾乎被吞沒在這一沼澤中（《羅馬史》，第一卷，第十二章）；*2.*瑪爾庫斯·庫爾提烏斯曾把他的馬陷到這個陷坑裡（同上書，第七卷，第六章）。

提烏斯的人，又有人說這個人的名字是萊卡尼烏斯。還有一種比較流行的說法是：第十五軍團①的一個名叫卡木里烏斯的士兵一劍刺穿了他的喉頭。其他士兵則可恥地割斷了他的四肢，因爲他的胸部有鎧甲保護著，他們甚至在割掉他的腦袋之後又野蠻殘暴地在他身上留下許多傷痕②。

42 在這之後，他們就向提圖斯・維尼烏斯發動了進攻。關於他的死亡，也有一個不能確定的問題，即不知道迫近眉睫的死亡嚇得他講不出話來，還是他喊叫說奧托並沒有下令處死他。他也許是由於害怕才捏造了這一說法，也許這樣就供認了他曾參加這一陰謀；但他一生的經歷和他的聲譽有理由使我們相信，他是參預了由他所引起的這一罪行的。第一下刺到他膝蓋後面的地方時，他就倒在聖優利烏斯神殿③的前面了；後來一個名叫優利烏斯・卡路斯的軍團士兵又把他的身體刺穿了。

43 在我們自己的時代的那一天，出現了一個名叫顯普洛尼烏斯・鄧蘇斯④的崇高的英雄人物。他是近衛軍步兵中隊的一個百人團長，伽爾巴曾指定他負起保護披索的責任。他抽出他的匕首向軍隊衝去，斥責他們的罪行並且用行動和言語把謀殺者的注意力引到自己身上來，雖然他自己負傷了，卻給了披索一個逃跑的機會。披索逃到維司塔神殿⑤裡，那裡的一個國家奴隸⑥出於憐憫而收容了他，把他隱匿在自己的房間

---

①下日耳曼的軍團，駐在維提拉(Vetera)〔克桑頓(Xanton)〕。

②參見蘇埃托尼烏斯：《伽爾巴傳》，第二十章。

③公元前四二年奧古斯都所建，這裡是凱撒火化的地方。它位於廣場北面，最高祭司(Pontifex Maximus)就在這裡辦公。

④蘇埃托尼烏斯和普魯塔克說他保衛過伽爾巴。

⑤廣場南角的一座圓形建築物。

⑥指管理神殿的奴隸。

裡。正是由於他的隱藏的地方偏僻，而不是由於對於神聖場所或對於它的儀節的某種顧忌，才使他得以稍稍延緩了威脅到他頭上的死亡。但是不久之後，比任何人都更加切望將披索置於死地的奧托把不列顛輔助部隊中一個被伽爾巴解放不久的蘇爾皮奇烏斯·佛洛路斯和親衛隊的司塔提烏斯·穆爾庫斯派了來，這兩個人把披索拖出來之後，就在神殿的門口把他殺死了。

44 據說，殺死任何別人都不像殺死披索那樣使奧托得到這樣大的快樂。他對任何人的腦袋都不曾這樣沒完沒了地看了又看。這理由可能在於現在他的內心首先擺脫了顧慮，感到了歡樂；或許是在殺死伽爾巴時想到自己的背叛，而在殺死提圖斯·維尼烏斯時想到自己同他的友誼，這些情況甚至使他的殘酷心腸都因陰慘的景象而感到十分痛苦；但是對於披索這個敵人和對手的被殺，他卻認爲他的高興是合理而又合法的。被殺死的人們的頭顱揷在與軍團的軍旗並列的步兵中隊隊旗中間的竿子上面，而那些進行屠殺的人，那些在場的人，還有那些正當地或是虛僞地吹噓他們之參加他們自認是傑出的和可以紀念的行動的人，則競相誇示他們自己的血手。維提里烏斯在後來發現有一百二十多份申請書，爲那一天所做的某一值得表彰的事情而要求賞賜。他下令把寫這些申請書的人毫無例外地捉來殺死，這倒不是因爲他想給伽爾巴以榮譽，而是按照皇帝們的傳統習慣行事，因爲這樣可使他在當前得到安全，爲未來先施報復。

45 元老院和人民看來已完全變了：所有的人都向軍營那邊跑，他們力圖越過他們身邊的人，趕上走在他們前面的人；他們咒罵伽爾巴，讚揚士兵們的堅決果斷，吻奧托的手，他們行動的過火同他們的虛僞成正比。當奧托想通過他的言語和表情來制止士兵的急切和威脅情緒時，他卻不拒絕各人對他表示的好感。他們要求懲處當選的執政官馬利烏斯·凱爾蘇斯，因爲直到最後他還忠於伽爾巴。他們恨他的毅力和正直的性格，就彷彿這都是邪惡的品質似的。非常明顯，他們是想動手殺戮、劫掠並搞掉每一個正直的公民，但是奧托卻沒有足夠的威望來制止罪行：他只能夠對他們下命令①。於是他便裝做發怒的樣子，下令逮捕凱爾蘇斯。他聲稱要對凱爾蘇斯加以嚴懲，這樣就使他免於立即被處死。

46 從此之後，士兵的意志便是至高無上的了。近衛軍士兵選擇了他們自己的長官普洛提烏斯・費爾姆斯。這個人先前是一個普通士兵，後來成了城市警衛隊的頭目，他甚至在伽爾巴活著時就是奧托的同黨。他們又選擇李奇尼烏斯・普洛庫路斯擔任費爾姆斯的同僚②；普洛庫路斯和奧托的親密關係使人疑心他也參預了奧托的陰謀。他們選擇佛拉維烏斯・撒比努斯③擔任市長官，這樣也就承襲了尼祿過去的任命，因爲過去尼祿便曾選拔他擔任這一職務。但許多人這樣做卻有其另外的目的，那就是想討好他的弟弟維斯帕西亞努斯。軍隊還要求取消在請假時通常要送給百人團長的錢，因爲這筆錢簡直就成了普通士兵每年繳納的稅金。如果士兵們按規矩向百人團長付出代價的話，那麼每一小隊士兵都會有四分之一的人請假外出或是到營地的周圍地方去遊逛。誰也不理會士兵們的負擔有多麼重，而他們又是怎樣取得這些錢的。實際上士兵們是通過攔路打劫、小偷小摸以及各種賤役，才得以通過行賄的手段而暫時擺脫了軍役的。而且，最有錢的士兵則被殘酷地分配以最累人的勞役，最後他們只得花錢以減輕自己的勞苦。士兵們因懶散而變得貧窮和情緒沮喪之後，便返回自己的隊伍；這時他們囊空如洗，而不是頗有積蓄；一片灰心，而不是精力充沛；他們由於同樣的貧困和缺乏紀律，就一個一個地垮掉了，結果他們就準備參加兵變和紛爭，最後甚

①這裡意思是說士兵只容許奧托幹壞事。
②參見本卷第八十二章。
③關於此人的結局，參見本書第三卷，第七十四章。

至是內戰。但奧托希望對士兵的寬厚措施不要得罪百人團長，因此他答應說，皇帝的財庫將負擔每年假期中應付的錢①，這一措施毫無疑問是有益的，而且後來又爲好皇帝規定爲固定的軍役條例。表面上被放逐到一個島上去的近衛軍長官拉科則被一個退伍的士兵暗殺了，這個士兵是被奧托派去暗殺了他的。只有被釋奴隸身分的瑪爾奇亞努斯・伊凱路斯是公開被處死的。

47 這一天是在罪行中度過的，罪行中最壞的是人們對於罪行所感到的喜悅。城市行政長官召集了元老院的會議②。其他的高級長官競相獻媚，元老們都趕到元老院去，投票把保民官的權力、奧古斯都的稱號以及曾給予其他皇帝的一切榮譽授予奧托。所有的人都盡力想使人們忘掉他們先前對他的嘲弄和侮辱，而且任何人都沒有遺憾地發現，這些偶然的談話過去曾深深地印在奧托的腦海裡。他是忘記了這些話，還是推遲了他的報復，我們不知道，因爲他的統治時期太短了。繼而當廣場上還散發著血腥氣，而成堆的屍體還擺在那裡的時候，他乘著肩輿到卡披托里烏姆神殿去，隨後又到帕拉提烏姆皇宮去。在這之後，他才下令埋葬和焚燒屍體。披索的後事是由他的妻子維拉尼婭③和他的兄弟司克里波尼亞努斯料理的，提圖斯・維尼烏斯是由他的女兒克利司披娜料理的：他們先是找到了死者的屍體，再贖回死者的首級。謀殺者故意留起了死者的首級以便從中取利。

48 披索活到第三十一個年頭將盡的時候；他的聲名比他的命運要好一些。他的一個兄弟瑪格努斯④是

①這是說，國家默認行賄的錢是正當的開支。
②這時兩位執政官伽爾巴和維尼烏斯都已經死了，因此元老院的會議按規定應由城市行政長官召集。
③小普利尼《書信集》第二卷第二十章提到了她。
④格涅烏斯・彭佩烏斯・瑪格努斯在公元四一年娶了皇帝克勞狄烏斯的女兒安托尼婭，但是不到六年他就被處死了。

被克勞狄烏斯處死的，他的另一個兄弟克拉蘇斯①是被尼祿處死的。他本人長期被逐在外，只作了四天的凱撒。由於這次倉卒的過繼，比起他的哥哥來，他所得到的唯一優越之處，就是他比他哥哥更早地遇害。提圖斯・維尼烏斯活了五十七年；他的性格在不同的時期而有所不同。他的父親出身行政長官的家庭，他的外祖父曾被宣告剝奪羅馬公民權②。當他在副帥卡爾維西烏斯・撒比努斯③的領導下第一次服軍役的時候，他就蒙受了恥辱。原來撒比努斯的妻子爲了可恥地想看一看軍營，便僞裝爲普通士兵的樣子在夜間進了軍營。她起初一直是恬不知恥地跟守衛和其他值勤士兵搗亂，繼而竟大膽到敢於在統帥的本營裡宣謠④。提圖斯・維尼烏斯被控以參預這一罪行，因而卡里古拉下令給他戴上了沉重的鐐銬。後來時過境遷，他又被放了出來。他一帆風順地升遷，而在擔任了行政長官之後又被任命統率一個軍團；雖然在這個位置上他很成功，但是後來由於奴隸常犯的罪行而玷污了自己的名譽。原來他被控在克勞狄烏斯的一次晚宴上偷了一只金杯，結果在第二天，克勞狄烏斯下令只把陶器給維尼烏斯使用。但是作爲納爾波高盧的總督，維尼烏斯的統治卻是嚴格而又公正的。後來由於同伽爾巴的友誼，他被提拔到一個危險的高位上去。他勇敢、狡猾、幹練，時而缺德、時而有德，那要看他當時的意向如何而定。但任何時候他都是同樣精力充沛的。

---

①瑪爾庫斯・李奇尼烏斯・克拉蘇斯・福路吉被惡名昭著的瑪爾庫斯・阿克維里烏斯・列古路斯控以大逆罪並在公元六六與六八年間被處決。參見本書第四卷，第四十二章。

②公元前四三年第二次三頭時期，參見狄奧・卡西烏斯，第四十七卷，第七章。

③撒比努斯是公元二六年度執政官（參見塔西佗：《編年史》，第四卷，第四十六章），在卡里古拉手下擔任過潘諾尼亞的行政長官銜副帥(legatus pro praetore)。他和他的妻子因這裡說到的事情受到追究，結果二人都在定罪之前便自殺了（參見狄奧・卡西烏斯，第五十九卷，第十八章）。

④羅馬人認為婦女參觀士兵的演習是失儀的（參見塔西佗：《編年史》，第二卷，第五十五章）。

他的巨大的財富使他的遺囑無效①，但是披索的貧苦卻使他的最後希望得以實現。

49 伽爾巴的屍體長期無人過問，人們趁著黑夜對屍體進行了不可勝數的侮辱。最後伽爾巴先前的一名奴隸、他的管家阿爾吉烏斯把它草草地埋葬在伽爾巴的私人花園裡。伽爾巴的首級曾被插在竿子上並受到隨軍人員和僕從們的侮弄，這個首級是第二天在佩特洛比烏斯的墓前找到的，找到之後就和他那業已火化的屍體埋到一處了②。佩特洛比烏斯是尼祿的一個被釋奴隸，曾受過伽爾巴的懲處。這就是謝爾維烏斯・伽爾巴的結果。他活了七十三歲，十分順利地經歷了五個皇帝的統治③，他在別人的統治下，比自己親自統治時更為幸運。他出身於古老的貴族之家，擁有大量的財富。伽爾巴本人的才能中常，缺點不多，但也沒有什麼德行可言。他注意自己的聲譽，但是不吹噓自己。他並不貪求別人的財產；他生平自奉甚儉，對國家的錢卻頗吝嗇。他在發現他的朋友和被釋奴隸為人誠實時，就對他們仁慈而又寬厚；如果他們不誠實，他就任性甚至不顧一切。但是他的高貴的出身和時代所引起的恐怖掩蓋了眞實情況，以致人們把實際上的懶散說成是智慧。他在年富力強之時，因在日耳曼各行省擔任軍務而享有聲名。作為總督，他治理阿非利加措施得當，他年老時，治理近西班牙④也以正直著稱。他當臣民時，看來臣民的身分對他這樣一個偉大人物來說總是不相稱，而且所有的人都會同意這樣的看法：如果說他從未取得過皇帝大權的話，那他是有

①這裡的意思是說皇帝的貪欲根本不把遺囑的條款放在眼裡。

②根據普魯塔克的說法（《伽爾巴傳》，第二十八章），做這件事的是著名的赫爾維狄烏斯・普利斯庫斯。

③他生於公元前四年，奧古斯都死時他十八歲。

④蓋烏斯時期他是上日耳曼的副帥；克勞狄烏斯時期他是阿非利加行省（屬元老院）的總督，尼祿時期他是塔爾拉科西班牙的副帥。

資格取得這樣的大權的。

50 這時羅馬處於一片混亂和恐怖的狀態，這不僅僅是由於最近的一場殘暴罪行，而且是因爲人們同時又想起了奧托先前的性格。現在人們聽到維提里烏斯的消息時更加害怕了；維提里烏斯本來在伽爾巴死前已被鎮壓下去了，因此公民們當時認爲發動兵變的只是上日耳曼的軍隊①。世界上兩個最無恥、懶惰和放蕩的壞蛋顯然是被命運挑選出來毀滅帝國的，與國家有一些利害關係的元老和騎士想到這一點，就掩飾不住內心的悲痛，即使是普通人民心裡也很難過。他們所談的不再是最近的一次血腥的和平所帶來的恐怖，而是回憶過去的內戰，並且談到羅馬軍隊過去曾多次攻占羅馬，談到意大利遭受的塗炭，各行省受到的劫掠，談到帕爾撒里亞②、菲利皮③、佩路西亞④和木提那⑤這樣一些同人民的災難有聯繫的地名。他們說，取得皇帝大權的，即使是正直的人，世界差不多也要搞得天翻地覆；但是，當優利烏斯・凱撒取得勝利的時候，帝國依然存在，奧古斯都勝利時，帝國也是依然存在；如果勝利的是龐培和布魯圖斯，那麼共和國就可以保存下來了。但是在當前的情況之下，他們是不是應當到神殿去爲奧托或是爲維提里烏斯祈求呢？

---

①參見本卷第十四章。這裡指維提里烏斯被下日耳曼軍團所擁立的消息。這個消息在路上要走大約一個星期，從美因茨到施特拉斯堡，再從那裡到韋維、瑪爾提尼(Martigny)和奧斯塔。因此萊茵河下游一帶的活動在元旦開始時，羅馬不可能很早得到這個消息。伽爾巴所說的兩個不聽節制的軍團是上日耳曼的。

②公元前四八年八月九日凱撒對龐培之役是在希臘的帕爾撒里亞平原進行的。

③公元前四二年秋安托尼烏斯和屋大維對布魯圖斯和卡西烏斯之役是在希臘的菲利皮進行的。

④公元前四一年屋大維（或無寧說阿格里帕）圍攻路奇烏斯・安托尼烏斯之役。

⑤公元前四三年瑪爾庫斯・安托尼烏斯對執政官希爾提烏斯和龐撒之役是在木提那（Mutina，即現在的摩德納〔Modena〕，位於意大利中部）。

爲他們任何一個人祈求，都是對神的不敬，爲他們任何一個人發願都是可惡的，因爲這時在兩個人之間的鬥爭中，人們所能肯定的只是，勝利者會是兩人中間最壞的一個。一些人已經預感到了維斯帕西亞努斯和東方的軍隊，他們雖然知道維斯帕西亞努斯比奧托或維提里烏斯好一些，但是他們仍然害怕再引起一場戰爭或屠殺。維斯帕西亞努斯的聲譽如何還不分明。與先前的所有皇帝不同，他是在做了皇帝之後變得好起來的唯一的一個皇帝。

51 現在我來談談維提里烏斯的叛亂的來由。在優利烏斯・溫代克斯和他的全部軍隊被殲①之後，因取得虜獲物和榮譽而得意洋洋的軍隊（這種情況是很自然的，因爲他們沒有費什麼氣力或受到什麼危險便取得了一次收穫很大的勝利），就只是嚮往著出征和作戰，嚮往取得報酬，而不只是餉銀了。士兵們在軍隊中長期服役，無利可圖；由於地區和氣候的性質以及由於紀律嚴格，他們過的是嚴峻的生活。但是和平時期的嚴明紀律在內爭中破壞了，因爲雙方都有貪污腐化的人，叛變都不會受到懲處。軍隊有許多可供使用和裝裝樣子的人員、武器和馬匹，但是在戰爭之前，士兵只認識他們自己的百人團和中隊②，因爲當時軍隊是被各個行省的疆界相互隔離開來的。但是在那個時候，軍團被調去對溫代克斯作戰，這樣他們就認識到他們自己的力量以及高盧各行省的力量了。因此，他們便又嚮往起戰爭和新的爭端來了；他們不再像先前那樣稱高盧人爲「同盟者」，而是稱作「敵人」和「戰敗者」了。實際上，高盧諸行省沿萊茵河的那一部分③和這些軍團的士兵的想法是一致的，他們這時正在拚命唆使士兵反對「伽爾巴派」，他們瞧不起溫

①在謝夸尼人的首府維松提奧(Vesontio)，被維爾吉尼烏斯的軍隊所殲滅。
②每個行省都有自己的軍隊。
③這裡指比爾伽伊人(Belgae)。

代克斯，就給他的軍隊起了這樣的名字。這樣，他們首先就對謝夸尼人①和埃杜伊人②採取敵視的態度，接著又按照財富的多少而依次對其他城市採取了敵視的態度。他們一心要攻打城市，蹂躪土地，打家劫舍。他們急不可耐，不僅僅是由於貪欲和橫傲（這在強者是特別常見的缺點），也是出於高盧人狂妄不遜的本性。高盧人爲了故意侮辱軍隊而誇耀說，伽爾巴曾豁免了他們四分之一的租稅，並且給了他們各城市的人民不少賞賜③。還有一個謠傳說得很巧妙，而且很快就有人相信了，據傳軍團的十分之一要被處死，最活躍的百人團長要被撤職。四面八方都有驚人的消息傳來，羅馬方面也有令人不安的報導。里昂的移民地也採取了敵視的態度，而由於那裡的人們一貫忠於尼祿因而謠傳特別多。但是在軍營之中，最能引起人們的妄想和輕信的卻是士兵的憎恨和恐懼，以及他們在考慮到本身的力量時表現出來的自信。

52 大概在前一年十二月一日，奧路斯・維提里烏斯到下日耳曼④，細心地巡視了軍團的冬營。軍隊中有許多人恢復了官階，恢復了名譽，並且被取消了對他們的指責。他爲著個人的目的做了不少工作，但有些事情卻是做得公正的。在這些事情裡有一件是：他對豐提烏斯・卡皮托過去任意取消或授予軍銜時的卑劣和貪婪的做法進行了公平的糾正。維提里烏斯的行動不僅僅被視爲一位曾擔任過執政官的副帥的行動，而且還毫無例外地被認爲具有更加重要的意義⑤。要求嚴格的人認爲維提里烏斯這樣做降低了自己身分，

---

①謝夸尼人住在現在的佛朗什-孔代(Franche-Comté)、勃艮第(Burgundy)和亞爾薩斯(Alsace)的一部分，他們的首府是維松提奧（今天的貝贊松）。
②埃杜伊人的地區位於索恩河和盧瓦爾河之間。他們的首府是奧古斯托杜努姆（今天的奧頓）。
③這些城市從伽爾巴手中得到了羅馬公民權和附加的土地。
④他被任命為行省長官一事，參見本卷第九章。他是接替豐提烏斯・卡皮托的。
⑤這是說士兵把他看成是未來的皇帝。

但與他意見相同的人卻稱之爲親切和仁慈，因爲他毫無限制地、不加考慮地花掉他自己的財產，並浪費掉屬於別人的財產。同時，他們的權力慾使他們把他的缺點也都看成了美德。在兩軍中間都有許多忠誠、守法的士兵，同時也有許多什麼壞事都敢做的傢伙。但是軍團的統帥阿里耶努斯・凱奇納和法比烏斯・瓦倫斯卻都是貪得無厭、胡作非爲的人物①。瓦倫斯敵視伽爾巴，因爲在瓦倫斯揭露維爾吉尼烏斯的猶豫時，在瓦倫斯摧毀卡皮托的計劃時，伽爾巴都採取了忘恩負義的態度②。瓦倫斯開始教唆維提里烏斯，告訴他士兵們的躍躍欲試的情緒，說他在各處都享有很高的聲譽；說佛拉庫斯・霍爾狄奧尼烏斯③不會採取徘徊觀望的態度，不列顛會站到他的一面來，日耳曼的輔助隊伍也會追隨他；他認爲各行省對皇帝的忠誠是很成問題的，年老的皇帝的統治很靠不住，很快就會結束的；他只須張開雙臂，趕快去迎接日益臨近的幸運就是了。他還說維爾吉尼烏斯的猶豫是很有道理的，因爲他出身騎士家庭，他的父親不是知名人物，而且他如取得皇帝大權也擔負不起來，但是如果他拒絕的話，卻可以得到安全；至於維提里烏斯，他父親曾三次出任執政官，又曾同皇帝一同擔任過監察官④，因此很久以來這便使他享有皇帝的尊嚴，並失去了一個臣民的安全。這些論點使他那遲鈍的本性產生了貪欲，而不是希望。

53 但是在上日耳曼，凱奇納這個年輕、漂亮、魁梧而又抱著極大野心的人物，卻由於巧妙的言語和威

①凱奇納統率第四軍團，駐在上日耳曼的摩功提亞庫姆(Mogontiacum)，瓦倫斯統率第一軍團，駐在下日耳曼的波恩納(Bonna)，即今日的波恩。

②參見本卷第八、九章。

③霍爾狄奧尼烏斯是上日耳曼的統帥。

④維提里烏斯的父親是公元三四年的執政官，在克勞狄烏斯當政時期，他兩度（公元四三年和四七年）和皇帝一同擔任執政官。在克勞狄烏斯當政的最後一年，他又同皇帝一道任監察官。

嚴的舉止而贏得了士兵的支持。伽爾巴任命這個青年人統率一個軍團，因爲當他在巴伊提卡①擔任財務官的時候，他曾毫不猶豫地倒向伽爾巴一邊。但是後來，伽爾巴發現他有侵呑公款的行爲，便下令追究他的貪污罪行。凱奇納感到受不住，因此他決定攪個天下大亂，以國家的不幸來掩蓋他私人的創痛。在軍隊要設法引起糾紛並不困難，因爲他們曾全力參加過反對溫代克斯的戰爭，直到尼祿被殺的時候才歸附了伽爾巴，而且那時他們向伽爾巴宣誓效忠也是走在下日耳曼的一些隊伍的後面的。此外，特列維利人②、林哥尼斯人③，還有被伽爾巴用無情的敕令懲罰過或是被他剝奪了土地的其他那些國家，也和軍團的冬營有密切的聯繫。結果舉行了一次叛亂會議。士兵由於和平民混在一起，軍紀敗壞了。而且他們對維爾吉尼烏斯明顯地表現出來的那種依附，他們是願意對任何其他人也同樣表現出來的。

54 根據古老的習慣，林哥尼斯人把握在一起的兩隻右手④的友誼標記，送給了軍團作禮物。他們的使節裝出貧窮而又愁苦樣子，在大本營以及在大群士兵當中時而抱怨他們所受到的不公正的待遇，時而又抱怨他們相鄰的城市得到了較多的報酬。士兵們對他們的話感到了興趣，他們便又抱怨軍隊本身遭到的危險和侮辱，這樣就激起了軍隊的情緒。事實上，當霍爾狄奧尼烏斯·佛拉庫斯命令使節們離開並且要他們在夜間離開以免引起人們注意的時候，士兵們幾乎就要發動兵變了。從這件事還引起了一個令人不安的消息：

---

①西班牙南部的一個行省，包括今天的安達盧西亞和格拉納達，這是屬於元老院的行省，因此與共和國時代相同，它的財務仍由一個財務官負責。

②居住在比爾伽伊高盧境內，他們的首府是奧古斯塔·特列維洛路姆(Augusta Treverorum)，即今天的特里爾(Trier)，馬克思的故鄉。

③居住在塞納河(Seine)上游兩岸朗格勒和第戎附近。

④青銅製或銀製的握在一起的兩隻右手。

許多人說使節已經被殺死了。因此有人認爲，如果士兵們不爲自己著想的話，那麼他們中間最活動的分子以及對當前情況表現過不滿情緒的人就要在夜裡、在同伴們不知道的情況下被處死。於是軍團的士兵們便立下了秘密誓言，輔助部隊的士兵也參加了。這些士兵最初曾被懷疑有向軍團士兵發動進攻的計劃，因爲他們的步兵和騎兵就在營地四周駐守著①；但是他們很快就表現出對這件事更加熱心；要知道，惡人在一起很容易搞起戰爭，他們是不願意在和平時期和諧相處的。

55 不過在元旦那天，下日耳曼的軍團照例向伽爾巴宣誓效忠②。雖然，他們在宣誓時表現了很大的猶豫，只有在前列的一些人跟著念誓詞，而其餘的人則默默無語地在那裡等待著，每個人都在等待著他身旁的人拿出勇氣，人之常情就是這樣：人們猶豫不定而不敢貿然發動的事情正是人們熱烈追求的事情。但是在各軍團本身，人們的情緒卻不相同。第一和第五軍團③叛亂情緒最爲嚴重，他們中間的一些人甚至向伽爾巴的胸像投擲石塊。第十五和十六軍團④所敢做的最多也只是發發牢騷，說幾句威脅的話，但他們卻在尋求一次發動的機會。可是在上日耳曼，在同一營地⑤過冬的第四和第二十二軍團，在元旦那一天搗毀了伽爾巴的胸像。第四軍團勁頭更大些，第二十二軍團起初表現出猶豫，但他們很快便和第四軍團完全取得一致了。他們在他們的誓言中呼喚現在已經被忘記的、元老院和羅馬人民的名字，這樣他們才不致被人看起來好像放棄了對帝國的尊敬。在副帥或將領當中，沒有一個人想出力替伽爾巴說話。一些人就像騷亂時

①軍團習慣於在輔助部隊的四周設營，但這裡的情況恰恰相反。
②從提貝里烏斯當政時起，軍隊習慣上每年都要向皇帝宣誓效忠。
③第一軍團駐在波恩納（波恩）。第五軍團駐在克桑頓(Xanten)，即維提拉(Vetera)。
④分別駐在克桑頓和諾瓦伊西烏姆（諾伊斯）。
⑤在摩功提亞庫姆（美因茨）。

常有的情況那樣，顯然是在那裡搧風點火。不過這時卻沒有任何人發表正式講話，或是到座壇上向士兵們講話，因為還沒有一個人被認為能夠擔起這樣一項任務。

56 執政官銜的副帥霍爾狄奧尼烏斯・佛拉庫斯對這可恥的一幕採取了旁觀的態度。他不敢制裁那些頭腦發熱的人，或是制止那些懷疑觀望的人，甚至也不敢讚揚忠誠的人，不過他行動遲緩、畏怯，而他所以沒有犯罪就因為他做任何事總是懶洋洋的。第二十二軍團的四名百人團長諾尼烏斯・列凱普圖斯、多納提烏斯・瓦倫斯、羅米里烏斯・瑪爾凱路斯、卡爾普爾尼烏斯・列本提努斯在他們想保護伽爾巴的胸像時，被一擁而上的士兵們推開，然後又被戴上了鐐銬。任何人都不再對先前的誓言①保持任何忠誠，也不再去想那個誓言，而是像兵變的情形那樣，所有的人都參加到人數較多的一面去。

元旦次日夜間，第四軍團的一名軍旗手來到了科隆②，向正在進餐的維提里烏斯報告說，第四和第二十二軍團已經打倒了伽爾巴的胸像，並且宣誓向元老院和羅馬人民效忠了。這類的宣誓看起來是沒有什麼用處的。他們決定抓住這尚未最後決定的時機向士兵提出他們自己推選的皇帝。維提里烏斯派人到軍團和副帥那裡去通告說，上日耳曼的軍隊已經叛離了伽爾巴。因此他們必須對叛軍作戰，或是擁戴自己的皇帝，如果他們願意取得安寧與和平的話。他還說，接受一個皇帝較之尋求一個皇帝，危險性會小一些。

57 第一軍團的冬營最近③，它的統帥當中，最活躍的是法比烏斯・瓦倫斯。第二天，他就率領著軍團

①指尼祿死後對伽爾巴的效忠宣誓。

②公元前三八年阿格里帕允許烏比伊人從萊茵河的右岸遷至左岸。他們的城市 opidum Ubiarum 在公元五〇年變成 colonia Claudia Augusta Agrippinensis（或 Aggrippinensium）。參見塔西佗：《編年史》，第十二卷，第二十七章；狄奧・卡西烏斯，第四十八卷，第四十九章，第三節；斯特拉波，第四卷，第三章。

③距離大約只十五英里。

的騎兵部隊①和輔助部隊開進了科隆，擁戴維提里烏斯爲皇帝。同一行省的軍團對這件事爭相仿效；上日耳曼的軍隊也把元老和羅馬人民的冠冕堂皇的名稱拋在腦後，於一月三日轉到維提里烏斯這邊來；而從這一點便很容易看出，在前兩天裡面，他們對國家根本就談不到什麼忠誠。科隆的公民、特列維利人、林哥尼斯人和軍隊同樣熱心。普通的個人按照自己的體力、財富或每個人的不同才能而自動前來效勞，提供馬匹、武器或金錢。不僅僅是移民地的首要人物和將領們（他們現在已經有了大批的錢，而且如果他們取得勝利，他們的指望就更大了），而且所有的中隊和普通士兵由於別人的鼓動，由於熱情並由於貪欲②而提供出他們自己使用的錢，或者代替錢而提供出他們的帶子③、胸飾④和他們甲冑上的銀製勳記⑤。

58 於是維提里烏斯便稱讚士兵們的熱情，繼而便在羅馬騎士當中分派通常由被釋奴隸擔任的帝國官職⑥。他還自己出錢給百人團長，爲士兵們請假⑦。他常常同意士兵們提出的要懲辦許多人的那些野蠻要

①每個軍團有一個由一百二十人組成的騎兵中隊，中隊分成四個小隊。在這之外，全部騎兵都有輔助騎兵部隊(alae)，數目五百人或一千人。
②他們拿出來是為了將來收回更多的東西。
③balteos 可能是刀劍的帶子，一般說來，它上面有金銀的釘扣裝飾。
④裝飾在胸部的小圓盤，大都是金銀製品。
⑤相當於現在的勳章。
⑥皇帝或元首(princeps)在理論上只是羅馬的一個公民，因此作為公民來說，他不能再有公民作他的私人僕從。但由被釋奴隸擔任的皇帝私人秘書（特別是掌握往來文書、財務和訴狀的三個秘書）卻日益重要起來。在克勞狄烏斯和尼祿當政時，被釋奴隸的權力已大到可以左右國家大局的程度。從這一點來看，維提里烏斯開始的這一改革實際上是一重大的改革，不過最後確立這一改革的卻是哈德里亞努斯。
⑦參見本卷第四十六章。

求。他偶爾用把被告囚禁起來的辦法使他們免於這種懲辦。皇帝在比爾伽伊高盧的代理官彭佩烏斯・普洛皮恩庫斯立刻被處死了①，優利烏斯・布爾多，日耳曼海軍②的統帥被他用巧計救了性命。士兵們所以特別痛恨布爾多，是因爲他誣告過豐提烏斯・卡皮托，後來又陰謀陷害了他③。士兵們帶著感激的心情懷念卡皮托。維提里烏斯儘管能夠在憤怒的士兵面前公開殺人，但是他要赦免一個人，不使用欺騙的手法是不行的。因此布爾多就被看管起來，直到維提里烏斯勝利之後，他才得到釋放，到了這時，士兵們對他的怒氣已經平息了。與此同時，百人團長克利司披努斯被當成了替罪羊。他的手上沾有卡皮托的鮮血，這一點就使他成了士兵要求的比較明顯的犧牲者，而在劊子手的眼裡，用這個人作爲犧牲，代價是比較低廉的。

59 接著，優利烏斯・奇維里斯也擺脫了危險④。他在巴塔維亞人⑤中間很有影響，因此維提里烏斯不願意因爲懲辦他而得罪野蠻的巴塔維亞人。此外，在林哥尼斯人的地區，也有巴塔維亞人的八個步兵中隊⑥，這是屬於第十四軍團⑦的輔助部隊，他們那時由於一時的不和而脫離了軍團。不管他們傾向於哪一邊，這八個步兵中隊作爲同盟者或是敵人都會起很大的作用。上面我們已經提過的百人團長諾尼烏斯、多納提烏斯、羅米里烏斯和卡爾普爾尼烏斯都被他下令處決了，因爲他們被宣布有忠誠的罪名——而忠誠在叛軍中

---

①參見本卷第十二章。
②提貝里烏斯的兄弟杜路蘇斯所建立，在萊茵河沿岸有若干駐地。
③參見本卷第七章。
④幾個月之後他發動了一次聲勢浩大的起義，這在本書第四卷和第五卷裡還要提到。
⑤這些民族主要居住在萊茵河、默茲河和瓦爾河之間的島上，他們很久以來便向提馬提供輔助部隊。
⑥公元六一年，在尼祿統治時期，我們知道他們在不列顛服役。
⑦這一軍團曾被尼祿從不列顛調回意大利，但後來又被伽爾巴調往達爾馬提亞。

間是最壞的一項罪名。現在他還取得了比爾吉卡行省(Belgia provincia)的長官瓦列里烏斯•亞細亞提庫斯的歸附，後來他並且把自己的女兒嫁給這個人。尤尼烏斯•布萊蘇斯①也歸附了他，布萊蘇斯治理路格杜努姆的高盧，在他統率之下的有意大利軍團②，還有駐守在里昂的陶路斯③騎兵中隊。萊提亞④的軍隊也立刻站到他的一邊，甚至不列顛方面在這件事上都沒有任何觀望猶豫的表現。

60 不列顛的長官是特列貝里烏斯•瑪克西姆斯⑤，他的貪欲和卑鄙使得他的士兵無不鄙視和憎恨他。第二十軍團⑥的統帥羅司奇烏斯•科埃里烏斯很久以來就同他不和。科埃里烏斯的教唆加強了士兵對他的敵視。但是當時由於發生了內戰，這兩個人之間的敵視情緒就非常強烈地爆發出來了。特列貝里烏斯指控科埃里烏斯挑起兵變和破壞紀律。科埃里烏斯則責備特列貝里烏斯掠奪軍團士兵，把他們搞得十分貧苦。而在這同時，統帥之間的這一可恥的爭端就破壞了軍隊的紀律。糾紛發展到這樣嚴重的程度，以致特列貝里烏斯竟然公開受到輔助部隊的士兵以及軍團士兵的侮辱，而當特列貝里烏斯的輔助部隊的步兵和騎兵離開他而投到科埃里烏斯那裡去的時候，特列貝里烏斯就逃到維提里烏斯那裡去。雖然執政官銜的長官被趕

---

①參見本書第三卷，第三十八章以次。
②即第一軍團。尼祿建立的、高盧的僅有的一個軍團。
③以建立者司塔提里烏斯•陶路斯而得名。
④萊提亞（和文戴里奇亞）由代理官治理，有輔助部隊和當地民兵防守著。它位於諾里庫姆以西，包括今天的瑞士東部、蒂羅爾和巴伐利亞。
⑤公元五八年補缺執政官，從六四年起是不列顛的長官，塔西佗在《阿古利可拉傳》（第十六章）中說他是一個懶惰無能的人物。
⑥駐在德瓦(Deva)，即切斯特，後來這一軍團的統率者是阿古利可拉。

跑，但是行省卻依舊是安全的，有同等權力的軍團統帥們①維持著局面；但是科埃里烏斯卻由於敢幹而在實際上握有較大的權力。

61 在不列顛的軍隊加入了維提里烏斯的一面之後，已經擁有巨大的人力物力的維提里烏斯便選拔了兩名統帥，並選定了兩條進軍的路線。他命令法比烏斯・瓦倫斯去征服高盧諸行省，如果這些地方拒絕他們，他們就進行蹂躪，然後再從科提安努斯阿爾卑斯山②攻入意大利。凱奇納則要走較近的一條道路，從奔尼努斯山脈下來，進入意大利③。瓦倫斯得到下日耳曼的精銳部隊和第五軍團④的軍旗，還有輔助部隊的步兵和騎兵，全軍武裝人數多達四萬。凱奇納則帶領著上日耳曼的三萬人。但他的主力是第二十一軍團⑤。這兩支軍隊之外又加上日耳曼的輔助部隊。維提里烏斯也用這些部隊來補足自己的隊伍，因爲他是打算率領著他的全部兵力跟著自己的。

62 軍隊和統帥之間有著鮮明的對比。士兵們摩拳擦掌地要求作戰，但是高盧各行省卻還是不敢動手，西班牙行省也在觀望。他們說，「冬天並不能阻礙我們，只有膽小怕事之輩才會締結的和約雖能把事情推遲，卻不能束縛我們的手腳。我們一定要進攻意大利，占領羅馬。在內爭之中，必須行動而不是辯論，只有趕快行動才是最安全的辦法。」但是維提里烏斯卻按兵不動，他無所用心，過著花天酒地、窮奢極欲的

---

①統帥有三個。

②在塞尼山(Mont Cenis)和維佐山(Mont Viso)之間；這條路實際上要通過日內瓦山。

③穿過大聖貝爾納山直抵阿歐斯塔。

④從維提拉來的第五軍團（馬其頓軍團）。

⑤從溫多尼撒來的這一軍團的名稱是拉帕克斯（Rapax，意思是強盜）。它是伐魯斯被擊潰之後由下層群衆組成，它之所以有Rapax之名不僅僅是他們打劫成性，而且由於他們的勁頭足，作戰時其鋒銳不可當。

生活，以此來預先享受一下皇帝的幸福；中午時，他總是酒足飯飽，昏然欲睡①。但情緒很高和渴望戰鬥的士兵們實際上卻執行了統帥的任務。他們用希望激勵那些勁頭大的士兵，用恐懼刺激那些無精打采不能振作起來的士兵，正好像統帥本人就在那裡似的。他們已經列好隊，急不可耐地要與敵人交鋒；他們要求發出征討令。維提里烏斯立刻又被加上了日耳曼尼庫斯（日耳曼的——譯者）的稱號。但甚至在他取得勝利之後，他仍然不許人們稱他爲凱撒②。法比烏斯・瓦倫斯和他麾下的軍隊出發作戰的那一天，他們看到了一個吉兆：一隻鷹輕捷地飛在行進的軍隊的前面，彷彿在給他們引路。漫長的行軍隊伍在歡呼著，但這隻鷹依然十分安詳地飛著，大家都認爲這肯定象徵著一次巨大的勝利。

63 軍隊在開近特列維利人的國土時當然是感到安全的，因爲特列維利人是他們的盟友。但是在美狄奧瑪特里奇人的一個城市狄沃杜路姆③那裡，軍隊雖然受到十分殷勤的接待，卻突然驚慌起來；他們匆匆忙忙地拿起了他們的武器屠殺無辜的公民，他們這樣做不是爲了虜獲戰利品或是爲了搶劫財物，而是出乎一種野蠻的瘋狂發作。人們不知道這種情況是什麼引起的，因而也就更難於採取對策了④。最後，統帥們總算說服了他們，使該城沒有遭到全毀。雖然如此，還是有四千人左右被屠殺。這種恐怖情緒傳到高盧諸行

---

①關於維提里烏斯的貪吃，可參見蘇埃托尼烏斯的記載（《維提里烏斯傳》，第十三章）。

②在優利烏斯家族滅絕之後，凱撒的頭銜仍舊保留在皇帝本人的名字上面。維提里烏斯不用這一稱號（但死前改變了想法，參見本書第三卷，第五十八章），因此在他的硬幣上我們只能看到奧古斯都的稱號（參見本書第二卷，第六十二章）。

③今天的梅斯。美狄奧瑪特里奇人住在特列維利人的南面。

④關於維提里烏斯這次出征高盧，參見茹里昂的《高盧史》（C. Jullian：《Histoire de la Gaule》），第四卷，第一八七頁以次。

省，因此後來軍隊行軍時，各個城鎮的官吏都率領全體人民出來向他們哀求，婦女和小孩子則都匍匐在路旁，而且其他各種可以平息敵人怒氣的手段都用上了以求得和平，儘管那時根本沒有戰爭。

64 法比烏斯．瓦倫斯是在列烏奇人①的城市裡得到伽爾巴被殺和奧托繼位的消息的。士兵們聽到消息並不歡欣，也不害怕，他們想的只是戰爭。高盧人不再徘徊觀望了。他們雖然對奧托和維提里烏斯都是一樣痛恨，但是對維提里烏斯卻還有一個怕字。進軍的下一站就是林哥尼斯人的城市②。林哥尼斯人對他們是忠誠的。羅馬士兵在那裡受到了熱情的接待，因此士兵們也就表現得特別客氣。但是他們的高興沒有維持多久，因為輔助部隊的步兵③幹出了強暴的事情。前面我們說過，這部分軍隊是從第十四軍團分出來並被法比烏斯．瓦倫斯編入自己的軍隊的。起初是巴塔維亞人和軍團士兵發生口角，爭吵變成了叫罵。由於雙方都得到士兵的支持，他們最後幾乎要大打出手；如果不是瓦倫斯懲辦了幾個人，並且提醒巴塔維亞人他們已經忘記了權威④，戰爭就眞個打起來了。羅馬士兵想對埃杜伊人⑤作戰，但是沒有找到藉口；當他們令命埃杜伊人提供金錢和武器時，埃杜伊人在這之外甚至還免費供應了食物。埃杜伊人這樣做是出於恐懼，

①住在現在圖爾城一帶。
②林哥尼斯人住在馬恩河和馬斯河河源地帶，在特列維利人和謝夸尼人中間。他們的首府是安德瑪圖恩努姆（今天的朗格勒）。
③即本卷第五十九章所說的巴塔維亞人的輔助部隊。
④這是說他們應當尊重羅馬人。
⑤軍隊現在是在溫代克斯的行省、路格杜努姆高盧，而埃杜伊人是支持他的。他們沿阿拉爾河谷而下，埃杜伊人就在他們右手，謝夸尼人在他們左手。

而里昂人則是高高興興地做的①。意大利軍團和陶路斯的騎兵中隊②被撤出了城市。但是卻作出決定把第十八步兵中隊留了下來③，因爲他們平時的冬營就設在那裡。意大利軍團的統帥曼里烏斯・瓦倫斯並不爲維提里烏斯所賞識，雖然他曾爲維提里烏斯這一派做了不少工作。法比烏斯在暗中詆毀曼里烏斯，但曼里烏斯卻一點也不知道。另一方面，法比烏斯在公開的場合卻又稱讚他而使他不加防備，這樣他就更容易受騙了。

65 前一次的戰爭④燃起了里昂⑤人民和維也納⑥人民之間的舊仇⑦。他們都使對方遭到了很多的損失，

---

①他們怨恨伽爾巴，因為他打倒了他們的恩人尼祿；這次他們把維提里烏斯看成復仇者（參見本卷第五十一章和後面的第六十五章）。

②在帝國時期，騎兵中隊(ala)專指輔助部隊的騎兵隊伍，他們或是自願參加的，或是從羅馬公民以及行省居民中間徵募來的。

③羅馬近衛軍的步兵中隊有九個，城防步兵中隊有四個，共十三個，蒙森也因為在里昂發現的銘文（公元一世紀的）中談到第十三步兵中隊，就認為這裡的數字有誤。但在蓋烏斯當政時期，近衛軍步兵中隊增加到十二個，羅馬的城防步兵中隊增加到四個，因此里昂的中隊番號也必定會相應改變。另外有兩個步兵中隊，一個在奧斯蒂亞，另一個在迦太基（見於記載的還有第三十二的番號，可知這種羅馬公民的步兵中隊〔cohotes civium Romanorum〕至少還有十九個）。

④指溫代克斯的起義。

⑤里昂即路格杜努姆，是公元前四三年建立的羅馬移民地，最初是從維也納被逐出的羅馬人移居到這裡。由於它的起源和它的地理位置，這一地方很快便繁榮起來，這時羅馬人和高盧人都把它看成是中心城市和三個高盧行省的首府。由於這一城市最初的建立者是羅馬人，所以，正像本章後面所說，這裡的市民把維也納看成是外國人。

⑥維也納（Vienne，這不是奧地利的那個同名城市）原是阿洛布羅吉斯人的古都，後來是納爾波高盧的首府。它在卡里古拉當政時期才成為羅馬公民的移民地。

⑦里昂始終忠於尼祿，並曾受到溫代克斯的圍攻，參見本章後面里昂對維也納的指責。

而且他們是這樣頻繁和野蠻地相互廝殺，以致任何人也難於相信，他們只是爲了尼祿或伽爾巴才作戰的。伽爾巴也利用了他對里昂的厭惡情緒，把這個城市的收入轉入了他自己的財庫，但另一方面，他對維也納的人民卻十分尊重。因此，這兩個民族之間雖然僅有一水之隔①，然而卻因相互競爭、嫉妒而結了仇恨。於是里昂的人民便開始挑撥個別的士兵，唆使他們去摧毀維也納，因爲這裡的人們提醒他們說，維也納的居民曾圍攻他們自己的移民地，幫助過溫代克斯的不逞企圖，而不久之前又曾爲保衛伽爾巴而徵募軍團。他們在提出了憎恨維也納的這樣一些口實之外，更指出了可以取得的大量戰利品，不過他們不再是在暗中鼓動，而是公開地呼籲了。他們說，「前去復仇，把高盧的戰爭策源地摧毀吧。維也納的一切都是外國的和敵視我們的。我們則是羅馬的移民地，是你們軍隊的一部分，我們和你們是成敗與共、休戚相關的。如果運氣不好，望不要放棄我們，任憑憤怒敵人的宰割。」

66 通過諸如此類的呼籲，他們把士兵挑撥到這樣的程度，甚至統帥和指揮官都認爲無法制止軍隊的這種瘋狂的敵對情緒。這時維也納人民已清楚知道他們自己的危險處境，便想辦法來打消士兵們的這種意圖。他們戴著面紗和彩帶跑到軍隊行進的道路上，匍匐在地上，抱住士兵們的武器、膝頭和雙腳，苦苦哀求。瓦倫斯也把三百謝司特爾提烏斯給每一個士兵。這一移民地的古老和高貴的身分也起了作用。瓦倫斯勸導士兵不要騷擾和傷害維也納人民，他的話得到了士兵的尊重。雖然如此，維也納的人民還是被收去了全部武器，此外他們每個人自己還用各種各樣的東西幫助士兵。但是外面卻始終有這樣的傳說，即瓦倫斯本人曾受到重金的賄賂。長期以來，瓦倫斯一直是貧困的，現在突然富了起來，因此他就幾乎不能掩飾他命運

①里昂在羅訥河右岸同索恩河合流處，維也納在左岸，不過是在離里昂下游二十英里左右的地方。

中的這種變化了。長期的貧困加強了他的欲望，因此現在他不再控制自己，在度過了貧苦的青年時代之後成爲揮金如土的老人了。後來他又率領軍隊緩慢地開過了阿洛布羅吉斯人①和沃孔提伊人②的地區，每天行進多少路程以及在什麼地方設營都是統帥勒索的手段，他就在這樣的事情上，向他所經過的土地的主人和地方官吏進行無恥的交易。他採取了威脅性的行動，眼看就要把沃孔提伊人的城市路庫斯③付之一炬，最後他受了賄賂，這才罷休。如果他沒有得到金錢，那就只有使他的淫欲得到滿足才能了事。他們就這樣一路走到了阿爾卑斯山。

67 凱奇納這一路取得了更多的虜獲物，殺了更多的人。埃爾維提人④觸怒了他那暴躁的脾氣。高盧的這個民族曾是武功卓著、豪傑輩出的民族，但是後來人們只能記起他們的光榮名字了。他們根本不知道伽爾巴被殺的事情，因此他們拒絕承認維提里烏斯的政權。引起戰爭的原因是第二十一軍團的貪欲和輕率⑤，他們侵吞了給守衛一座要塞的埃爾維提人衛戍部隊送去的金錢，這個要塞也是埃爾維提人自己出錢修建的。這種做法激怒了埃爾維提人，他們截奪了日耳曼的軍隊送給潘諾尼亞⑥的軍團的一些書信，並且扣留了百人團長和一些士兵。急於作戰的凱奇納總是主張有錯就罰，不給留有悔悟的機會：他立刻拔營，蹂躪了那裡的土地，並且劫掠了一個由於長期的和平而修建得像一座城市，並且由於當地風光美麗和有療病的泉水

①阿洛布羅吉斯人住在今天薩沃依和多斐奈的北部。

②沃孔提伊人住在多斐奈的南部和普洛文斯。他們的首府是瓦細奧（維松〔Vaison〕）。

③今天的狄瓦河畔路克(Luc-en-Diois)。

④住在瑞士西部。在汝拉、日內瓦湖、羅訥河與萊茵河之間。

⑤參見本卷第六十二章。第二十一軍團的本營在溫多尼撒，就在埃爾維提人居住區的邊界上。

⑥公元前五八年為凱撒所征服。

從而遊人甚多的地方①。萊提亞②的輔助部隊也接到命令，要他們進攻正在同羅馬軍團對峙的埃爾維提人的後背。

68 埃爾維提人在緊要關頭到來之前毫不恐懼，但是一旦危險到來他們就畏怯了。在糾紛開始的時候，他們推選克勞狄烏斯·謝維路斯爲領袖，但是他們不曾學過使用武器，不曾組織過戰鬥隊列或是在一起進行過商討。對有經驗的士兵作戰，他們將會遭受慘重的損失。四周合圍是一件危險的事情，因爲他們的城壁由於年深日久已經傾圮了。一方面是率領著勁旅的凱奇納，另一方面則是萊提亞的騎兵和步兵，還有習慣於戰事並受到戰鬥訓練的萊提亞本地的青年。到處都是掠奪和殺戮。被兩支軍隊夾擊在中間的埃爾維提人扔下武器，到沃凱提烏斯山③上逃命去了；他們大部分人受了傷或是掉了隊。立刻就把色雷斯的一個步兵中隊派了出去對付他們並把他們趕跑。他們在日耳曼人和萊提亞人的追擊之下穿過了森林，但甚至在他們躲藏的地方他們還是被殺死了。成千上萬的人被屠殺，又有成千上萬的人被變賣爲奴隸。在羅馬軍隊摧毀了一切之後，他們又去進攻埃爾維提人的首府阿文提庫姆④時，這個城市的人民就遣使請降，而羅馬人也就接受了這次投降。凱奇納懲辦了埃爾維提人的領袖之一優利烏斯·阿爾披努斯，把他當做戰爭的禍首。

---

①蘇黎世西化的里木瑪特河畔的巴登。

②萊提亞在東面。

③瑞士汝拉山脈的博茨山(Bötzberg)，在埃芬根(Effingen)和辛茨納赫道夫(Schinznach-Dorf)之間。

④今天弗賴堡附近的阿旺施(Avenches)。在凱撒時期之前，它就是埃爾維提人的首府。為了賠償它在戰時所受的損失，維斯帕西亞努斯使它成為一個移民地。但是它的繁榮（今天那裡還有一座劇院和一道設防的城壁的殘址）並不長久，因為阿米亞努斯·瑪爾凱路斯告訴我們（第十五卷，第十一、十二章），到康司坦斯當政時期，這裡已半為廢墟，幾乎荒無人煙了。

其他的人則被他交給維提里烏斯，任憑他去發落了。

69 埃爾維提人的使節難以斷定羅馬的統帥與士兵到底誰更殘酷些。士兵們在使節的面前揮舞著武器和拳頭，要求把這整個國家徹底摧毀。甚至維提里烏斯也不斷發出恫嚇的言語，最後使節當中才有一個名叫克勞狄烏斯・科蘇斯的人平息了士兵的怒氣。科蘇斯以能言善辯而出名，但這對他卻沒有顯示自己的演說家的才能，而是隨機應變地裝出戰戰兢兢的樣子，這樣就使他的話更有效果。這些普通士兵就和一般群衆一樣，他們是容易突然改變自己情緒的；現在他們立刻表示了同情，正如過去一下子表現出過分的殘酷一樣。這些使節痛哭流涕，堅持請求寬大，終於使自己得到了安全，而且也救了自己的國家。

70 凱奇納在埃爾維提人那裡又耽擱了幾天；他要等候維提里烏斯的意見，同時爲越過阿爾卑斯山進行準備。但就在這時，他從意大利方面得到了令人高興的消息：在帕都斯河①一帶活動的西里烏斯騎兵隊②已經向維提里烏斯宣誓效忠了。這個騎兵隊在維提里烏斯擔任阿非利加的總督③時曾在他的麾下服役；後來尼祿把這支隊伍調到埃及去，但是因爲爆發了對溫代克斯的戰爭而把它召了回來，故而這時它正在意大利。騎兵隊的隊長們同奧托完全不相識，但同維提里烏斯的關係卻是密切的，因此他們就不斷稱讚日益迫近的

---

①今天的波河。

②這個名稱可能來自提貝里烏斯當政時期上日耳曼的長官蓋烏斯・西里烏斯(Gaius Silius)，因為這支騎兵隊最初就是他徵募來的。每個騎兵隊命名的方式一般有四種：(1)最常見的是提供騎兵隊士兵的民族的名稱，如本卷第五十九章的 ala Tauriana（陶路斯騎兵隊）；(2)有時用徵募該騎兵隊的皇帝家族的名字，如 ala Claudia（克勞狄烏斯騎兵隊）；(3)有時用該隊統帥的名字，如 ala Petrina（佩特利烏斯騎兵隊）和 ala Siliana（西里烏斯騎兵隊）；(4)有時隊名來自武裝的名稱或某些特殊情況，ala catafractorum（鐵衣騎兵隊）。

③在本書第二卷的第九十七章裡，作者又提到這件事。

軍團的力量和日耳曼駐軍的聲響，這些士兵在他們的帶動之下，於是便也投到維提里烏斯的一面去了。作爲對新皇帝的一種獻禮，他們爲他攻占了帕都斯河以北的一些最堅強的城市美地歐拉努姆①、諾瓦里亞②、埃波列地亞③和維爾凱萊④。凱奇納是從這些城市的居民那裡知道這件事情的。由於一支騎兵隊並不能保衛意大利的這片最寬闊的地帶，因此他就先派出一支步兵部隊，這支步兵部隊是由高盧人、路西塔尼亞人、不列顛人和一些日耳曼的隊伍再加上一個佩特拉騎兵隊⑤組成的。凱奇納本人這時則又耽擱了一些時候，以便決定他是否需要轉到萊提亞山⑥的那一面去向諾里庫姆⑦發動進攻，因爲皇帝的代理官佩特洛尼烏斯·烏爾比庫斯就在那裡。這個烏爾比庫斯被認爲是忠於奧托的，因爲他曾經把輔助部隊召來，摧毀了河上的橋梁。但是凱奇納又害怕他會失掉已被他先派出去的步兵和騎兵，同時他還看到，奪取意大利將會是更大的光榮，而且決定性的戰鬥不管在什麼地方發生，諾里庫姆的人民終歸是會同其他戰利品一道轉入勝利者之手的⑧。經過這樣的考慮之後，他就率領著他的後備部隊和重武裝的軍團，從奔尼努斯隘路⑨越過了尚被

---

①今天的米蘭。

②今天的諾瓦拉。

③今天的伊夫雷亞。

④今天的維切利。

⑤佩特拉大概是組織這一部隊的人的名字。

⑥今天的阿爾柏格（山）(Arlberg)。

⑦諾里庫姆在萊提亞和潘諾尼亞之間，大體上相當於今天的奧地利。

⑧凱奇納這種做法本來是要保證他的左翼交通線的安全，但他所以沒有這樣做，是怕耽擱時間。亨德遜(Henderson)認為他要攻打諾里庫姆是想通過勃倫納山口進攻意大利，以切斷波河流域和阿克維萊阿(Aquileia)之間的聯繫。

⑨今天的大聖貝爾納(Great St. Bernard)山路。

冬雪覆蓋著的阿爾卑斯山。

71 但這時奧托的表現卻出乎所有人之預料：他並沒有毫無作爲地沉湎在豪奢或安逸的生活裡。他放棄了他的享樂生活①，收斂起了他的放蕩淫佚的惡習，把他的全部生活安排得完全配得上一個皇帝所要求的標準。他裝出這樣一些美德之後，惡習必然還會復萌，那樣一來，人們的恐懼就更大了。他把當選的執政官馬利烏斯．凱爾蘇斯②——他曾藉口囚禁凱爾蘇斯而把他從士兵的憤怒情緒下挽救出來——召到了卡披托里烏姆神殿，因爲他想通過他對凱爾蘇斯的處理而取得寬厚的名聲；要知道，凱爾蘇斯本來是他的一派所憎恨的人物。

凱爾蘇斯勇敢地爲自己始終忠於伽爾巴這一罪名進行辯護，他甚至認爲他的這種做法對奧托是有利的。奧托對待他，好像不是在寬恕一名罪犯，而是爲了避免必須把他看成是一個可怕的敵人，因此他設法同他取得和解，並立刻開始把他看成是自己的一個知心朋友。後來奧托又選拔他爲自己一方作戰的統帥之一。凱爾蘇斯這一方面就像命中注定那樣，堅定不移地爲奧托效命，但他的運氣卻不好。他的平安無事使國內的顯要人物深爲高興，普通人民群衆對這一點也頗有好評，甚至士兵對這一點也表示歡迎。這種做法過去曾激怒過士兵，但他們現在卻加以讚美了。

72 提蓋里努斯垮台的消息得到證實以後，所有的人都感到高興，雖然各有各的高興理由。歐弗尼烏

---

①狄奧．卡西烏斯（第六十四卷，第八章）和優維納爾（第二卷，第九十九行）的說法不同。從優維納爾那裡我們知道，奧托似乎經常還是像女人一樣地帶著鏡子。狄奧．卡西烏斯則說，「他的生活習慣，他同司波路斯的親密關係，以及他依舊使尼祿的其他寵臣為自己服務等等情況，都使所有的人深為驚恐不安。」

②參照本卷第十四、三十一、三十九、四十五諸章。

斯①・提蓋里努斯出身卑微，青年時代聲名狼藉，到了老年，生活又很放蕩。城市警衛隊②的長官，近衛軍長官以及其他美差都應當由有道德的人擔任，但他卻以罪惡的手腕很快地取得了這些地位。後來他行事殘忍，貪財枉法，這都是成年男子的罪行。他還使尼祿變得墮落，以致尼祿膽大妄爲、無惡不作。他竟敢背著尼祿幹下一些勾當，終於離開並背叛了他。結果，不管是憎恨尼祿還是惋惜尼祿的人，儘管動機不同，他們都極其堅決地要求懲處提蓋里努斯。在伽爾巴當政的時候，提蓋里努斯受到提圖斯・維尼烏斯的保護，因爲維尼烏斯說提蓋里努斯救過他女兒的性命③。他確實救過她，不過這樣做並不是因爲他發了善心——要知道，有多少人死在他的手裡啊！——而是爲了給自己的將來找一個避難之所；最壞的惡棍既不相信當前，又怕未來的變化，因此他就總是想取得私人對他的感激來抵消一般人對他的厭惡。這樣的人根本不想清白做人，只希望做了壞事以後彼此都不受懲罰。這些事實使得人民群衆更加憎恨他；人們最近對提圖斯・維尼烏斯的厭惡更加強了對提蓋里努斯的舊恨。他們從城市的各處衝向帕拉提烏姆宮和各廣場，衝向賽馬場和各劇場——他們在這些地方想幹什麼就幹什麼；他們大聲叫喊，進行煽動，終於使在西努埃撒浴場④的提蓋里努斯知道自己的死期確實已經到了。他在自己的情婦擁抱和親吻中可恥地遲遲不肯自戕，最後才用剃刀割斷了自己的咽喉。他臨終之前再三拖延，無恥已極，這使他那不光彩的一生醜上加醜。

73 這時人民群衆還要求懲處卡爾維婭・克利司披尼拉。皇帝通過各種不同的手法挽救了她，使她免於

---

①以前的本子是索弗尼烏斯(Sophonius)，今據其他史料改正（參見塔西佗：《編年史》，第十四卷，第五十一章）。

②警衛隊有七個（兼管消防），由被釋奴隸組成；他們在參加警衛隊之後，往往轉入正規軍團。

③參見本卷第四十七章。這裡指克利司披娜。

④這是康帕尼亞和拉提烏姆交界處西努埃撒地方的溫泉（參見塔西佗：《編年史》，第十二卷，第六十六章）。

危險；他的這種兩面派的做法招來了很壞的名聲。克利司披尼拉曾向尼祿傳授了放蕩的生活方法，隨後她又渡海到阿非利加去教唆克洛狄烏斯・瑪凱爾發動叛亂①，並公然想使羅馬人民遭受饑饉之苦②。後來由於同一位前任執政官③結婚，她又取得了全城的好感，這樣她就安全地度過了伽爾巴、奧托和維提里烏斯三人的當政時期。再後，她又由於自己的財富和沒有子嗣而成了一位有勢力的人物。這兩個條件不拘是在承平時期，還是混亂時期，都有同樣的分量④。

74 這時，奧托寫了許多信給維提里烏斯，信裡有許多毫無丈夫氣概的諂媚言詞，他答應給維提里烏斯金錢、恩惠，並允許他選擇任何一個安靜的地方去過放蕩生活。⑤維提里烏斯也向奧托提出了類似的建議。在開頭的時候，雙方的口氣還很溫和，但其藉口卻既愚蠢又不像樣子。稍後，就像在一般吵架中的情況那樣，他們相互攻擊對方的放蕩和卑鄙的行爲，而這些攻擊的話當然都是有根據的。奧托在召回了伽爾巴派出去的使節之後⑥，又以元老院的名義把他們派到日耳曼的兩支部隊去，派到意大利軍團和駐守在里昂的軍隊去。這些使節結果卻留在維提里烏斯那裡，他們都心甘情願地留在那裡，這種情況很難使人相信他們

①參見本卷第七章。
②埃及是供應羅馬糧食的主要基地。
③此人是何許人不詳。使人奇怪的是她的名字沒有出現在蘇埃托尼烏斯的作品和塔西佗的《編年史》裡，可能作者當時對她的這個丈夫或他的後人有所顧忌。
④對富有的但是沒有子嗣的男人或女人的奉承是這時的無恥特徵之一，它常常是諷刺詩的對象（例如參見優維納爾：第三卷，第一二六行以次；第六卷，第五四八行以次；荷拉提烏斯：《諷刺詩》，第二卷，第五章）。
⑤蘇埃托尼烏斯（《奧托傳》，第八章）和狄奧・卡西烏斯（第六十四卷，第十章）都說奧托曾向他建議分享帝國統治大權；蘇埃托尼烏斯還說，他還建議娶維提里烏斯的女兒。但普魯塔克的說法和塔西佗的說法是一致的。
⑥參見本卷第十九章。

是被扣留在那裡的。奧托爲了提高使節的威望而派出一些近衛軍士兵伴隨使節，但這些士兵並未能同那裡的軍團士兵混到一處就被送了回來。法比烏斯·瓦倫斯也以日耳曼的軍隊的名義寫信給近衛軍和城市步兵中隊，吹噓自己方面的力量，並且提出和解的條件①。他甚至責備他們把帝國的統治大權給予奧托，這大權實際上早已給予維提里烏斯了②。

75 這樣近衛軍就同時受到威逼和利誘的夾攻。對方要他們知道，他們沒有力量作戰，若是不動干戈，他們將會一無所失。然而他們仍未放棄他們的忠誠。奧托把密探派往日耳曼，維提里烏斯則把自己的密探派往羅馬。雙方都沒有取得任何成果，但是維提里烏斯的密探卻能夠安全地在羅馬進行活動，因爲在羅馬的這樣多的人當中，他們既不認識人們，人們也不認識他們；不過奧托的密探卻由於他們的陌生面孔被人發覺，因爲在軍隊裡面，彼此都是認識的。維提里烏斯寫了一封信給奧托的哥哥提齊亞努斯③，在這封信裡他威嚇說，如果他的母親和孩子不能得到安全的話，他就要處死提齊亞努斯和他的兒子。但實際上兩家都沒有受到傷害。奧托這方面可能是由於害怕，但維提里烏斯是指望在取得勝利時可以得到寬大仁慈的聲譽。

76 使奧托有了信心的第一個消息是從伊里利庫姆④來的；消息說達爾馬提亞、潘諾尼亞和美西亞的軍

---

①實際上是為了向士兵提出建議，以爭取他們。

②維提里烏斯受到士兵的擁戴比奧托只早十二三天而已。

③路奇烏斯·撒爾維烏斯·提齊亞努斯，公元五二年度的執政官，公元六五年任阿非利加總督時，阿古利可拉是他的財務官。他的名字常常出現在本書第二卷。

④塔西佗這一詞在這裡指潘諾尼亞、達爾馬提亞和美西亞。但其他作家和塔西佗本人在《編年史》中用這一詞時，往往表現比這大或比這小的地域概念。

團①都已向他宣誓效忠。西班牙方面也傳來了同樣的消息，於是奧托就在一次公告中讚揚了克路維烏斯・路福斯②；但是緊接著又有消息傳來說，西班牙又倒向維提里烏斯一邊去了。儘管優利烏斯・科爾杜斯使得阿基坦③向奧托宣誓效忠，但是它也並沒有長期忠於奧托。任何地方都沒有任何忠誠或感情。恐懼和需要使得人們一時倒向這一邊，一時又倒向那一邊。同樣的恐怖情緒使得納爾波高盧行省轉到維提里烏斯一邊，因爲投向最靠近的、比較強的一邊是很容易的事情。遠方行省和全部海外軍隊都站在奧托一邊，這並不是他們對他這一派有什麼熱情，而是因爲羅馬的名聲和元老院的崇高威信在他們的心目中有很大的分量。而且，他們第一次聽到的皇帝，在他們心目中總是占著優先的地位。促使猶太的軍隊對奧托宣誓效忠的是維斯帕西亞努斯，促使敘利亞的軍隊對奧托宣誓效忠的是木奇亞努斯。與此同時，埃及和所有東方的行省都是以奧托的名義來統治的。在迦太基④的帶動之下，阿非利加也很樂於服從，他們甚至沒有等待總督維普斯塔尼烏斯・阿普洛尼亞努斯的批准。尼祿的一名被釋奴隸克列司肯斯——在亂世裡甚至這類人物也參預國家大事——設宴款待人民群眾，以慶祝最近皇帝的即位；而人民群眾⑤也就懷著很大熱情趕忙張羅起來⑥。其餘的城市學了迦太基的樣子⑦。

---

①達爾馬提亞和潘諾尼亞各有兩個軍團，美西亞有三個。

②歷史學家，參見本卷第八章。

③在法國西南部，盧瓦爾河以南。

④這裡是首府。

⑤這裡實際上只指有錢有勢的人。

⑥這話的意思是說，他們也跟著盡力表示擁護新皇帝，唯恐引起誤會。

⑦按公元六九年年初，羅馬軍隊的三十個軍團的分布情況如下：西班牙各行省三個；高盧各行省一個；上日耳曼三個；下日耳曼四個；不列顛三個；達爾馬提亞兩個；潘諾尼亞兩個；美西亞三個；敘利亞三個；猶太三個；埃及兩個；阿非利加一個。在這些正規軍團之外，還有數量與軍團相等的輔助步兵與騎兵部隊，這樣羅馬帝國的陸上的部隊這時大約有三十萬人。

77 既然軍隊和行省分成了這樣的兩派，維提里烏斯這方面就需要用武力來取得帝國的統治大權了。但是奧托這方面卻彷彿是在承平已久的時代那樣行使皇帝大權。有些事情他是按照國家的尊嚴做的，然而他的行動往往又和國家的榮譽相牴觸，因爲他出於當前的迫切需要而做得過分草率了。在三月一日以前，他本人和他的兄弟提齊亞努斯是執政官①。在這之後的月份裡，擔任執政官的則是維爾吉尼烏斯；他起用這個人的目的是爲了引誘上日耳曼的軍隊②。他又要彭佩烏斯·沃皮司庫斯擔任維爾吉尼烏斯的同僚執政官，藉口他們二人是老朋友；但大多數的人認爲他的這一行動是爲了向維也納的人民討好③。在這一年的其餘的時期當中，擔任執政官的仍舊是尼祿或伽爾巴原來任命的那些人：七月以前是凱里烏斯·撒比努斯和佛拉維烏斯·撒比努斯④，到九月以前是阿里烏斯·安托尼努斯⑤和馬利烏斯·凱爾蘇斯；甚至在維提里烏斯

①他們的任期開始於公元六九年一月二十六日。為了理解這一章，我們應當指出，皇帝們為了削弱執政官的威信和增加他們自己手中傀儡的數目，把執政官的任期分成許多段，從而在一年當中使十二個人分享這個名義，但實權仍操在皇帝本人手中。在孔莫都斯當政時期，一年當中的執政官多達二十五人。人們通常用在一月一日就職的執政官的名字來記年，他們是常任執政官(consules ordinarii)，其他的執政官則是補缺執政官(suffecti)。在這一年裡撒爾維烏斯·奧托和提齊亞努斯·奧托之前的執政官是伽爾巴和維尼烏斯（元旦就職），而在安托尼努斯和凱爾蘇斯之後擔任執政官的（十一月一日就職）則是法比烏斯·瓦倫斯和阿里耶努斯·凱奇納。凱奇納在次年元旦前一日被元老院宣布為叛國者，年末那一天的執政官則是羅西烏斯·列古路斯（參見本書第三卷，第三十七章）。

②因為奧托知道維爾吉尼烏斯在那裡有聲望。

③沃皮司庫斯大概是維也納人。同時我們還知道維也納人由於他們支持溫代克斯而在高盧有多麼高的威信。

④凱里烏斯·撒比努斯是法學家，佛拉維烏斯·撒比努斯是維斯帕西亞努斯的父親，不是他的兄弟。

⑤他是皇帝安托尼努斯·披烏斯的外祖父。

已經取得了勝利的時候，他都沒有取消他們所享有的這些榮譽①。但是奧托卻把大祭司和占卜師的職位贈給那些已經經歷了一切官階的老人們②，作爲最高的榮譽；或是把祭司的職位授予不久之前從流放地返回的青年人，作爲一種安慰，因爲這種職位都是他們的父親和祖先擔任過的。卡狄烏斯・路福斯③、培狄烏斯・布萊蘇斯④和賽維努斯・P⑤……恢復了元老的職位，他們是在克勞狄烏斯和尼祿當政時期由於被控受賄而被剝奪了元老職位的。赦免他們的那些人決定把罪名改變一下：這樣一來，實際上是貪污罪就被說成是大逆罪，因爲大逆罪這個罪名現在令人十分反感，它甚至使好的法律都變成一紙空文，不起作用了⑥。

78 奧托還試圖以同樣慷慨的手段爭取各個城市和行省的幫助。他把更多的一些家族派到希思帕里斯⑦

---

①他們的任期後來又縮短了，結果公元六九年度擔任執政官的多達十五人。

②從奧古斯都當政時起，大祭司和占卜師實際上由皇帝指定的人擔任，但表面上他們只是由皇帝「推薦」的。從公元一四年起，選舉在理論上由元老院負責，他們由祭司團(collegia)所提出的名單中選任，但一般說來這一手續是從來不遵守的。

③克勞狄烏斯當政時期是本都和比提尼亞的長官，公元四九年曾因勒索而被定罪。

④尼祿時期克里特和庫列涅的總督，也因勒索行為而被判罪。

⑤比爾努譯本是彭提努斯(Pontinus)。

⑥在共和國時期，所謂「藐視羅馬人民的尊嚴」(Minuere maiestatem populi Romani)意味著有損國家利益或尊嚴的任何行動。但在帝國時期，minuta majestas 或 laesa maiestas 則意味著對於元首(princeps)即皇帝個人的冒犯。在提貝里烏斯當政時期，有關maiestas的法律即大逆法及其推廣應用，是告密人(delatores)利用皇帝的猜疑以陷害別人的主要武器。大逆罪的控告者受到人們這樣的憎惡；以致如果把勒索罪或其他罪行說成大逆罪，被告反而能引起公衆的同情。這樣一來，正如作者所說，那些真正懲治貪污勒索的法律（如 lex repetundarum）反而變成空文，起不了什麼作用。

⑦在巴伊提卡，今天的賽維利亞(Seville)。

和埃美里塔①等移民地去。他把羅馬公民權給予全體林哥尼斯人，把瑪烏列塔尼亞的一些城市②贈給了巴伊提卡行省；他給卡帕多奇亞和阿非利加規定了新的政治制度，不過這種做法與其說爲了這兩個行省的長遠利益，無寧說是爲了作個姿態給人看。他的這樣一些行動乃是迫於形勢的需要，乃是出於他無法擺脫的一些顧慮，但即使在他這樣行動的時候，他依然不忘記自己心愛之人，要元老院贊同把波培婭的雕像重新樹立起來③。有人認爲，爲了爭取羅馬人民的好感，他還提出了紀念尼祿的問題；而且實際上有些人確實已把尼祿的像立起來了；此外，有幾天，人民群衆和士兵彷彿爲了提高奧托的高貴身分和榮譽似的，竟然歡呼他爲尼祿·奧托；但是奧托本人卻拿不定主意，因爲他既不敢拒絕，又不好意思接受這個頭銜。

79 當所有人的念頭都集中到內戰上去的時候，人們對國外的事情就不感興趣了。這種情況促使撒爾瑪提亞④的一個民族羅克索拉尼人⑤——他們在前一年的冬天曾屠殺過兩個中隊——抱著很大的希望來進攻美西亞。他們有騎兵九千人。他們生性倔強，屢獲勝利，這使得他們心裡想的只是戰利品而不是戰鬥本身。因此當他們分散開來、放鬆戒備的時候，第三軍團⑥和某些輔助部隊就突然向他們發動了進攻。羅馬人方

---

①在路西塔尼亞，今天的梅里達(Merida)。
②例如琴吉斯(Tingis)、里克蘇斯(Lixus)。
③它們是公元六二年被人民群衆毀掉的，參見塔西佗：《編年史》，第十四卷，第六十一章。
④撒爾瑪提亞泛指從多瑙河上游遠至中亞細亞的大片土地。
⑤斯特拉波（《地理》，第七卷，第三章，第十七節）認為他們居住在頓河和第聶伯河之間。但是現代的某些學者認為他們住在比薩拉比亞。
⑥高盧軍團，最近從敘利亞來的。他們是在得到溫代克斯起義的消息後奉命開往羅馬的，這時他們正經過美西亞。參見蘇埃托尼烏斯：《維斯帕西亞努斯傳》，第六章。

面早已作好了一切戰鬥準備。但撒爾瑪提亞人卻是分散的，他們由於貪圖戰利品，被沉重的負擔壓得疲憊不堪；再加上路滑難行，他們不能發揮騎兵的快速特色，結果就像是身戴鐐銬的人那樣地被砍倒在地上。說來奇怪，撒爾瑪提亞人的全部勇氣好像並不在他們自己身上。如果徒步作戰的話，哪一個民族也不像他們那樣怯懦；可是他們騎在馬上向敵人進攻，任何防線都難以擋住他們。但是，這天下著雨，雪也正在融化；他們不能使用長槍或長刀（那要用雙手才能掄起），因為他們的座騎倒下了，而他們的鎖子甲又重得使他們無法靈便地活動。他們的王公和貴族都用這種甲冑防身；它是用鐵片或堅硬皮革製成的，穿在身上刺不透，但是若被敵人打倒就很難站起來①。同時他們在又軟又厚的雪裡越陷越深。穿著胸甲的羅馬士兵在戰場上生龍活虎地殺來殺去，他們投射投槍進攻敵人，或是用長槍刺殺敵人。在情況需要的時候，他們還使用短刀在短兵相接的戰鬥中殺死無所依靠的撒爾瑪提亞人，因為撒爾瑪提亞人不用盾牌保衛自己。最後只有很少的人逃離戰場，躲到沼地裡去，但是他們仍然由於嚴寒或是重傷而死在那裡。這個消息傳到羅馬，美西亞的長官瑪爾庫斯・阿波尼烏斯被授以樹立凱旋裝束的胸像的榮譽；②福爾烏斯・奧列里烏斯③、

---

①與羅馬人敵對的歐亞兩洲民族中，有許多軍隊穿過這樣的鎧甲。參見塔西佗：《編年史》，第三卷，第四十三章；李維：《羅馬史》，第三十五卷，第四十八章；第三十七卷，第四十章。庫爾提烏斯，第四卷，第三十五章：equitibus equisque tegumenta erant ex ferreis laminis serie inter se conexis（指西徐亞人和巴克妥利亞人）等等。

②除皇帝本人之外，任何人都不能取得凱旋的榮譽，因為所有其他的人都只能是他手下的副帥(legati)。其他人所能取得的最高榮譽就是建立穿著凱旋者(triumphator)的服裝的像，這種像戴桂冠，穿白色的上繡棕櫚葉的內衣(tunica palmata)，外加繡金紫色外袍(toga picta)。

③安托尼烏斯・披烏斯的祖父，第三軍團統帥。

優利亞努斯・提奇烏斯①、努米西烏斯・路普斯②這幾位軍團統帥也被授以執政官的標記。奧托如此做，因爲他對這次勝利感到高興，並且把這一榮譽算到自己身上，說他打仗的運氣好，他通過將士之手擴大了疆土。

80 就在這時，從一件並未引起人們恐懼的小事開始，竟然爆發成幾乎毀滅全城的兵變。奧托曾下令把第十七步兵中隊③從奧斯蒂亞的移民地調回羅馬。近衛軍的一名將領瓦里烏斯・克利司披努斯奉命裝備這些隊伍④。克利司披努斯從便於執行奧托的這項命令出發，直到晚上軍營裡安靜下來的時候，才下令打開武器庫，把武器裝到屬於中隊的那些車上去。但是晚上裝車，引起了人們的懷疑。他的動機被認爲是罪惡的，從而成了人們向他發動攻擊的根據。他本來想悄悄行事，結果卻鬧得滿城風雨，而喝醉了酒的士兵看到手裡的武器就想去使用它們。士兵們議論紛紛，他們指責將領和百人團長企圖發動叛亂，說元老們的奴隸正在被武裝起來以便搞掉奧托。一部分士兵不了解這些情況，又喝得醉醺醺的；品行最不好的士兵便想利用這個機會進行搶劫。絕大多數的人則像通常那樣，十分願意參與任何新的騷動，而那些規矩士兵的奉公守法行爲在黑夜裡卻發揮不了作用。克里司披努斯想制止這次兵變，他們就殺死了他和那些最嚴格的百人團長。隨後他們便拿起自己的武器：抽出了刀，跳上馬⑤，奔向羅馬的帕拉提烏姆皇宮去了⑥。

---

①第七軍團統帥，參見本書第二卷，第八十五章。
②第八軍團統帥。
③即克勞狄烏斯配置在奧斯蒂亞的第五城市步兵中隊（參見蘇埃托尼烏斯：《克勞狄烏斯傳》，第二十五章）。
④這是為了應付戰爭。
⑤每一中隊都有自己的一小隊騎兵。
⑥營地中馬匹不多，而且奧斯蒂亞距羅馬十六英里，因此這裡的說法未必可靠。

81 奧托這時正在舉行盛大宴會款待貴族男女。客人們驚惶萬狀，不知道這是當兵的偶然發瘋，還是皇帝搞了什麼陰謀，因此他們無法判斷束手待擒更爲危險，還是各自逃命更危險些。他們時而裝出很勇敢的樣子，時而又被嚇得原形畢露。這時他們都注視著奧托的面孔。正像人們心裡多疑時常見的那樣，奧托自己害怕之時，正是他使別人怕他的時候①。他還像爲自己的安全擔心那樣地爲元老院的安全擔心。他立刻派近衛軍長官去安撫士兵的怒氣②，一方面請所有的客人迅速離開宴會。接著，國家的官員們就各自逃散了，他們拋掉他們的官階標記，並且不讓他們的朋友和奴隸伴隨著他們。上了年歲的男男女女在黑暗中從不同的街道溜走，誰也不想回家，但絕大多數人則趕到朋友家去，或是躲到他們職位最低的下屬家裡去，因爲那裡是最不顯眼的地方。

82 宮殿的大門甚至也阻擋不住情緒激昂的士兵，他們逕向宴會所在的地方衝去。他們要求見到奧托。將領優利烏斯·瑪爾提亞里斯和軍團長官③維提里烏斯·撒圖爾尼努斯想阻止他們衝進去，結果都負了傷。到處都是刀光劍影，到處都是威脅的聲音；它們有時針對著百人團長和將領，有時又是針對著整個元老院的，因爲這時所有的人都陷入一種盲目的驚恐情緒，又因爲他們不知道他們的怒氣到底應當發洩到誰身上去，因此他們就放開手腳，逢人便殺。最後，奧托竟顧不得自己的皇帝尊嚴，站在他的床上（羅馬人宴會時半臥在床上——中譯者注）哭著哀求起來，好不容易才使他們住了手。後來他們十分勉強地返回營地，

① 普魯塔克的《奧托傳》的第三章中有類似的記述。
② 這一點暗示近衛軍也捲入了這一騷亂。
③ praefectus legionis，這裡第一次出現這個官名，可能指的是營帥(prafectus castrorum)（參見塔西佗：《編年史》，第一卷，第二十章）。他的職責看來是在副帥不在的時候代理他管理營地的事務。

手上還沾著血跡。第二天，家家戶戶都把門關得緊緊的，整個城市就好像已被敵人占領了一樣。街上幾乎看不到一個規規矩矩的人。老百姓都垂頭喪氣，惶惶不安。士兵們都兩眼望著地，與其說是感到悔恨，無寧說是在發愁。近衛軍的將領李奇尼烏斯・普洛庫路斯①和普洛提烏斯・費爾姆斯②向士兵講了話，他們二人性格不同，一個人講話的口氣是溫和的，另一個人的口氣卻很嚴厲。他們在結束發言時說，每個士兵將要得到五千謝司特爾提烏斯③。直到經過這樣的安排之後，奧托才敢來到營裡。將領和百人團長圍著他，他們扯掉他們自己軍階的幟記，要求他解除他們的這一危險職務，並保證他們的生命安全。普通士兵看到了他們的行動所造成的惡劣影響，就做出了願意服從的樣子，他們自動要求懲辦肇事的罪魁禍首。

83 由於普遍的動盪不安，而士兵中間又出現了分歧意見，這時奧托處於困難的境地。奉公守法的士兵要求制止目前這種放肆行為。但大多數士兵則喜歡這種兵變，也很喜歡這樣一個依靠群眾支持才能實行統治的皇帝，而騷亂和掠奪又很容易把他們推上內戰的道路。但是，他意識到，一個用罪惡手段取得的皇位是不能用突然的溫和態度以及用重新建立古老的尊嚴等辦法來維持的。因羅馬本城遭到的危機和元老院的危險而苦惱的奧托最後講了這樣的話：

「士兵同伴們，我到這裡來並不是為了激發你們對我的愛戴情緒，也不是為了鼓勵你們的勇氣，這兩種美德在你們身上已經不少了。我到這裡來是請你們控制一下你們的勇氣，稍稍節制一下你們對我的關心。

①此人是奧托的密友，參見本卷第四十六章。
②此人是奧托的顧問，參見本卷第四十六章。
③這筆錢約合今天（一九五二年）的美元二百二十五元，就當時來說不是個小數目，因為這筆錢所能買到的東西比今天這些美元能買到的東西實際上要多得多。

最近發生的騷動，並不是任何貪欲或憎恨引起的——雖然這種情緒最容易促使軍隊發動叛亂——它甚至也不是因爲你們想逃避危險或害怕危險而引起的。你們過於忠誠了，這才使你們採取了魯莽而不夠理智的行動。好的動機常常會引起壞的後果，若是不作周密的考慮的話。我們正在準備進行一場戰爭。在發生緊急事件或是在局勢突然有了變化的時候，我有沒有時間都把情況公開報告你們呢？需要不需要把每一個計劃拿出來要大家仔細討論呢？有些事情士兵應當知道，但有些事情不應當叫士兵知道，這都是理所當然的。在許多情況下，甚至百人團長和將領也只能接受命令。這才是明智的辦法，而且只有這樣，領袖的威信和嚴格的紀律才能維持。如果每個個人都一定要問爲什麼發布這樣那樣的命令，那就談不到什麼紀律，權威也就不復存在了。假設在戰場上你們必須在深夜裡拿起武器來，那麼一兩個微不足道的醉漢——我不能相信最近的一次瘋狂行動是由於比這更多的人的驚惶所引起的——會動手殺死一個百人團長或是將領嗎？他們會衝到他們統帥的營帳中去嗎？

84 「你們這樣做確實是爲了我。但是在騷亂的時候，在黑暗和混亂之中，有人也就有機會對我動手。如果維提里烏斯和他的黨羽有機會選擇他們希望激起你們什麼樣的精神和情緒的話，那麼除了叛變和衝突之外，還有什麼呢？他們不是希望士兵不服從百人團長，百人團長不服從將領，從而使我們的步兵、騎兵都在一團混亂中毀滅麼？士兵同伴們，戰爭之所以得勝，這與其說是因爲大家對長官的命令提出疑問，無寧說是因爲大家的服從①，而且只有在關鍵時刻到來之前最守紀律的軍隊，才是在關鍵時刻最勇敢的軍隊。武器和勇氣，這是你們的事情；籌劃戰役，指揮你們勇敢作戰，則是我的責任。犯了錯誤的人很少，應當

①比較李維《羅馬史》第四十四卷第三十九章中保路斯·埃米路斯的說法。

受懲處的人只有兩個：所有其餘的人都忘掉那可怕的一夜的事情吧。我希望其他軍隊永遠不再聽到謾罵元老院的聲音。元老院是帝國的頭腦①，是一切行省的光榮②；天哪，甚至此刻正被維提里烏斯教唆來反對我們的那些日耳曼人都不敢幹出這樣的事情。在意大利的孩子和眞正的羅馬青年之中，有任何一個人會要求這個等級的人的血，要求把他們殺死麼？與這個等級的偉大光榮對比之下，維提里烏斯一派人的卑賤是暗淡無光的。維提里烏斯征服了一些民族；他多少也算有一些軍隊，但是元老院卻與我們站在一起。因此，這就是說，國家是站在我們這一邊，而站在他們那邊的卻是國家的敵人。說老實話，你們是不是認爲這座最美麗的城市只是由房屋、建築和一堆堆的石塊組成的③？那些沒有生命的、不能講話的東西可以毀壞，也很容易用新的來代替。但是我們的永恆的權力、世界的和平、我的和你們的安全，卻只有在元老院安全無恙的時候才能得到保證。這個元老院是在取得吉兆之後由我們的城市的始祖和創建人建立起來的，它從王政時期一直綿延不絕地存續到各個皇帝當政的時期，讓我們把這個元老院像我們從我們祖先手裡接受過來那樣地傳給我們的後人吧。要知道，元老是從你們中間產生出來的④，而皇帝則是從元老中間產生出來的。」

85 這篇對士兵既是責備又是安撫的、寫得十分得體的演說以及他的這種溫和處理手段（因爲他只不過

---

①元老院在理論上是國家的頭腦機關，是最高的審議機構。

②習慣上各行省的最顯赫的人物都是羅馬元老院的成員。

③在李維《羅馬史》第五卷第五十四章中卡米路斯(Camillus)有類似的說法。

④在近衛軍士兵中間有一些人可以取得元老等級的身分，而通過皇帝的選拔他們就可以參加元老院。皇帝是以監察官的身分繼承了過去屬於監察官的這一特權的。

下令處罰兩個人），受到了士兵們的歡迎，這樣一來，那些用武力制服不了的人的情緒這時就安靜下來了。但羅馬城還沒有安定下來：還有武器的響聲和戰爭的氣氛。軍隊這時雖然沒有發動任何全面的騷亂，但他們仍僞裝分散到各家去，帶著懷疑的情緒監視著由於出身高貴、由於財富或榮譽而成爲人們的議論對象的那些人物。他們當中的大多數人都相信維提里烏斯的士兵也會到羅馬來試探各派的情緒，因此到處都是懷疑的氣氛，即使是在每個人自己家裡和親近的人在一起時也幾乎很難擺脫這種恐懼。但是最令人害怕的是在公開場合，在公開場合，他們根據當時謠傳的消息來改變自己的態度和神情，他們注意使自己在聽到可疑的消息時不要顯得意氣頹喪，在聽到好消息時不要顯得不夠歡喜。還有一點，元老院在議事堂①開會時，在任何問題上都很難表現得恰如其分：不講話時要不致被人認爲心中不高興，公開講話又要不致引起別人的懷疑。奧托本人就在不久之前還是一個臣屬，他自己也一直是在講著這一類的話，他對於什麼是諂媚是有深切體會的。結果，元老們就把他們的建議用委婉曲折的話講出來，也有許多人乾脆把維提里烏斯說成是敵人和賣國賊；但是最審慎最有先見之明的人只用一般常用的罵人話來攻擊他，儘管有些人對他進行的責罵完全有事實的根據。他們只是在大家爭相發言鬧成一片的時候才講話，再不就是以夸夸其談來掩蓋自己的真正意思。

86 各方傳來的怪事更弄得人心惶惶。人們傳說在卡披托里烏姆神殿②入口的地方，勝利女神所乘坐的馬車上的韁繩從女神的手上滑落下來了；傳說有一個神奇形體的東西從優諾聖堂③衝了出去；傳說台伯河

①可能是協和神殿。

②可能就是 area Capitolina，在那裡有勝利女神的一輛二駕馬車(bigae)。

③在卡披托里努斯山的朱庇特神殿裡面有三個聖堂(cellae)：分屬於朱庇特、優諾和米涅爾瓦。

一個島①上的聖優利烏斯的像在光天化日之下從西面轉到東面去；傳說在埃特路里亞有一隻牛講了話；又傳說許多動物生了怪胎。此外還傳說其他許多事情，這些事情在蠻荒時代，即使是和平時期也會受到人們的注意，但現在只有在恐怖時期才能聽到。不過，同當前災難與未來危險有關的最大憂鬱卻是由台伯河的突然泛濫引起的。台伯河高漲的河水沖壞了蘇布利奇烏斯橋②，傾圮的橋又攔住了河水，使它倒流，結果河水就不僅淹沒了城市的低窪地帶，而且也淹沒了平常不會遭到這類災害的地區。許多人在街上被大水沖跑了，更多的人是在店鋪裡或是在床榻上淹死的。老百姓無工可做，又缺乏食物，都鬧了饑荒③。出租的房屋④由於受到洪水的長期浸泡，房基都壞了，洪水退去之後房屋也就倒塌了。人們剛剛放下洪水的心事，又發生了這樣一件事情：奧托正在籌劃一次出征，他行軍的必經之路瑪爾斯廣場和佛拉米尼烏斯大道⑤都被洪水封鎖了，人們將這件事情解釋爲怪異，認爲它預示著即將到來的災難，而不認爲它是偶然事件或是出於自然的原因。

---

①現在稱為聖巴托羅繆島(Isola di St. Bartolomeo)。

②這座木橋(Pons Sublicius)是從維拉布魯姆渡過台伯河的最古老的橋。sublicius 是「木架的」意思，有的譯者把這一詞作為普通的形容詞。這座橋後來又增築了石基。目前在這個地方的是羅托橋(Ponte Rotto)。傳說中荷拉提烏斯所保衛的就是這座橋。

③洪水淹沒了菜市場和麵包店集中的地區（參見普魯塔克：《奧托傳》，第四章）。公家的穀倉可能也被洪水沖走了。儘管採取了各種預防措施，在帝國初期洪水依舊常常發生。根據記載，在奧古斯都當政時期，洪水就有五次。克勞狄烏斯對河口的治理稍稍緩和了洪水的威脅。

④出租的房屋(insulae)有幾層高，有錢人家的住宅一般稱 domus。關於 insulae 的危險和不便，參見優維納爾：《諷刺詩》，第三卷，第一九〇～二三八行。

⑤從羅馬通過翁布里亞到阿里米努姆的大道。蘇埃托尼烏斯說洪水淹沒的範圍達二十英里（《奧托傳》，第八章）。

87 奧托在爲羅馬舉行了祓除式之後①，就進而考慮出征的計劃。由於奔尼努斯阿爾卑斯山和科提安努斯阿爾卑斯山以及進入高盧的其他山路都被維提里烏斯的軍隊封鎖了，所以他就決定利用他的海軍進攻納爾波高盧②。這支海軍是強大而忠誠的，因爲在穆爾維烏斯橋的屠殺中得以活下來的人③和被伽爾巴殘暴地關入監獄的人④都被他編入了軍團，這樣他就使其餘的人也能指望在將來取得光榮服役的機會⑤。海軍之外，他還派出了城市步兵中隊和許多近衛軍士兵作爲陸軍的主力和骨幹，同時還能對將領們起顧問和監督的作用。領導這次出征的是兩個主力百人團長安托尼烏斯·諾維路斯、蘇埃狄烏斯·克利門斯和被他恢復了將領職位的埃米里烏斯·帕肯西斯（他是被伽爾巴撤職的）。但統率海軍的卻是他的被釋奴隸莫斯庫斯（莫斯庫斯的軍階並沒有變動）⑥，這樣是要他監督那些比他自己更要正直的人們的忠誠。他任命蘇埃托尼烏斯·保里努斯、馬利烏斯·凱爾蘇斯、安尼烏斯·伽路斯⑦爲步兵和騎兵的統帥。然而他最信任的卻是近衛軍長官李奇尼烏斯·普洛庫路斯。普洛庫路斯在內政方面是個精力充沛的幹練人物，但是在戰爭方面卻沒有經驗。他嚴格地根據各人的性格，把保里努斯的「聲望」、凱爾蘇斯的「毅力」和伽路斯的「幹

---

①因為見到了上述朕兆，所以舉行祓除式。獻神的犧牲先巡行城界(pomerium)一周，皇帝以最高祭司(Pontifex Maximus)的身分參加儀式，犧牲可能是所謂三牲(suovetaurilia)，即豬、羊和牡牛。

②他這樣做是決定在里維埃拉登陸，如果他實現這一計劃，對瓦倫斯將是一個巨大的威脅。

③實際上是百分之九十，被處死的只有十分之一。

④參見本卷第六章和第三十七章。

⑤在軍團中服役被認為比在海軍中服役更加光榮，因此目前還在海軍中服役的人就希望將來有到軍團中去服役的機會。

⑥在尼祿和伽爾巴時期，莫斯庫斯即擔任同樣的職務。

⑦公元六四年度執政官。

練」都利用來作聲討的基礎，這樣他就輕易地以自己的虛僞狡詐淩駕於有德行而又謙遜的人物之上。

88 大約就在這個時候，科爾涅里烏斯・多拉貝拉①被放逐到阿克維努姆移民地②。他在那裡不曾受到嚴密的或是暗中的監視，人們也沒有對他提出過任何控訴。他之所以出名是由於他的古老門第和他同伽爾巴的親密關係。許多高級長官和很大一部分擔任過執政官的人都奉奧托之命和他一同出征，他們不是以參加者或顧問的身分出征，而只是皇帝個人的隨從。在這些人當中有路奇烏斯・維提里烏斯，這個人享受和其他人同樣的待遇，奧托完全不把他看成是一個皇帝的兄弟或是一個敵人。這一行動在羅馬引起了人們的不安。沒有一個階級能免除恐懼或是危險。元老院的首要人物都已年老力衰，他們在長期的和平環境中已變得遲鈍不靈了；貴族人士都毫無生氣，他們已經忘掉了作戰的本領。騎士也不懂得什麼是軍事；人們越是想隱藏他們的畏懼心情，他們這種心情也就表現得越是明顯。可是，在另一方面，卻也有一些人出於毫無道理的虛榮而購置精良的武器和良馬；有一些人則大規模置辦宴會用品，把這作爲一種戰時的裝備來刺激他們那邪惡的欲望。明智的人考慮的是和平與國家的命運；愚蠢的人則不關心未來，只是由於懷抱著一些無聊的妄想而得意洋洋；許多在和平時期因聲名掃地而苦惱的人物都很歡迎這種混亂局面，在他們的心目中，在動盪不定中最爲安全。

89 但是民衆——他們人數過多，因而無法參預國事——卻漸漸感到戰爭的壞處，因爲現在所有的金錢全都用到士兵身上，糧價也上漲了。在溫代克斯發動叛亂的時期，民衆還沒有受到這些情況的很大影響，

①後來被維提里烏斯毫無道理地處死了（參見本書第二卷，第六十三～六十四章）。有人認為他可能是伽爾巴的繼承者（參見普魯塔克：《伽爾巴傳》，第二十三章）。

②在拉丁大道(Via Latina)上，離羅馬約六十五英里，優維納爾的故鄉。今天的阿克維諾(Aquino)。

因爲羅馬城本身那時很安全，而戰爭又是在行省進行的。既然戰爭是在羅馬軍團和高盧人之間進行，所以人們就把它看成是一場對外戰爭。事實上，自從聖奧古斯都建立起了凱撒的統治大權以後，羅馬人民所進行的戰爭都在遠離羅馬的地方，而且這些戰爭只能使一個人操心或給他帶來榮譽而已。在提貝里烏斯和蓋烏斯當政時期，只有承平時期的不幸事件才會給全國帶來影響；司克里波尼亞努斯反抗克勞狄烏斯的陰謀在它一經發覺時立刻就被鎮壓下去了①。把尼祿趕下了皇位的，與其說是武力，無寧說是消息和謠傳。但是在當前，軍團和海軍，還有一件幾乎是沒有前例的做法，即近衛軍和城防步兵中隊也都被率領去作戰了。如果領導作戰的是更加出色的人物的話，則東方和西方以及它們本身所擁有的全部潛力，是足以爲一次長期的戰爭提供材料的。有一些人想拖延奧托的出征，他們提出的是一些宗教上的理由，即那些神聖的盾牌還沒有被放回到它們原來的地方去②。但奧托對拖延嗤之以鼻，過去尼祿也是由於拖延而失敗的。而且凱奇納已經越過阿爾卑斯山了，這對他也是一個敦促。

90 三月十四日，奧托把國事付託給元老院之後，將出售尼祿所沒收的財產的餘款，凡未歸入皇帝財庫者③，全部贈給了那些從亡命地被召回來的人。這是一項極其合理的贈賜，從表面上看又很慷慨。但是這

①參見本書第二卷，第七十五章。瑪爾庫斯・福利烏斯・司克里波尼亞努斯是達爾馬提亞的長官，他在公元四二年發動了反克勞狄烏斯的叛亂，但這次叛亂不到五天就被鎮平了（參見蘇埃托尼烏斯：《克勞狄烏斯傳》，第十三章）。

②十二只神聖的盾牌(ancilia)保存在瑪爾斯神殿或撒里伊人會堂(curia saliorum)裡。在三月初盾牌從那裡取出來，撒里伊人的祭司就在紀念瑪爾斯神的月份裡把它們拿到各處展覽，三月底再送回原處。奧古斯都當政時期以前，城內沒有瑪爾斯神殿，那時盾牌是保存在王城(Regia)的聖物室(sacrarium)裡，王城是過去國王和後來的最高祭司(Pontifex Maximus)辦公之處。它在廣場上維司塔神殿的旁邊。

③參見本卷第二十章。

實際上毫無價值，因爲財產早就急不可待地變賣成現錢了①。隨後他便召集了人民的集會，稱頌羅馬如何莊嚴偉大，讚揚人民和元老院對他本人的熱誠擁戴。他對維提里烏斯方面的人用語甚爲溫和，他責備對方軍團受人蒙蔽，而未責備他們的膽大妄爲，而且他並沒有直接提到維提里烏斯的名字。他所以不指名道姓，這或者是因爲他本人的節制，或者是代他起草這一演說的人擔心自己的安全而避免對維提里烏斯有任何侮辱性的詞句。這是可能的，因爲人們一般認爲，在民政事務方面，奧托借重於伽列里烏斯·特拉卡路斯②的才能，就好像在策劃軍事行動方面，他依靠蘇埃托尼烏斯·保里努斯和馬利烏斯·凱爾蘇斯那樣。有一些人認得出特拉卡路斯的著名文風，因爲他常常在法庭上發言，他的詞藻豐贍華麗，聲調悅耳動聽，使群衆聽了很過癮。民衆的歡呼很過分，但並非發自內心，這不過是他們討好皇帝的一種公認的方式罷了。人們爭先恐後地表示他們的熱情和祝願，就彷彿他們是向獨裁官凱撒或皇帝奧古斯都歡呼喝采一樣。他們這樣做，並不是出於對皇帝的畏懼或愛戴，而是他們生來特別喜歡這種奴才習氣。奴才常常是這樣：每個人的行動都出於個人的動機，國家的榮譽根本不放在眼裡。當奧托出發的時候，他委託他的兄弟撒爾維烏斯·提齊亞努斯負責維持全城的秩序和照料帝國的事務③。

①在尼祿當政時期被放逐者的充公財產很快廉價出售，現錢則歸入皇帝的財庫，因此剩下的錢已寥寥無幾。

②伽列里烏斯·特拉卡路斯是公元六八年度的執政官，可能同維提里烏斯的妻子伽列里婭是親戚。克溫提里亞努斯稱他風采動人，談吐有力，他說（第十二卷，第五章），特拉卡路斯「在發言時看來是一個超出所有儕輩之上的人物，其所以能如此，因為他身體魁梧，目光炯炯，有著威嚴的前額，而且他的手勢也漂亮極了」。

③按照蘇埃托尼烏斯的說法（《奧托傳》，第八章），這是三月二十四日的事情。因此奇怪的是，如果他還要在羅馬留十天的話，他有什麼必要在十四日便把國事付託給元老院呢？

第二卷

1 但是在世界的另一端，命運已經建立和安排了一個新的皇朝；這個皇朝由於命運不同，給國家或則帶來歡樂，或則帶來苦難，給皇帝們本人或則帶來成功，或則帶來毀滅①。當伽爾巴還在世的時候，提圖斯·維斯帕西亞努斯就遵照他父親的命令離開了猶太②。他這次出行所提出的原因是去向皇帝致敬，以及這樣一個事實：提圖斯這時已經到了應當到外面去開創自己政治生活的年齡了③。但是經常編造故事的民眾卻傳出來了這樣一個說法，說他是奉召到羅馬，去給皇帝當繼子的。這種傳說的根據是皇帝的年邁無子，這也由於人們普遍熱望指定許多繼承者，以便最後再選定一人。提圖斯本人的性格也使得這一傳聞易於爲

---

①塔西佗這裡的意思是：維斯帕西亞努斯和提圖斯是好皇帝，多米提安則是第二個尼祿。他是在皇后多米提婭的教唆下被暗殺的。

②參見本書第一卷，第十章。蘇埃托尼烏斯說（《伽爾巴傳》，第二十三章），維斯帕西亞努斯曾懷疑伽爾巴想陷害他。

③提圖斯生於公元四一年十二月三十日，因此這時是二十八歲（一說他這時是二十九歲）。由於維斯帕西亞努斯討好納爾奇蘇斯，提圖斯得以同克勞狄烏斯的兒子不列塔尼庫斯一道在宮中受教育。不列塔尼庫斯本來被他父親內定為皇帝的繼承人，但被尼祿陷害致死。提圖斯於是成了羅馬人民喜歡的人物。這時他已擔任了財務官。

別人所接受，人們認爲這種性格將使他得到最好的命運。他儀表堂堂，具有一定的威嚴。而且，維斯帕西亞努斯的好運、預言性質的神諭、甚至還有一些由於人們的輕信而被認成是朕兆的偶然事件，都使人們相信這一傳聞。當提圖斯聽到有關伽爾巴的死亡的一些消息時，他正在科林斯，這是阿凱亞的一個城市。他遇到的人都肯定地說維提里烏斯已經拿起武器，挑起了戰爭。他感到十分焦慮不安，於是他把自己的一些知心朋友召集到一處，仔細研究了他可能採取的兩種行動方式：如果他還是到羅馬去，人們並不會對他的這一行動表示感激，因爲他是爲了向另一位皇帝致敬才去羅馬的。這樣，他就會成爲維提里烏斯或是奧托手中的人質。另一方面，如果他回到自己父親那裡去，勝利者肯定會忌恨他。而且，如果他父親在勝利還沒有最後確定時站到勝利者的一面去，那麼兒子的行動就可以得到寬恕。但如果維斯帕西亞努斯自己想取得帝國的統治大權，那麼他的對手所考慮的就是向他作戰，而必然不會考慮什麼冒犯不冒犯的問題了。

2 諸如此類的一些考慮使得他在希望和恐懼之間徘徊不定。但最後希望戰勝了。有些人相信他所以折回，是因爲他熱望重新見到貝列妮凱女王①。這個青年人的心對貝列妮凱並不是冷淡無情的，但是他對女王的愛情並不曾妨礙他從事更重要的活動。他青年時期的生活十分放蕩，但是在他的統治時期，他表現了比在他父親的統治時期更大的自制力。因而在這時，他就沿著阿凱亞和亞細亞的海岸行進（這時陸地就在他的左手），來到羅得島和塞浦路斯島；從塞浦路斯，他又勇敢地向敘利亞進發②。他在塞浦路斯時，有

---

①貝列妮凱是希羅地斯·阿格里帕一世的女兒和希羅地斯·阿格里帕二世的姊妹。她最初嫁給她的叔父、卡爾啟斯的國王希羅地斯，後來又嫁給本都的國王波列莫，但是她離開了他。她支持佛拉維烏斯家族的事業，後來隨提圖斯到了羅馬（參見蘇埃托尼烏斯：《提圖斯傳》，第七章）。這時貝列妮凱已四十多歲。

②因為他是從帕波司直接到敘利亞去的，所以要有越過大海的勇氣。

意去拜訪和參觀一下帕波司的維納斯的神殿①，因爲這座神殿在當地人以及在外地人中間都十分有名。我想在這裡簡略地談一談這種祭儀的起源，神殿的儀節以及人們所祭拜的女神的樣子，是不會使人厭煩的。要知道，在別的地方，她都不是這個樣子的。

3 根據古老的傳說，這座神殿的建立者是國王埃里亞斯②。但是有人認爲埃里亞斯是維納斯女神自己的名字。稍後的一個說法則認爲，神殿是奇尼拉斯③奉獻的，而女神本身則是在她從海裡躍出之後被漂送到這裡來的。但是學問和占卜術卻是奇里奇亞人塔米拉斯從海外帶來的，因此便約定：只有塔米拉斯和奇尼拉斯兩家的後裔才能主持這神聖的儀式。但是又有人說，後來外國人放棄了他們傳來的法術，這樣王族對外族才可以享有某種特權。只有奇尼拉斯的一名後裔才作爲祭司而受到人們的請示。個人許願時可以提供任何動物作爲犧牲，但這些動物必須是雄性的。最受信任的占卜被認爲是用小山羊的內臟所進行的占卜。祭壇不能灑上犧牲的血，人們只用祈禱和純淨的火當作供物。祭壇雖然是露天的，但是它卻從沒有被雨水淋濕過。女神的形象不像人，它是一個圓形的東西，底下寬闊，越向上越細，就和標柱一樣，到頂上就是很小很小的一個圓形平面了④。爲什麼弄成這個樣子就不清楚了。

---

①神殿在塞浦路斯最西部帕波司地方，它是獻給維納斯神的。這裡的維納斯神因此稱為帕波司的維納斯。

②完全是神話人物。參見塔西佗：《編年史》，第三卷，第六十二章。

③神話傳說中的國王，阿多尼斯(Adonis)和米爾拉(Myrrha)的父親。他的名字第一次出現在《伊利亞特》的第十一卷。老普利尼說他活到一百六十歲（《自然史》，第七卷，第四十八章）。

④女神的象徵實際上是一塊圓錐形的石頭，並不完全像作者所說的那樣，像是賽馬場上的標柱(metae)。雅典地方對赫爾瑪伊神柱(Hermae)和麥加對聖石的崇拜與此有相似之處。

4 提圖斯在參觀了神殿的財庫、國王們贈送的禮品以及所有那些被喜好古老傳說的希臘人說成是遠古時代遺物的東西之後，首先便就他的這一行程向神託請示。當他從神託那裡知道，他一路順暢、而海上的氣候也對他有利的時候，他便屠宰許多犧牲，然後又間接地請示有關他本人的事情。當索斯特拉圖斯——這是祭司的名字——看到犧牲的內臟對維斯帕西亞努斯極為有利，而且女神又嘉佑偉大的事業的時候，他便按照通常的方式做了一個簡短的回答，但是他要求同維斯帕西亞努斯私下會晤，以便向他揭示未來的命運。大大受到鼓舞的提圖斯於是乘船回到他父親那裡去，他的到來大大加強了行省居民和軍隊的信心，因為在這之前他們是處於焦慮不決的狀態的。

維斯帕西亞努斯快要結束對猶太人的戰爭了。不過攻取耶路撒冷的任務還沒有完成。這個城市之所以難攻，一因它是山城，二因猶太人有十分冥頑的迷信思想，而不是因為被包圍的人有什麼足夠的資源可以使他們能克服在圍攻時必然會遭受的痛苦。前面我們已經說過①，維斯帕西亞努斯本人手下有三個久經戰陣的軍團。在一個沒有戰事的行省②裡，木奇亞努斯統率著四個軍團；但是由於具有好勝心，加之鄰軍取得了光榮，因此木奇亞努斯的軍隊放棄了任何偷懶的念頭，正如同危險和勞苦使維斯帕西亞努斯的軍隊有了抵抗的力量一樣。因此木奇亞努斯的軍隊從連續的休息和由於缺乏經驗而產生的對戰爭的愛好中得到旺盛的精力。兩位統帥都擁有海軍和結成聯盟的國王③，並擁有輔助的步兵和騎兵部隊。他們兩人都十分有

①參見本書第一卷，第十、七十六章。
②這裡指敘利亞行省。
③埃及、敘利亞和本都的海軍都歸他們節制，此外他們還能指望取得孔瑪蓋尼的安提奧庫斯、培萊亞的希羅地斯·阿格里帕二世和索佩尼的索海木斯的積極援助。

名，但聲譽卻不相同。

5 維斯帕西亞努斯在戰爭中是果敢的。他總是走在他的軍隊的前面，親自選擇設營的地點，隨機應變地日夜同敵人周旋，而在必要時他還親自參加戰鬥。他吃的東西很隨便，遇到什麼吃什麼。在衣著和舉止方面他同普通士兵也幾乎沒有任何區別。簡言之，如果他不貪婪的話，他是可以同古時的統帥並列而毫無愧色的。相反地，木奇亞努斯出名的地方是他的盛大的排場，是他的巨大財富，是他那遠遠超過了普通公民身分的生活方式。他善於詞令，富有民政管理和政治方面的經驗。如果他們兩個人都去掉缺點而把優點結合在一個人身上，那麼這對於一個皇帝來說，將是一種稀有的結合。但是木奇亞努斯是敘利亞的長官，維斯帕西亞努斯是猶太的長官。他們因爲統治著相鄰的行省而相互嫉妒，爭吵不休。但最後，在聽到尼祿的死訊時，他們放棄舊怨，在一起會商事務了。起初，他們是通過朋友的斡旋進行協商的；後來，作爲這次和解的主要保證者的提圖斯指出了他們兩人共同利益之所在，從而結束了他們之間危險的敵對狀態。通過他的性格和他的能力的結合，他很可能會把甚至木奇亞努斯這樣性格的人都爭取過來。這一事業又得到了將領、百人團長和普通士兵的擁護，不過在爭取對方時，按照各人的不同性格而採用不同的方法或者對之嚴格，或者對之放任，或者利用其品德，或者利用其享樂。

6 在提圖斯到達之前，兩軍都已向奧托宣誓效忠，因爲消息照例是傳來得很快的，可是要搞起一場內戰來卻是費時而又費事的事情，因爲在長期安定無事的東方，這是第一次作內戰的準備。原來早先最激烈的內戰都是在意大利或高盧開始的，內戰中所使用的資源人力也都是西方的。龐培、卡西烏斯、布魯圖斯和安托尼烏斯都曾把內戰擴大到海外各地去，但他們都沒有得到好結果。在敘利亞和猶太，人們雖然不斷聽說過凱撒們，卻很少有機會看到過他們。軍團中沒有發生過兵變，只是對帕爾提亞人①有過幾次威嚇的行動，其效果則有大有小。在上一次內戰時②，別的行省都動搖了，但在東方卻保持了平靜，後來他們就同意了伽爾巴的繼位。不久之後，消息傳來，說奧托和維提里烏斯正在發動瀆神的戰爭，以爭奪帝國的大權，士兵們便悄悄地議論起來，並開始考慮自己的力量，爲的是使帝國的報酬不致落到別人頭上，而他們自己只有被奴役的份兒。他們現有七個軍團，此外還有敍利亞和猶太可以給他們提供大量的輔助部隊；隨時可以調來的，一方面有埃及和它的兩個軍團，另一方面則有卡帕多奇亞和本都以及駐守在亞美尼亞邊界的全部衛戍部隊。亞細亞和其餘各行省的兵源並不缺乏，而且那些地方還很富足。在這之外，還有地中海及地中海的所有一切島嶼；地中海本身在他們準備戰爭時會給他們提供方便，同時又保證了他們的安全。

7 統帥們並不是沒有看到士兵的熱情，但是他們卻決定在別人作戰時坐待戰爭的結果。他們知道，在內戰中，勝利者和被征服者是永遠不會眞心誠意地團結在一起的，命運將使維提里烏斯或是奧托活下來，誰活下來都一樣。他們認爲，在勝利的時候，甚至最優秀的統帥都會蛻化。有的競爭者會由於兵變，由於他的士兵的懶惰和奢侈以及由於他自己犯的錯誤而喪命在戰場之上；另一個競爭者卻要由於自己的成功而毀了自己。因此不久以前同意聯合行動的維斯帕西亞努斯和木奇亞努斯便決定等待更加有利的時機到來時再發動戰爭（但其餘的人卻是早在他們以前便已取得了協議）：那些正直的人是出於對國家的愛，許多人是受到戰利品的引誘，還有一些人則是由於他們本人的生活已經到了山窮水盡的地步。因此，好人壞人全都想打一仗，只是各人的動機不同罷了。

---

①帕爾提亞人原是西徐亞的一個民族。當他們的帝國變得強大的時候，就成了羅馬的一個嚴重的敵人。

②指溫代克斯和尼祿之間的戰爭。

8 大約就在這時，關於尼祿已經到達的謠傳在阿凱亞和亞細亞引起了一片恐慌①。關於他的死亡的各種消息相互之間頗有出入，因此許多人認爲並且相信他還在人世。在後面的敘述中，我們還要談到其他冒充尼祿的人的遭遇和企圖②。但是在這個時候，從本都來的一名奴隸，或是根據另一些人的說法，從意大利來的一名被釋奴隸——他善於演奏豎琴和歌唱——很快地就使人相信了他的騙局，把他認成是眞的尼祿，因爲尼祿也是精通豎琴的演奏和歌唱的。他利用重大的許諾糾合了一些貧苦流浪之徒，然後就出海了。一陣猛烈的暴風把他吹到庫特諾斯島③上來，在這裡他又召募了從東方請假回去的士兵，或是下令殺死了一些拒絕服從他的士兵。繼而他又打劫商人，把他們的奴隸中所有最精壯的人武裝起來。一個名叫西森納的百人團長正在代表敘利亞的軍隊把緊握著的一對右手④作爲友誼的標記帶給近衛軍。冒充尼祿的這個人於是用各種不同的手法同這個百人團長接近，但是內心驚惶而且又害怕暴力的西森納卻偷偷地逃離了這座島。於是很大的一片地方都驚惶不安起來。許多人聽到這著名的名字都熱心地跑了來，他們都是不滿現狀而希望大局有變的。冒充尼祿者的聲名一天天地大了起來，但最後一件偶然的事件使他垮了台。

①歷史上有三個假尼祿。這裡談到的是第一個。根據佐納列斯的說法，第二個假尼祿是在公元八〇年提圖斯當政的時期出現的，並且在一個時期裡受到帕爾提亞的國王阿爾塔巴努斯的支持。這個人生在亞細亞，名字是提倫提烏斯·瑪克西姆斯。最後，根據蘇埃托尼烏斯的說法（《尼祿傳》，第五十七章），第三個假尼祿也受到帕爾提亞人的支持，這個人出現在尼祿死後二十年，也就是公元八八年。

②本書涉及這些事情的部分已經遺失。

③基克拉季斯群島中的一個島，在塞里波司島和凱奥斯島之間，離蘇尼昂海角不遠，即今天的提爾米亞島(Thermia)。該島多山，周邊長五公里，有良好港口。

④參見本書第一卷，第五十四章。

9 伽爾巴曾把加拉提亞和潘披里亞兩個行省①交給卡爾普爾尼烏斯・阿司普列納斯治理；他還從米塞努姆的艦隊撥出兩艘三層槳的戰船來作爲阿司普列納斯的護衛。卡爾普爾尼烏斯就帶著這兩隻船來到了庫特諾斯島，在這裡有許多人企圖以尼祿的名義爭取艦船的船長②。冒充尼祿者裝出一副悲傷的樣子，要求他的舊屬來保護他。他懇求他們把他帶到敘利亞或是埃及去。船長們或者眞是拿不定主意，或者是想玩弄詭計，於是就說他們必須要向士兵說明這件事，而在使所有的人對這件事有了思想準備之後就回到他這邊來。但是他們卻如實地把一切報告給阿司普列納斯，結果他們就按照阿司普列納斯的命令拿捕了冒充尼祿者的船隻，並且不管他是誰就把他殺死了。他的屍體上的眼睛、頭髮和陰森可怕的面孔都是與衆不同的，這屍體被帶到亞細亞去，從那裡又被帶到了羅馬。

10 在一個由於皇帝屢次易人因而發生內戰並在自由和放縱之間搖擺不定的國家裡，甚至小事情也會引起很大的波動。由於金錢、權力和能力而著名但是聲譽不好的維比烏斯・克利司普斯③向元老院控告了尼祿當政時期的一名告密者④、羅馬騎士安尼烏斯・法烏司圖斯，因爲不久之前在伽爾巴的統治時期，元老

---

①潘披里亞最初是奇里奇亞的一部分，公元二五年以後是一個行省，到公元四三年又把呂奇亞加了上去；伽爾巴則把加拉提亞向南擴充，併入了潘披里亞，形成一個行省。

②這裡原文的 trierachus，指三層槳戰船的船長。

③他是維爾切里人，著名的演說家和告密者；他在尼祿當政時期擔任過執政官，後來在維斯帕西亞努斯當政時期又治理過阿非利加行省。他死於公元一世紀末左右。優維納爾說他是多米提安的顧問之一（第四卷，第八十一行）：隨後又來了上了年紀的、親切的克利司普斯，他的溫和的氣質完全同他的演說方式相稱。

④從奧古斯都當政時期以來，元老院即負責審理重大的刑事案件（參見塔西佗：《編年史》，第二卷，第二十七章以次）。

院曾決定告密者都應受到審判。元老院的這項決定對不同的人造成不同的命運，在有些人身上不甚生效，在有些人身上就很起作用，這就要看被告是有權有勢還是窮人了。不過這個決定總還是使人感到畏懼的。而且克利司普斯曾利用了自己的最大力量來搞垮這個曾經密告過他的兄弟①的人，並且使得元老院中很大一部分人都要求在不經審判和不許辯護的情況下把安尼烏斯處死。但是另一方面，另一些元老卻正是因爲看到控告者過分霸道而起來幫助被告。他們認爲應當給被告一定的期限，訴訟應當公開進行，而且不管被告多麼可惡，罪行多麼深重，也必須按照慣例加以審判。他們的意見起初占了上風，這一訴訟因而拖延了幾天。但後來法烏司圖斯還是被定了罪，不過公民們對這件事的看法卻很不一致，儘管法烏司圖斯的惡劣品行本來會使公民們有一致的看法。他們的看法不一致，是因爲他們沒有忘記，克利司普斯本人也是一個爲了自己的私利而密告過別人的人。使他們感到不快的，並不是法烏司圖斯所受的懲罰，而是這個所謂復仇者。

11 這時的戰爭是奧托方面占著優勢。軍隊奉他的命令從達爾馬提亞和潘諾尼亞出發。軍團共有四個。每個軍團都有兩千人作爲先鋒，走在主力部隊前面。軍隊的主力就跟在後面不遠的地方。第七軍團是伽爾巴徵募的②，但是第十一軍團、第十三軍團和第十四軍團則都是老兵；第十四軍團因爲曾粉碎不列顛的叛亂而享有盛名③。尼祿又選拔他們爲他的最精銳的軍隊，從而更增加了他們的聲譽，因此他們很久以來就

①維比烏斯・謝孔都斯，在尼祿當政時期曾由於在瑪烏利塔尼亞有勒索行爲而遭到放逐（在公元六〇年，參見塔西佗：《編年史》，第十四卷，第二十八章）。

②這是伽爾巴從西班牙帶來的。參見本書第一卷，第六章。

③指公元六一年布狄卡發動的反羅馬起義。參見塔西佗：《編年史》，第十四卷，第二十九章以次和塔西佗：《阿古利可拉傳》，第十五章以次。

忠於尼祿並且是熱心擁護奧托的。但是他們的威力和實力使他們產生了一種與之相應的自信心，這種自信心正是他們進軍遲緩的一個原因。軍團的主力都有聯盟的騎兵隊伍與步兵隊伍爲前導。此外還有從羅馬本城來的一支未可輕視的軍隊。這就是五個近衛軍中隊和它們的幾個騎兵隊，還有第一軍團。除了這些軍隊之外，還有一種名聲不好聽的輔助部隊——兩千名劍奴，但甚至嚴厲的統帥在內戰中都使用過他們的力量。統率這全部軍隊的是安尼烏斯·伽路斯。他和維司特里奇烏斯·司普林那被派出去攻占帕都斯河沿岸地帶，因爲奧托最初的計劃已經失敗；他本來想把敵人封鎖在高盧，可是凱奇納卻已經越過了阿爾卑斯山。伴隨著奧托本人的是一支精銳的親衛隊和其餘的近衛軍，還有近衛軍的老兵以及大量的海軍士兵。他進軍的速度並不慢，在進軍時也沒有貪圖可恥的豪奢享樂。他穿著鐵製的胸甲徒步走在軍旗的前面，穿著簡樸而又隨便，樣子同人們對他平時的看法恰恰相反。

12 在開頭的時候，命運是向著他的事業微笑的。他有控制海上的艦隊，這使他成了意大利大部分地區（直到沿海阿爾卑斯山開始的地方）的主人，於是他就把強渡阿爾卑斯山和進攻納爾波高盧行省的任務交給了蘇埃狄烏斯·克利門斯、安托尼烏斯·諾維路斯和埃米里烏斯·帕肯西斯這幾位統帥①。但是帕肯西斯卻被他手下的譁變的士兵囚了起來；它托尼烏斯·諾維路斯根本沒有威望；蘇埃狄烏斯·克利門斯用他的職位爭取士兵的好感，他完全不注意維持紀律，卻又急於想作戰。奧托的軍隊在所經之處的表現就好像他們不是在意大利，好像這裡不是他們祖國的腹地似的。他們焚燒、蹂躪和打劫，就好像是在敵人國土的海岸上，是在敵人的城市裡似的；他們的行動所以顯得特別可怕，是因爲任何地方都不曾準備抗擊他們這

①參見本書第一卷，第八十七章。

一可怕的進軍。田地裡到處都有人在耕作，家家戶戶的門也都開著。田莊的主人們帶著妻子兒女趕來歡迎軍隊，這些人滿以爲在和平時期他們是安全的，但是卻遭到了戰爭的慘禍。這時統治著沿海阿爾卑斯山的是皇帝的代理官馬利烏斯·瑪圖路斯。他號召人民群衆拿起武器來（在他們中間不少血氣方剛的青年），建議他們把奧托的軍隊阻擋在他的行省的外面；但是這些山區居民在剛一受到攻擊時就被驅散了。凡是倉卒集合起來而又不習慣於軍營生活或在正規領導者手下當兵的人當然都是這樣的，這些人既然不把勝利看成是光榮，也就不以逃跑爲恥了。

13 奧托的軍隊在這次戰爭激怒之下，把怒氣發洩到阿爾賓提米里烏姆城①上去，因爲農村居民都很窮，他們的武器也不值錢，奧托的軍隊沒有得到什麼戰利品。他們也抓不到俘虜，因爲當地的人民的腿腳快，對當地的地形又熟悉。但是侵略者卻利用無辜者的不幸來滿足他們的貪欲。一個藏起了自己的兒子的利古里亞婦女的光榮事例更爲加強了他們的行動的恐怖性。由於士兵們相信她同時也隱藏了金錢，於是就拷打她，問她把她的兒子藏到什麼地方去；她指著自己的腹部回答說：「他就藏在這裡。」在這之後，任何恐怖手段和死亡本身都不能使她畏縮或是使她改變這一大義凜然的回答。

14 正在這個時候，驚惶萬狀的使者帶信來給法比烏斯·瓦倫斯說，奧托的海軍正在威脅著已經向維提里烏斯宣誓效忠的納爾波高盧行省。從各移民地前來的使節也要求援助。於是他便派出了通古里人的兩個步兵中隊、四個騎兵中隊和特列維利人的一整隊騎兵，而以優利烏斯·克拉西庫斯爲統帥。這些軍隊有一部分被留在佛路姆·優里烏姆移民地②，以阻止奧托的艦隊急速地登上沒有防禦工事的海岸，因爲如果他

①今天的文蒂米利亞(Ventimiglia)。
②今天的弗雷儒斯(Frejus)。

們的全部兵力都走內地道路的話，這樣的事情是可能會發生的。十二個騎兵中隊和一支精銳的步兵前去迎擊敵人。支援他們的力量的有利古里亞人的一個步兵中隊，有長期以來就存在的一支地方輔助部隊，還有一支尚未正式編成隊伍的五百名潘諾尼亞人。戰鬥很快就開始了。奧托的戰線的配置方式是一部分海軍和他們中間的農民站在海岸附近較高的小山地帶。小山和海岸之間的全部平地則都是由近衛軍占據著，而在海面本身則是艦隊在離海岸很近的地方活動。艦船向著陸地作好了戰鬥準備，形成了一條看來甚是可怕的戰線。在步兵方面較弱、但在騎兵方面很強的維提里烏斯派把他們的阿爾卑斯山的軍隊①配置在附近的高地上，把他們的步兵編成緊密的隊列，配置在騎兵後面。特列維利人的騎兵中隊在向敵人進攻時不夠慎重，因爲他們在前面遇到的首先就是老兵的軍隊，同時在側面又受到農民投過來的大批石塊的攻擊（何況農民對於此道又是頗爲精通的）。混在正規軍隊中間的這些農民在勝利的鼓舞之下，不管是勇敢的還是怯懦的都表現了同樣的堅決。維提里烏斯的部屬在作戰時，敵方艦隊從後面向他們突然發動進攻，這一未曾預料到的行動更增加了他們的驚惶情緒。如果不是天色暗下來從而阻止了勝利者的追擊並且掩護了戰敗者的逃跑的話，四面都被包圍了的軍隊是會全部被殲的。

15 維提里烏斯一方雖然吃了敗仗，但他們並沒有停在那裡不動。他們又召來輔助部隊，向敵人發動了進攻。但敵人這時卻認爲自己已經安全，因此就由於勝利而疏忽起來了。維提里烏斯的軍隊殺死了敵人的哨兵，衝進了他們的營地並且使敵人的船隻大吃一驚。最後，在奧托的軍隊的驚惶情緒逐步安定下來之後，他們才以他們所占據的附近的一座小山爲據點集合了自己的力量，隨即向維提里烏斯的軍隊發動進攻。接

①這裡指上面所提的利古里亞人。

著就是一場可怕的鏖戰，通古里人步兵隊的軍官組成的一條連續不斷的戰線支持了很長一個時候，但他們終於在大量武器的攻擊下被擊潰了。甚至奧托派的軍隊在取得勝利時也付出了生命的代價，原來他們的一些人在追擊敵人時不夠小心，結果維提里烏斯的騎兵卻轉回來把他們包圍起來。最後，就好像他們締結了一項停戰協定以便使一方面的海軍和另一方面的騎兵都不能發動任何突襲似的，維提里烏斯的軍隊退往納爾波高盧的一個城市安提波里斯①，奧托的軍隊則退往利古里亞內地的城市阿爾賓高努姆②。

16 科西嘉、撒丁尼亞和附近海上的其他島嶼聽到了奧托的海軍取得勝利的消息，因此就仍然站在奧托的一面。但是科西嘉卻由於代理官德庫木斯・帕卡里烏斯的冒失行動而幾乎遭到毀滅；這一行動對這樣一場大戰的最後勝負起不了任何作用，但對於德庫木斯本人卻招致了致命的後果。原來德庫木斯是憎恨奧托的，因此他決定利用科西嘉的兵力幫助維提里烏斯，不過即使他取得勝利，這一幫助依然是沒有任何價值的。於是他把該島的領袖人物召集起來向他們說出了自己的意圖。當那裡的里布爾尼亞式艦船③的司令官克勞狄烏斯・皮爾里庫斯和一名羅馬騎士克溫提烏斯・凱爾圖斯敢於反抗他的時候，他便下令處死了這兩個人。這次處死使得在場的那些人感到十分害怕。結果不了解情況的人民群衆，由於無知而和別人一起都害怕起來，因此就向維提里烏斯宣誓效忠了。但是當帕卡里烏斯開始徵募軍隊，並且把極重的軍役負擔加到沒有受過訓練的人們的身上時，對這些一向不習慣的勞役感到厭惡的人們就想到了他們自己的弱點；他

①今天的昂蒂布(Antibes)。

②今天的阿爾本加(Albenga)。

③這是根據里布爾尼人（伊里利亞的一個民族）的艦船所造的輕型艦船。奧古斯都把這種船隻列為自己的海軍的一個重要組成部分。參見荷提拉提烏斯：《書信集》，第一卷，第一章。

們看到，他們的土地不過是一個島；日耳曼和它的軍團的兵力離得很遠，甚至那些受到輔助的步兵和騎兵部隊保護的人們都受到了海軍的劫掠和搶奪。突然間他們對自己的行動後悔起來，不過他們卻還沒有公開訴諸暴力。他們選擇了一個適當的時期發動叛變。當帕卡里烏斯的侍從不在他身旁的時候，他們就趁他入浴的機會把他殺死，因爲那時他是裸體的，而且是絲毫無能爲力的。他們還殺死了帕卡里烏斯的侍從。謀殺者自己把被殺者的首級帶到奧托那裡去，就彷彿它們都是敵人的首級似的。可是奧托並不賞賜他們，維提里烏斯也不懲罰他們，在醜惡的行動和更大罪行的漩渦當中，他們的行動是根本引不起人們注意的。

17 我們在前面已經說過①，進入意大利的道路已經打開了，西里烏斯的騎兵已把戰爭轉移到那裡去了。雖然在那裡沒有一個人擁護奧托，但這次勝利卻也不是因爲人民擁護維提里烏斯；不過長時期的和平已經消磨掉了他們的勇氣，因此他們甘願接受任何形式的奴役，可以說，只要是第一個到來，不管這些人是否較正派的一面，他們都準備對之俯首聽命。意大利的最富庶的地區，即在帕都斯河和阿爾卑斯山之間的全部平原和城市，現在都在維提里烏斯派的軍隊的手裡；因爲凱奇納預先派出來的輔助步兵部隊已經到達了。潘諾尼亞的一個步兵隊在克雷莫納（亦譯克列蒙那——中譯者注）被俘；一百名騎兵和一千名海軍在普拉肯提亞和提奇努姆之間②受到截擊。受到這次勝利的鼓舞的維提里烏斯派的軍隊已經不再是河岸所能攔阻的了。相反的，帕都斯河本身卻激怒了巴塔維亞人和從萊茵河對岸前來的人們。他們出其不意地在普拉肯提亞渡過了河，俘虜了幾名偵察兵，這樣就嚇倒了其餘的士兵，而這些士兵於是就驚惶地散布這樣的一個虛構的消息，說凱奇納的全部軍隊已近在眼前。

①參見本書第一卷，第七十章。

②這兩個地方即今天的皮亞琴察(Piacenza)和帕維亞(Pavia)。

18 司普林那（他是普拉肯提亞駐軍的統帥）確實知道凱奇納還沒有來到，於是他決定在對方迫近的時候，把自己的士兵控制在工事以內，不讓三個近衛軍中隊、一千名後備部隊和一些騎兵去同一支久經沙場的老兵對陣。但是士兵卻不受約束，他們這些沒有作戰經驗的人抓起軍旗和隊旗來就衝到外面去了。當他們的統帥想約束他們時，他們就用武器向他進行威嚇，並且咒罵百人團長和軍團將領們。更有甚者，他們還不斷地叫嚷說，奧托正在被出賣，並且已有人被派出去召請凱奇納前來了。司普林那也參加了由別人發動起來的這一魯莽行動，起初還是出於不得已，但後來他索性裝成好像他自己也願意這樣的姿態了，因爲他希望一旦在兵變平息下去時，他的意見可以有更大的分量。

19 當帕都斯河業已在望而夜色即將降臨之際，司普林那決定設營。設營的工作對於長久駐在城內的軍隊來說是十分生疏的，這種工作使他們的情緒感到十分沮喪。後來所有較老的士兵便開始責怪自己的輕信，並且指出，如果凱奇納和他的軍隊在平原上把這樣少的幾個中隊包圍的話，那麼他們的處境將是危險而又危急的。不久以後，在整個營地裡又聽到了比較和緩的論調，而這時百人團長和將領們就到士兵中間去活動，稱讚他們的統帥的先見之明，因爲他選擇了一個地勢險要、資源豐富的移民地當作他們的強有力的作戰基地。最後，司普林那本人在充分說明了自己行動的理由而不是責備他們的錯誤之後，便把一些偵察兵留下，率領著其餘的士兵返回了普拉肯提亞①。士兵們這時不再那樣不馴服，而是比較樂於接受命令了。這座城市的城壁加強了守備，城垛增加了，望樓也加高了，供應並準備了武器，採取了嚴明紀律和使士兵更樂於服從的措施。這兩點是他們這一方面唯一缺乏的東西，因爲對於士兵的勇氣這一點，人們是沒有理

---

①普魯塔克沒有提到從普拉肯提亞的這次出擊，他只是提到了司普林那的士兵的急不可待的作戰情緒。

由感到不滿的。

20 但是凱奇納彷彿把他的殘酷和放縱①留在了阿爾卑斯山的後面，現在他在意大利進軍時紀律嚴明。各城市和移民地把他的衣著的樣式認成是橫傲的標誌，因爲他向公民演說時穿著雜色的外袍和褲子②。還有一件事也使他們感到氣憤和不快，那就是他的妻子撒羅尼娜也騎著一匹有紫色裝飾的駿馬，儘管她並無意藉此給任何人造成傷害。然而他們所以有這樣的情緒，是由於人類本性中的一種根深柢固的特性，這種特性使得人們對於別的人們新近取得的好運抱著嫉妒的眼光，並且要求正是不久以前還同自己一樣的那些人能表現出謙遜的作風。

凱奇納渡過帕都斯河之後，企圖以協商和許諾的辦法來破壞奧托派的忠誠，但他本人同時也受到同樣計謀的威脅。他們先是往來交換「和平與和諧」③之類的空泛詞令，但這對問題的解決根本起不了任何作用，最後凱奇納才打算全力準備對普拉肯提亞進行極爲猛烈的圍攻，因爲他深知在戰爭開始時取得的勝利對他今後的聲譽是有決定作用的④。

21 第一天是在猛烈的攻擊中度過的，雖然，作爲一支老兵隊伍來說，他們應當進行更加巧妙的攻擊。酒足飯飽的士兵沒有防護而且粗心大意地來到了城下。在戰鬥期間，城外面的一座漂亮的半圓形劇場被燒

---

①參見本書第一卷，第六十七章以次。

②這是高盧人的衣服，羅馬人穿這種衣服被認為是不適宜的。

③拉丁文 pax et concordia。

④亨德遜(Henderson)認為他如果不攻占普拉肯提亞，那麼這一城市對他同尚未到來的瓦倫斯之間的聯繫將是一個很大的威脅。

掉了，這或者是圍攻者向被圍攻者投擲火把、火彈和火箭時燒起來的，或者是被圍攻者自己向敵人還擊引火物時燒起來的。外地城市的喜歡懷疑的普通人民認爲，這些引火物是相鄰各移民地的一些人不懷好意地帶到半圓形劇場裡面去的，因爲在意大利的任何地方都沒有這樣大的一座劇場，所以他們對它是心懷嫉妒的。不管這次火災的起因如何，當他們還在擔心更加可怕的災難時，這個損失在他們看來就算不得什麼了。但是一旦他們重新感到安全的時候，他們就痛心起來，就彷彿他們不可能遭到比這更加沉重的損失了。儘管如此，凱奇納還是被擊退了，他的軍隊遭到了沉重的損失。他把那一夜用來準備攻城的用具。維提里烏斯派準備了活動雉堞、柴束和遮掩物，用以挖掘城根並保護進攻者。奧托派則準備滾木、大量石塊、鉛和青銅以便擊潰和打垮敵人。雙方都害怕遭到恥辱，又都渴望取得榮譽。雙方都用不同的方式激勵自己的士兵。一方面讚揚軍團和來自日耳曼的軍隊的力量；另一方面則是讚揚城市駐軍和近衛軍的崇高聲譽。維提里烏斯派指責他們的敵人懶散無力，是給賽馬場和劇場引誘得墮落了的士兵；但城裡的士兵則攻擊維提里烏斯派是外國人，是蠻族。在他們這樣稱讚或是責罵奧托和維提里烏斯的時候，他們相互間的侮辱是比他們的稱讚詞句更能激起士兵的戰鬥熱情的。

22 天還未亮，城上已經站滿了守衛的士兵，城外的平原上到處閃爍著武裝士兵的武器。軍團①士兵排成密集的隊列，輔助部隊則是分散開來的。他們用箭或石塊攻擊城牆較高的部分，卻用密集的隊伍進攻守衛力量較弱或年久失修的那些部分。奧托的士兵則可以從城上比較仔細而準確地把大量的投槍投向日耳曼

①凱奇納麾下只有一個完整的軍團，但還有其他軍團調來的一些隊伍（參見本書第一卷，第七十章）。

步兵①：這些步兵在迫近城牆時是不大注意保護自己的，他們在進攻時唱著他們的蠻族歌曲②並且揮舞著他們肩上的盾牌，而他們的身體卻依照他們的習俗沒有任何東西保護著。在活動雉堞和柴束保護下的軍團士兵從下面挖城牆的牆基，修築攻城用的土山工事，攻打各個城門，而近衛軍則在另一方面把爲了對付敵人而特別準備的那些沉重的磨石推下來，磨石落下去的時候發出了巨大的轟聲。城下的許多進攻者都被砸死了，許多人被刺穿，流了許多血或是變成殘廢；他們的驚惶情緒加深了他們的沮喪，而從城上投射到他們身上的武器也越來越猛烈，於是他們就開始撤退，從而損害了他們自己一方面的威信。但是凱奇納因爲對他這種想通過猛攻而占領這座城市的冒失行動感到可恥，並且想避免因爲待在這同一座營地裡而顯得可笑和無用，於是他就再一次渡過了帕都斯河並趕忙去進攻克雷莫納。當他離開的時候，圖路里烏斯·凱里亞里斯帶著許多海軍士兵，優利烏斯·不列剛提庫斯③帶著一些騎兵來向他投降了。巴塔維亞人不列剛提庫斯是個騎兵中隊的隊長；凱里亞里斯則是一個主力百人團長，由於他曾在日耳曼服役，因而對凱奇納並不是陌生的。

23 司普林那打聽到了敵人所行經的路線，就把一切經過、普拉肯提亞的保衛戰以及凱奇納的意圖都告訴給安尼烏斯·伽路斯④。伽路斯那時正在率領著第一軍團前來支援普拉肯提亞，因爲他擔心那裡的少數

---

①這裡指輔助部隊。

②塔西佗關於他們的戰歌的描寫，參見《日耳曼尼亞志》，第三章。

③奇維里斯的侄子和他的敵人（參見本書第四卷，第七十章）。

④參見本書第一卷，第八十七章。伽路斯從維羅那來支援司普林那，但塔西佗沒有說明他原駐在什麼地方。克雷莫納看來應當是在維提里烏斯派的手裡。

中隊支持不了長期的圍攻和日耳曼軍隊的力量。當消息傳來，說凱奇納已被擊退並且正在向克雷莫納進發的時候，他已很難限制他那爲了急於作戰而幾乎譁變的軍團，但是他卻做到把他們留在了貝德里亞庫姆①。這是在維羅那和克雷莫納之間的一個村落：兩次羅馬的災難使它有了一個不祥的聲名②。

就在這些日子裡，瑪爾奇烏斯・瑪凱爾在離克雷莫納不遠的地方取得了一次勝利；原來他作了一個緊急的決定，把劍奴調往帕都斯河的對岸並使他們出其不意地向敵人發動進攻。這一進攻使維提里烏斯的輔助部隊陷入了混亂，他們的大部分逃往克雷莫納，那些敢於抵抗的人結果都被殺死了。但是瑪凱爾卻制止了他的勝利的軍隊的狂熱的進攻，因爲他擔心敵人方面會有增援部隊前來扭轉戰爭的命運。這種作法引起了奧托派軍隊的懷疑，他們對他們的將領的每一個行動都作了惡意的猜測。他們這些口頭強硬而內心怯懦的人爭相對安尼烏斯・伽路斯、蘇埃托尼烏斯・保里努斯和馬利烏斯・凱爾蘇斯進行各種各樣的攻擊，因爲奧托把後面兩個人也任命爲統帥了。謀殺伽爾巴的人最熱衷於挑起兵變和不和；這些因犯罪和恐懼而喪失了理智的人時而用公開叛亂的詞句，時而用暗中寫信給奧托的辦法企圖造成極大的混亂。這個非常願意相信最下賤的人們的話、而又害怕正直人物的奧托感到十分害怕；他在順利的時期雖是猶豫不定的，但是在逆境裡卻反而表現得比較好。因此他就派人去把他的哥哥提齊亞努斯召來，把作戰的最高統帥權交給了他③。

---

①在從荷司提里亞和曼圖亞(Mantua)通向克雷莫納的兩條大道的交界處，在今天的卡爾瓦托尼(Calvatone)附近。有人認為它是今天的聖・洛倫佐・瓜佐尼村(St. Lorenzo Guazzone)或貝維臘臘(Beverara)。

②因為維提里烏斯在這裡擊敗了奧托（參見本卷第四十一章以次），而維斯帕西亞努斯又在這裡擊敗了維提里烏斯（參見本書第三卷，第十五章以次）。

③提齊亞努斯曾受命治理羅馬（參見本書第一卷，第九十章）。根據普魯塔克（《奧托傳》，第七章），他是在下一次戰爭之後才接受了這一統率權的。

24 這時①，保里努斯和凱爾蘇斯這兩位統帥都取得了輝煌的勝利。凱奇納盡了自己最大的努力之後依舊歸於失敗，而且他的軍隊的聲譽也越來越下降，這些情況都使他感到苦惱。他這個在普拉肯提亞被擊退的人，不久之前他的輔助部隊又被割裂，甚至當他派出去進行偵察的士兵在同敵人發生常見的、不值得記述的遭遇戰時，他的一方面也總是失敗的。

因此當法比烏斯・瓦倫斯②迫近的時候，他擔心戰役的全部榮譽會落到他的身上，於是他就急於想恢復他的聲譽，不過卻由於操之過急而顯得不夠理智了。他把他的輔助部隊中最勇敢的士兵隱蔽在離克雷莫納十二英里的一個叫卡司托路姆③的地方的某個森林裡，這個森林俯臨著大道。他命令他的騎兵出去挑戰，接著又要他們裝作害怕的樣子，吸引敵軍匆忙追擊，以便使敵人最後陷入他預設的伏擊圈內。這個計劃被洩漏給奧托的統帥；保里努斯於是率領步兵，凱爾蘇斯率領騎兵；他們在左翼配置了第十三軍團的一個分隊④，四個輔助步兵中隊和五百名輔助騎兵部隊。在大道⑤上是三個近衛軍步兵中隊排列成一個深的隊形；在右手的戰線上則是第一軍團和兩個輔助步兵中隊以及五百名騎兵在行進著。此外他們還有一千名近衛軍和輔助騎兵部隊，這部分人在勝利時可以增加自己一方的進攻力量，而在自己一方遇到困難時還可當作後

---

①就是在提齊亞努斯得以把保里努斯和凱爾蘇斯換下來之前。

②他率領著下日耳曼的軍隊。

③據說過去在這裡有雙生子卡司托爾(Castor)和波路克斯(Pollux)的神殿，因以為名。

④來自潘諾尼亞（參見本卷第十三章）。

⑤羅馬的大道比平地修築得要高些。這裡所說的大道是波司圖米亞大道（克雷莫納和通向荷司提里亞與維羅那的分叉點之間的一段）。

備部隊①。

25 在雙方還沒有接觸的時候，維提里烏斯派就逃跑了，但是看出了這次軍事詭計的凱爾蘇斯止住了自己的士兵，不許他們追擊。正當凱爾蘇斯緩緩退卻的時候，維提里烏斯派卻冒失地從他們伏擊的地方向外出擊。他們跟蹤追擊得過遠，結果他們自己反而陷入了敵人的包圍。原來輔助步兵部隊從兩翼把他們包圍起來，軍團士兵在正面迎擊他們，而他們的後背又被騎兵的一次突然的出擊切斷了。蘇埃托尼烏斯・保里努斯並沒有立刻下令他的步兵作戰，因爲他本來就是個拖拖拉拉的人，他寧願制訂愼重的和周密的計劃，而不想貪圖僥倖的勝利。因此他就不斷發布命令要人們塡平濠溝、清除場地、拉開戰線，他認爲只要他能有辦法不被敵人打敗，他便有充分的時間能以著手取得勝利。這一拖延使得維提里烏斯派有時間從容撤退到附近的一些葡萄園去，但葡萄園中縱橫交錯的葡萄蔓是很不容易通過的。在那裡附近的地方還有一小片森林，他們竟敢於從這座小森林再度向外出擊，並且殺死了最勇敢的近衛軍騎兵。當國王埃披帕尼斯②正在熱情地鼓動士兵們爲奥托作戰的時候，他負傷了。

26 後來，奥托的士兵發動了進攻。他們突破了敵人的戰線，並且打敗了那些前來支援敵人的人。原來凱奇納並沒有把他那些輔助步兵中隊一下子投出來，而是一隊一隊地投入戰場，這種做法在戰鬥中反而增加了混亂，因爲這樣分散開來的軍隊在任何地方都不能形成一支強大的力量，反而被驚惶逃散的士兵衝跑

①按照本節所記述的隊形，輔助部隊照例還是在兩翼，接著他們配置在大道兩旁的是軍團士兵，而在大道上面的則是近衛軍。這一戰線最初是直的，但是在進攻開始前，保里努斯把隊伍列成梯形(en échelon)，這就是說，隊列最外面的輔助部隊稍稍走在軍團士兵的前面，軍團士兵又稍稍走在中心的近衛軍士兵的前面。

②國王安提奥庫斯的兒子，孔瑪蓋尼的國王。

了。甚至在軍營中士兵都發動了變亂，因爲他們並不是全部被率領出去作戰的。他們把營帥優利烏斯・格拉圖斯捉了起來，而加給他的罪名是：他同他那在奧托方面服役的兄弟進行叛變性的勾結，而另一方面，奧托的軍隊也把他的兄弟、軍團中的一名將領優利烏斯・佛隆托以同樣罪名上了鐐銬。但是在逃跑的和追擊的軍隊裡，在戰線上以及在營地前面到處是一片混亂，以致雙方的人都認爲，如果蘇埃托尼烏斯・保里努斯不下令退卻的話，凱奇納和他的全部軍隊本來是可以完全被殲滅的。但保里努斯提出的一個藉口是：他擔心這樣沉重的附加戰鬥任務和長途的行軍會使他的軍隊過分勞苦①，擔心新從營地裡出擊的維提里烏斯派的士兵會進攻他的疲憊之師，而且當他們士氣沮喪的時候，他們就會連撤退的地方都沒有了。有一些人同意統帥的這個計劃，但是廣大士兵群衆的看法卻是不同意。

27 維提里烏斯派的失敗與其說使他們驚惶失措，不如說反而使他們重新有了服從的精神。這種情況對凱奇納（凱奇納曾責怪他的士兵說，他們發動兵變的興致，實際上要高過他們作戰的興致）的軍隊以及對現在到達了提奇努姆的法比烏斯・瓦倫斯麾下的軍隊來說都是確實的。他們不再輕視他們的敵人的力量，而且由於急於想恢復自己過去的聲譽，而開始比先前更加尊敬和規矩地服從他們的統帥了。不久前他們那裡還發生過一次嚴重的兵變。關於這次兵變的經過現在我得從早先的一個時候談起，因爲在前面，我若中斷我的有關凱奇納的戰役的敘述，那是不適當的。

前面我已經說過②，巴塔維亞步兵中隊在向不列顛進軍途中聽到維提里烏斯的叛亂時，便在反尼祿的

①這是說，如果保里努斯在這裡對凱奇納取得勝利，他就要把軍隊率領到約十二英里之外的地方克雷莫納，即凱奇納營地的所在地去。

②這裡作者是接著本書第一卷第六十六章敘述的。

兵變中退出了第十四軍團①，在林哥尼斯人的地區參加了法比烏斯・瓦倫斯的隊伍②。從那時起，這些步兵中隊就開始變得橫傲起來，他們到每個軍團的營地去，吹噓是他們制服了第十四軍團的正規軍，是他們從尼祿手裡奪取了意大利③，而戰爭的全部決定權是掌握在他們手裡的。但是這樣的行動侮辱了軍團士兵，嚴重冒犯了統帥；他們內部互相吵鬧不休，因此紀律鬆弛；最後他們的橫傲開始使瓦倫斯懷疑他們的忠誠了。

28 因此，當消息傳來說，特列維利人的騎兵中隊和通古里人的步兵被奧托的海軍所擊敗④，而納爾波高盧行省已被封鎖的時候，瓦倫斯因為急於想保衛自己的同盟者，並且像一位明智的統帥那樣，想把現在已變得不馴順、而如果聯合起來又會變得過分強大的輔助步兵部隊分散開來，因此他便命令一部分巴塔維亞人去支援行省。當大家都知道了這一行動的時候，聯盟軍隊感到不滿，軍團士兵感到憤怒。他們說，他們失掉了他們的最勇敢的軍隊的幫助；還說彷彿經歷過如此多次勝利戰役的巴塔維亞老兵在敵人業已在望的時候卻從戰線上被撤了下去。如果行省比羅馬和帝國的安全更加重要的話，那麼所有的人就都應該到那裡去支援；但是，如果勝利的主要支持力量有賴於意大利的話，那麼最強有力的四肢看來是不能從軍隊的身體分割出去的。

29 正當士兵們這樣粗暴地譴責瓦倫斯的行動時，瓦倫斯把他的侍從派到士兵那裡去，想制止他們的犯

---

①尼祿把巴塔維亞人調來是準備去對付阿爾巴尼人的，但在他死後，返回羅馬的巴塔維亞人又被伽爾巴派到不列顛去。
②可能是巴塔維亞的步兵中隊在聽到溫代克斯起義的消息時在達爾馬提亞脫離了第十四軍團，這樣也就公然脫離了尼祿。
③這裡的意思似乎是他們使軍團不能進入意大利支援尼祿，從而使尼祿失掉了意大利。
④參見本書第二卷，第十四章以次。

上行爲。士兵們立刻攻打瓦倫斯本人，他們向他拋石塊，在他逃跑時還追趕他。他們說他隱藏了高盧諸行省的戰利品、從維也納人民那裡取得的黃金、還有他們自己的勞苦的報酬①，因此他們便開始搜索他的行李，檢查他的營房的牆壁，甚至用長槍和投槍翻掘了土地。穿著奴隸的衣服的瓦倫斯躲在一位騎兵軍官的營房裡。當兵變的氣勢逐步緩和下去的時候，營帥阿爾菲努斯·伐魯斯用這樣的一個辦法收拾了局面：他不許百人團長們巡視哨兵，並且取消了每天召集士兵值勤的喇叭。結果所有的士兵都感到很驚訝，他們開始惶惑不安地面面相覷，他們因爲沒有人發號施令這樣一件簡單事實而十分害怕。他們沉默了，順從了，最後竟泣求寬恕了。當他們看到瓦倫斯身著襤褸衣衫、哭哭啼啼、但是出人意料之外地安全無恙時，他們歡迎他，同情他，甚至熱誠擁戴他了。他們從憂到喜——群衆永遠是走兩個極端的——稱讚他並向他祝賀，用軍旗和隊旗②把他包圍起來，並且把他抬到座壇上去。

瓦倫斯表現了一種明智的節制精神。他不要求懲罰任何人；但他擔心裝作若無其事又會引起人們的懷疑，因此他就嚴厲地責備了少數人。他十分清楚，在內戰時期，士兵是比領袖有更多自由的。

30 正當士兵們在提奇努姆爲自己的營地修築工事的時候，傳來了凱奇納戰敗的信息。軍隊幾乎再度發動了兵變，因爲他們懷疑他們之所以未能參加戰鬥是出於瓦倫斯的出賣和拖延。他們拒絕再這樣待下去；他們不願意再等待他們的統帥。他們走在軍旗的前面並且催促旗手加速前進；這樣他們就急速行進並同凱奇納會師了。瓦倫斯在凱奇納的軍隊中間的聲譽是不好的，他們抱怨說，儘管他們在人數上比敵人少得多，

---

①參見本書第一卷，第六十三～六十六章。

②軍旗是第一和第五軍團的，隊旗是輔助步兵中隊的。

但是瓦倫斯卻把他們暴露在一支實力根本未受損傷的敵軍面前；而同時爲了給他們自己開脫，他們讚揚和奉承同他們前來會合的軍隊的實力，因爲他們不希望這些士兵瞧不起他們而把他們看成是被戰敗的和怯懦的士兵。而且，儘管瓦倫斯有一支較大的軍隊，而這支軍隊的軍團士兵以及輔助部隊的人數實際上差不多是凱奇納的軍隊的一倍①，但軍隊卻還是喜歡凱奇納。這不僅是因爲他稟性善良（人們認爲在這一點上他表現得比瓦倫斯要好），而且還因爲他年輕力壯，體格魁梧，並且有一種難以捉摸的魅力。這種情況造成了統帥之間的競爭。凱奇納嘲笑瓦倫斯是個可恥和不光彩的人物；瓦倫斯則又瞧不起凱奇納，說他自負，有虛榮心。不過目前他們卻拋除了他們之間的忌恨而全都熱心維護共同的利益了。在多次的函件往來中間，他們根本沒有和解的打算，因此對奧托百般加以侮辱，但是奧托方面的統帥對維提里烏斯卻不是這樣攻擊，儘管他們手頭這類的材料也是很多的。

31 事實上，在這兩個人死亡之前——奧托死得很光榮，但維提里烏斯卻死得很可恥②——人們害怕奧托的火一樣的情欲甚於維提里烏斯的昏昏沉沉的享樂。而且伽爾巴的被殺，使人們對奧托感到恐怖，並且憎恨他。但是卻沒有任何人責怪維提里烏斯發動戰爭。維提里烏斯的好色和貪吃只被認爲是玷污他一個人的缺點；但奧托的奢侈、殘酷和膽大妄爲看來對國家卻更加危險。

在凱奇納和瓦倫斯會斯之後，維提里烏斯派立刻決定全軍出擊。但奧托卻還在考慮是把戰爭拖下去，還是現在便立刻一決勝負。

---

①凱奇納的軍隊三萬人，瓦倫斯的軍隊在四萬人以上。

②他的可恥的死亡，記述在本書第三卷結尾處。

32 當時被人看作最有才幹的統帥蘇埃托尼烏斯・保里努斯①認爲從自己的聲望看，他必須對整個戰爭的指揮發表自己的意見，因此他就說，敵人之利在於速戰速決，而他們自己一方之利卻在於拖延。他的話的大意是這樣：「維提里烏斯的全軍現在已經開到了，在他們後面並沒有強有力的後備力量，因爲高盧諸行省正在騷動不安，而且當著這樣衆多的敵對部落正在伺機渡河的時候，離開萊茵河的沿岸地區也是不智的舉動。不列顛的軍隊由於他們的敵人的襲擊和海洋的阻隔而鞭長莫及。西班牙諸行省沒有多餘軍隊可以騰出來②。納爾波高盧已因我方海軍的進攻和他們的失敗而惶惶不可終日。帕都斯河以北的意大利在阿爾卑斯山的環抱之中，根本不能指望從海上取得任何接濟，並且實際上被一支僅僅從這裡通過的軍隊蹂躪了。我們的敵人不能從任何地方爲他們的軍隊取得糧草。而沒有糧草，他們的軍隊是無法維持的。再說他們軍隊中最凶悍的日耳曼人，如果戰爭拖到夏天的話，他們很快就會削弱下去，並將不能忍受當地情況和天氣的改變了。許多戰爭剛開始時非常可怕，但由於無所行動，便引起厭倦情緒，最後不了了之。另一方面，我們自己方面的資源卻是豐富的、可靠的：潘諾尼亞、美西亞、達爾馬提亞和東方都在我們的這一面。他們的軍隊絲毫沒有減少。意大利和帝國的首都羅馬也在我們手裡，元老院和羅馬人民站在我們的一面——即使這些名字有時受到遮蔽，但它們絕不是無關緊要的。我們這一面手裡還有公私的資源，有大量的金錢，這些錢在內戰當中是比刀劍更有力量的東西。在體力方面，我們的士兵習慣於意大利的自然條件，至少是

①保里努斯早在公元四二年在阿非利加就表明自己是一位幹練的統帥（參見狄奧・卡西烏斯，第六十卷，第四章；普利尼：《自然史》，第五卷，第十四章），公元五九～六一年他在不列顛也很有聲譽（參見塔西佗：《阿古利可拉傳》，第十四～十六章；塔西佗：《編年史》，第十四卷，第二十九～三十九章；狄奧・卡西烏斯，第六十二卷，第七～十二章）。他顯然是公元四二年度的執政官，現在在前任執政官中已是老一輩的人物了（參見本卷第三十七章）。

②在那裡只有第六軍團（維克特利克斯）和第十軍團（蓋米納）。

耐得起暑熱的。帕都斯河是我們的屏障①。我們的城市被它們的衛戍部隊和城壁保衛得很好，而我們從保衛普拉肯提亞這件事懂得，沒有人會向敵人投降。因此，你的策略是把戰爭拖下去。幾天之內一支頗著威名的軍隊第十四軍團②本身，還有美西亞方面來的軍隊③都將到達這裡。那時你還可以再考慮一下這個問題，如果我們決定作戰的話，我們是可以以更加雄厚的力量作戰的。」

33 馬利烏斯·凱爾蘇斯支持保里努斯的意見。安尼烏斯·伽路斯也是這樣。伽路斯幾天前曾因墜馬負傷，但是被派到他那裡去徵詢意見的一個使團帶回了他的意見。奧托的意見卻是傾向於打。他的哥哥提齊亞努斯和近衛軍長官普洛庫路斯由於沒有作戰經驗也是急於作戰，因此他們說命運、諸神和奧托的護身神都護佑他的政策，並將有助於實現他的這一政策。實際上他們是借助於討好的言詞使得任何別人不敢反對他們的意見。

當他們決定作戰的時候，他們就討論皇帝是應當親自參戰，還是離開這裡。保里努斯和凱爾蘇斯這時沒有提出反對的意見，因爲他們害怕這樣做好像是故意要使皇帝蒙受危險。因此同樣是那些顧問要他採取一個比較卑劣的做法，那就是請他退到布利克賽路姆④去，而他就在那個不會遭到戰爭危險的地方爲行使統治帝國的最高大權而把自己保留下來。這第一天的做法就給奧托的一方面帶來了毀滅的命運，因爲包括

①這裡指奧托的軍隊撤到波河以南，但這時他們卻在河的北面。
②關於第十四軍團的聲譽，參見本卷第十一章。
③美西亞的軍隊第三、七、八軍團是在克雷莫納一役時來到阿克維萊阿（今天威尼斯附近的阿格拉爾）的。參見本卷第四十六章。
④今天波河右岸的布列謝羅(Brescello)。

近衛軍、他的親衛隊、騎兵在內的一支強有力的軍隊和他一同離開了，這樣，留在戰場上的人們的勇氣便受到了巨大的挫折。他們不放心他們的統帥。士兵們只相信奧托，而奧托也只相信他的軍隊；但是這次奧托卻使他留下來領導作戰的統帥去面臨不可捉摸的命運了①。

34 這些事情沒有一件逃過了維提里烏斯派的耳目，因爲有許多人逃到對方那裡去，這是內戰期間常常發生的事情。急於想打聽到另一方面的意圖的密探，也隱瞞不住他們自己一方面的意圖。凱奇納和瓦倫斯靜靜地等著敵人的冒失行動會給他們自己帶來毀滅的後果。他們採取了一般可用來代替自己的智慧的一個辦法，就是等待敵人自食愚蠢之果，而坐收其利。他們開始修造一座橋，做出想要在一隊劍奴的面前渡過帕都斯河的姿態；他們還想防止他們自己方面的人把自己的時間在閑散中消耗掉。他們把一些船隻以相等的距離擺開，船頭向著上游，並且在船頭和船尾的地方都用厚木板連接到一處。他們還把鐵錨拋下去，以便使橋更加穩固；他們並沒有拉緊鐵錨的索，而是讓它們鬆著，這樣，當河水上漲而船也都隨著水面升高的時候，排得整齊的這一排船不會被打亂。在橋頭的地方修造了一座塔樓，塔樓聳立在最後一隻船上，以便使他們能夠用火器和戰械擊退敵人的進攻。奧托的軍隊在對岸也修造了一座塔樓，他們不斷地向維提里烏斯派的士兵投射石塊和火把②。

35 在河中心有一個島③，劍奴們想乘船到這個島上來，但是日耳曼人卻泅水先登上這個島了。當人數

①參見本卷第三十九章。奧托的哥哥提齊亞努斯顯然只是名義上的統帥，實際統帥大權在普洛庫路斯手裡。

②普魯塔克（《奧托傳》，第十章）說，奧托派燒掉這一浮橋並擊退了敵人，使敵人蒙受損失。

③可能就是克雷莫納以西、與司賓納德斯科村(Spinadesco)相對的那個島。奧托派接戰的是駐在波河南岸的一隊劍奴（參見本卷第二十三章）。

衆多的日耳曼人渡河時，瑪凱爾便叫他那些最勇敢的劍奴乘上一些里布爾尼亞式的船①向他們發動進攻。但是劍奴們在戰鬥中並不是像正規士兵那樣有同樣堅定不移的勇氣，而且在搖搖晃晃的船上他們射箭也不如在河岸土地上的日耳曼人射得那樣準確；當劍奴們嚇得開始在混亂中轉來轉去，而且划手和戰士又混到一起而相互妨礙起來的時候，日耳曼人這時就跳入淺水，拉住船隻，跳了上去或是用手把這些船隻推翻。這一切都是在雙方軍隊的親眼目睹之下進行的。維提里烏斯派看得心裡越是高興，奥托派對瑪凱爾也就越是氣憤，因爲他們的失敗就是他引起的，就是他造成的。

36 實際上，在劍奴們得以把剩餘的船隻拖走之後，戰鬥就以逃跑而結束了。繼而他們便開始呼叫著要求處死瑪凱爾。他雖然已經被從遠處投來的一支投槍刺傷，而如果不是軍團的將領和百人團長們前來干預的話，他們眞的已經拔刀向他衝來了。不久之後，維司特里奇烏斯·司普林那根據奥托的命令把一小支衛戍部隊留在普拉肯提亞，並率領著他的輔助步兵中隊前來了。於是奥托便把當選的執政官佛拉維烏斯·撒比努斯②派去統率瑪凱爾的軍隊。士兵歡迎這次的統帥易人，但是頻繁的兵變使得統帥們對這種會招來很多麻煩的統帥權已不感興趣了。

37 在某些作品中，我看到有這樣一種說法，即由於害怕戰爭，或是由於對可恥的醜行日益昭著的兩個皇帝感到厭惡，軍隊討論了他們是否應該放棄戰鬥的問題，以及他們是否應該自己進行協商或要元老院選擇一個皇帝的問題。人們認爲，這一點就說明，爲什麼奥托方面的統帥主張把戰爭拖延下去，而且據說保

---

①參見本卷第十六章。

②參見本書第一卷，第七十七章，此人不是維斯帕西亞努斯的兄弟。

里努斯很有希望當選，因爲他是資望最老的前任執政官，而他在不列顛戰役中的顯赫戰功又使他獲得了聲望和榮譽①。我雖然承認，確有少數人內心祈求和平，不願內戰，希望有一個正直而又善良的皇帝，不希望皇帝是世人中最壞的流氓，但我仍然不相信，像蘇埃托尼烏斯·保里努斯這樣一個老於世故的人，在這樣一個墮落的時代裡，竟然會指望人們有這樣的謙抑節制的美德，以致那些因渴望戰爭而破壞了和平的人現在卻由於喜愛和平而放棄戰爭。我不能相信，在習慣和語言方面相差得這樣遠的兩支軍隊竟然會取得這樣一個協議，我也不相信那些對自己的奢侈、貧困和罪行都知道十分清楚的大部分副帥和統帥竟然能容忍一個並非作惡多端並且並非受惠於他們的皇帝。

38 隨著帝國疆域的擴大，人類內心中由來已久的、對權力的渴望也就充分滋長起來並且約束不住了。當國家的資源貧乏的時候，平等是容易維持的。但是一旦全世界被征服，敵對的國家或國王被摧毀，而人們可以毫無顧慮地追求財富的時候，貴族和平民之間便開始發生爭端了。有時是保民官惹起麻煩，有時又是執政官僭取了過多的權力②。內戰的最早的一些回合是在羅馬城內和廣場上進行的。後來從人民的最下層當中崛起的蓋烏斯·馬利烏斯和貴族中最殘酷的路奇烏斯·蘇拉用武力戰勝了自由，並把它變成了暴政。在他們之後又來了格涅烏斯·龐培，這個人並不比他們好，而只不過是更加巧妙地隱蔽了自己意圖而已。從那時起，人們所追求的除了最高統治權之外，就沒有任何別的東西了。羅馬公民組成的軍團並沒有在帕爾撒里亞或菲利披放下他們的武器；奧托和維提里烏斯的軍隊更沒有自動放棄戰爭的意思。同樣是諸神的

①關於蘇埃托尼烏斯·保里努斯在不列顛的功勳，參見塔西佗：《編年史》，第十四卷，第二十九～四十章。

②這裡的保民官似指提貝里烏斯·格拉古和蓋烏斯·格拉古兄弟、撒圖爾尼努斯和杜路蘇斯；執政官似指阿庇烏斯·克勞狄烏斯和路奇烏斯·歐庇米烏斯。

憤怒，同樣是人類的瘋狂，同樣是罪惡的動機驅使他們發動了內部的鬥爭。如果說，這些戰爭都是一打便結束的話，說起來這是由於那些皇帝們的懦弱無能。不過我對於古代和近代的特徵的這些看法扯得太遠，現在得書歸正傳了。

39 當奧托到布利克賽路姆去的時候，名義上的統帥權就落到他的哥哥提齊亞努斯身上，但實際權力卻在近衛軍長官普洛庫路斯手裡。至於凱爾蘇斯和保里努斯，他們都不能發揮自己的實際本領，這兩個人只不過是利用統帥的虛銜爲別人遮蓋過錯而已。軍團的將領和百人團長都不知道自己應當做什麼，因爲好人都受到排斥，而壞人卻掌握大權。士兵們的情緒是熱烈的，不過他們與其說是願意執行他們統帥的命令，無寧說是喜歡挑剔他們的命令。決定把營地遷到離貝德里亞庫姆四英里的地方去，但這次遷移準備得如此無知，以致儘管時當春天，而且在他們附近一帶有許多河流，但軍隊依舊因缺水而大受其苦。他們在那裡討論了一次戰鬥的問題，因爲奧托一直在送緊急的命令給他們，催促他們向前趕路，但士兵這方面卻一直要求皇帝親自參加戰鬥。許多人堅持召回到帕都斯河對岸去作戰的士兵。他們到底應當採取怎樣的措施，這一點是不容易判斷的，不過可以肯定的是，他們實際上採取的行動是最壞的。

40 他們出發時好像是去進行一次征討，而不是去作戰①，他們的目的地是十六英里以外帕都斯河和阿杜亞河②合流的地點。凱爾蘇斯和保里努斯拒絕把他們那因長途行軍和帶著沉重的行李而疲勞困頓的士兵

---

①奧托派的統帥在兩側有受到敵人進攻的危險的情況下公然進軍，這是難於索解的事情；而且這次進軍的行程不是十六英里而是差不多二十三英里。蒙森認為他們真正的目的是占據克雷莫納和希列斯奇亞之間道路上的一點，以便切斷維提里烏斯派的交通線，而塔西佗的說法是錯誤的。

②今天的阿達河(Adda)。由於這次進軍會使奧托的軍隊的側面受到攻擊，所以蒙森等人懷疑過這一記述是否可靠。

暴露在敵人的面前，因爲沒有行李之累的敵人在幾乎不到四英里的行軍之後，是不肯錯過他們正處在行軍的混亂中或分散開來修築營地工事的機會來進攻他們的。於是在討論中理屈詞窮的提齊亞努斯和普洛庫路斯就想拿皇帝的威望來作藉口了。而且確實有一個努米地亞人急忙趕來①，這個人帶來了奧托的命令。奧托心裡十分焦急，他期待得很不耐煩，因而斥責統帥們的毫無行動，並且下令要他們立刻作戰以便使事情有個最後結果。

41 在這同一天裡，當凱奇納忙著修建他的渡橋的時候②，近衛軍的兩名將領到他這裡來，要求同他見面。凱奇納正準備聽取他們的建議並且針對他們的建議提出自己的看法，突然間，哨兵們報告說敵人已經攻了上來。同近衛軍將領的談話中斷了，這樣人們就弄不清楚這兩名將領是在策劃什麼陰謀詭計，還是抱有什麼高尚的動機。凱奇納把將領們打發回去之後，就騎馬返回了營地③，在那裡他發現法比烏斯·瓦倫斯已經下令發出作戰的信號，而且軍隊也已經把武器拿起來了。當軍團正在抽籤決定他們在戰線上的位置的時候，騎兵已經出擊了，但是，說來奇怪，只是由於意大利軍團的英勇行動，這些騎兵才不致被奧托軍隊的一支劣勢的兵力打回自己的陣地。意大利軍團拔出刀來迫使被擊敗的騎兵轉回身去重新展開戰鬥。維提里烏斯的軍團所排列的戰陣是嚴整有序的，因爲儘管敵人就在近旁，茂密的樹叢卻使敵人無法看到他們

①努米地亞的騎兵常常被用來傳信。

②參見本卷第三十四章以次。可能就是帕都斯河和阿杜亞河合流處下手的那一座橋。

③這顯然是克雷莫納城四周的營地（參見本書第三卷，第二十六章）。在塔西佗關於戰鬥的記述中，沒有任何記載表明戰鬥是在離營地無論多遠的地方進行的。我們沒有理由同意希略斯(Heräus)的說法：戰鬥是在離克雷莫納四英里（在貝德里亞庫姆那一面）進行的。塔西佗的記載是在維提里烏斯的營地附近，但根據普魯塔克的說法（《奧托傳》，第九章），則是在離貝德里亞庫姆一百五十斯塔狄烏姆或十九英里的地方。

的兵力。

在奧托這一方面，統帥們都心慌意亂，士兵不滿意自己的統帥，馬車和隨營的商販同軍隊混雜在一起。而且兩旁有深溝的道路，就是對於安安靜靜地行軍的隊伍來說都嫌過窄。有一些軍隊是集合在他們自己的軍旗周邊，另一些軍隊卻跑來跑去尋找自己的軍旗。到處都發出嘈雜的叫聲，喊叫的人有的是跑到自己的地方去，有的則是呼叫自己的同伴。士兵們有的膽子大一些，有的則膽小害怕，因此有人就衝到前面去，有人就縮在後面。

42 這時有人傳播一個錯誤的消息，說維提里烏斯的軍隊都叛離維提里烏斯了，結果一場毫無根據的歡喜使得奧托方面的人的突然的驚惶和恐懼變成了漠不關心。人們始終沒有弄清楚，這個消息是維提里烏斯的密探故意傳播出來的，還是因爲叛變或出於偶然而從奧托自己這一方面造出來的。無論如何，奧托方面的人喪失了一切作戰熱情，實際上是向著他們的敵人歡呼了；但是維提里烏斯派的士兵卻用含有敵意的嘟噥聲來回答對方的歡呼，這就使得奧托一方的人們害怕自己會被出賣，因爲他們中間的大多數人不知道他們的士兵爲什麼會向敵人歡呼。繼而維提里烏斯派就發動了進攻。他們的陣線是嚴整的；他們在實力方面以及在人數方面都占優勢。不過奧托的軍隊儘管隊列混亂、人數少而且又疲勞，但他們仍然進行了英勇的抵抗。由於在戰場上的某些地方有一些樹木和葡萄樹，所以戰鬥的情況就表現得多種多樣。軍隊時而是進行肉搏，時而又隔著一定的距離互攻；他們有時是分成小隊進攻，有時又是以整個的縱隊進攻。在高起的道路上①，他們是短兵相接，他們拿著他們的盾牌以全身的力量壓向敵人。他們並沒有投擲投槍，但是卻

①這裡指波河左岸的波司圖米亞大道(Via Postumia)的隆起的人行道。參見本書第二卷，第二十四章。

用刀和斧頭劈碎了敵人的頭盔和胸甲。士兵們相互都能認得出來，他們又能被所有其餘的人看到，而且他們正在進行的戰鬥是要決定整個戰爭的結局的。

43 在帕都斯河和大道之間開闊的平原上，兩個軍團展開了遭遇戰。在維提里烏斯一面作戰的是第二十一軍團，也叫做「拉帕克斯」軍團①，這是一個久負盛名的軍團。在奧托一面作戰的是第一軍團，即阿德優特里克斯軍團②，這個軍團先前從來沒有打過仗，因而目前渴望取得旗開得勝的榮譽。這第一軍團打垮了第二十一軍團的前列，並且奪獲了他們的軍旗；因此爲這一損失而感到的恥辱激怒了第二十一軍團，結果他們不但打退了第一軍團，而且殺死了它的統帥奧爾菲狄烏斯・貝尼格努斯，還俘獲了許多隊旗和軍旗。在另一部分戰場上，第五軍團③進攻並且打垮了第十三軍團④；第十四軍團⑤受到一支向它進攻的優勢兵力的圍攻。奧托一面的統帥們早就溜掉了。凱奇納和瓦倫斯又開始把後備部隊投了進去，以加強自己方面的力量；而當著伐魯斯・阿爾菲努斯率領巴塔維亞人到來時，這又是一支新的增援力量。他們曾打敗乘船渡河的劍奴⑥：他們用步兵中隊迎擊這些劍奴，而步兵中隊在對方登陸之前就把他們殺死在水裡了。因此他們是乘著全勝而向敵人的側面⑦展開進攻的。

①來自上日耳曼的軍團。「拉帕克斯」原有「強盜」之意，這裡的意思是「銳不可當的」、「勢如破竹的」。
②這個軍團由海軍組成，「阿德優特里克斯」的意思是「幫助者」（參見本書第一卷，第六章）。
③來自下日耳曼的軍團。參見本書第一卷，第六十一章。
④來自潘諾尼亞的軍團。參見本書第二卷，第二十四章。
⑤這裡指第十四軍團的分遣隊(vxillum)。
⑥撒比努斯率領的劍奴（參見本卷第三十六章）。
⑦這裡當然是指左側。

44 奧托派的中心陣地被衝破之後，他們就在混亂中逃到貝德里亞庫姆去了。到那裡去的路是很遠的①。屍體把道路都堵塞了，由此可見殺人是殺得很多的：在內戰裡，保留戰俘是無利可圖的②。蘇埃托尼烏斯・保里努斯和李奇尼烏斯・普洛庫路斯是從不同的道路逃走的，但他們都避開了營地。第十三軍團的統帥維狄烏斯・阿克維拉被嚇到這樣的程度，以致他竟而毫無頭腦地把自己暴露在憤怒士兵的面前。他進入營地時正是大白天，他立刻就被號叫著的大群叛變的逃兵③包圍起來。他們侮辱他，毆打他，罵他是「逃兵」和「賣國賊」，這倒不是因爲他自己有什麼罪過，而是按照群氓的習慣，每個人都把自己的恥辱硬加到他身上。黑夜幫了提齊亞努斯和凱爾蘇斯的忙，因爲安尼烏斯・伽路斯④已經安排了哨兵並且控制了士兵。他通過勸告、請求和命令等等辦法，促使人們不要再殘殺他們自己的領袖，從而給他們的失敗又加上殘酷的惡名。他說無論戰爭是已經結束還是他們願意重新拿起武器作戰，在他們戰敗時唯一可以依靠的辦法就是齊心協力。其餘的人的士氣都徹底垮掉了，但是近衛軍卻憤怒地宣布說，他們是因爲被出賣，不是因爲敵人的勇敢才被打敗的⑤。他們說：「維提里烏斯的軍隊爲他們的勝利也付出了慘重的代價；我們也打敗了他們的騎兵，奪獲了軍團⑥的軍旗。我們這一面還有在帕都斯河對岸的奧托和他手下的軍隊⑦；美西亞方

---

①這段距離大約在十二到十六羅馬里之間。

②普魯塔克在《奧托傳》（第十四章）裡有類似的說法。狄奧・卡西烏斯（第六十四卷，第十章）說在這次戰鬥中陣亡的有四萬多人。

③這裡指最先臨陣脫逃卻又不服從命令的那些士兵。

④伽路斯留在營地裡（參見本卷第三十三章），因而他沒有受到士兵們的責難。

⑤根據普魯塔克的說法（《奧托傳》，第十二章），他們曾拒絕對敵作戰。

⑥指第二十一軍團。

⑦指在布利克賽路姆那裡同奧托在一起的軍隊（參見本卷第五十五章）。

面的軍隊①正在開到這裡來。很大一部分軍隊仍然在貝德里亞庫姆。這些軍隊肯定並沒有被擊敗，而如果有這種需要的話，他們是甘願光榮地戰死在疆場之上的。」這些想法時而使他們想再拚一下，時而又使他們感到沮喪；然而在他們最失望的時刻，他們更容易感到的是憤怒，而不是恐懼。

45 但是維提里烏斯的軍隊卻停在離貝德里亞庫姆五英里的地方②，因爲他們的統帥不敢在這一天用猛攻的辦法攻占敵人的營地。同時他們還希望奧托的軍隊能自願地向他們投降。但是，由於他們在出發作戰時沒有帶著構築工事的器械，而且目的也僅僅是爲了作戰，因此他們只有以武器和自己的勝利來作堡壘了。第二天，奧托的軍隊的意圖已經十分明顯了。甚至那些最堅決的人都在改變自己的看法。因此他們便把一個使團派了出去，維提里烏斯的統帥們很快就答應了講和條件。但是使節們被留在那裡一個時候，因此這種行動使那些不知道他們的條件是否被接受的人們感到不安。不久，使節們被送回來，營地的大門打開了。於是戰敗者和勝利者同樣都哭了起來，他們在悲喜交集的情緒中詛咒內戰給人們帶來的災難。在同一些營帳裡，有的人照顧兄弟的傷，有的人照顧親屬的傷。取得報酬的希望是渺茫的③，他們確實領會到的卻是他們身受的、失掉親人的悲哀，而他們之中誰也未能擺脫不爲某一親人的死亡而悲痛的不幸。副帥奧爾菲狄烏斯的屍體被發現後就按照一般的儀式火葬了，另外一些人被他們的親屬埋葬了，但是大多數的戰死者卻一直被棄置在戰場上無人過問。

---

①他們在阿克維萊阿（參見本卷第三十二章）。

②這樣離營地就只有一英里了。

③此處從摩爾的英譯。

46 奧托正在等候戰報①，他內心並沒有什麼不安，他的意志是堅決的。一開頭就來了一個令人苦惱的謠傳；繼而從戰場下來的逃兵清楚地表明戰爭是失敗了。但是熱情的士兵②並不等待皇帝本人講話；他們要他把勇氣鼓起來，因為他們還有尚未投入戰場的軍隊；他們表示他們甘願在任何事情上效勞，不怕蒙受任何犧牲。這並不是一般的奉承話：他們幾乎可以說是渴望進行戰鬥，並且重新挽救他們這一方的命運。不是在他身邊的士兵則向他懇求地伸出了雙手，在他近旁的士兵則抱住了他的膝頭。表現得最熱情的是親衛隊的長官普洛提烏斯・費爾姆斯，他一直不斷地請求他不要辜負這一支絕對忠於他的軍隊，不要辜負那些為著他的事業而經歷了光輝考驗的士兵。他提醒奧托說，要經得住不幸，而不是在不幸面前屈服，那就需要更大的勇氣。堅定勇敢的人藐視厄運，而頑強不屈地爭取實現自己的希望。膽小怯懦的人則很快地由於害怕而感到失望。在進行這些請求時，士兵們隨著奧托的面孔表示出允諾他們的請求或堅持不允而歡呼或是哀號起來。鼓勵他的不僅僅是奧托個人的軍隊即近衛軍。從美西亞來的先頭部隊也表示，正在途中的軍隊的態度也是同樣地堅決，他們還說，軍團已經進入阿克維萊阿，因此沒有人能懷疑，有充分的可能可以把這一場對勝利者和戰敗者雙方來說都難以確定最後勝負的、殘酷可怕的戰爭重新挑起來③。

---

①在布利克賽路姆，參見本卷第三十三、三十九章。

②這裡指近衛軍和親衛隊。

③帝國早期的修辭學作家一般寧肯犧牲真正的歷史事實而喜歡作聳人聽聞的對比和描寫感傷的場面。蒙森認為，塔西佗在這種影響下改變了奧托的悲慘結局的畫面。他雖然沒有完全放棄確實可靠的傳統，但是卻刪掉了某些主要事實。這種看法是以普魯塔克的記述為依據的。這位希臘歷史學家（根據蒙森的看法，他的著作的依據大體上同塔西佗作品的依據一樣，即克路維烏斯・路福斯的回憶錄）說（《奧托傳》，第十三章），敗軍的軍官在馬利烏斯・凱爾蘇斯的主持之下，在貝德里亞庫姆召開了一次軍事會議。凱爾蘇斯宣布說，最後的命運肯定對他們不利，繼續無益地流血是不

47 奧托本人反對把戰爭繼續下去的計劃。他說：「要是使像你們這樣英勇無畏的人們再去經受危險，這對我的生命來說，代價就太大了。如果我的希望是想活下去，你們給予我的希望越大，我也就死得越光榮。命運和我相互間是十分熟悉的。不必考慮我的統治時期的短暫吧；要想適度地利用人們認爲不會長久享受的好運，那就是一件更加困難的事情了。維提里烏斯挑起了內戰；是他發動了我們之間的爭奪帝國統治大權的武裝較量。但是我們之間的鬥爭只能有一次，因爲我有能力爲此樹立一個前例。我願意要後世的人們這樣來評論奧托。我將要把維提里烏斯的兄弟、妻子和兒女送還給他；我既不要求報復，也不要求安慰。別的人可以比我更長久地享有統治大權。但任何人也不能比我更勇敢地放棄統治大權。你們願意要我忍心把這樣多的羅馬青年、這樣崇高的軍隊再送去戰死，從而造成國家的損失嗎？讓我在心裡記著你們甘願爲我犧牲吧；但是你們必須活下來。現在絕不應再有任何耽擱；不要叫我影響你們的安全，或是叫你們影響我的決心吧。絮絮叨叨地談論死亡是一種怯懦的行爲。我不抱怨任何人，把這一事實看成是我個人的決心的最主要的證據吧。只有貪生怕死的人才會怨天尤人。」

48 在奧托講了這番話之後，他就按照每個人的年齡或身分向所有的人都進行了親切的談話，並勸他們快快離開，免得由於留下來而招致勝利者的憤怒。他用自己的權威勸說年輕人，用自己的請求勸說年紀較

能允許的。所有其餘的人全都同意了這一點，其中包括奧托的哥哥、統帥提齊亞努斯。於是凱爾蘇斯和伽路斯就親自向凱奇納投降。提齊亞努斯在最後關頭想破壞協定的企圖很快地就放棄了，凱奇納被允許進入了奧托的營地。普魯塔克的敘述就到這裡為止。這一投降在當時來說是具有決定性的。因為鬥爭即使再繼續一個時期，奧托也絕不會取得勝利。要知道，他的軍隊的主力都叛離了他，而他是不能依靠伊里利亞的軍團和布利克賽路姆的近衛軍和親衛隊的。他只能自殺或是死在劊子手的手裡。但塔西佗卻願意把他描寫成一個為了大公無私地拯救人民而自殺的人。

長的人。他的面色是平靜的，他的言語沒有絲毫畏懼的表示。他制止了他的朋友們的不合時宜的哭泣。他下令把舟車提供給那些離開的人們。每一份對他表示忠誠或對維提里烏斯不敬的文件或書信都被他銷毀了。他把錢分送給人們，不過手很緊，不像是個行將死亡的人的樣子。隨後他就努力安慰他的侄子撒爾維烏斯·科凱阿努斯①，一個非常年輕的、既害怕又悲傷的人，他稱讚他的孝心，但是責備他的恐懼。他問科凱阿努斯，是不是認爲維提里烏斯竟會殘酷到不對他救了維提里烏斯全家的行動②給他以相應的回報。他說：「由於我很快地就要死去，我是可以取得勝利者的寬大的。因爲當我拯救國家免於這一最後不幸的時候，我並沒有陷入完全絕望的狀態，而我的軍隊還在要求作戰。我已經爲我自己贏得了足夠的聲譽，已經爲我的後人贏得了相當高的地位。在優利烏斯家族、克勞狄烏斯家族和謝爾維烏斯家族之後，我是第一位把皇帝的地位授予一個新家族的人。因此拿出勇氣來面向生活吧，永遠不要忘記或每時每刻都記住奧托是你的叔父吧。」

49 在這之後，他就把所有的人送走，並且休息了一些時候。他在考慮如何安排死去的問題，突然聽到一陣吵鬧聲，並且聽說驚惶不安的士兵已經發動了叛亂，無法控制了。實際上他們正在用死亡威脅所有那些想離開的人。他們對維爾吉尼烏斯③的態度特別激烈，他們把他關在他自己的家裡，現在還不許他出來。奧托斥責了肇事的人，然後就返回了自己的本營，在那裡接待了所有那些離開的人，直到他們全部離開爲止。天色快黑的時候，他喝了一大口冷水來解渴。然後就要人們把兩把匕首送到他跟前來。他試了試兩把

①科凱阿努斯是提齊亞努斯的兒子。後來他因為紀念奧托的生日而被多米提安處死。
②奧托沒有傷害維提里烏斯的母親和子女（參見本書第一卷，第七十五章）。
③這時他正是補缺執政官（參見本卷第七十七章）；後來他戰勝了溫代克斯。

匕首的刃，隨後就把一把匕首放到他的頭下面。他在知道友人都走開以後，度過了一個安靜的夜晚，而且據說他的確總算還睡了一會兒。天亮時候他就自戕了①。他的被釋奴隸和奴隸聽到他的垂死呻吟聲，就進來了，親衛隊長官普洛提烏斯·費爾姆斯也跟他們一道來了。他們在奧托身上只發現了一個傷口。他的葬儀是草率舉行的。他曾懇切地要求他們這樣做，這樣他的頭才不致被割下來成爲侮辱的對象。近衛軍士兵把他的屍體抬到火葬堆上去，含淚稱頌他，並且吻他的傷口和雙手。有一些士兵在他的火葬堆附近自殺了，他們這樣做並不是因爲他們犯了什麼過錯或是害怕什麼，而是因爲他們想模仿他的光榮範例，也是因爲對他們的皇帝的愛戴。後來每一等級裡都有許多人在貝德里亞庫姆、在普拉肯提亞以及其他營地以同樣的方式結束了自己的生命。給奧托修築的墳墓是簡陋的，因此看來卻有可能長久維持下去。他在一生的第三十七年，就這樣地結束了自己的性命。

50 奧托是在自治市費倫提努姆②誕生的。他的父親擔任過執政官，他的祖父擔任過行政長官。他的母親的家族不像他的父親的家族那樣顯貴，但卻也並不卑微③。他的少年和青年時代的情況我們已經介紹過了。通過兩件勇敢的行爲——一件是極其殘暴的，另一件卻是光榮的④——他在後世人們的心目中既取得了美名，又同樣背上了醜名。我必須指出，搜集荒誕無稽的傳說以及用並非事實的故事取悅於我的讀者，這種做法是同我的這部著作的崇高任務根本不相容的；但是另一方面，我卻也不敢否認一般傳統的可信。

---

①日期是四月十六日。
②在埃特路里亞南部，位於羅馬以北四十英里左右；今天的費倫托(Ferento)。
③他的母親阿爾比婭·費倫提亞(Albia Ferentia)出身於騎士家庭。
④這裡指他殺死伽爾巴和他的自殺。

在貝德里亞庫姆作戰的那一天，根據當地人民群衆的記述，一個形狀奇怪的鳥定居在列吉烏姆・列庇都姆①附近人們常去的森林裡，不拘是集合在那裡的人還是在它四周飛翔的其他鳥，都不曾使它受驚或是把它趕跑，直到奥托自殺之後，這個鳥才飛走。而且，他們還說，人們在計算時間時，發現這件怪事的開始和結束與奥托之死亡完全吻合。

51 在爲奥托舉行葬儀的時候，士兵們的悲傷和痛苦使得他們再一次發動了兵變，而現在卻沒有任何一個人能制止兵變了。士兵們到維爾吉尼烏斯那裡去，威脅地請求他接受帝國的統治大權，過一會兒又要他作爲他們的使節到凱奇納和瓦倫斯那裡去。維爾吉尼烏斯偷偷地從他家的後門溜走，這樣，在士兵們破門而入的時候，他們並沒有找到他。盧布里烏斯・伽路斯②帶來了駐守在布利克賽路姆的步兵中隊的請求。他們立刻受到了赦免，而佛拉維烏斯・撒比努斯③所統率的軍隊也通過他表明歸附了勝利者。

52 現在各處都已經停止了戰鬥，但是同奥托一道離開羅馬而當時被留在木提那④的許多元老⑤卻遇到了極大的危險。戰敗的消息被帶到了木提那；但是士兵們卻認爲這個消息是假的，根本不把它放在心上。而

①今天的勒佐(Reggio)，位於摩德納(Modena)和帕爾馬(Parma)之間的埃米里亞大道上。
②根據狄奥・卡西烏斯的說法（第六十三卷，第二十七章），他過去曾奉尼祿之命去進攻伽爾巴，但是卻率領著他的軍隊投到敵人方面去。後來我們知道他曾參加凱奇納和維斯帕西亞努斯的兄弟撒比努斯之間的談判（參見本卷第九十九章）。
③撒比努斯曾代替瑪凱爾統率波河右岸劍奴的隊伍（參見本卷第三十六章）。但作者沒有提到普拉肯提亞的勇敢的保衛者司普林那。
④今天的摩德納，在埃米里亞大道上。
⑤奥托出征時有很多元老從羅馬隨行（參見本書第一卷，第八十八章）。

且，由於他們認爲元老院是敵視奧托的，因此他們就開始監視元老的談話，並且對他們的神色和舉止作了對元老們頗爲不利的解釋。最後他們竟然想通過咒罵和侮辱以尋求挑起一場屠殺的藉口。此外，元老們還有一件非常擔心害怕的事情：既然維提里烏斯派取得了當權的地位，他們可能被認爲並不曾及時地承認他的勝利。於是他們就舉行會議，因爲他們爲這雙重的顧慮而感到恐懼和苦惱。沒有人自己能提出任何現成的計劃，但每個人卻因爲有這樣多的人共擔罪過而感到安全。木提那當地的元老院又加深了這些驚惶不安的人們的痛苦，因爲它把武器和金錢提供給他們，同時還不適時地向他們致意，稱他們爲「元老們」①。

53 當李奇尼烏斯·凱奇納指責瑪爾凱路斯·埃普里烏斯所提出的建議含混不清的時候，發生了一場激烈的爭吵。雖然如此，其他的元老依舊不發表自己的意見；不過瑪爾凱路斯的名字卻是人們所忌恨、厭惡的，因爲人們還沒有忘記他過去是個告密者②；這種情況因而使得作爲一個新人③而在不久之前才參加了元老院的凱奇納有了這樣一種願望：想通過反對大人物來取得聲譽。不過，這兩個人還是被那些比較老練的、穩健的元老勸解開了。他們全體回到波諾尼亞④去，在那裡再一次開會討論；同時他們還希望取得更加確切的消息。在波諾尼亞，他們把人安置在各條道路上向每個新來的人打聽。當奧托的一名被釋奴隸被詢以

① patres conscripti，這種稱呼只在元老院開全體會議時才能使用，但在這裡的實際上卻只是一部分元老。而且，作為元老院，它必須正式承認維提里烏斯或奧托為皇帝，但這時它卻無法最後確定何去何從。

② 埃普里烏斯兩次擔任過執政官，是有名的演說家，曾密告過特拉塞亞並因而得到了五百萬謝司特爾提烏斯的賞金。參見塔西佗：《編年史》，第十六卷，第二十二、二十八、三十三章；本書第四卷，第六章。

③ 這裡指並非顯赫的家庭中出身的、第一個擔任了執政官的人，共和國時期的馬利烏斯和西塞羅都是所謂新人(homo novus)。

④ 今天的波洛尼亞(Bologna)。

離開的緣故時，他回答說，他帶有奧托的最後命令：他還說，他離開時奧托還活著，但是他唯一不放心的是後代，他自己則已棄絕了生活的一切引誘。這一回答使元老院深爲贊許並且使他們沒有臉面再繼續問下去。在這之後，所有的人就全部歸心於維提里烏斯了。

54 他的兄弟路奇烏斯·維提里烏斯現在參加了他們的會議，並且已經成了元老們阿諛奉承的對象。然而就在這個時候，尼祿的一個被釋奴隸名叫科埃努斯的卻用一句大膽的謊言把他們都嚇住了。他宣布說，由於第十四軍團的到達以及由於他們同布利克賽路姆方面的軍隊會合到一處，因此勝利者已被摧毀，雙方的命運又顛倒過來了。他揑造這個故事，目的在於想通過這種好消息爲現在不爲人所重視的、奧托的通行證①重新取得效力。科埃努斯於是趕到羅馬去，但幾天之後，他就在那裡根據維提里烏斯的命令得到了應有的懲處。但是元老們卻依然有較大的危險，因爲奧托的士兵相信這一說法是眞的。還有一件事情也增加了他們的驚惶情緒，這就是：他們離開木提那以及他們背棄奧托一派的行動看起來都有正式的政治行動的性質。他們不再開會，但每個人都只是在考慮著自己的安全問題，直到法比烏斯·瓦倫斯那邊有信來，這才消除了他們的恐懼。而且，奧托臨終時的可歌可泣的性質使得這個消息傳播得越發迅速了。

55 但是在羅馬卻沒有發生任何騷動。奉祀凱列司的節日②仍然按照習慣的方式舉行。當人們根據可靠的消息在劇場裡宣布奧托已經去世、而羅馬市長官佛拉維烏斯·撒比努斯③使城內的全部駐軍向維提里烏斯宣誓效忠的時候，聽衆便一致對維提里烏斯的名字報以歡呼。戴著桂冠和花環的人民群衆帶著伽爾巴的

---

①有了這種通行證(Diplomata)，沿路就可以得到驛馬、住宿等等方便。

②在四月十二日到十九日（一說十二日到十六日）。參見塔西佗：《編年史》，第十五卷，第五十三章。

③維斯帕西亞努斯的兄弟。

胸像從一座神殿走到另一座神殿，並且把花環在庫爾提烏斯湖①旁邊堆成了高高的一座花塚，因爲伽爾巴就是在這裡被殺的。元老院立刻就把其他皇帝多年來所享受的一切榮譽明令授予了維提里烏斯；此外他們還決定向日耳曼的軍隊表示讚美和感謝，並且把一個使團派出去，表示他們的高興心情。法比烏斯·瓦倫斯寫給執政官的信當衆宣讀了，信中的口吻是十分溫和的。但是凱奇納卻什麼信都不寫，這種謙遜的作風使人更加滿意②。

56 但是意大利目前所遭受的苦難卻比戰爭的災禍更加嚴酷、更加可怕。分布在各自治市和移民地的維提里烏斯派軍隊劫掠、盜竊、殘暴、淫亂，無所不用其極。他們的貪婪和愛財使得他們根本分不清是非；他們不尊重任何事物，無論是神聖的還是世俗的。還發生過這樣的事情，有些人扮作士兵的樣子謀害了他們的私人的仇敵。而士兵這一方面呢，他們熟悉當地情況，就把那些最殷實的農莊和最有錢的財主劃出來作爲掠奪的對象，如果對方稍有抵抗，便殺掉了事。統帥們都受他們軍隊的擺布，因而不敢制止士兵的掠奪行動。凱奇納的貪欲不算十分厲害，但是他更熱衷於提高自己的聲望；瓦倫斯以貪得無厭和多得不義之財而臭名昭著，因此他更願意放過別人的罪行。很久以來，意大利的財富便已達到山窮水盡的地步，因此所有這些步兵騎兵，所有這些暴行、損失和痛苦現在已成爲意大利無法忍受的負擔了。

57 就在這同時，對自己的勝利還毫無所知的維提里烏斯正在率領著從日耳曼來的所有其餘的軍隊③，

---

①參見本書第一卷，第四十一章。

②一般說來，只有最高級的官吏才有資格給執政官或元老院直接寫信。

③從本書第一卷第六十一章看來，只有瓦倫斯和凱奇納麾下的兩個軍團，即第五和第二十一軍團，其餘五個軍團（第一、四、十五、十六、二十二軍團）只有分遣隊。

就彷彿他不得不去進行一場結局尚未分曉的戰爭似的。他只把少數的老兵留在冬營，而現在他正在高盧各行省加緊進行募兵工作，以補充被他留下來的軍團的空額。他把保衛萊茵河①的任務交給了霍爾狄奧尼烏斯·佛拉庫斯。他又從不列顛的軍隊中選拔了八千名精銳補充他自己的兵力②。經過幾天的進軍之後，他聽到了貝德里亞庫姆之役勝利的消息，並且知道奧托已死而戰爭隨之結束了。於是他就把他的軍隊召集起來，對他的英勇的軍隊給以極大的讚揚。當他的士兵要求把騎士的地位給予他的被釋奴隸亞細亞提庫斯的時候，他制止了這種可恥的奉承；但是後來，這個生性猶豫不定的人在一次私人的宴會上卻又答應了他在公開場合下拒絕過的請求，並且把一只金指環賞給了這個亞細亞提庫斯；這是一個不顧廉恥的奴才③，他是由於他會出壞點子④才受到人們的歡迎的。

58 在這些天裡，有消息說在皇帝任命的代理官阿爾比努斯被殺死之後，兩個瑪烏列塔尼亞⑤都轉到維提里烏斯的這一面來了。被尼祿任命爲瑪烏列塔尼亞·凱撒利安西斯行省長官的路凱烏斯·阿爾比努斯，又被伽爾巴任命兼管琴吉塔那行省的事務，他手裡有一支不容輕視的軍事力量。他統率著十九個步兵中隊，五個騎兵中隊，還有大批瑪烏利人組成的一支隊伍，這些人因爲經常打劫而練得能夠作戰。在伽爾巴被殺害之後，阿爾比努斯曾經站在奧托一面，他不滿足於僅僅據有阿非利加，他還準備威脅同阿非利加僅僅隔

①這裡指萊茵河左岸。
②不列顛的軍隊是第二、九、二十軍團（參見本書第三卷，第二十二章）。
③原文 mancipium 是對奴隸的一種最蔑視的稱呼。
④參見本書第二卷，第九十五章；第四卷，第十一章。
⑤瑪烏列塔尼亞·凱撒利安西斯行省約略等於阿爾及利亞西半部和摩洛哥東半部；瑪烏列塔尼亞·琴吉塔那約略等於摩洛哥西部。

著一道狹窄的海峽的西班牙。這一行動使克路維烏斯・路福斯①很害怕，他於是下令第十軍團②向海岸方面推進，就好像打算要使他們渡過去似的。他先把一些百人團長派到前面去，以便爲維提里烏斯爭取瑪烏利人。這並不是一件難事，因爲日耳曼的軍隊在各行省的聲譽是很高的；此外，人們還傳說，阿爾比努斯瞧不起皇帝代理官的稱號，他正在採用國王的標記而自稱優巴③。

59 瑪烏列塔尼亞人的情緒現在改變了。這種情緒的轉變使他們刺殺了騎兵長官阿西尼烏斯・波里歐（他是阿爾比努斯最忠實的朋友之一）和中隊隊長費司圖斯與斯奇比奧。試圖從琴吉塔那經海路到達瑪烏列塔尼亞・凱撒利安西斯的阿爾比努斯剛一登陸就被殺死了。他的妻子自願地把自己交到凶手手裡去，結果也就和她的丈夫一道被殺了。維提里烏斯對所有這些行動並沒有進行追究；不管事情是多麼重要，他總是簡單地聽一下就算了；他是根本沒有力量應付重大事件的。

他下令他的軍隊從陸路前進，但是他本人卻順著阿拉爾河④下行，他自己不穿皇帝的裝束，還是他先前打扮的那種貧苦模樣⑤。直到最後，尤尼烏斯・布萊蘇斯——路格杜努姆高盧的長官⑥，這是一個出身顯

①塔爾拉科西班牙，即近西班牙的行政長官銜副帥(legatus Augusti pro praetore)。他還負責保衛元老院的行省巴伊提卡的安全，因為那裡沒有軍隊。
②即蓋米納軍團，這個軍團和第六軍團(sexta victrix)是西班牙的衛戍部隊。
③努米地亞國王稱為優巴的很多。
④今天的索恩河(Saone)。這句話可有兩種解釋，一是乘船循此河下行，一是沿著與這條河平行的陸路下行。
⑤根據蘇埃托尼烏斯（《維提里烏斯傳》，第七章）的說法，維提里烏斯離開羅馬到行省去的時候，竟不得不把母親的耳環當掉，以充路費。
⑥rector 這裡譯為長官，因為他是那裡的行政長官銜副帥(legatus Augusti pro praetore)。

赫家族的人物，他的財富可以同他的慷慨作風比美——才把皇帝所應有的一切儀仗設備給了他，並且給了他一隊盛大的侍從，他這種做法引起了維提里烏斯的厭惡，可是皇帝卻把他的憎恨情緒掩蓋在卑屈的討好表現下面。雙方的統帥，無論勝利一方的還是戰敗一方的，都在路格杜努姆等待著他。維提里烏斯在一次公衆的集會上讚揚瓦倫斯和凱奇納，並且要他們坐在自己的象牙座椅的兩旁。隨後他就下令要他的全軍接受他的年幼的兒子①的檢閱。他把他的兒子帶出來，給他穿上統帥的服裝，並把他抱在手臂上。他稱他的兒子爲日耳曼尼庫斯，並且把皇帝應有的一切儀仗都送給了他。在順利時的這些過分的榮譽很快地就成了不幸時的一種慰安②。

60 隨後，那些最積極支持奧托的百人團長就都被處死了。這樣一個行動比任何其他事情都更能促使伊里利庫姆的軍隊起來反抗維提里烏斯；同時這種情緒又感染了其餘的軍團，因爲這些軍團嫉妒日耳曼的軍團，而且他們竟然開始考慮戰爭的問題了。蘇埃托尼烏斯·保里努斯和李奇尼烏斯·普洛庫路斯在焦慮和痛苦之中等待了很長一個時候，最後才受到召見，而在被召見時他們爲自己進行了辯護，理由是出於不得已，而不是出於榮譽感。現在他們竟然說他們對奧托是不忠的了；他們說正是因爲他們對奧托不懷好意，在戰鬥前才進行了長途的行軍；他的軍力才被耗光；他的行軍才受到輜重的拖累從而造成一片混亂；最後，他們還舉出了許多實際上是出自偶然的事情。維提里烏斯相信了他們對奧托的叛變，結果就免掉了他們盡忠於奧托的罪名。奧托的兄弟撒爾維烏斯·提齊亞努斯也沒有遇到什麼危險，他所以被赦免是因爲他是奧托的兄弟而必然會站在奧托的一面，同時也是因爲他自己的無能。馬利烏斯·凱爾蘇斯繼續擔任他的執政

①這時他六歲。維提里烏斯的兒子是第二年根據木奇亞努斯的命令被處死的（參見本書第四卷，第八十章）。

②這是說，今天的榮譽在某種意義上說補償了第二年的不幸遭遇。

官①。但是外面人們普遍相信的一種說法卻使得元老院後來對凱奇里烏斯·西姆普列克斯提出了控訴，因爲他曾希望賄買執政官的職位，甚至不惜使用謀害凱爾蘇斯的辦法。維提里烏斯反對這種謠傳，他後來把執政官的職位給予西姆普列克斯，這是既未通過罪惡手段也未通過賄賂而取得的執政官職位。維提里烏斯的妻子伽列里婭保護了特拉卡路斯，使他未受控訴者的傷害②。

61 正當那些出身顯赫的人物都在擔心自己的命運的時候，說來確是可恥，竟而有一個名叫瑪利庫斯的普通波伊人③敢於干預命運之事；他自稱奉上天之命而向羅馬軍隊挑戰。高盧諸行省的這個解放者、這位神——這是他給他自己加的尊號——在糾合了八千人之後，就去打劫離他最近的、埃杜伊人的地區，但這時那個最重要的城市④卻利用它的最精銳的青年部隊和維提里烏斯派給他們的那些中隊把這一大群狂徒驅散了。瑪利庫斯在戰鬥中被俘。後來，他被拋給野獸，但野獸並沒有把他撕碎，愚昧的人就認爲他是傷害不了的，但最後他還是被處決了，是當著維提里烏斯的面被處決的。

62 對於叛方⑤沒有再採取別的什麼嚴厲措施；也沒有再進一步有什麼沒收財產的措施。在奧托的一方作戰陣亡的人們的遺囑仍然有效，如果士兵在死後沒有遺囑的話，就按照一般法律的規定加以處理。老實說，如果維提里烏斯能節制一下他的豪奢的生活方式的話，人們本來是沒有必要害怕他的貪欲的。但是他

---

①參見本書第一卷，第七十七章。
②參見本書第一卷，第九十章。
③波伊人住在盧瓦爾河(Loire)和阿利埃河(Allier)之間。
④這裡指埃杜伊人的首府奧克斯托杜努姆，今天的安敦(Antun)。
⑤維提里烏斯以伽爾巴的合法繼承人自居，因此把奧托的一方稱為叛方(defectores)。

那講究美的吃喝的欲望卻是可恥的，永不知足的①。各種適口的珍饈美味的東西經常不斷地從羅馬和整個意大利運來，而從亞得里亞海和第勒尼安海方面來的那些道路也到處響著趕路的馬車。為了給他備辦筵席，他所經過的城市的頭面人物累垮了；城市本身受到了蹂躪。他的士兵已習慣於享樂並且學得看不起他們的領袖了，他們也就失掉力量和勇氣了。維提里烏斯在他到達以前便把一份宣言送到羅馬去，推遲接受奧古斯都(Augustus)的稱號，並拒絕了凱撒(Caesar)的名稱②，不過皇帝的權力他卻是完全接受了的。占星術士③全部被趕出了意大利；採取了嚴厲措施禁止羅馬騎士墮落到去劍奴養成所廝混和到鬥獸場去表演。但先前的皇帝卻曾利用金錢，而更常見的情況是用武力，驅使騎士去幹這樣的勾當。大多數的自治市和移民地過去習慣上是爭相仿效皇帝的做法，用金錢收買他們的最墮落的青年，要他們幹這些可恥的行業的④。

---

①從蘇埃托尼烏斯的《維提里烏斯傳》（第十三章）我們知道，維提里烏斯每天要吃好幾次，每次的花費至少要四十萬謝司特爾提烏斯。

②但後來他改變了主意，參見本書第三卷，第五十八章。

③參見本書第一卷，第二十二章。蘇埃托尼烏斯說（《維提里烏斯傳》，第十四章），他下令占星術士在十月一日之前離開意大利。

④帝國早期的作家提供給我們許多證據，說明出身高貴的人常常在劇場和賽馬場上表演。從這一章也可以看出，即使皇帝的強制要負一定的責任，但是在上層階級中這種傾向仍是獨立存在的。過去優利烏斯・凱撒迫使拉貝里烏斯登台表演時，人們就認為這是一種很大的恥辱。但後來到優維納爾時期，貴族在台上演小丑的角色已成為常見的事情了。例如優維納爾：《諷刺詩》（第八卷，第一八九行以次）：

「那些厚顏無恥的下層賤民坐在那裡看我們貴族的三重的插科打諢；他們可以聽一個光著腳的法比烏斯的表演，又可以笑著看兩個瑪美爾庫斯相互廝打。」

皇帝們對這種習慣的態度看來有的是允許、有的是禁止的。提貝里烏斯嚴禁這樣的表演，卡里古拉則加以鼓勵。克勞狄烏斯實際上又制止了這種行動。尼祿則不僅強迫別人在舞台和鬥獸場上表演，他自己也熱心參加這些表演。貴族雖然常常在賽馬場上比賽馬車，但他們不大敢冒險參加劍奴的比賽，儘管這樣的事例還是有的。

63 維提里烏斯的兄弟到他這裡來，而那些教他如何玩弄統治大權的人也狡猾地湊到他周圍，到了這時，維提里烏斯就變得更加驕傲和殘暴了。他下令處死了多拉貝拉，關於這個人被奧托放逐到阿克維努姆移民地去的事情，在前面我們已經敘述過了①。多拉貝拉聽到奧托的死訊之後就來到了羅馬。由於這樣一個行動，多拉貝拉被他的一個最親密的朋友、擔任過行政長官的普朗奇烏斯・伐魯斯②告到城市長官③佛拉維烏斯・撒比努斯那裡去。除去逃避管制和以戰敗者一派的領袖自居等罪名之外，伐魯斯還說，多拉貝拉曾經賄買過駐在奧斯蒂亞的中隊④，但是由於他不能對他所指控的嚴重罪名提出任何證據，他就對他的行動表示悔恨，並且請求他的朋友的寬恕了。但是這樣做爲時已晚，污辱別人的行爲已經幹出來了。事情是嚴重的，因此佛拉維烏斯・撒比努斯躊躇不定，但這時路奇烏斯・維提里烏斯⑤的妻子特里婭里婭，一個比普通婦女要凶悍的女人對撒比努斯進行了恫嚇，警告他不要想犧牲皇帝的利益來獵取仁慈的美名。撒比努斯生性溫和，當他受到恫嚇的時候便打算改變自己的決定；現在既已看到別人的危險，自然就會擔心自己的命運了。於是爲了迴避給多拉貝拉幫忙的嫌疑，他就加緊準備殺害多拉貝拉的勾當了。

64 維提里烏斯對多拉貝拉又怕又恨，因爲多拉貝拉娶了他的前妻佩特洛尼婭⑥。因此他就寫信召多拉

---

①參見本書第一卷，第八十八章。

②他在維斯帕西亞努斯當政時期擔任過屬於元老院的比提尼亞行省的長官。

③奧古斯都最初設置了城市長官的職位，以便在他離開羅馬時代理他，但這一職務直到公元二六年才成為固定的官職。這一執政官級的職務最初是維持羅馬及其周邊一百英里的秩序，後來刑事審判權也漸漸轉到城市長官的手裡了。

④參見本書第一卷，第八十章。

⑤皇帝的兄弟。

⑥佩特洛尼烏斯・圖爾披里亞努斯（他曾在提貝里烏斯當政時期歷任顯職）的女兒。

貝拉前來，命令他離開行人擁擠的佛拉米尼亞大道而繞道到因提拉姆尼烏姆①去，而他就下令在那裡處死了多拉貝拉。執行殺害多拉貝拉的命令的人認爲到那裡去路太遠了，就在途中的一個小酒店裡把多拉貝拉打倒在地，然後切斷了他的喉嚨。這次謀殺給新皇帝的統治帶來了很大的恥辱，然而這一行動又只不過是這一統治的一個最初的象徵而已。特里婭里婭的凶悍性格與她自己家中一位性格謙和的範例相比，顯得特別可惡，因爲皇帝的妻子伽列里婭②從來不參預這樣的恐怖行動，而且維提里烏斯兄弟二人的母親塞克司提拉③也同樣是一位品格高尙的婦女，是古風的典範。確實，據說當她接到她兒子的第一封信的時候，她說她生的是維提里烏斯，而不是日耳曼尼庫斯④。就是後來，她也從來不曾因爲命運的誘惑或人民群衆表示的尊敬而高興過：她內心感到的只是她一家的不幸。

65 在維提里烏斯離開了路格杜努姆之後，他就被已離開了西班牙的克路維烏斯·路福斯趕上了⑤。路福斯在表面上裝成高興和慶幸的樣子，但是內心卻十分焦慮，因爲他知道他已經受到了控告。原來皇帝的一名被釋奴隸希拉路斯⑥曾控告了他，說當他聽到維提里烏斯和奧托即位的消息時，曾想自己取得權力而

---

①今天的特爾尼。從佛拉米尼亞大道上的納爾尼亞有一條行人稀少的道路通往翁布里亞的因提拉姆尼烏姆（或稱因提拉姆那〔Interamna〕）。

②伽列里婭·豐達尼婭是維提里烏斯的第二個妻子，出身於前行政長官的家庭。

③參見蘇埃托尼烏斯：《維提里烏斯傳》，第三章和本書第三卷，第六十七章。

④關於他採用這一名號的問題，參見本書第一卷，第六十二章。

⑤參見本卷第五十八章。

⑥希略斯(Heräus)說，他可能是皇帝在塔爾拉科西班牙的代理官(procurator Caesaris)，因而也就是這一行省的主要財政負責人。銘刻表明被釋奴隸往往被任命擔任這樣的職務。

把西班牙行省攫為己有，因此之故，他才在他發布的各項文告上沒有首先標出任何一個皇帝的名字①。而且希拉路斯還把他所發表的公開演說的某些部分解釋為對維提里烏斯的誹謗，並且是想爭取人們對自己的好感的。但克路維烏斯的勢力卻大到甚至可以使維提里烏斯下令懲處他自己的被釋奴隸。克路維烏斯被列入皇帝的侍從人員之中，同時卻保留了自己的西班牙行省。他繼續從遠方治理這一行省，因為過去路奇烏斯·阿爾倫提烏斯就有過這樣的先例。但皇帝提貝里烏斯把阿爾倫提烏斯留在自己身邊，是因為他害怕他②。不過維提里烏斯並不怕克路維烏斯。特列貝里烏斯·瑪克西姆斯沒有取得同樣的榮譽③。他是為了逃避他的軍隊對他的憎恨才從不列顛逃出來的。維提里烏斯的侍從人員之一維提烏斯·波拉努斯④被派去接替他的職務。

66 維提里烏斯認為他有理由對於被戰敗的軍團的精神狀態感到不安，因為從精神狀態上來說，這些軍團的士兵實際上根本未被征服。分布在意大利各地並且同勝利一方的軍團混到一處的這些軍隊，他們的談話經常表現出敵對的情緒。第十四軍團的士兵表現得特別無所顧忌，他們揚言他們從來沒有被打敗過，因為在貝德里亞庫姆的戰鬥中，被戰敗的只是一些老兵罷了；軍團的主力根本沒有在戰場上。維提里烏斯決定把他們送回不列顛（尼祿曾把他們從那裡調了出來），同時使巴塔維亞的步兵中隊同他們在一起設營，

①很可能因為他還不知道皇帝到底是誰。可以假定他是在得到貝德里亞庫姆的戰報之後，才對阿爾比努斯採取行動的（參見本卷第五十八章）。

②參見塔西佗：《編用史》，第六卷，第二十七章。

③參見本書第一卷，第六十章。

④他統治不列顛到公元七一年，後來為佩提里烏斯·凱里亞里斯所接替。塔西佗在《阿古利可拉傳》中說他是個受人歡迎的好人，但是沒有威望（參見《阿古利可拉傳》，第十六章。

因爲巴塔維亞人很久以來就跟第十四軍團不和①。在相互極端仇視的武裝士兵中間，和平是不能長久維持的。在圖林②，一個巴塔維亞人曾指控一名手藝人做賊，但一個軍團士兵以主人的身分給這個手藝人辯護。於是雙方的士兵就都集合起來給自己方面的人幫忙，事情很快就從口角發展到毆鬥。老實講，如果不是兩個近衛軍中隊站到第十四軍團的一面給他們增加了勇氣、同時又嚇住了巴塔維亞人的話，一場血腥的戰鬥看來就是不可避免的了。但維提里烏斯下令他所信任的巴塔維亞人參加他自己的隨從軍隊，卻要第十四軍團越過格萊斯·阿爾卑斯山③，而且還必須繞道避開維也納④，因爲維也納的人民也是他所不放心的。在軍團出發的那一夜裡，士兵們把所有的地方都點著了，陶里尼人的移民地有一部分也被燒光了。但是這一損失，正如同大多數的戰爭災害一樣，同其他城市所遭受到的更大的災難相比卻顯得很不重要了。在第十四軍團越過了阿爾卑斯山之後，最難約束的士兵主張向維也納方面推進，但是比較規矩的士兵聯合起來制服了他們，結果他們還是被調到不列顛去了。

67 維提里烏斯感到驚惶不安的另一個方面就是近衛軍。在起初，他把他們分隔開來，繼而又利用光榮

---

①參見本書第一卷，第六十四章；第二卷，第二十七章。

②原名奧古斯泰·陶里諾路姆(Augustae Taurinorum)，在奧古斯都在這裡設置軍事移民地之前，稱陶拉西亞(Taurasia)。

③今天的小聖伯爾納(The Little St. Bernard)。

④這條路通過埃波列地亞（今天的伊夫雷亞）到奧古斯塔·普萊托里亞（今天的阿歐斯塔）：它從這裡上行到杜里亞河（今天的多亞爾河）的上流流域，穿過小聖伯爾納山路（漢尼拔很可能就是從這條路攻入意大利的），又沿著列克呂茲河下行進入伊賽爾河上流流域，經過聖·摩里斯堡、塔蘭塔西亞（今天的穆斯提耶）和孔夫蘭而到達阿爾卑斯山這一通路的西門，即蒙美蘭。在這裡道路分成兩股：一股穿過格雷西沃丹的谷地到達格勒諾布勒和維也納；另一股折向西北，通過香倍里直到布爾銳湖，從那裡又向西，穿過舍渥呂村附近的杜夏山（貓山），最後到達里昂。軍團奉命走後一條路，這樣就避開了維也納。

的退役①來緩和他們的情緒，於是他們便開始把武器交回給他們的將領，但是當著外面普遍傳說維斯帕西亞努斯已經開始了戰爭的時候，他們就重新參加了軍隊並且成了佛拉維烏斯派②的骨幹。海軍的第一軍團被調到西班牙去，爲的是使他們的野性在安謐的和平環境中緩和一下；第十一軍團和第七軍團③則被送回冬營，而第十三軍團的士兵則奉命修造半圓形劇場，因爲凱奇納正準備在克雷莫納，而瓦倫斯準備在波諾尼亞舉行劍奴比賽。維提里烏斯對正經事情從來不曾專心致志到忘掉享樂的程度。

68 維提里烏斯就這樣把戰敗的一方分散開來而又未引起任何騷亂。但是在勝利的一方卻爆發了一次兵變。兵變是由於玩笑而引起的。但是被殺死者人數不少，這就使維提里烏斯更加不得人心了。原來皇帝在提奇努姆設宴④，維爾吉尼烏斯是他的客人。副帥和將領們根據他們的統帥的不同性格，或是模仿他們的嚴格作風，或是在豪奢的晚宴中尋歡作樂⑤。同樣地，士兵們也就或是表現了忠誠，或是表現了放縱。維提里烏斯的軍隊亂成一團，到處都有人酗酒。這類事情只見之於長夜的宴會和狂歡，而與一座武裝的軍營所應有的紀律是不相容的。正巧這時第五軍團的一名士兵和高盧輔助部隊的一名士兵兩個人開玩笑地要角

①一般說來，退役(missio)的方式有四種：光榮的(honesta)、病弱的(causaria)、好意的(gratiosa)和不名譽的(ignominiosa)。光榮的退役是在光榮地服役十六年期滿之後，近衛軍士兵取得五千狄納里烏斯（兩萬謝司特爾提烏斯）的退役金（參見狄奧·卡西烏斯，第五十五卷，第二十三章）；由於負傷、生病以及由於無法繼續服役的其他原因而退役的則屬病弱的退役；通過善意和庇護而得到的退役是好意的退役；凡由於不光彩的理由而退役的均屬不名譽的退役。

②維斯帕西亞努斯派通稱佛拉維烏斯派，因為他姓佛拉維烏斯。

③第十一軍團到達爾馬提亞去，第七軍團到潘諾尼亞去。

④他是從圖林到提奇努姆去的。

⑤羅馬人往往提前舉行晚宴，這樣晚宴的時間就可以拖得更長，並且這種拖長時間的做法還可以表示自己的闊氣。

力比武。當軍團士兵被摔倒而高盧人開始嘲笑他的時候，集合起來的旁觀人群就分成了兩派。軍團士兵突然開始殘殺輔助部隊，結果兩個中隊實際上是被殲滅了。糾正這次騷亂的辦法就是再來一次新的騷動。在遠處可以看到一團塵土和武器。人們立刻都喊了起來，說第十四軍團已回來準備參加戰鬥了。但實際上這卻是後衛部隊。人們認清了他們的時候，驚惶情緒才平靜下來。就在這時，士兵們控告維爾吉尼烏斯的正在經過那裡一名奴隸，說這個奴隸想暗殺維提里烏斯。他們立刻就衝到宴會的地方去，要求處死維爾吉尼烏斯。甚至膽怯而且對任何事物都會懷疑的維提里烏斯都不懷疑他是無辜的。好不容易才說服了士兵，使他們不再堅持處死這位曾擔任過執政官，擔任過他們自己的統帥的人物。老實說，任何人都不像維爾吉尼烏斯那樣經受過如此多次而且是多種多樣的兵變的威脅。但人們依舊讚揚他，他的聲譽依舊不衰。不過軍隊卻恨他，因爲他不理睬他們提出的建議①。

69 第二天，維提里烏斯首先接見元老院的使團，因爲他曾下令要使團在這裡等候他。隨後他就到營地去，乘著這個機會稱讚了士兵們對他的忠誠擁戴②。這一行動使得輔助部隊抱怨說，軍團士兵不但有特權不受到懲罰，而且還有特權表現得這樣魯莽無禮。繼而爲了使巴塔維亞的步兵中隊不致採取什麼魯莽的報復行動，他就把他們送回日耳曼，因爲命運之神已經準備好了將來會引起內戰和對外戰爭的根源③。高盧

①維爾吉尼烏斯曾多次拒絕了帝國的統治大權；參見本書第一卷，第八、五十二章；第二卷，第五十一章。

②奧托也稱讚過他那喜歡犯上的士兵的忠誠，參見本書第一卷，第八十三章。

③指奇維里斯的反羅馬的起義。這一戰爭可以既稱為內戰，也可以稱為對外戰爭，因為，首先，巴塔維亞人本身曾在羅馬軍隊中服役，甚至有一些羅馬軍團加入了他們的隊伍；其次，他們的聯盟者一部分是高盧人（特列維利人和林哥尼斯人），一部分是居住在萊茵河以東的日耳曼人。

的輔助部隊都被遣散回家。他們的人數是衆多的，因爲在叛亂剛剛開始的時候，他們就被編入軍隊，但目的不過是利用他們在戰爭中虛張聲勢而已。

　　爲了使那由於贈賜而遭到很大消耗的帝國財源還能夠應付國家開支之需，維提里烏斯又下令減少軍團士兵和輔助部隊士兵的數目，並且不許繼續徵兵。而且凡請求退役的一律都加以批准。這種政策對國家是有害的，並且是士兵所不歡迎的，因爲同樣的任務現在要由較少的人來擔負了，這樣每個人承受危險和苦難的機會就更多了。他們的力量被奢侈之風腐蝕了，這種奢侈之風同古代的紀律和我們祖先的遺訓形成了鮮明的對比。在我們祖先的時候，勇氣而不是金錢構成了羅馬國家的更好的基礎。

70 維提里烏斯於是轉到克雷莫納去①，他在那裡觀看了凱奇納舉辦的劍奴比賽之後，卻想到貝德里亞庫姆的平原去親眼看一看他最近取得的勝利的遺跡。那是一幅令人噁心的、非常可怕的景象：戰鬥之後還不到四十天，到處都是殘缺的屍體，切斷的肢體，人和馬匹的腐爛的屍體，地面上浸透了污物和血塊，樹木被砍倒，莊稼被踐踏得一場糊塗。被克雷莫納人撒滿了月桂和玫瑰的那一段道路也呈現出同樣野蠻的景象。他們這時正在這裡修建祭壇，屠宰犧牲，就彷彿是迎接一個東方的君主似的。但是他們當前的歡樂後來卻成了他們毀滅的原因。瓦倫斯和凱奇納陪伴著維提里烏斯，向他解釋戰鬥的情景；他們指出在這個地方是軍團衝出去進攻，那裡又是騎兵發動進攻；在什麼地方又是輔助部隊包圍了敵人。將領和中隊隊長每個人也都各自吹噓自己的戰功，他們的話有眞的，但其中也有虛構，至少是誇大了事實。普通士兵也歡呼

①維提里烏斯從提奇努姆不是沿著埃米里亞大道行進，而是轉由波司圖米亞大道到克雷莫納去，所以拉丁文用 flexit 一詞。

著離開道路，去辨認那些曾發生過激烈戰鬥的地方，他們用驚奇的眼光望著一堆堆的武器和一堆堆的屍體。他們中間有一些人看到人世命運的無常而被感動得流了淚並且起了憐憫之情。但是維提里烏斯看到這樣多的公民在死後得不到合於儀節的掩埋時，卻從來不曾把目光轉到別的地方去或是表現出害怕的樣子。他確實是十分高興的，但他並不曉得已經迫臨到他身旁的命運，卻還向當地的神靈奉獻犧牲呢。

71 在這之後，法比烏斯·瓦倫斯又在波諾尼亞舉行了他的劍奴比賽，比賽的一切設備都是從羅馬運來的。當維提里烏斯臨近首都的時候，他的隨從人員就表現得更加腐化墮落了。優伶、大群的宦官和尼祿宮廷中所有其餘各類的人都同他的士兵混到一處。原來維提里烏斯對尼祿本人是十分欽佩的，他常常並非出於強迫地陪著尼祿到各處去歌唱①——但伴隨尼祿的許多體面人物卻是出於強迫的——因爲他是奢華生活和口腹之欲的奴隸和玩物。爲了騰出幾個月來使瓦倫斯和凱奇納取得執政官的榮譽，他縮短了其他執政官的任期②，並且默默地饒恕了曾經是奧托派的一個領袖的瑪爾奇烏斯·瑪凱爾。他推遲了由伽爾巴所選定的瓦列里烏斯·瑪利努斯擔任執政官的時期，不過不是因爲這個人犯了什麼罪，而是因爲瑪利努斯稟性溫和並且包容得下人們對他的侮辱。佩達尼烏斯·科斯塔也被從執政官名單上免去了職位；他是皇帝所不喜

---

①關於尼祿公開表演歌唱的問題，參見塔西佗：《編年史》，第十四卷，第十四、十五章；第十六卷，第四章。再參見優維納爾：《諷刺詩》，第八卷，第二二四行以次：

「這就是我們的高貴皇帝的所作所為，這就是他的特殊作風。
他喜歡的是在外國舞台上不適當地歌唱以糟蹋自己，
喜歡取得一頂希臘芹花的花冠。」

②參見本書第一卷，第七十七章。從上下文來推斷，奧托或伽爾巴必定已任命瑪凱爾、瑪利努斯和科斯塔為下一年即公元七〇年度的執政官。

歡的人物，因爲他曾敢於反對尼祿，甚至曾鼓動維爾吉尼烏斯行動起來。當然，皇帝所提出的是別的一些理由。維提里烏斯照例接受元老院對他表示的感謝，因爲奴才的習性已經根深柢固地培養起來了。

72 一場騙局，開始時雖然取得顯著成功，但只能騙幾天。有一個自稱叫司克里波尼亞努斯・卡美里努斯的人出現了，他說自己在尼祿當政的時期，一直躲在伊斯特里亞①，因爲古老的克拉蘇斯族在那裡仍然擁有食客、土地和人望②。因此，爲了表演這幕喜劇，他就和一批人類的渣滓勾結起來；輕信的普通人民和某些士兵，他們或是爲這一謊言所欺騙，或是想發動騷亂，很快地就在他的周邊集合起來了。這時他便被拖到維提里烏斯面前並被詢以到底是何許人。他的回答沒有一句是眞話。但在他被他的主人認出是一個名字叫蓋塔的逃跑的奴隸之後，他就受到了通常用來對付奴隸的懲罰。

73 從敘利亞和猶太來的信使來報告說，東方已經向維提里烏斯宣誓效忠了，他聽了以後，那種驕傲自得的勁頭簡直令人難以相信。儘管人們談論的根據還是模糊的和不確定的，但在傳聞裡已經常常提到維斯帕西亞努斯，而且他的名字往往引起維提里烏斯的不安。但是現在，皇帝和軍隊都認爲他們已經沒有同他們爭權奪利的人，因此殘酷、淫蕩和掠奪的行爲便泛濫起來了，這和野蠻人的一切殘暴過火的行徑完全一樣。

74 維斯帕西亞努斯方面現在已開始考慮發動戰爭和武裝鬥爭的可能性，並且估計遠近各方面的實力了。

---

①伊里利亞的一個海角，位於亞得里亞海的上部。在它的底部有提爾蓋斯特（今天的的里雅斯特），頂部則有波拉(Pola)。

②司克里波尼亞努斯和他的父親曾被尼祿的奴隸（一說被釋奴隸）赫里奧斯謀殺（參見狄奧・卡西烏斯，第六十三卷，第十八章；小普利尼：《書信集》，第一卷，第五章）。司克里波尼亞努斯一家屬克拉蘇斯家族。

他自己的軍隊是隨時可以爲他盡力的，以致當他要士兵們宣誓爲維提里烏斯的勝利效勞時，他們只是一聲不響地聽著①。木奇亞努斯的情緒對他並不是敵視的，並且確實對提圖斯有好感②。埃及的長官③提貝里烏斯・亞歷山大早已約定站在他這一面；從敘利亞調往美西亞的第三軍團④，是他可以信賴的；他還能指望伊里利庫姆的軍團也能追隨第三軍團的榜樣。他這樣指望是有理由的，因爲所有東方的軍隊對於到他們這裡來的、維提里烏斯的士兵的那種專橫作風都十分氣憤；要知道，這些士兵雖然自己外貌粗野，說話粗魯，卻還要經常不斷地嘲弄所有別的人，就彷彿別人都是天生低他們一等似的。但是這樣規模的戰爭在發動時是絕不會不經過一段猶豫時期的。而在一段時期裡充滿了希望的維斯帕西亞努斯，有時卻又不能不考慮到各種困難：把他一生的六十年和兩個年輕的兒子的命運寄託到戰爭的勝負之上的那一天會是怎樣的一天啊！他想到，私人的計劃可以使人有進退的餘地，可以使個人能夠在命運的賞賜中擇取他願意取得的那樣多的東西；但如果一個人的目的是在於奪取帝國的統治大權的話，那就只能是孤注一擲，在峭壁和深淵之間是不存在中間地帶的。

75 他心中估計了日耳曼軍隊的實力，而作爲一名有經驗的軍人，對這一點他是了解得很清楚的。他看到他自己的軍團在內戰中還沒有顯示過身手；維提里烏斯的軍隊卻體驗過勝利的喜悅；而在戰敗的軍隊當中，不滿的情緒容易產生，卻談不上有什麼力量。在相互傾軋的時期，一支軍隊的忠誠是不可靠的，個別

---

①這意味著一種無言的抗議。因為在一般情況下，士兵應報之以歡呼。
②參見本卷第五章。
③參見本書第一卷，第十一章。
④即高盧軍團。

的士兵卻能夠造成危險。他自己忖量：「如果有一兩名凶手在謀殺了我之後、到我的敵人那裡去請領他們一直願意支付的賞金的話，那麼步兵中隊和騎兵中隊對於我又有什麼用處呢？在克勞狄烏斯的統治時期，司克里波尼亞努斯就是這樣被殺的①。殺死他的凶手沃拉吉尼烏斯就是這樣地從最低微的地位一躍而取得了最高的官職②。調動大批的軍隊較之躲避個人的暗算反而是更加容易的事情。」

76 正當他心裡有這樣一些顧慮而猶豫不定的時候，他手下的軍官和他的朋友，特別是木奇亞努斯，卻使他的信念堅定起來。木奇亞努斯最初同他進行了一些次長時間的密談，但是後來卻公開地當著其餘人們的面前說：「所有那些商討重大事件的人應當考慮的是：他們的意圖對國家是否有利，對他們自己是否光榮，是否易於完成或至少不難於完成。同時他們還必須考慮為他們策劃的人的品格。他是否能在獻計以外還願意分擔可能會遇到的風險？如果命運幫助這一事業的話，最高的榮譽應當加到誰的身上呢？維斯帕西亞努斯，我是要敦促你坐上皇帝的寶座的。這種做法對國家何等有利，對你本人何等光榮，這樣的問題除了要由諸神決定之外，那就要取決於你自己的行動了。不要擔心好像我在吹捧你。繼維提里烏斯之後被選為皇帝，這是恥辱，而不是光榮。我們現在起來反對的並不是神聖的奧古斯都的睿智，不是年老的提貝里烏斯的謹慎，也不是甚至由一個蓋烏斯、一個克勞狄烏斯或者一個尼祿（如果你願意把他也算上的話）構成的古老皇族。你甚至對伽爾巴的祖先也是尊敬的。但是再這樣無所事事地觀望下去，看著國家在貪污腐化裡毀滅，這種情況只能說明你的怠慢和怯懦；雖然卑躬屈節會給你帶來安全，但它也肯定會給你帶來恥

①參見本書第一卷，第八十九章。達爾馬提亞的長官福利烏斯・卡米路斯・司克里波尼亞努斯在公元四二年曾發動反抗克勞狄烏斯的叛亂。

②沒有資料記載他升到怎樣高的職位。

辱。人們早就想到你有奪取最高大權的雄心了。皇位是你唯一的安身立命之所啊。你已忘掉了科爾布羅被害的事情①？我敢說，他的出身比我好，但是就門第的高貴這一點而論，尼祿也超過了維提里烏斯。被人畏懼者在畏懼他的人的眼裡總是很高貴的。而且，維提里烏斯本人的情況也是個證明，一支軍隊可以立一位皇帝；要知道維提里烏斯所以成爲皇帝並不是因爲有什麼戰功或威名，只是因爲人們憎恨伽爾巴罷了。奧托之所以失敗，不是由於他的對手是幹練的統帥或是由於對方軍隊的力量，而是因爲他失望得過早，而維提里烏斯卻使奧托變成了好像是一位受到人們的惋惜的偉大皇帝了。但與此同時，維提里烏斯卻分散了他的軍團，解除了他的中隊的武裝並且每天都在散播戰爭的新種子。他的士兵身上的熱情和勇氣目前正在消耗在酒店裡，在放蕩的生活中，在對他們的皇帝的模仿上。你在敘利亞、猶太和埃及擁有精力充沛的九個軍團②，他們沒有受到戰爭的消耗，沒有受到兵變的感染，這些軍團有豐富的作戰經驗，因而是強大的，並且曾制服過國外的敵人③。你擁有強大的海軍、騎兵和步兵中隊，擁有完全忠於你的國王④，還有比所有其他的人更加豐富的經驗。

77 「至於我本人，我的要求只是自己不要被認爲在凱奇納和瓦倫斯之下。但是我請求你不要因爲木奇亞努斯不和你相爭就小看了他，不把他看成是可以參加你的事業的人。我認爲我自己勝過維提里烏斯，你

①格涅烏斯·多米提烏斯·科爾布羅曾在對帕爾提亞人的戰爭中建立過功勳，因此引起了尼祿的嫉妒。尼祿在公元六七年把他從東方召回。當他在科林斯的港口肯克里埃(Cenchreae)登陸時即被尼祿下令處死。參見狄奧·卡西烏斯，第六十三卷，第十七章。

②敘利亞四個，猶太三個，埃及兩個。

③指猶太人。

④參見本卷第四、八十一章。

則比我更強。你的一家曾取得過凱旋的榮譽①。你家有兩個青年人，其中之一已經有力量擔起帝國的統治大權了；他在日耳曼的軍隊中也享有崇高的聲譽，因爲他最初幾年就是在那裡服軍役的②。如果我不擁戴這樣的人作皇帝，那是荒謬的事情，因爲如果我自己做了皇帝，我也會把這個人的兒子過繼過來的。而且，無論事情是成是敗，你我所處的地位是不相同的，原因是，如果我們勝了，我的地位就完全由你來隨意決定了，但要是有什麼危險的話，那我們是要同樣分擔的。我看較好的辦法是，你在這裡指揮全軍，由我去實地作戰，去經歷戰爭的風險。現在，在戰敗的士兵中間較之在勝利的士兵中間，紀律是更加嚴格的。憤怒、憎恨和復仇的渴望激發戰敗的士兵去勇敢作戰，但勝利者卻由於鄙視、藐視敵人，反而喪失了他們的力量。戰爭不可避免地會把勝利一方目前被遮蓋起來的發炎的傷口揭開並擺到外面來。我深信你的警惕、節儉③和智慧，同樣，我也深信維提里烏斯是怠惰、愚昧和殘暴的。再說，我們在戰爭中的處境會比在和平中的處境更好，因爲那些打算發動叛亂的人們已經發動叛亂了。」

78 木奇亞努斯發言之後，其餘的人膽子就更壯了。他們集合在維斯帕西亞努斯周邊，鼓勵他，向他提示預言者的預言和各種星象。對於這類的迷信，他的確也不是完全不信的，這一點在他後來作了皇帝之後就可以很明顯地看出來，因爲他公開把一個名叫塞琉古的占星術士留在他的宮廷裡，把這個人當成自己的指導者和預言者。過去的朕兆又浮現在他的腦海裡了。有一次在他的鄉間別墅裡，一株相當高的綠柏樹突

---

①維斯帕西亞努斯因公元四三年在不列顛統率第二軍團時所立的戰功而取得這一榮譽。參見本書第三卷，第四十四章。蘇埃托尼烏斯：《維斯帕西亞努斯傳》，第四章。

②提圖斯曾在日耳曼和不列顛服役並取得了聲譽。參見蘇埃托尼烏斯：《提圖斯傳》，第四章。

③後來他卻變得貪婪了。

然倒掉了，但是在第二天它在原地卻重新高高地、生氣勃勃地立了起來，而且枝葉比以前更加繁茂了。占卜師一致認爲這是一件意義重大的吉兆，它注定會使當時還年輕的維斯帕西亞努斯取得最高的榮譽。在起初，凱旋的標記、他的執政官職位①以及他對猶太取得的勝利好像應了朕兆所預示的事情；可是在他取得了這些榮譽之後，他又開始認爲朕兆所預示的是皇帝的寶座了。在猶太和敘利亞之間是卡美爾②，這是一座山的名字，也是神的名字。這個神沒有神像或是神殿，父祖相傳的規定就是這個樣子。有的只是一座祭壇和對這個神的崇拜。當維斯帕西亞努斯在那裡奉獻犧牲並且考慮他那深藏在內心裡的希望的時候，祭司巴西里德斯在反覆檢視了犧牲的臟腑之後就對他說：「維斯帕西亞努斯，不管你計劃做什麼，修建一所住宅也好，擴大你的土地也好，增加你的奴隸的數目也好，神都會賞賜你一所巨大的宅邸、無垠的土地和衆多的奴隸。」當時外面就已經傳說了這個難解的神諭，現在人們試圖解釋這個神諭了；確實，無論哪一件事都不像這件事這樣經常掛在人們的口邊了。當著維斯帕西亞努斯的面，人們談這件事就談得更多了。因爲人們對那些滿懷著希望的人是有更多的話要說的。這兩位領導人於是抱著明確的目的分手了，木奇亞努斯到安提奧克去，維斯帕西亞努斯到凱撒列亞去。安提奧克是敘利亞的首府，凱撒列亞是猶太的首府③。

79 把帝國統治大權授予維斯帕西亞努斯是在亞歷山大（地名）開始的：提貝里烏斯・亞歷山大在那裡迅速地行動起來，他在七月一日就要他的軍隊向維斯帕西亞努斯宣誓效忠④。後來這一天便被定爲維斯帕

①他是公元五一年最後兩個月的執政官。

②腓尼基邊界安提黎巴嫩山的西南餘脈。

③羅馬的代理官駐的凱撒列亞；但是在猶太人的眼裡，只有耶路撒冷才是他們的首府。

④但約瑟普斯說，維斯帕西亞努斯曾寫信給亞歷山大，通告自己即位的事。

西亞努斯擔任皇帝的第一天而受到慶祝；不過猶太的軍隊向維斯帕西亞努斯本人宣誓效忠卻是七月三日的事情，而且他們在宣誓時表現了這樣的熱情，以致他們甚至沒有等待正在從敘利亞返回的、他的兒子提圖斯——提圖斯是木奇亞努斯和他的父親之間的信使。這全部行動都是熱心的士兵自動做出來的，既沒有向他們發表過任何正式的演說，也沒有進行過各軍團的正式檢閱。

80 當人們還在討論如何確定時間、地點和第一個發出信號的人（在這種情況下這是最困難的事情）的時候，當每個人心裡還在希望和恐懼、計劃和可能性之間徘徊觀望的時候，一些按慣例應列隊把維斯帕西亞努斯作爲他們的副帥而向他致敬的士兵在看到維斯帕西亞努斯從他的本營出來時，卻把他作爲皇帝而致敬了。接著，其餘的人也都跑來，開始稱他爲凱撒和奧古斯都；他們把一個皇帝的所有頭銜都加到他的頭上了。他們的內心突然從恐懼變爲相信命運之神的好意了。維斯帕西亞努斯雖然取得了新的身分，但是並未表現出驕傲或虛榮，看不到他的行動有什麼不同尋常的地方。他被擁戴爲皇帝這一突然事件一時使他感到迷惑，但他在心情鎮靜下來以後，就按照一個軍人應有的做法講了話。在這之後，他從四面八方都收到了對他有利的情報。原來一直在等候這一行動的木奇亞努斯，在聽到了消息之後立刻便使他的熱情的軍隊向維斯帕西亞努斯宣誓效忠。然後他就到安提奧克的劇場——人民定期在那裡召開人民大會——向趕到那裡聚會的群衆發表講話，而群衆這方面也竭盡阿諛奉承之能事。

木奇亞努斯用希臘語講話，但是講得十分優美動聽，因爲他懂得如何把他說過的話和做過的事情說得冠冕堂皇些。最使行省和軍隊感到憤怒的是木奇亞努斯的這番話：維提里烏斯曾決定把日耳曼的軍團調到敘利亞，以便使他們能夠在這裡過輕鬆的和有利可圖的日子，但他卻要敘利亞的軍隊到日耳曼去經受冬天的嚴寒和繁重的勞役。原來，行省的居民已習慣於同士兵生活在一起，並且樂於同他們來往，而事實上也有許多平民已經同士兵成了朋友並且結了婚，同時長期服役的士兵也愛他們所熟悉的舊營地，把它看成是他們自己的家鄉了。

81 在七月十五日以前，整個敘利亞同樣都向維斯帕西亞努斯宣誓效忠了。站到維斯帕西亞努斯這一面來的還有索海木斯①和他的整個王國，他的兵力也是不容輕視的。安提奧庫斯②也站到了維斯帕西亞努斯一邊，他擁有巨大的世襲財富，而實際上是羅馬治下的國王中最富有的。不久，應自己友人的秘密召喚的阿格里帕③，在維提里烏斯還不知道他的行動的時候，迅速地渡海投奔到維斯帕西亞努斯的一面來。女王貝列妮凱同樣是擁護維斯帕西亞努斯的。她年輕④而又十分美麗；她把大量的禮物送給維斯帕西亞努斯，因而維斯帕西亞努斯（儘管他年紀已老）非常喜歡她⑤。沿海的一切行省直到阿凱亞和亞細亞的邊界，以及全部內地行省直到本都和亞美尼亞都舉行了效忠宣誓；不過它們的長官卻沒有武裝力量，因爲卡帕多奇亞還沒有軍團駐守在那裡⑥。在貝利圖斯⑦舉行了一次盛大的會議，木奇亞努斯率領著他的全體副帥、將領以

---

①索海木斯是埃美撒家族出身的國王。他在公元五四年被尼祿任命為索佩尼（幼發拉底河上游以東地區）的國王。參見本書第二卷，第四章；塔西佗：《編年史》，第十三卷，第七章。

②安提奧庫斯出身塞琉古家族，這時他是孔瑪蓋尼和部分奇里奇亞的國王；三年之後維斯帕西亞努斯廢掉了他，把他的王國變為羅馬的一個行省。參見本書第二卷，第四章；塔西佗：《編年史》，第十二卷，第五十五章。

③他是希羅·阿格里帕（死於公元四四年）的兒子，貝列妮凱的兄弟；這時他是約旦河以東地區的長官。參見本書第二卷，第四章。

④實際這時她至少有四十歲。

⑤參見本書第二卷，第二章。

⑥卡帕多奇亞現在是由騎士出身的代理官統治著；後來由於行省經常遭到入侵，維斯帕西亞努斯不得不把它交給一個握有兵權的執政官級的長官來治理。參見蘇埃托尼烏斯：《維斯帕西亞努斯傳》，第八章。

⑦今天的貝魯特。

及他手下最傑出的百人團長和士兵前來參加這次會議；猶太的軍隊也派遣了他們最優秀的人物爲代表。步兵和騎兵的這次大會帥，再加上都是扈從來多的國王們，使得這次會議有了一種可以和皇帝的尊嚴相稱的氣氛。

82 戰爭中首先要做的一件事情就是徵募士兵，並且把老兵召回軍隊。防守堅強的城市被選定製造武器；在安提奧克鑄造了金幣和銀幣。能幹的特使被派到各專門地點去督促迅速進行這一切準備工作。維斯帕西亞努斯也親自到每一個地方去鼓勵工匠；他用讚揚的詞句激發勤勉的人，對於那懶惰的工匠則用身體力行的辦法加以感化；他隱瞞他的朋友們的過錯，宣揚他們的優點。他把長官和代理官的職位賞賜給許多人；許多後來取得最高地位的優秀人物被他提升爲元老。有些人所以得到升遷與其說是有什麼功業，無寧說是由於運氣好。在木奇亞努斯的第一篇演說裡，他要士兵們不可指望過多的贈賜；甚至維斯帕西亞努斯在內戰時許給士兵的東西也並不比別人在承平時期的賞賜爲多。他堅決反對把過多的贈賜給予士兵，因此他的軍隊的素質是比較好的。使節被派遣到帕爾提亞人和亞美尼亞人那裡去同他們作出了約定，以避免在軍團出發進行內戰時後方空虛無防①。決定把提圖斯留下來最後結束猶太的戰爭，維斯帕西亞努斯控制進入埃及的要害地點②。大家一致認爲，一部分軍隊在木奇亞努斯的率領下便足以應付維提里烏斯，因爲他們相信他們這邊不但有維斯帕西亞努斯的聲望可以爲他們助威，而且命運也會幫助他們克服一切困難的。對所有的軍隊和全體將領都發出了信件，指令他們設法爭取憎恨維提里烏斯的近衛軍，辦法則是答應近衛軍能

①他們的外交活動進行得十分順利，以致帕爾提亞的國王沃洛吉西斯竟然建議為維斯帕西亞努斯提供四千名騎兵，不過這部分軍隊卻為維斯帕西亞努斯慎重地謝絕了。參見本書第四卷，第五十一章。

②指亞歷山大和佩路西烏姆兩地。

重新服兵役。

83 木奇亞努斯的舉止與其說像個下屬，無寧說像個分享皇權的人。他率領著一支輕武裝的隊伍前進，前進的速度確實不慢，因爲他擔心慢了會給人以不夠果斷的印象，但另一方面他也不是匆匆趕路，因爲他想藉著前面的距離提高自己的聲望：原來他知道他手下的軍隊不多，人們對於遠方的事物往往會過甚其詞。不過第六軍團和一萬三千名沙場老兵①卻陣勢堂堂地跟在他後面。他已下令黑海的艦隊在拜占廷集合，因爲他還沒有決定到底要不要把美西亞放到一邊，而以步兵和騎兵去攻占狄爾拉奇烏姆，同時在海上用他的艦隊包圍意大利。如果他採取上述戰術的話，他就要保衛後方的阿凱亞和亞細亞，因爲這些地方沒有保衛自己的兵力，容易受到維提里烏斯的攻擊，除非他把兵力留在那裡守衛它們。他還相信，如果他準備利用海軍進攻布倫地西烏姆、塔倫特以及卡拉布里亞與洛卡尼亞沿岸地帶的話，維提里烏斯本人就不知道他要保衛意大利的哪一部分是好了。

84 因此在各個行省，到處都是準備他們所需要的艦船、軍隊和武器的一片備戰聲，但是使他們最傷腦筋的卻是籌措款項的問題。木奇亞努斯一直這樣說：「金錢是內戰的動力」，而且當他以法官的身分審判案件的時候，他所著眼的不是正義或眞理，只是被告的財產的多寡。告發的事件十分流行，所有有錢的人都成了控告之下的犧牲者。這些訴訟成了人們的一個無法忍受的負擔。當然，這些事情發生在戰時還可以說是迫於戰爭的必要，但後來在承平時期它們卻依然如此。老實講，在維斯帕西亞努斯當政初期，他本人

---

①歐列里(Orelli)認為這些老兵包括前一章中召回的老兵。希略斯(Heräus)則認為很可能他們是留在敘利亞和猶太的五個軍團的精銳的分遣隊。在本卷第五十七章中，不列顛的三個軍團送到維提里烏斯這裡來的是八千人，即每軍團約兩千六百人。依此類推，五個軍團正好是一萬三千人。

並不十分堅持幹這類很不公道的事情。但是到後來，由於命運對他的放任以及壞人的從旁教唆，他也學會並敢於幹這類的勾當了。木奇亞努斯自己也拿出大量的錢來資助戰爭；人們指出，他在私人財產方面的揮霍可以同他在貪污國家財產方面的過分的貪欲相比。其他領導人也學他的樣子拿出了錢。但是能同樣隨便地把這些錢收回去的人卻是極少的了。

85 就在這個時候，維斯帕西亞努斯的事業又得到了一個新的有利的推動，因爲伊里利庫姆的軍隊也熱情地投到他的一面來了。第三軍團給美西亞的其他軍團提供了一個先例：這就是忠於奧托的第八軍團和克勞狄烏斯第七軍團①，雖然這兩個軍團都沒有參加過貝德里亞庫姆的戰鬥。戰鬥之前，他們曾一直推進到阿克維萊阿，但是當使者把奧托戰敗的消息②帶到那裡時，他們就用武力趕跑了這些使者，把帶有維提里烏斯的名字的隊旗扯得粉碎③，最後竟占奪了軍營的財產，把金錢在他們自己中間瓜分了。他們的這種做法完全和敵人一樣。他們的行動使他們心懷畏懼，繼而這種畏懼心情又使他們想到，他們的行動可能會取得維斯帕西亞努斯的信任，但是對維提里烏斯，他們卻只有謝罪的份兒。因此美西亞的三個軍團便想寫信去爭取潘諾尼亞的軍隊；同時他們還準備在潘諾尼亞的軍隊拒絕時使用武力。在這件事情上，美西亞的長官阿波尼烏斯・撒圖爾尼努斯計劃了一件膽大而可恥的行動。他企圖藉口政治上的動機來發洩私憤，於是派遣一名百人團長去謀殺第七軍團的副帥特提烏斯・優利亞努斯④。但是優利亞努斯知道了自己的危險之

①紀念這一軍團在達爾馬提亞長官卡米路斯・司克里波尼亞努斯叛亂時對克勞狄烏斯的忠誠。
②也可以說是奧托死亡的消息。
③因為他們都是軍團的分遣部隊，蘇埃托尼烏斯說（《維斯帕西亞努斯傳》，第六章），這些軍隊一得到奧托死亡的消息，便根據自己的意思，在未同敘利亞軍隊聯繫的情況下推選維斯帕西亞努斯為皇帝了。
④參見本書第一卷，第七十九章。

後，就帶著熟悉當地情況的幾個人，穿過美西亞的沒有道路的地區，逃到海木斯山①後面的地方去了。在那之後他並沒有參加內戰。原來雖然在出發時他說是去參加維斯帕西亞努斯的一方面，卻一直在按照他得到的消息而延緩或加速他的行程。他找到各種各樣的藉口遲遲不肯前進。

86 但是在潘諾尼亞，對貝德里亞庫姆一役的失敗仍然深感憤懣不平的第十三軍團②和伽爾巴第七軍團，立刻由於普利姆斯・安托尼烏斯③的強有力的鼓動，而站到維斯帕西亞努斯的一面來了。他過去在尼祿當政時期曾犯過罪，並且曾被判以詐騙罪④。但是作爲戰爭的惡劣後果之一，他又恢復了他的元老職位。伽爾巴雖然曾任命他爲第七軍團的統帥，但是人們相信，他曾寫信給奧托，自願以奧托派領袖的身分爲他效勞。但奧托並沒有理睬他，結果他就未能參加內戰。現在維提里烏斯的命運看來也開始不妙了，普利姆斯於是又追隨了維斯帕西亞努斯，並大大地推動了他的事業。要知道，他這個人在行動方面是果敢有力的，他很能講話，善於在他的敵人中間製造不和，很能激起齟齬和爭端，他能搜括金錢，又能揮霍金錢。總而言之，在和平時期，他是人類當中最大的壞蛋，但在戰爭時期，他卻是一個不容輕視的人物。

美西亞和潘諾尼亞的兵力的結合使得達爾馬提亞的軍隊也學了他們的樣子，雖然統治行省的那些前任

---

①今天的巴爾幹山。

②他們在克雷莫納和波羅尼阿修建了半圓形劇場之後便被派到波埃托維奧（Poetovio，今天的佩塔烏〔Petau〕）去。參見本書第三卷，第一章。

③名字的顛倒在塔西佗的作品中是常見的。

④公元六一年他由於科爾涅里烏斯背信法(lex Cornelia de falsis)而被判了罪，因為他曾為偽造的遺囑作證。參見塔西佗：《編年史》，第十四卷，第四十章。

執政官並沒有帶頭發動叛亂。塔姆皮烏斯・佛拉維亞努斯①是潘諾尼亞的長官，彭佩烏斯・西爾瓦努斯是達爾馬提亞的長官，這兩個人都是年老而富有的。但是同他們在一起的還有皇帝的代理官科爾涅里烏斯・富斯庫斯，這是一個出身高貴的壯年人。在年輕的時候，他那想過寧靜的生活的願望使得他放棄了元老的地位。但是他曾使他自己的移民地②轉到伽爾巴的一面去，而通過這一服務取得了代理官的職位。現在他又站到了維斯帕西亞努斯的一面，並且把他的全部熱情放到戰爭上了。是危險本身，而不是危險的報酬使他感到滿足，他喜歡任何新的、不肯定的和可疑的東西，而不喜歡肯定的東西和長久保證的利益。於是領袖們便著手挑撥整個帝國內那些心懷不滿的人們。他們派人去聯絡不列顛的第十四軍團③和西班牙的第一軍團④，因爲這兩個軍團都曾站在奧托的一面反對過維提里烏斯。高盧各個行省到處都有他們的書信，一場大戰眼看就煽動起來了。伊里利庫姆的軍隊首先公開發難，所有其餘的軍隊也都準備按命運的安排行事。

87 當維斯帕西亞努斯和他的一派的領袖在各行省這樣行動的時候，維提里烏斯軍隊卻越來越懶散，從而日益受到人們的輕視。他在途中的每一座誘人的城市和別墅都要停留下來，他就這樣同他的一支臃腫龐大的軍隊走向羅馬。他有六千名扈從兵，這些人都由於沒有紀律而腐化不堪。隨營人員的數目就更多了；甚至在奴隸中間，那些服侍士兵的人也是最蠻橫的。此外還有一大群官吏和廷臣，這些人甚至在給他們定下最嚴格的紀律時也是不可能就範的。除了臃腫不靈的這一大群人之外，還要加上從羅馬前來迎接他的元

①希略斯(Heräus)認為可能就是普利尼在《自然史》第九卷中所提到的亞細亞的長官。參見本書第三卷，第四章。
②名稱不詳。
③參見本卷第六十六章。
④參見本卷第六十七章。

老和騎士。這些人中有一些是由於害怕而來的；但是不少人卻是想來討好；而大多數的人，漸漸地是每一個人，則是因爲看到別人去了而自己也不想落在後面。還有大群的下層公民也來了，他們的可恥的和阿諛的行爲是維提里烏斯十分熟悉的。維提里烏斯特別高興同這些小丑、戲子、騙子們結成可恥的友誼。不僅是移民地和自治市以及它們所儲藏的糧食，就是農民和他們那即將收割的田地也都被掠奪一空，就彷彿這土地是敵人的土地一樣。

88 士兵們常常在自己的隊伍中間相互進行格鬥，並引起可悲的致命後果，原來自從提奇努姆的事件發生以來，軍團士兵和輔助部隊之間的糾紛一直不斷發生①。不過，每當他們必須對付農村居民的時候，他們的行動就完全一致了。但是最可怕的屠殺卻發生在離羅馬七英里的地方。在那裡，維提里烏斯把熟食的口糧分給每個士兵，就好像他犒勞劍奴一樣。從羅馬湧來的大群人民擠滿了整個軍營。當士兵不注意的時候，有一些公民因爲想開個賣乖的玩笑，就把他們的皮帶悄悄地割斷了，隨後他們就問士兵是否帶著刀。士兵們不習慣於開玩笑，他們的脾氣是受不住別人對他們的侮辱的。他們於是拿起了武器向手無寸鐵的平民發動進攻。有一個士兵的父親同這個士兵在一起時被殺死了。後來人們認出了他。他的死訊傳出去之後，才停止了對無辜者的這種屠殺。

在羅馬本城，那些比大軍先來到的、散布在各處的士兵也造成了同樣的驚恐情緒；這些士兵首先就尋找廣場，因爲他們想看一看伽爾巴殉難的地方。他們自己穿著破爛的獸皮，手裡拿著巨大的槍，這樣他們自己就給羅馬人造成了同樣野蠻的印象。他們的粗野無知使他們不懂得躲開人群，或者，當他們在很滑的

---

①參見本卷第六十八章。

街道上跌倒或是撞上一個平民的時候，他們就咒罵起來，咒罵之後便繼之以拳頭和刀劍。甚至那些帶著武裝隊伍在街道上到處匆促地巡邏的將領和百人團長也散布了恐怖情緒。

89 維提里烏斯騎著一匹駿馬，穿著統帥的外袍，帶著武器，已經從穆爾維烏斯橋①出發了，元老和人民走在他的前面。但是他的廷臣卻勸他在進入羅馬時不要使這座城市看來彷彿是一座被攻占的城市似的，於是他便換了一身元老的外袍，把他的隊伍整理好，然後徒步進入羅馬。四個軍團②的軍旗引導在隊伍的前面，其他四個軍團③的旗幟則分列在兩旁，在這之後是十二支騎兵隊伍的旗幟。在他們後面才是步兵和騎兵。再後面是三十四個步兵中隊，它們是用他們的地區或是用他們的武器來命名的。走在鷹旗前面的是營帥、將領、主力百人團長，他們的衣服都是白的。帶著閃閃發光的擦亮的武器和標記的其他百人團長則同各自的百人團一道行進。普通士兵的勳章和項圈同樣是閃閃發光的。這是一幅雄壯的圖畫和一支配得上比維提里烏斯更好的皇帝的軍隊。他就率領著這一批侍從來到了卡披托里烏姆神殿，在這裡他擁抱了他的母親，並且贈給她奧古斯塔的尊號。

90 第二天，維提里烏斯彷彿是向別的城市的元老院和人民講話似的，把自己大大地吹噓了一番；他讚揚自己的刻苦和節制，儘管聽他講話的人以及其實是整個意大利的人，對他的罪行都是十分清楚的，因爲他經過意大利時一路上所表現的就是可恥的懶惰和奢侈。但是對萬事從不經心並且分不清眞理和謬誤的下

---

①橫跨台伯河的這座橋離羅馬城約二英里，在佛拉米尼亞大道上。西塞羅截獲卡提里那一派的陰謀的證據就在這裡，參見撒路斯提烏斯：《卡提里那的陰謀》；參見塔西佗：《編年史》，第十三卷，第四十七章。

②指意大利第一軍團、阿勞達第五軍團、拉帕克斯第二十一軍團、普利米格尼亞第二十二軍團。

③指日耳曼第一軍團、馬其頓第四軍團、普利米格尼亞第十五軍團，高盧第十六軍團。參見本書第三卷，第二十二章。

層群衆依舊像通常那樣地向他高呼諂媚的言詞，就好像有人授意他們這樣做一樣。儘管維提里烏斯表示拒絕，他們還是迫使他接受了奧古斯都(Augustus)的尊號。不過接受也好，拒絕也好，這實際上都已沒有用處了①。

91 對任何事情都要作出解釋的一座城市，很自然地會把這樣一件事實看成是一種不吉之兆，那就是：維提里烏斯在成了最高祭司之後，在七月十八日這一天公布了有關國家宗教儀式的一項布告，而七月十八日這一天千百年來一直被認爲是個不吉利的日子，因爲克列美拉②和阿里亞的災難③都發生在這一天。他對於上天的法律和人間的法律一無所知，而自己手下的被釋奴隸和廷臣又跟他一樣地愚昧無知，這樣他就好像是在一群醉鬼中間過日子。然而在選舉執政官的時候④，他就像一個普通公民那樣同他所推薦的候選人到處奔走遊說。他和普通觀衆一樣地到劇場去看戲，在那裡如饑似渴地聽取最下層人民喃喃私語的每一句話；但是在賽馬場裡他卻是公開站在他所擁護的一派裡的。這一切做法如果是出於高尚的動機，毫無疑問是會使人高興，是會使他取得人望的。但是，實際上，人們想到他先前的生活，自然就把這些行動看成是

①這是說他很快便垮台了，接受不接受尊號對他沒有什麼意義了。

②公元前四七七年，法比烏斯家族在克列美拉遭到全滅。

③公元前三九〇年，在布倫努斯(Brennus)率領下的高盧人在阿里亞（今天的托爾倫提・第・卡提諾〔Torrenti di Catino〕）戰敗了羅馬人。羅馬人的傷亡是如此慘重，以致後來這一天(Dies Alliensis)被認為是凶日，停止任何公私事務。參見李維：《羅馬史》，第六卷，第一章以次；蘇埃托尼烏斯：《維提里烏斯傳》，第十一章。

④這裡指重新安排當年其餘月份的執政官（參見本卷第七十一章）。這同十一月的選舉不同，在那次選舉中維提里烏斯所安排的是以後各年的執政官。既然皇帝在行政長官的選舉中只有推薦(commendatio)的權利，因而在理論上他也就只能指定執政官的候補人。候補人的這種指定(nominatio)實際上等於正式選定，不過名義上還算是由元老院選出的罷了。

不像樣子的，是卑鄙可恥的了。甚至元老們在討論瑣碎事情的時候，他也常常到元老院來。有一次，當時是當選的行政長官的赫爾維狄烏斯·普利斯庫斯發表了一個同維提里烏斯的意圖相反的意見。維提里烏斯起初很生氣，但是他在最後也不過是止於號召保民官支持他那遭到輕視的權威而已。後來，當他的朋友擔心他會懷恨在心，因而試圖安慰他的時候，他就回答說，共和國的兩位元老有不同的意見，那根本不是什麼奇怪的事情。而且過去他確實是常常反對甚至是特拉塞亞的意見的①。許多人認爲這一輕率的比擬是荒謬的。但另一些人感到高興的卻是這樣一個事實：被他選定爲眞正的光榮的典範的並不是最有勢力的一個人物，而是特拉塞亞。

92 維提里烏斯任命普布里里烏斯②·撒比努斯和優利烏斯·普利斯庫斯爲近衛軍長官。撒比努斯是一個中隊的隊長，普利斯庫斯這時只是一個百人團長。普利斯庫斯取得這一地位是由於瓦倫斯的推薦，撒比努斯則是由於凱奇納的提拔。如果事情不經這兩個人的同意，維提里烏斯就什麼都辦不成。皇帝的大權實際上是由凱奇納和瓦倫斯行使的。這兩個人長久以來就是老對頭，他們在戰爭時期和在營地上，相互間這種憎恨就幾乎已無法掩蓋，現在在卑鄙的友人的教唆下，以及在總是會造成濃厚敵視情緒的公民生活中，這種敵意便更形加深了。他們都爭先力圖使自己有大量的侍從、許多門客和大量前來謁見的食客，並激起了對方的想比試比試的心理，而維提里烏斯則一時喜歡這個人，一時又喜歡另一個人。當一個人有了過大的權力時，他永遠不能完全相信別人；同時維提里烏斯本人又是個性子不穩定的人，他時而容易突然發火，

①特拉塞亞是赫爾維狄烏斯的岳父。在尼祿當政時期，他是斯多噶派反對派的領袖，公元六六年元老院根據尼祿的命令處死了他。赫爾維狄烏斯同時也被趕出了意大利。參見塔西佗：《編年史》，第十六卷，第二十一～三十五章。

②有的本子是普布里烏斯(Publius)，這裡從哈姆(Halm)本。

時而又很不適當地給人以過多的寵信，因此他就受到了他們的蔑視和畏懼。但這一點並不曾使他們奪取房屋、花園和帝國財富的速度放慢，但是另一方面，被伽爾巴召回羅馬的大量悲慘的、貧困的貴族和他們的孩子卻根本得不到皇帝的憐憫或是幫助。但是有一項法令卻不僅使那些權貴高興，甚至受到平民的歡迎，這就是，這一法令使那些從亡命地被召回的人們重新取得了對自己的被釋奴隸的保護人的權利①。但是被釋奴隸卻通過他們那奴才的狡猾手段千方百計地逃避這一措施的影響，他們把自己的錢隱藏起來（通過把它們寄存到卑賤的朋友或是顯要人物那裡去）。他們中間的一些人轉到凱撒的家裡去，結果就變得反而比他們的主人更有勢力了。

93 但是擁擠的軍營絕對容納不下的大量士兵，在柱廊、神殿，實際上也就是在整個城市裡到處遊蕩。他們根本不站崗，也不進行操練以保持自己的戰鬥力量。他們在羅馬的各種引誘下不能自制，從而幹出了使人恥於指明的各種放縱行爲，他們因爲懶散無爲而不斷削弱自己的體力，因爲縱欲放蕩而挫傷了自己的勇氣。最後，他們甚至對他們自己的生命都不愛惜了；很大一部分營地是設立在梵蒂岡②的不適於健康的地區，這結果就使得普通士兵中間有很多人死掉了。此外，由於挨近台伯河，那些受不住炎熱氣候的高盧人和日耳曼人就必然會貪婪地喝這條河裡的水，結果這就使得他們那已經易於染病的身體更加衰弱了。在這之外，貪污腐化和自私自利也使得各級軍人陷入一團混亂：十六個近衛軍中隊和四個城市步兵中隊的每

---

①根據十二銅表法，保護人也和父系親屬(agnatus)一樣，在他們的被釋奴隸沒有子嗣而死後又無遺囑時，得以繼承這些被釋奴隸的財產。如果被釋奴隸有遺囑，他也只能處理自己財產的一半，另外的一半則保護人有全權處理。此外，被釋奴隸還有種種義務；如果保護人貧窮而不能養活自己的話，被釋奴隸就有義務養活他，就像兒子養活父親一樣。

②梵蒂岡周邊到處是腐水和臭氣，因而是不利於健康的。目前在那裡的是聖彼得教堂。

一中隊徵募入伍的定額是一千人①。在組織這些隊伍的時候，瓦倫斯自己吹噓說，他曾經挽救凱奇納本人免於危險。的確，他的到達使得維提里烏斯的一派取得了優勢，而且由於取得的勝利②，他洗刷掉了說他故意拖延進軍速度這樣一種使人丟臉的謠傳。下日耳曼的全部軍隊都熱誠擁戴他，這一情況使我們有理由相信，正是從這個時候起，凱奇納對維提里烏斯的忠誠開始動搖了。

94 但是維提里烏斯對他手下統帥的放任還比不上他對士兵的縱容。每個人在軍隊裡願意幹什麼工作就幹什麼工作。不管一個士兵多麼不夠格，他只要願意的話就能登記在羅馬服役③。另一方面，如果好的士兵願意的話，他們仍可以同軍團或騎兵留在一起；而且有一些人的確是願意這樣做的，因爲他們已被疾病折磨得筋疲力盡，並且十分厭惡羅馬的氣候。結果軍團和騎兵便失去了自己的力量，而近衛軍軍營的崇高威信也動搖了，要知道，這兩萬人並不是精銳的士兵，而只是從全軍湊起來的烏合之衆而已。

當維提里烏斯向他的軍隊講話的時候，士兵們要求他懲處亞細亞提庫斯、佛拉維烏斯和路菲努斯，他們都是站到溫代克斯的一面作戰的高盧領袖④。維提里烏斯並不想制止這類要求，因爲他不僅是生來就沒有毅力，而且他清楚地了解，不久他必須把賞賜送給他的士兵，可是他又沒有必需的錢。因此他便在所有其餘的事情上縱容他的軍隊。皇帝家族的被釋奴隸都被命令必須按照他們的奴隸的數目納稅。但是只知道

①維提里烏斯解散了構成奧托軍隊的基幹的九個近衛軍中隊（參見本書第二卷，第六十七章）；他現在徵募了十六個近衛軍中隊來代替他們，並顯然把通常的三個城市步兵中隊增加到四個。這種增多可能是因為自願參加這種有利可圖的兵役的人多了（參見本卷第九十四章）。

②參見本書第一卷，第六十六章；第二卷，第二十七、三十一～四十四章。

③指參加近衛軍或城市步兵中隊。

④參見本書第一卷，第六章。關於這些領袖我們沒有更多的材料。

花錢的皇帝卻一直給賽馬師修造馬廄，在比賽場上接連不斷地舉行劍奴比賽和鬥獸比賽，並且一直在浪費金錢，就好像他的財庫裡的錢已經多得放不下似的。

95 此外，凱奇納和瓦倫斯還在羅馬各區舉辦規模空前的劍奴比賽，以慶祝他的生日①。維提里烏斯在瑪爾斯廣場修建祭壇，並向尼祿的亡靈奉獻犧牲。他的行徑使那些最壞的人感到高興，卻使最好的公民深感憤慨。他以國家的名義屠宰並燒烤了犧牲。犧牲的點火儀式由奧古斯都祭司團的成員執行，這一祭司團是提貝里烏斯·凱撒爲優利烏斯族建立的，猶如羅木路斯過去給國王塔提烏斯建立一個祭司團一樣。維提里烏斯取得勝利還不到四個月，他的一名被釋奴隸亞細亞提庫斯就比得上波里克利圖斯、帕特洛比烏斯以及過去其他令人厭惡的名字了②。在他的宮廷裡，沒有一個人想通過正直或刻苦自勵以取得聲譽：取得權力的道路只有一條，那就是用極其豪華的宴會和揮金如土的尋歡作樂來滿足皇帝的永無止境的貪欲。他本人也完全是今朝有酒今朝醉的想法，以後的事情根本不去多想：人們估計，就在短短幾個月中間，他揮霍掉的錢總有九億謝司特爾提烏斯③。這個偉大而又多災多難的國家在僅僅一年當中竟不得不忍受一個奧托和一個維提里烏斯的統治，竟不得不在一個維尼烏斯、一個法比烏斯、一個伊凱路斯和一個亞細亞提庫斯的手裡經受了一切苦難、一切恥辱，最後再由一個木奇亞努斯和一個瑪爾凱路斯④換掉他們，人是換成新的了，但人品卻沒有什麼改變。

---

①他的生日是公元一五年九月七日或二十九日（參見蘇埃托尼烏斯：《維提里烏斯傳》，第三章）。

②參見本書第一卷，第三十七、四十九章和第二卷，第五十七章。波里克利圖斯和帕特洛比烏斯原是尼祿的兩名被釋奴隸，後來被伽爾巴處死。

③折合本世紀二〇年代的四千多萬美元。本書英譯者莫爾(Moore)認為這個數目可能被誇大了。

④埃普里烏斯·瑪爾凱路斯是一個專門靠幹壞事爬上來的人，他也是維斯帕西亞努斯的得力助手（參見本書第五十三章；塔西佗：《編年史》，第十六卷，第二十八章）。

96 維提里烏斯首先得到的是第三軍團①叛變的消息。這個消息是阿波尼烏斯・撒圖爾尼努斯②在他自己也投到維斯帕西亞努斯的一面去之前，在一封信裡報告給他的。但是面臨著突然變化而心慌意亂的阿波尼烏斯並沒有把全部眞相報告給他，那些阿諛成性的廷臣於是就對這個消息作了並非十分嚴重的解釋。他們說叛變的只有一個軍團，但其餘的軍隊都是對他忠誠的。維提里烏斯本人對士兵的講話也申述了這個意思。他斥責不久以前被解散的近衛軍士兵，指責他們散布毫無根據的謠言，並且說內戰並沒有任何可怕之處；他並沒有提到維斯帕西亞努斯的名字，但是把士兵派到城內各處去箝制人民群衆的談論。這是給謠言火上加油的最好做法。

97 雖然如此，他還是把輔助部隊從日耳曼、不列顚和西班牙諸行省召了來；不過他這時的行動十分遲緩並且試圖作出並非十分急迫的姿態。長官和行省的行動也和他同樣遲緩。霍爾狄奧尼烏斯・佛拉庫斯這時已經不放心巴塔維亞人③，他正在爲他自己可能會遇到的一場戰爭而苦惱著④。維提烏斯・波拉努斯在不列顚從來就沒有得到過全面的平靜⑤，因此他們兩個人都拿不定主意投到哪一面去。兩個西班牙的軍隊也並不忙著離開那裡，因爲當時那裡並沒有委派長官⑥。三個軍團⑦的統帥的權力是相等的，而如果維提里烏斯的事業順利，他們必定會爭先恐後地對他俯首聽命，但在當時的情況下，三個人同樣都不肯出來分擔他

---

①木奇亞努斯的軍團，在美西亞。
②這時他是美西亞的長官。
③他們很快地就在奇維里斯的領導下發動了反羅馬的起義。
④參見本卷第五十七章。
⑤參見本卷第六十五章。
⑥克路維烏斯・路福斯同維提里烏斯在一起而未到任。
⑦指維克特利克斯第六軍團，蓋米納第十軍團和阿德優特里克斯第一軍團。

的厄運。在阿非利加，過去克洛狄烏斯・瑪凱爾徵募的軍團和中隊後來曾被伽爾巴解散①，但他們卻根據維提里烏斯的命令重新取得了軍籍。在這同時，年輕的公民也都熱心地參加了軍隊。原來維提里烏斯在這裡以總督身分進行統治時，他的行爲曾是正直和受到愛戴的；但維斯帕西亞努斯在這裡擔任長官時，他給人的印象卻是惡劣的，並且受到了當地人民的憎恨。聯盟者從過去所得的印象出發，推測他們兩個人在擔任皇帝之後統治的情況將會怎樣。但經驗證明，實際情況和他們的料想恰恰相反。

98 軍團的統帥瓦列里烏斯・費司圖斯開初是衷心支持行省居民的意願的②。但他很快就開始動搖起來；在公開發表的書信和文件當中，他站在維提里烏斯的一面，但是他通過暗中的來往維護維斯帕西亞努斯的利益，這就是說，他準備兩面討好，哪一面取得勝利他就站到哪一面去。派到萊提亞和高盧各行省來的一些士兵和百人團長被逮捕了，在他們身上搜出了維斯帕西亞努斯的書信和文告，這些人被送到維提里烏斯那裡去處死了。不過大多數的使者沒有被逮捕，因爲他們或是被掩護在知心友人的家裡，或是以自己的機智而逃脫了逮捕。這樣一來，人們就得悉維提里烏斯的準備情況，但維斯帕西亞努斯方面的計劃卻大部分還是個秘密。這首先是由於維提里烏斯的愚蠢，其次是由於駐守在潘諾尼亞的阿爾卑斯山③的衛戍部隊封

①參見本書第一卷，第七、十一章。

②瓦列里烏斯・費司圖斯是駐守在阿非利加的第三軍團的統帥，維提里烏斯的親戚，他被派到那裡去顯然是為了監視總督路奇烏斯・披索的。參見本書第四卷，第四十八、四十九章。

③即今天的所謂優利安・阿爾卑斯山(Julian Alps)。它從撒夫河(Save)的河源處開始，東南行穿過伊松佐河(Isonzo)、撒夫河和庫爾帕河(Kulpa)之間到阜姆(Fiume)和達爾馬提亞沿岸的山脈。穿過這一山脈，從阿克維萊阿通向潘諾尼亞的道路，通過阿德爾斯貝爾格山路(Adelsberger Pass)（這是多瑙河和亞得里亞海之間的分水界），從那裡東北行穿過埃蒙納(Aemona)即萊巴赫(Leibach)，再穿過聖奧斯瓦爾德(St. Oswald)附近的特羅伽那山路(Trogana Pass)，從那裡再到佩塔烏(Petau)，即第十三軍團的大本營的所在地。

鎖了使者的通路。此外，這時又正是埃提西亞風①的季節，因此東行的船舶都是順風，但是從東向西的船舶卻是逆風。

99 敵人的迫近和從各個方面傳到他這裡來的可怕的消息終於使維提里烏斯驚惶起來了。他於是下令凱奇納和瓦倫斯作應戰的準備。凱奇納先被派了出去；當時在一場重病之後剛剛痊癒的瓦倫斯則由於體力尚弱而耽擱下來。當日耳曼的軍隊離開羅馬的時候，和他們開入羅馬的時候相比，看起來大不相同了。士兵們沒精打采，毫無熱情；他們隊伍一點也不整齊，行進的速度也很慢，他們拖著自己的武器，乘騎也是垂頭喪氣的樣子。但是忍受不了日光、塵土或暴風雨的軍隊，根本不想去受苦的軍隊，是特別容易發生爭吵的。造成這種局面的另一個因素是來自凱奇納過去的遷就放任和他最近的懶散無爲，因爲過多的好運氣已使他沉溺在奢華的生活之中；也許他這時已經打算叛變，因此故意挫傷自己的軍隊的士氣，作爲他的計劃的一部分。人們普遍相信，佛拉維烏斯・撒比努斯的一番遊說已使凱奇納的忠誠發生了動搖，而從中聯絡的則是盧布里烏斯・伽路斯②。伽路斯曾向凱奇納保證，維斯帕西亞努斯願意答應凱奇納轉到他這一面來所提出的條件。同時人們又向他提醒他對法比烏斯・瓦倫斯的憎恨和嫉妒，而且由於他對維提里烏斯的影響比不上他的對手瓦倫斯，因此人們就勸他向一個新皇帝那裡去尋求恩寵和支持。

100 凱奇納在同維提里烏斯擁抱之後帶著極大的榮譽出發時，他先派出他的一部分騎兵去占領克雷莫納。不久，第一、第四、第十五、第十六軍團的隊伍也跟著出發了。跟在他們後面的是第五、第二十二軍團。

---

①埃提西亞風(etesiae)是在每年最熱的時期七月下半月到八月在愛琴海上颳的一種季節風（西北風）。

②參見本卷第五十一章。在兩個地方，我們看到他都是一個牽線人。

在最後面的是拉帕克斯第二十一軍團和意大利第一軍團以及由不列顛的三個軍團派出的分遣隊伍和精銳的輔助部隊。

在凱奇納出發之後，法比烏斯・瓦倫斯便寫信給他先前①統率過的軍隊，命令他們在途中等候他，他說這是他和凱奇納已經約定好了的。但是手裡掌握了軍隊、因而對瓦倫斯占了優勢的凱奇納，卻揚言計劃業已改變，這樣他們可以以他們的全部力量來迎接戰爭的第一場大仗了。於是軍團就奉命加速推進，一部分開向克雷莫納，一部分開向荷司提里亞②；他本人則藉口要對海軍講話而轉赴拉溫那。但是很快地他就偷偷地溜到帕都亞，安排背叛的條件去了。原來先前只是一名騎兵中隊隊長的路奇里烏斯・巴蘇斯曾被維提里烏斯任命爲拉溫那的艦隊③以及米塞努姆的艦隊④的統帥，但由於他未能很快地取得近衛軍長官的地位，從而對維提里烏斯產生了不應有的憎恨情緒，而現在他卻要用一次可恥的和背叛的復仇行動來發洩這種情緒了。我們無法確定是巴蘇斯拉上了凱奇納，還是像常有的情況那樣，壞人和壞人的氣味相投，因而同一件壞事自然就促使他們狼狽爲奸起來了。

---

①在下日耳曼的時候。

②今天波河左岸的歐司提里亞(Ostiglia)，它位於維羅那以南，曼圖亞(Mantua)東南。從維羅那到波羅尼的道路和從克雷莫納到曼圖亞的波司圖米亞大道(Via Postumia)就在這裡會合。

③亞得里亞海艦隊的駐地。

④地中海艦隊的駐地。維提里烏斯對巴蘇斯的任命已經是破格的了。

101 在佛拉維烏斯家族當政時期①記述了這次戰爭的歷史的當代歷史家②，硬說他們的叛變是由於愛好和平和關心國家的利益，這些歷史家爲了諂媚的目的而捏造了他們的動機。但是在我看來，他們這兩個人，且不說他們生來就是見異思遷的脾氣，以及在背叛了伽爾巴之後，他們把他們自己的榮譽看得一錢不值，他們所以這樣做，一方面是他們在相互間爭風吃醋，另一方面他們又都心懷嫉妒地害怕別人在皇帝面前比他們得到更多的寵信，結果他們就索性連維提里烏斯本人都推翻了。

凱奇納同自己的軍團會合到一起之後，就開始用各種辦法暗中破壞百人團長和士兵對維提里烏斯的不夠堅定的忠誠；巴蘇斯在對海軍進行同樣的挑撥時遇到的困難較少，因爲海軍士兵還沒有忘掉他們不久之前效忠於奧托的事情③，所以他們是不惜改變他們的效忠對象的。

①指維斯帕西亞努斯、提圖斯和多米提安的統治時期。

②他所引用的佛拉維烏斯時期的作家，據我們所知，是克路維烏斯・路福斯、老普利尼（他寫了一部日耳曼戰爭的歷史，並且續寫了奧菲狄烏斯・巴蘇斯的歷史）和維普斯塔努斯・美撒拉（他本人參加過這一戰爭，當時他統率過美西亞的一個軍團，即克勞狄烏斯第七軍團）。除去官方文件和其他史料之外，還有許多作家沒有被他指出名字來。但我們不一定認為這三個作家就是被他認為「為了諂媚的目而捏造了他們的動機」（見本章正文）的人物。因為美撒拉就是他所欽佩的並且被他列為他的《對話錄》的登場人物之一。老普利尼也是他所敬佩的前輩。

③參見本卷第十二章以次。

第三卷

1 ①佛拉維烏斯方面的統帥們這時正在以較順利的命運和較大的忠誠計劃著他們的戰役。他們都已集合在波埃托維奧②這個地方，這裡是第十三軍團③的冬營的所在地。在這裡，他們討論他們是否應當守住潘諾尼亞的阿爾卑斯山的各個山口，直到他們的全部兵力都得以在他們的後方徵集起來的時候；還是採取比較大膽的辦法，即立刻向敵人發動攻擊，同他們爭奪意大利的統治權。一部分人主張等待輔助部隊和拖延戰爭，他們著重指出了日耳曼軍團④的實力和聲譽，並且提出這樣一個論據來，這就是：不列顛軍隊的精華最近也到了維提里烏斯那裡⑤。他們還指出說，他們這方面的軍團數目比較少，而充其量也不過是不久

①這時是公元六九年年底（大概是十月）。
②司提利亞(Styria)地方德拉維(Drave)河畔的佩塔烏(Pettau)。
③這個軍團原屬奧托，貝德里亞庫姆之役之後被用來從事修建工作（參見本書第二卷，第六十七章），隨後即被調至潘諾尼亞的冬營。
④維提里烏斯的在貝德里亞庫姆的軍隊的主力，參見本書第一卷，第六十七章；第二卷，第五十七章。
⑤參見本書第二卷，第五十七章。從不列顛前來的有八千人。

之前被打敗的軍團①；儘管這些士兵講起話來口氣都很勇敢，但是被打敗的人的勇氣總是要差一些。他們說，如果在這個時候他們守住了阿爾卑斯山，木奇亞努斯是會帶著軍隊從東方趕來的；維斯帕西亞努斯在這之外還全面控制著海洋和他的艦隊，他可以指望各行省的熱情支持，通過它們的幫助，他可以掀起幾乎是另一場戰爭的風暴。因此他們說，拖延對他們有好處，新的軍隊會加入他們的一面，而且他們這樣做也不會失去他們現在的任何有利之處。

2 在回答這種說法時，最熱心主張作戰的安托尼烏斯・普利姆斯②說，快速行動對他們有好處，對維提里烏斯卻是極其有害的。他說：「勝利的一方容易產生怠惰而不是什麼信心，因爲他們的士兵並沒有被限制在軍營裡，而一直是在意大利的所有各個自治市遊蕩；害怕他們的只是接待他們的主人而已。他們過去表現得何等野蠻殘暴，他們現在也就何等貪婪地沉溺在他們新近嘗到的享樂裡。賽馬場、劇場和羅馬的各種享樂削弱了他們的力量，同時疾病也已把他們折磨得毫無生氣了。但是，如果給他們時間的話，他們就會通過戰爭的準備而恢復他們的力量；作爲他們的力量的源泉的日耳曼並不遠；不列顛和它相隔只有一道海峽；高盧和西班牙行省也近在眼前；從這兩個地方他們可以取得人員、馬匹和稅收；意大利本土和羅馬的財富也在他們手裡；如果他們想發動進攻的話，他們擁有兩支艦隊③，而且伊里利亞海對他們是開放的。在那樣的情況下，山脈的屏障對我們有什麼用處呢？把戰爭拖到第二年的夏天，那對我們有什麼好處呢？在這個時候，我們又到什麼地方去尋找金錢和給養呢？讓我們還是利用這樣一件事實吧，這就是：與

①指貝德里亞庫姆一役。參見本書第二卷，第四十一～四十五章。

②伽爾巴第七軍團的統帥。參見本書第二卷，第八十六章。

③指駐守在米塞努姆和拉溫那的兩支艦隊。

其說被戰敗無寧說受了欺騙的潘諾尼亞軍團①迫不及待地想進行報復；而且美西亞的軍隊也貢獻出了他們的完整無損的力量。如果我們計算一下士兵的數目而不是軍團的數目的話，我們就可以看到，我們這一面的實力更大一些，而且沒有放蕩的行徑。貝德里亞庫姆的失敗雖然可恥，但這卻有助於加強我們的紀律。再者，甚至當時我們的騎兵也沒有被戰敗，儘管戰爭失敗了，但他們依舊衝破了維提里烏斯的陣線②。在那一天裡，潘諾尼亞和美西亞的兩個騎兵中隊衝入了敵人的陣地；現在則是十六個騎兵中隊結合在一起進攻。單是他們的騷鬧的聲音和他們進攻時所揚起的一團煙塵，就足以壓倒和埋葬掉敵人的騎兵和馬匹，因爲他們已經忘掉什麼是一場戰鬥了。除非有人限制我這樣做，否則我既然提出了這樣的建議，我就會也這樣做。你們這些還沒有確定自己最後命運的人，如果願意的話，就把你們的軍團按住不放吧。但對我來說，給我一些輕武裝的步兵中隊就夠了。不久之後，你們就會聽到，意大利的大門已經打開了，維提里烏斯的統治被推翻了。那時你們所能做的也只能是高高興興地跟隨著勝利者，踏著他的腳步前進罷了。」

3 以上就是他的發言的主要內容。他講話的時候發出閃閃的目光，聲調也十分激昂，以便使更多的人都能聽到（因爲這時百人團長們和一些普通士兵已經走進會場），結果他的發言甚至感動了那些小心謹慎的人物，而所有其餘的大群人則責備其他軍官的怯懦無爲，而稱頌他爲唯一的好漢、唯一能幹的將領。在前一次會議上，當人們宣讀了維斯帕西亞努斯的一封信之後他發言時，他就已經取得這樣的聲譽了③。因爲他發言時不像別人那樣專講模稜兩可的話（這種話可以爲著講話者自己的利益對維斯帕西亞努斯的話作

①參見本書第二卷，第四十二章。
②參見本書第二卷，第四十一章。
③參見本書第二卷，第八十二章。

出這樣或那樣的解釋）。他的話表明他公開站在維斯帕西亞努斯的一面，因此他的話在士兵中間就比較有分量，因爲現在他不是他們犯罪的同謀者，就是同他們分享光榮的人。

4 在普利姆斯之外，影響最大的人物就是代理官科爾涅里烏斯・富斯庫斯①了。他也經常激烈攻擊維提里烏斯，因此一旦事情失敗，他是絕對難以倖免的。由於性格和年齡的影響而採取比較觀望的態度的塔姆皮烏斯・佛拉維亞努斯②引起了士兵的懷疑，他們以爲他還沒有忘掉他和維提里烏斯的親屬關係。此外，由於在軍團剛一活動時他就逃掉而後來又自己回來，因此軍隊就認爲他有背叛的意圖③。這種懷疑是有一定道理的，因爲佛拉維亞努斯曾離開了潘諾尼亞而退到意大利去，但在那裡沒有被捲入事變；而後來他那希望變革的願望又迫使他重新擔起了長官的職位並插手到內戰中來。科爾涅里烏斯・富斯庫斯勸他採取當前的這樣一個步驟，並不是因爲他需要佛拉維亞努斯的幫助，而是因爲他想藉他的執政官的名望給他那當時正在出現的一派增加聲譽和威望。

5 爲了能夠安全而又有利地進入意大利，人們寫信給阿波尼烏斯・撒圖爾尼努斯④，要他率領當時在美西亞的軍隊趕快地行動起來。爲了不使各行省在防務空虛時受到蠻族的侵襲，撒爾瑪提亞的雅澤吉斯人⑤的酋長們奉召率部前來參加軍隊⑥。這些酋長還想提供他們的人民和他們的騎兵，而騎兵乃是他們唯一

①參見本書第二卷，第八十六章。
②他是潘諾尼亞的長官。
③這裡的背叛自然指對維斯帕西亞努斯的背叛。
④他是美西亞的長官。
⑤居住在多瑙河和泰斯河(Theiss)之間的一個民族。參見本書第一卷，第七十九章。
⑥他們是為了保證他們民族對羅馬人的友好而以人質的身分留在羅馬人一方面的。

的精銳力量。但是這一建議被回絕了，因爲人們擔心在內戰當中他們會採取某種敵對的行動，而如果對方提出更豐厚的報酬時，他們是會把任何公道和正義拋到一邊的。繼而維斯帕西亞努斯派的軍官又把蘇埃比人的國王西多①和意大利庫斯②拉到他們的一面來，蘇埃比人的這兩個領袖很久以來就忠於羅馬人，他們率領的人民更想繼續效忠於羅馬而不願接受別人的命令③。他們用輔助部隊保衛他們的側面，因爲萊提亞是敵視維斯帕西亞努斯派的，而它的代理官波爾奇烏斯·謝普提米烏斯又是堅定不移地效忠於維提里烏斯的④。正因爲如此，塞克司提里烏斯·費里克斯⑤奉命率領奧里烏斯騎兵中隊⑥和八個步兵中隊去占領伊恩河的沿岸地帶（伊恩河就流在萊提亞和諾里庫姆之間）。雙方都無意於展開戰鬥，雙方的命運是在別的地方決定的。

6 當安托尼烏斯·普利姆斯⑦帶著中隊的一些隊伍和一部分騎兵匆匆行進、去進攻意大利的時候，伴

---

①萬尼烏斯的侄子，公元一九年提貝里烏斯使萬尼烏斯擔任多瑙河左岸瑪路斯河和庫蘇河之間地區的國王，但西多和他的兄弟趕跑了萬尼烏斯，分割了他的王國。參見塔西佗：《編年史》，第十二卷，第二十九、三十章。

②他可能是西多的侄子，但他同塔西佗《編年史》第十一卷第十六章中所說的那一同名的凱路斯奇人不是一人。

③這些蘇埃比人公元一九年被提貝里烏斯的兒子、小杜路蘇斯·凱撒移居到多瑙河以北、馬爾赫河(March)和瓦格河之間的地方。

④萊提亞位於諾里庫姆以西和意大利以北，這樣維斯帕西亞努斯一派必須保衛他們的右側，以免受到謝普提米烏斯可能發動的攻擊。

⑤參見本書第四卷，第七十章。

⑥即西班牙第一騎兵隊，可能在萊提亞。

⑦他在這時是駐守在潘諾尼亞的伽爾巴第七軍團的統帥。參見本書第二卷，第八十六章；塔西佗：《編年史》，第十四卷，第四十章；蘇埃托尼烏斯：《維提里烏斯傳》，第十八章。

隨著他的有阿里烏斯・伐魯斯①，這是一個勇猛的戰士，他由於曾在科爾布羅麾下服役和在亞美尼亞的勝利而提高了聲名。根據一般的說法，正是這個伐魯斯在同尼祿密談的時候，曾對科爾布羅的高尚的品格進行了嚴重的攻訐。他便通過這一手法，作爲可恥行爲的報酬而取得了主力百人團長的地位；這一不義之行的報酬當時雖然使他高興，後來卻斷送了他的性命。但安托尼烏斯和伐魯斯占領了阿克維萊阿，繼而在相鄰的各地區行軍時，又受到了歐皮特爾吉烏姆②和阿爾提努姆③兩地人民的歡迎。有一支軍隊被留在阿爾提努姆，用以防止拉溫那的海軍方面有什麼不逞的企圖，因爲在這之前他們還不知道海軍已經叛變的消息。後來他們又把帕都亞和阿提斯特④拉到他們的一面來。在阿提斯特，他們聽說維提里烏斯的軍隊的三個中隊和他的賽波蘇斯騎兵中隊已經占領了佛路姆・阿里耶尼⑤，並且在那裡的河上架了一座橋。普利姆斯和伐魯斯判定這是向維提里烏斯派發動進攻的一個好機會，因爲這時他們是毫無防備的；原來關於這一情況也已有了情報。

在天剛亮的時候，他們斬殺了對方許多手無寸鐵的人。人們向他們建議，只要他們斬殺少數人，他們就可以迫使其餘的人由於害怕而改變他們的效忠對象；有一些人立刻投降了。但是大部分的人卻毀壞了橋，這樣就由於切斷道路而阻擋了他們的敵人的向前推進。戰役開始時對維斯帕西亞努斯是有利的。

①參見塔西佗：《編年史》，第十三卷，第九章。他曾在科爾布羅麾下對帕爾提亞人作戰。
②今天的奧德爾佐(Oderzo)。
③今天的阿爾提諾(Altino)，從阿克維萊阿到帕都亞的道路就通過這裡。
④今天的埃斯特(Este)。
⑤即今天的萊尼亞哥(Legnago)，橋下的河流大概是阿迪杰河(Adige)（參見亨德遜：《羅馬帝國的內戰和叛亂》〔Henderson: Civil War and Rebellion in the Roman Empire〕，第一七〇、一七一、一八五、一八七頁）。

7 當外面傳開這次勝利的消息時，兩個軍團，伽爾巴第七軍團和蓋米納第十軍團便在它們的統帥維狄烏斯・阿克維拉的率領下全速向帕都亞推進。他們在那裡休整了幾天。在這期間，第七軍團的營帥米尼奇烏斯・優斯圖斯由於士兵們的憤怒而被調回到維斯帕西亞努斯那裡去，因爲他的紀律對內戰來說是有些過分嚴厲了。當安托尼烏斯下令，在所有的城市裡，在混亂時期被摧毀的伽爾巴像應重新受到尊崇的時候，這一渴望已久的行動現在受到了歡迎，並且被加上了過分帶有討好味道的解釋。但他的眞正動機卻是：他相信，如果這一行動被認爲是同意伽爾巴的統治和他的一派的復興的話，那麼這是會提高維斯帕西亞努斯一派的身價的。

8 於是維斯帕西亞努斯一派的統帥們便考慮他們應當選擇哪個地方作爲作戰的地點。他們選定的地方是維羅納，因爲在那裡的附近有適於他們的主力，即騎兵部隊作戰的開闊的平原地帶，同時把這樣一個防守堅強的移民地從維提里烏斯手中奪過來，看來可能是有利於他們自己的事業和聲譽的。當他們進軍的時候，他們占領了維凱提亞①。維凱提亞並不是個富有的城市，因此占領這座城市這件事本身並不是什麼了不起事件，但是這座城市的占領在一部分人眼裡看起來卻具有重大的意義，因爲這些人認爲這裡是凱奇納的故鄉，而且敵人的統帥親眼看到自己的故鄉被對方占領了。不過維羅納的攻占卻是眞正勝利：這裡的居民的範例和他們的財富是很有用處的，而且軍隊在萊提亞和優利烏斯・阿爾卑斯山之間的陣地在那裡封鎖了從日耳曼開來的軍隊的進入。②維斯帕西亞努斯並不知道這一切活動，甚或他曾禁止過這一切活動。他下令他的軍隊不要把戰爭行動擴大到阿克維萊阿以外的地方去，而應當在那裡等候木奇亞努斯；他還對他

①今天的維琴察(Vicenza)。
②通過布倫納山路(Brenner Pass)。

的命令作了相應的說明。他指出，由於埃及在他們手裡，從而控制了意大利的糧食供應，而且他們還掌握了最富有的幾個行省①的收入，因此維提里烏斯的軍隊會由於沒有金錢和糧食而被迫投降的。木奇亞努斯的來信也常常提醒這一點，他這樣做的理由是他希望取得一次不流血的、不致造成悲慘後果的勝利；實際上他是渴望取得個人的榮譽，並且想自己獨享戰爭的全部光榮。不過雙方的距離太遠了，命令到來時，事情已經做出來了。

9 於是，安托尼烏斯突然對敵人的前哨發動了進攻。但是在通過小小的接觸試探了敵人的勇氣之後，他就在雙方都未取勝的情況下撤回了自己的軍隊。不久，凱奇納就在維羅納地區的一座小村莊荷司提里亞②和塔爾塔路斯河③的沼地之間建立了營地。他在這裡受到了自然地勢的保護，因爲他的後方有河流爲屏障，而他的兩側則有沼地保護著。如果他對維提里烏斯是忠誠的話，他本來是可以利用維提里烏斯派的聯合力量摧毀維羅納的兩個軍團④的，因爲這些軍團還沒有同美西亞方面的軍隊聯合起來；至少他也可以把他們趕回去，使他們可恥地逃出意大利。但實際上，由於多方拖延，他把戰役的最初的一些有利時機給了敵人，卻把時間耗費在寫信上面，責備那些他本來能夠輕易地用他自己的武力打退的人，直到最後他通過自己的使者講妥了他自己的背叛條件爲止。

就在這時，阿波尼烏斯·撒圖爾尼努斯帶著第七軍團或克勞狄烏斯軍團來到了⑤。統率這個軍團的是

①這裡指埃及、敘利亞和亞細亞三個行省。
②今天的奧司蒂里亞(Ostiglia)。
③今天的塔爾塔羅河(Tartaro)。
④伽爾巴第七軍團和蓋米納第十三軍團。
⑤來自美西亞。參見本卷第五章。

一位將領①維普斯塔努斯・美撒拉②，他是個出身顯赫家族而且本人也很著名的人物。實在說，只有他一個人在作戰時還有一些爭取光榮的意圖。凱奇納現在就寫信給這些軍隊——他們實際上根本不是維提里烏斯的軍隊的對手，因爲到這時爲止只有三個軍團集中在維羅納——責備他們在失敗之後這樣輕率地又拿起武器來。同時他又稱讚日耳曼軍隊的勇氣，但是只順便稍微地提一提維提里烏斯，對維斯帕西亞努斯也沒有一句貶詞；而且他沒有說一句其意在於爭取或是恐嚇他的敵人的話。佛拉維烏斯派的領袖們在回信中並沒有爲他們過去的不幸遭遇辯解，只是勇敢地爲維斯帕西亞努斯講話。他們表現了對自己事業的信心，深信他們軍隊的安全；他們攻擊維提里烏斯就好像他是他們的私人仇敵似的，而且他們使軍團的將領們和百人團長們有理由希望自己可以繼續享有維提里烏斯許給過他們的那樣的縱容。他們十分明確地慫恿凱奇納本人轉到他們的一面來。佛拉維烏斯派的將領把這封信在大會上向士兵們當衆宣讀，這樣就激起了他們的士兵的更大信心，原來凱奇納的信的口氣是很謙抑的，就好像害怕得罪維斯帕西亞努斯似的，但是他們的將領的信裡卻是藐視對方的口吻，而且顯然是想侮辱維提里烏斯的。

10 隨後又來了兩個軍團：一個是狄里烏斯・阿波尼亞努斯統率的第三軍團，一個是努米西烏斯・路普斯統率的第八軍團。佛拉維烏斯派現在決定顯示他們的力量並且用一道壁壘把維羅納包圍起來。分配給伽爾巴軍團的任務，恰巧是修築面對著敵人的那部分防線的工事；他們看到遠處的某些聯盟的騎兵就驚惶起來，因爲他們以爲敵人已經向他們這面來了。他們拿起了武器，因爲他們以爲他們已經被出賣。士兵們的

---

①因為軍團的副帥特提烏斯・優利亞努斯已經逃跑了。參見本書第二卷，第八十五章。

②維普斯塔努斯・美撒拉曾為這一戰爭寫了一部歷史，而塔西佗就曾利用它作為他自己的著作的參考書（參見本書第三卷，第二十五、二十八章）；他又是塔西佗的《對話錄》中的主要人物之一。

怒氣結果發洩到塔姆皮烏斯·佛拉維亞努斯①身上，雖然他們並不能發現他的一絲一毫的罪狀。但是軍隊卻早已就憎恨他，並且現在在一陣盛怒中便要求處死他了。他們高呼說，他是維提里烏斯的親戚，他出賣了奧托並且侵吞了本來打算賜給他們的金錢。佛拉維亞努斯沒有給自己辯解的機會，儘管他舉起了懇求的雙手，不斷地匍匐在地上，撕破自己的外袍，一面流著眼淚，哽咽得連氣也喘不上來。這些舉動反而加強了士兵們的憤怒情緒，因爲他們把他的這種過度恐懼看成是一種罪證。當阿波尼烏斯②開始講話的時候，士兵們用叫喊聲打斷了他。他們用嘲罵聲和咆哮聲表示他們對其他統帥的蔑視。只有安托尼烏斯的話士兵們還願意聽，因爲他有口才，有威信，並且有本領使人群安靜下來。當他看到兵變的力量越來越大，而士兵們眼看就要從斥責和侮辱的詞句轉而動用武力的時候，他便下令把佛拉維亞努斯加上鐐銬。但是軍隊士兵看出了這是一種計謀，於是他們就推開了守衛座壇的人們，準備使用暴力殘殺手段。安托尼烏斯於是抽出劍來，對著自己的胸口說，他或者死在士兵手裡，或者自殺了事；同時他又稱名道姓地叫他看到的每一個他自己認識的士兵或是帶有某種戰功標記的士兵來幫他的忙。接著他又轉向軍旗和戰神，③請他們最好是促使這種瘋狂行動和這種內部的糾紛發生在敵人的軍隊裡吧。這次兵變終於慢慢平息下來，而當這天快要結束的時候，士兵們便溜了開去，返回了自己的營地。就在這一夜裡，佛拉維亞努斯離開了營地，但是他在途中接到了維斯帕西亞努斯的一封信，這封信使他擺脫了危險④。

---

①潘諾尼亞的長官。參見本卷第四章。

②阿波尼烏斯·撒圖爾尼努斯是美西亞的長官（參見本書第二卷，第八十五章；第三卷，第五章），他當然要出頭講話，但是起不了作用。

③軍旗被認為是神聖的，因而在大本營裡它們是和神像一道保存在一種聖龕裡面的。

④維斯帕西亞努斯的這封信洗刷了佛拉維亞努斯對他不忠的任何罪名。

11 於是軍團就像得了瘋病那樣地攻擊美西亞方面軍隊的統帥阿波尼烏斯・撒圖爾尼努斯。他們所以更加猛烈地攻擊他，是因爲他們並不像先前那樣爲苛重的勞役搞得疲憊不堪，而到了中午，當人們把被認爲是撒圖爾尼努斯寫給維提里烏斯的一些信①公布出來的時候，他們的憤怒情緒就突然爆發了。在過去，士兵相互比試的是勇敢和高度的紀律，但目前他們卻拚命想在驕橫和無恥方面爭勝了，因爲他們在要求懲處阿波尼烏斯時並不比在要求懲處佛拉維亞努斯時表現得更緩和些。美西亞的軍團並沒有忘記，他們過去曾支持過潘諾尼亞的軍隊所進行的報復行動，而潘諾尼亞的軍隊看到別的軍隊的兵變彷佛已洗刷了他們的罪過，因此也就樂於重複自己的錯誤了。他們趕到撒圖爾尼努斯本營所在的花園來。普利姆斯、阿波尼亞努斯和美撒拉雖然盡了一切力量挽救撒圖爾尼努斯，但是效果不大，使他得救的是他藏身於一個很難被發覺的地點。原來他藏到一座恰好被廢棄不用的浴池的爐灶裡面去。不久之後他就遣散了侍從人員，自己逃到帕都亞去了。既然執政官級的人物②都走掉了，對兩支軍隊③的全部統率大權就轉到安托尼烏斯一個人的手裡了，因爲他的同僚都讓他，而士兵也只有對他一個人還算是尊重的。有些人認爲兩次兵變都是他叛變性地鼓動起來的，目的則在於只使他自己能夠從戰爭中獲取利益。

按佛拉維烏斯派有五個軍團：伽爾巴第七軍團，蓋米納第十三軍團，克勞狄烏斯第七軍團，第三軍團，第八軍團。維提里烏斯派有八個軍團：拉帕克斯第二十一軍團，意大利第一軍團（在克雷莫納），日耳曼第一軍團，第四、五、十五、十六、二十二軍團和第二、九、二十軍團的分隊(vexillarii)（在荷司提里亞）。

①他曾把第三軍團的叛變通知了維提里烏斯（參見本書第二卷，第九十五章）。

②這裡指佛拉維亞努斯和阿波尼烏斯。

③指美西亞和潘諾尼亞的軍隊。

12 在維提里烏斯這一方面，人們的心情也不是安定的①。不過他們的痛苦來自更加致命的不和，這種不和不是由於普通士兵的懷疑，而是由於統帥們的叛變造成的。拉溫那的艦隊長官路奇里烏斯·巴蘇斯利用他手下士兵優柔寡斷的情緒把他們爭取到自己的一面來，因爲他們中間的大多數都來自當時由維斯帕西亞努斯所控制的達爾馬提亞行省和潘諾尼亞行省。黑夜被選定來執行叛變計劃，爲的是同謀者本身能夠背著別的人單獨在大本營聚會。巴蘇斯在自己家裡等候事情的結果，他這樣做或是因爲自己感到可恥，或是心裡害怕。三層槳戰船的船長們高聲呼嘯著向著維提里烏斯的像發動了進攻，而在那些反抗的人們中間的一些人被殺死之後，其他的那些渴望變革的人群便開始轉到維斯帕西亞努斯的一面來了。直到這時，路奇里烏斯才出現，公開表示自己是事變的發動者。但是艦隊推選火速趕到拉溫那來的科爾涅里烏斯·富斯庫斯②爲他們的長官。巴蘇斯在一些輕型船舶和一支榮譽衛隊的衛護下被送到了亞得里亞③。他被在亞得里亞負守衛之責的騎兵長官維本尼烏斯·路菲努斯加上了鐐銬；但是由於維斯帕西亞努斯的一名被釋奴隸霍爾姆斯的干預，他立刻被釋放了。霍爾姆斯也被認爲是佛拉維烏斯派的領袖人物之一。

13 凱奇納一得到艦隊叛變的消息，立刻就把他的大部分軍隊派出去執行各項軍事任務，然後利用空下來的營地，把主力百人團長和一些普通士兵召到大本營來。他在那裡竭力稱讚維斯帕西亞努斯的勇氣和他的一派的力量。他說：「海軍已經叛變了，我們的給養情況很緊張，高盧和西班牙行省對我們是敵視的，而且我們也不能對羅馬有任何指望。」他提到的有關維提里烏斯的一切，都是對他事業的貶損。當在場的

①作者在這裡是接著本書第二卷末尾敘述的。
②參見本書第二卷，第八十六章。
③今天的阿特里(Atri)：普利尼說，亞得里亞海就是因這一城市而得名的。

大多數人對這種突如其來的改變還感到茫然的時候，他便要他們對維斯帕西亞努斯宣誓效忠，而事先參與了他的計劃的那些人首先就宣誓了。同時他們又搗毀了維提里烏斯的像，並且派遣一個使團把他們所做的事情報告給安托尼烏斯。但是當叛變的消息爲整個軍營所知悉的時候，士兵們便跑到大本營去，在那裡他們發現軍旗上已經有了維斯帕西亞努斯的名字，而維提里烏斯的像則被搗碎了。在開頭的時候，大家什麼話都不講，但隨後全部怒氣就爆發出來了。他們喊道：「日耳曼的軍隊的光榮難道墮落到這樣的地步，乃至不經過一場戰鬥，不負一次傷，他們就叫別人把自己的雙手銬起來，就把自己的武器交給敵人嗎？反對我們的軍團是些什麼樣的軍團啊？是被我們打敗的軍團啊！而且奧托軍隊的主力，即第一和第十四軍團又不在這裡①。而且這兩個軍團也是被我們在同一個戰場上②打敗了的。難道這成千上萬的武裝士兵就被交到那個亡命徒安托尼烏斯的手裡③，就彷彿我們是一群準備被出售的奴隸似的？毫無疑問，八個軍團是投到一支不成樣子的艦隊那邊去了！巴蘇斯和凱奇納在奪走了皇帝的宮殿、花園和財富之後，現在又決定把他的士兵也奪走了。如果我們不負傷，不流血，那麼甚至在佛拉維烏斯派的眼裡我們也是不值錢的，而且對於那些問起我們的勝負情況的人，我們將怎麼回答呢？」

14 人人都感到義憤填膺，他們時而個別地、時而全體一致地大聲地說出這樣的話。通過第五軍團的帶頭，他們把維提里烏斯的像重新立了起來，給凱奇納加上了鐐銬。他們推選第五軍團的副帥法比烏斯·法

①第一軍團在西班牙（參見本書第二卷，第四十三、六十七章）；第十四軍團在不列顛（參見本書第二卷，第四十三、六十六章）。

②指貝德里亞庫姆平原。

③參見本書第二卷，第八十六章。

布路斯和營帥卡西烏斯・隆古斯為他們的統帥。恰巧這些士兵遇到了從三艘輕型艦船上來的海軍士兵，而儘管這些海軍不知道或是不曾參預已經發生的事情，但他們還是被憤怒的軍團士兵殺死了。他們離開他們的營地①的時候，摧毀了橋梁，並且匆忙地趕回到荷司提里亞去，從那裡又到克雷莫納，同被凱奇納派出去偕同一部分騎兵去攻占該城的兩個軍團會合。這兩個軍團就是意大利第一軍團和拉帕克斯第二十一軍團②。

15 安托尼烏斯聽到這個消息，便決定進攻他的敵人的軍隊，因為他們這時還沒有一致的目標，而且他們的兵力也還是分散的。他決定不給敵方的領導人以時間恢復他們的威信，不給敵方的軍隊以時間恢復他們的服從精神，不給敵方的軍團以時間取得那種只有當他們再一次團結起來時才能感到的信心。因為他推想法比烏斯・瓦倫斯已經離開了羅馬，瓦倫斯在聽到凱奇納的叛變消息時會全速趕來；而且在實際上，瓦倫斯忠於維提里烏斯，也是有作戰經驗的。與此同時，安托尼烏斯還害怕日耳曼人會通過萊提亞發動一次大規模的進攻③。此外，維提里烏斯還從不列顛、高盧和西班牙召來了輔助部隊；如果正是擔心這一點的安托尼烏斯不加速作戰而在他們到來之前取得勝利的話，則這些輔助部隊在戰爭中定會給他們造成極大的災難。現在他率領著他的全部軍隊在兩天裡從維羅納向貝德里亞庫姆推進④。第二天，他一方面要軍團士兵加強他的陣地，同時又把他的輔助步兵中隊派到克雷莫納周邊的地區去，要他們嘗一嘗打劫普通公民的味道，雖然，在表面上，他的藉口是要士兵去取得給養。安托尼烏斯本人則率領著四千名騎兵到貝德里亞

①營地建立在荷司提里亞附近，位於塔爾塔路斯河左岸。
②參見本書第二卷，第一〇〇章。
③維提里烏斯可以從忠於他的日耳曼得到大批輔助部隊。參見本卷第三十五章。
④這段距離約三十多英里。

庫姆八英里以外的地方去①，這樣他們便可以更加自由地進行掠奪了。他的偵察兵照例是到離營地更遠的地方去偵察這一帶敵人的活動。

16 大概在白天第五個時辰的時候②，一名騎兵火速地奔馳而來並報告說，敵人正在迫近。他還說在主力前面有一小批前鋒部隊，但是在很大的一片地區上都可以聽到他們前進的聲音和人聲。正當安托尼烏斯在考慮應採取什麼對策的時候，急於立大功的阿里烏斯・伐魯斯卻率領最勇敢的騎兵衝到前面去，把維提里烏斯派的士兵趕了回去；但是他卻使對方只受到很小的損失，因爲當後面更多的敵軍開到的時候，戰爭的局勢就發生了逆轉，而那些一直在最猛烈地追擊維提里烏斯派士兵的人們現在卻在最後才退了回來③。安托尼烏斯並不希望發動這次倉卒的進攻，而且這次進攻的實際結果也完全是他事先料到了的。現在他鼓動他的士兵全力奮勇作戰，並把他的那些騎兵中隊撤到兩翼去，這樣便在中間留出了一條通路以便接納伐魯斯和他的騎兵。他下令軍團拿起武器來，並在戰場上發出信號給自己的士兵，要他們放掉自己的擄獲物而迅速組成戰鬥的隊列，每個人都要集合到離自己最近的隊伍中去。與此同時，伐魯斯驚惶地返回他的同伴的主力隊伍中來，並且給他們帶來了自己的恐怖情緒。被迫逃回的士兵們——不拘是未受傷的還是受傷的——造成了一片混亂，因爲他們驚惶萬狀，而道路又太狹窄了。

17 在這種驚恐情緒當中，安托尼烏斯並沒有忘掉一位果斷的統帥或一個勇敢的軍人應盡的職責。他跑到那些被嚇壞了的人那裡去，擋住了那些正在逃跑的人；哪裡有最大的危險，哪裡還有一些希望，他就在

---

①這樣離克雷莫納就有十二英里了。

②羅馬人習慣把每日從日出到日落的全部時間平均分成十二時辰，這一天的第五個時辰約略相當於早上十一點。

③這是說，最熱心進攻的人在最前面，所以退卻時自然落到後面；有人認為他們因為急於殺敵，所以不肯輕易退卻。

哪裡通過他的命令、他的具體行動和他的鼓勵言語而使敵人看到了自己，並引起自己方面士兵的注意。最後，他的情緒竟而激昂到這種程度，以致他用槍刺穿了一個正在逃跑的旗手，隨後就把旗子抓了過來，打著它向著敵人衝去了。總數不超過一百人的一批騎兵在統帥的英勇行動的感召之下，感到了自己的逃跑的可恥，因此他們便繼續堅持抗擊敵人。戰鬥地點的形勢對他們是有利的，因爲這裡的道路比較狹窄，而且架在橫阻在路上的一條河流——河流還不知道有多麼深，而且它的兩岸又是陡峭的，這就使得人們難以逃跑——上面的橋梁也被摧毁了。正是這種迫不得已的情況或者說好運氣，使得差不多已經失敗了的一方的命運得到扭轉。軍隊重新組成了嚴整的隊列，這樣來迎擊毫無秩序地進攻的維提里烏斯派的士兵，結果就迫使對方在混亂中敗退下去了。安托尼烏斯追擊那些驚惶失措的人，斬殺那些反抗的人，而他麾下的其他軍隊則各自按照他們自己的性格，打劫死者身上的物品，捉拿俘虜或是把武器和馬匹帶走。方才還在開闊的平原上逃跑的士兵，他們也被成功的歡呼聲所吸引，並參加到這一勝利的戰鬥中來了。

18 在離開克雷莫納四英里的地方，人們突然看到了拉帕克斯軍團和意大利軍團的軍旗的閃光；原來他們是因爲聽到他們的騎兵起初取得的勝利才趕到了這個地點來的。但是當形勢變得對他們不利的時候，他們並沒有拉開他們的戰線來接應逃跑的士兵，也沒有主動向前進攻他們的敵人，儘管他們的敵人這時由於進攻了很長一段路和由於戰鬥而筋疲力盡了。在順利的時候，他們從來不感到領袖的重要，但是在逆境裡自己不能掌握命運的時候，他們才看到他們需要一位能幹的領袖。正當他們的隊伍徘徊觀望的時候，敵人的勝利的騎兵突然發動了進攻；軍團的將領維普斯塔努斯·美撒拉①也率領著美西亞方面的一部分輔助部

①參見本卷第九、十一章。

隊趕來了，而儘管他們進軍的速度很快，還是有許多軍團士兵跟上了他們；這樣佛拉維烏斯方面的步兵和騎兵的聯合兵力便突破了兩個軍團的戰線。他們指望著逃到附近的維羅納城裡去，所以也就沒有很大的抵抗的勇氣了。不過安托尼烏斯卻也沒有再追下去，因爲他看到他的士兵已經筋疲力盡了。在這樣一場經過長時期的反覆之後才最後取得勝利的戰鬥當中，他們奮力作戰疲乏已極，而且騎兵和馬匹都負傷了。

19 黃昏時分，佛拉維烏斯方面的大批軍隊都開來了。他們從積屍累累的戰場——在這裡發生過的一場血腥戰鬥的標記還歷歷在目——上面開過去的時候，以爲戰爭已經過去了，因此他們要求繼續前進，開到克雷莫納去接受戰敗的敵軍的投降，如不投降即對城市發動猛烈的進攻。在公開的場合下他們是這樣講的，這當然是很漂亮的話；但是每個人心裡的想法卻是，位於平原地帶的移民地是可以通過猛攻的辦法攻克的。在黑夜裡攻進去並不會影響他們的勇氣，但是他們卻能夠更加放手地進行劫掠。可是如果他們等到天明，敵人就立刻會發出呼籲並要求和平，這樣一來，普通士兵的勞苦和負傷所取得的代價就只不過是仁慈和光榮這類空頭獎賞，而克雷莫納的財富卻只會塡滿長官和統帥們的腰包。他們說：「如果一個城市是被攻克的，它的擄獲物就總是會落到士兵手裡，如果它是投降的，擄獲物就要落到軍官手裡了。」他們很藐視他們的百人團長和軍團的將領，他們把他們的武器弄出一片丁當響聲，以便不聽任何人的講話，如果軍官們不率領他們去進攻的話，他們就準備抗命。

20 於是安托尼烏斯就到隊伍裡面來。當他的出現和他的威望使得士兵們安靜下來的時候，他就向士兵講了如下的話：「我不想從士兵們手裡奪走你們完全理應取得的榮譽或報酬，但是在士兵和統帥之間職責是不同的。士兵的責任是奮勇作戰，而統帥則必須以遠見、計劃、通常是延緩而不是草率的行動來協助他們。我在利用我的武器和我個人的努力以取得勝利方面已充分地盡了我的責任，因此現在我就想用明智的意見來幫

助你們，因爲提供這種明智的意見乃是一位領袖人物應有的品質。要知道，我們的面前無疑存在著各種障礙——黑夜，這座生疏的城市的地勢，還有這樣一件事實：敵人在城裡面，他們有一切方便對我們進行伏擊。即使城門是敞開的，我們也不應當進去，除非是我們對它進行過偵察或是在白天的時候。還有一點，你們完全不曉得哪裡是平地，城牆有多麼高，應當利用發射器械和武器進攻，還是應當利用圍城工事和保護性掩蔽裝置進攻，在這種情況下，難道你們願意開始一次圍攻麼？」接著他就個別地詢問他們，他們是不是帶來了斧頭、鋤頭①以及其他攻城的器械。他們回答說，沒有帶。他就問：「任何軍隊能用刀劍和投槍把城牆打穿或是從下面把它摧毀麼？如果我們需要堆起一座攻城土丘或是需要用活動雉堞和柴束保護自己的時候，難道我們能像沒有先見之明的人群那樣無益地站在這裡，帶著驚奇的心情呆望著敵人的高聳的塔樓和工事麼？難道我們不應當利用這一夜的時間去把發射器械和其他各種機械取來，以便使我們有力量取得勝利麼？」在這同時，他還把隨軍商販、僕從和剛剛到達的騎兵派到貝德里亞庫姆去取給養和所有其他他們需要的東西。

21 但士兵們卻耐不住這樣無所作爲地待著不動。他們實在不滿意到快要發動兵變的程度了，就在這個時候，有一隊開到克雷莫納城下的騎兵俘虜了從城裡出來的幾個散兵遊勇，從他們口中得知，維提里烏斯的六個軍團②和駐守在荷司提里亞③的全部兵力在那一天的三十英里的行軍之後，聽到了他們的友軍所遭受

---

①斧頭劈木材，鋤頭掘地，都是攻城必需之物。

②除了六個完整的軍團之外，還有其他三個軍團的分遣隊和一支騎兵部隊。這些軍隊不可能是從波司圖米亞大道直接開過來的，否則佛拉維烏斯派的士兵就會遇到他們了。人們認為他們是從埃米里亞大道(Via Aemilia)、通過木提那和帕爾瑪前來的。如果他們急行軍（甚至每日行軍三十英里），在路上耽擱四天的話，那麼這條路必定是迂迴的；而把日期加以比較也可以看出他們必定是這樣的。

③荷司提里亞在克雷莫納以東約七十羅馬里。

的損失，因此他們就正在備戰，而實際上很快就會開過來的。這一嚴重的危險使得他們的頑固的耳朵聽從了他們的統帥的計劃。他下令第十三軍團據守在波司圖米亞大道的高起的人行道上①。緊接著第十三軍團的左手，是配置在平地上的伽爾巴第七軍團，再接下去是克勞狄烏斯第七軍團，這個軍團從地勢來看只能有一條田野濠溝作爲它的掩護。在右手是配置在野外的十字路上的第八軍團，接著他們的是第三軍團，第三軍團是分散隱蔽在茂密的叢林裡面。軍旗和隊旗的次序就是這樣，但是在黑暗裡士兵們的排列卻是沒有次序的，他們是碰到哪裡就站在哪裡。接在第三軍團後面的就是近衛軍②的軍旗；輔助部隊的中隊配置在兩翼的地方；而騎兵則掩護著他們的兩側和後方。蘇埃比人的國王西多和意大利庫斯率領著他們本族的精兵配置在前面的行列裡。

22 維提里烏斯軍隊的上策是在克雷莫納進食、睡眠，以恢復體力，然後再趕跑和殲滅因寒冷③和饑餓而筋疲力盡的敵人。但由於他們沒有領導人④，缺乏計劃，他們在晚上九點鐘左右就衝向在自己的陣地上戒備著的佛拉維烏斯派的軍隊了。我不敢肯定他們進攻的序列如何，因爲他們的隊列由於士兵的憤怒和黑暗已經亂了。但有些作者卻說，馬其頓第四軍團在最右手，第五、第十五軍團以及第九、第二和不列顛第二十軍團的分遣隊占中心地位，而第十六、第二十二和第一軍團則占居左手的地位。拉帕克斯和意大利這兩個軍團的士兵則混合在戰線的每一部分；騎兵和輔助部隊也各自選擇了自己的陣地。戰鬥有勝有負地持

①從克雷莫納通向維羅納的波司圖米亞大道，因為這裡是一片沼澤，所以它在這裡被修成一段高起的人行道。
②近衛軍是在被維提里烏斯解散之後又為維斯帕西亞努斯重新徵募起來的（參見本書第二卷，第六十七章）。
③這時大概是十月底。
④瓦倫斯未到，凱奇納被囚。

續了整整一夜，這是一場難以決定最後命運的殘酷的戰鬥，它時而對一方，時而對另一方是致命的。不管是勇氣還是武器，甚至他們那本來可以預先看到危險的眼睛都沒有任何用處。雙方的武器是相同的，戰鬥的口令已經爲人們知道了，因爲大家不斷地在問起這些口令；隊旗也都亂在一處了，因爲有的戰鬥隊伍把他們從敵人手中奪獲的那些隊旗向著這一或那一方向帶走了。不久之前伽爾巴所徵募的第七軍團受到最大壓力；它損失了第一列的六名百人團長，它的一些隊旗也被敵人奪走了。但它的軍旗卻終於被第一列的一個百人團長名叫阿提里烏斯・維路斯的保住了①，他在戰鬥中奮力殺死了許多敵人，直到最後自己才陣亡在戰場上。

23 安托尼烏斯投入了近衛軍部隊，以加強自己方面正在動搖的戰線。在戰鬥的時候，他們擊退了敵人，但後來他們自己卻又被敵人擊退，因爲維提里烏斯的士兵把他們的發射器械集中在高起的波司圖米亞大道上，這樣他們就可以有一片開敞而又空闊的地方用來進行發射了；他的最初的發射物都分散開去，擊中了樹木而沒有傷著敵人。屬於第十五軍團的一座大型的弩炮，用它發射出去的巨石在佛拉維烏斯的隊伍中造成了巨大的殺傷。如果不是兩名士兵的出色的英勇，它是會引起大量的死亡的，原來這兩名士兵從戰死者身上取下盾牌，這樣藉著它們的掩護割斷了放射器械的繩子和彈簧。但他們也立刻爲敵人刺死，結果他們的名字就沒有傳下來。但是他們樹立的這樣的功勳卻是無可置疑的事情。雙方不分勝負，但夜越來越深了，上升的月亮用它那欺騙性的光輝照著雙方的戰線。但是這卻對佛拉維烏斯方面的士兵更加有利，因爲他們背著月亮，從而加大了馬匹和士兵的影子；而他們的敵人卻對這些影子發生錯覺，結果把這些影子看成眞

①從馬利烏斯當時起，軍旗是由軍團中的主力百人團長(principilus)打著，但實際上打著軍旗的另有軍旗手(aquilifer)。

人眞馬而向它們瞄準，因此他們的投槍就不能命中目標；可是另一方面，被月光照在臉上從而淸楚地顯示在敵人面前的維提里烏斯的軍隊，卻不知不覺地變成了敵人進攻的目標，敵人竟可以說是從隱蔽的地方向他們發動了射擊的。

24 當安托尼烏斯能夠認出自己的士兵並能爲士兵所認出的時候，他就開始給他們打氣；他斥責一些人，要他們知道不努力作戰的可恥，但更多的是用稱讚和鼓勵的辦法。不過他是要所有的人都能感到有指望，感到能取得許給他們的東西。他問潘諾尼亞的軍團①，爲什麼他們再一次拿起自己的武器；他向他們提醒，正是在這個戰場上他們可以湔雪他們先前的恥辱，可以重新取得他們先前的光榮。繼而他又向美西亞的士兵呼籲，把他們說成是這場戰爭的發動者和促成者。他告訴他們說，如果他們受不住敵人的雙手和目光的話，那麼他們向維提里烏斯派講的那些威脅的話又有什麼用處呢？他到每一部分士兵那裡時講的就是這類的話；但是他卻從較遠的地方向著第三軍團的士兵講話，他提醒他們的古老的榮譽以及他們最近的戰功，提醒他們在瑪爾庫斯·安托尼烏斯的統率下對帕爾提亞人取得的勝利②，在科爾布羅擔任統帥時對亞美尼亞人取得的勝利③，還有他們不久之前打敗撒爾瑪提亞人的事情④。在這之後，他又義正詞嚴地對近衛軍說：「至於你們，如果你們今天不取得勝利，你們就不過是一群鄉下佬，哪一位統帥或是哪一處軍營還願意接納你們呢？你們的旗幟和你們的武器都在那邊⑤，如果你們打敗了，就是死亡，因爲你們已經受盡污

①指第十三軍團和伽爾巴第七軍團。
②這是公元前三六年的事情。
③這是公元六三年的事情。
④參見本書第一卷，第七十九章。
⑤指敵人的一面。意思是說只有勝利你們才能取得武器和旗幟。

辱了。」全軍發出了一陣呼叫聲，而第三軍團的士兵則按照敘利亞的習慣向旭日歡呼。

25 這種做法①引起了一個隱隱約約的謠傳（這種謠傳也許是統帥有意散布的），彷彿木奇亞努斯已經來到了，而且兩支軍隊已經彼此打招呼了。於是佛拉維烏斯派的士兵就向前進攻，好像已經得到新的軍隊的支援似的；維提里烏斯派的戰線現在變得更加紊亂了，這種情況對於一支沒有統帥的軍隊來說本是很自然的。他們按照個人表現得勇敢或恐懼等等不同情況而收攏或拉開自己的隊列。安托尼烏斯看到敵人的隊伍動搖了，便以密集的隊形向他們發動了進攻。他們那已被削弱的隊列被衝破並且無法再重新組成，因爲他們已經同糧車和放射器械攪到一處了。勝利的軍隊在匆忙追擊的時候，沿著大道的兩邊拉了開來。屠殺的殘酷特別可以從下列的事實看出來：在這一期間，一個兒子殺死了自己的父親。這件事的經過和有關的人名，我是根據維普斯塔努斯・美撒拉的說法來敘述的。當西班牙人優利烏斯・曼蘇埃圖斯被徵入拉帕克斯軍團的時候，曾把一個年輕的兒子留在家裡。後來，這個兒子長大成人，卻被伽爾巴徵入第七軍團。現在他正好遇到了他的父親，結果他不但使他的父親負了傷，而且把他的父親殺死了。可是後來他仔細地看了這垂死的人，父親和兒子才相互認了出來；兒子於是抱住奄奄一息的父親，哭著懇求父親的在天之靈寬恕他，不要把他作爲一個弒父的罪犯而忌恨他。他喊道：「這罪行是國家犯的。一個士兵在內戰中起得了什麼作用呢？」在這同時，他便把父親的屍體移開，開始挖掘墓穴並且以人子的身分爲父親舉行了葬禮。附近的士兵首先看到了這種情況，但很快地便聚攏了更多的人。繼而在整個戰線上都聽到了驚嘆、憐憫和詛咒這一最可怕的內戰的呼聲。可是他們依然絲毫沒有減弱他們對親屬、親族和兄弟的屠戮。他們把這樣

---

①指上章所說第十三軍團向旭日歡呼致敬的做法。

的事情說成罪行，但他們還在幹這樣的罪行。

26 當他們到達克雷莫納的時候，他們面臨了一項十分艱巨的新任務。在對奧托作戰期間①，日耳曼的軍隊曾在克雷莫納的城壁四周設營，在這之後又在他們營地的周邊修築了一道壁壘；他們後來加強了這些防禦工事。勝利的軍隊在看到這些工事的時候猶豫起來了。因爲他們的將領這時不知道應當發布怎樣的命令。經過整整一晝夜戰鬥的軍隊已經筋疲力盡了；用這樣一支軍隊開始去攻一座城，而近處又沒有預備隊伍，這是件困難的事情，是件沒有取勝把握的事情；可是，如果他們返回貝德里亞庫姆，那麼他們的勝利就會化爲烏有，更不用說這前面還有一段極度艱苦而又遙遠的路程。甚至在敵人近前修築營地工事都有危險，因爲敵人這時可以在他們的士兵正在散開來忙於設營的工作時，發動突然的出擊從而給他們造成嚴重的困難。而且，除開這一切考慮之外，佛拉維烏斯的將領們還害怕他們自己方面的士兵，因爲這些士兵不怕危險，但對於耽擱卻是不耐煩的②。士兵並不喜歡加強安全的措施，卻把自己的全部希望寄託在急速的行動上。他們急於取得戰利品，因此任何災難、一切流血負傷早已都不在他們的考慮之內了。

27 安托尼烏斯有意迎合他的士兵的願望，因此下令把敵人的營地包圍起來。起初他們在一定距離的地方用箭和石頭相互射擊；但是在這次較量當中，佛拉維烏斯派卻受到了較大的損失，因爲敵人是處於居高臨下的形勢對他們進行射擊的。於是安托尼烏斯便分配給每個軍團一個營門或一部分城壁，這種分工可以使人看出哪一方面表現得勇敢，哪一方面表現得怯懦，這樣他就用相互爭奪榮譽的辦法激勵了他的軍隊的

---

①本年四月，在貝德里亞庫姆的第一次戰鬥期間。

②本章最後一句話便是這種表現的注腳。

進攻熱情。在通向貝德里亞庫姆的道路附近的地區，分配給了第三①和第七軍團，第八軍團和克勞狄烏斯第七軍團的進攻對象則是更右面的工事。第十三軍團負責進攻向著布利克西亞②的那個營門。在這之後，是一個短短的耽擱，因爲在這期間，一些士兵要到附近的田野去搜集鶴嘴鋤、十字鍬，而另一些士兵帶來了鉤子和梯子。隨後士兵們便把他們的盾牌舉在他們的頭上，以密集的「龜形陣」③推進到城下。雙方都使用了常用的羅馬作戰方法：維提里烏斯派的士兵從城壁上把一些巨石推下來，而當這些石塊把作爲掩護的一層密集的盾牌砸開並使它分裂的時候，他們就向著這些裂開的地方投射投槍和長槍，這樣就把「龜形陣」的密集的盾牌打散，使得戰場上留下了大量被打死或是被打成殘廢的敵人。如果不是他們的將領把克雷莫納指給他們的話，他們的進攻力量是會減弱的，因爲他們疲倦了，而一般的激勵言詞對他們已起不了什麼作用了。

28 根據美撒拉的說法，想到這種激勵辦法的是霍爾姆斯④，但根據蓋烏斯・普利尼⑤的說法，在這件事上應當責怪的是安托尼烏斯。這兩種說法哪一種更可靠些，我無法輕易作出判斷。我能說的只是：不拘出主意的是霍爾姆斯還是安托尼烏斯，這一滔天罪行是配得上他們當中任何一個人的生平和聲譽的。流血負

---

①蓋爾策(Galzer)法譯本（一九二一年）是「第一軍團」，似誤，第一軍團在西班牙，參見本卷第四十四章。

②今天的布雷西亞(Brescia)。

③在排列龜形陣(testudo)的時候，士兵把盾牌舉在自己的頭上，盾牌的邊緣相互重疊起來。他們在列陣時技巧很高，在一般情況下要想衝破它並不容易。

④參見本卷第十二章。

⑤老普利尼是作者同時代人，但年齡比作者大。他除了他的傳世巨著《自然史》之外，還寫了二十卷的記述日耳曼的歷次戰爭的歷史和羅馬的歷史。他的著作是接續著奧菲狄烏斯・巴蘇斯（Aufidius Bassus，奧古斯都和提貝里烏斯同時人）的著作寫的。這兩部書均已不傳。參見塔西佗：《編年史》，第十三卷，第二十章；第十五卷，第五十三章。

傷不再能延緩士兵們的挖掘城牆和衝破城門的企圖；他們再一次排成了「龜形陣」，士兵們踩著同伴的肩頭站到密集的盾牌上面來，這樣就抓住了他們的敵人的武器和手臂。沒有受傷和受傷的，半死的和垂死的全都滾成一團：人們通過各種途徑喪命，死的方式是多種多樣的①。

29 第三和第七軍團進攻得最猛烈；他們的統帥安托尼烏斯也率領著精銳的輔助部隊在同一地點發動攻擊。當維提里烏斯派的士兵再也支持不住這種聯合的、持久的進攻時，他們因爲發現他們的發射物都從「龜」背上滑下去而不能給敵人造成傷害，最後乾脆把他們的弩炮本身推到下面進攻者的頭上去了。這種做法一時裡砸散和殺死了首當其衝的那些人，但是隨著弩機的落下，女牆和城壁的上部也隨著塌了下來。與此同時，附近的一座塔樓也在敵人發射的一陣陣的石塊面前屈服了。正當第七軍團的士兵以楔形的隊形向前進攻的時候，第三軍團也用斧頭和刀劍劈開了一座營門。所有的歷史家一致認爲，第一個衝進城內的是第三軍團的一名普通士兵蓋烏斯．沃路西烏斯。他登上了城壁，把那些抵抗他的人打到下面去，並且在衆目睽睽之下，舉起手提高了嗓子喊道，營地已經被占領了。跟著其餘的人也蜂擁而入，這時業已驚惶萬狀的維提里烏斯派的士兵則從城壁上跳了下去。在克雷莫納的城壁和營地中間的整個空地上到處都是陣亡士兵的屍體②。

30 但這時佛拉維烏斯派的士兵遇到了一個新的困難，因爲現在他們還有需要克服的東西：高大的城牆、用石頭砌成的塔樓、上著鐵門閂的城門和正在揮舞著武器的士兵。除此之外，克雷莫納的非軍事的居民是衆多的，並且是忠於維提里烏斯一派的，而且從意大利的很大一部分來的人們正集合在那裡參加恰好在這

①參見味吉爾：《埃涅伊特》，第二卷，第三六九行：plurima mortis imago。
②約瑟普斯說維提里烏斯派的士兵被殺死的有三萬人左右，維斯帕西亞努斯派的軍隊陣亡的約有四千五百人。

時舉行的一次集市。這大量的人加強了守衛者的力量，但是可能取得的戰利品卻鼓舞了進攻者。安托尼烏斯下令他的士兵迅速燒掉城外最美麗的建築物，指望用這種辦法使克雷莫納的居民在看到他們的財產受到損失時會改變他們的效忠對象。他要他的最勇敢的士兵占居城壁附近房屋的屋頂，特別是比城牆還要高的那些屋頂。這些人就用大木棍、瓦片和火把擊退了城上的守衛者。

31 正當一部分士兵①開始投射投槍和石塊的時候，各軍團已經組成了一個「龜形陣」，而另一方面，維提里烏斯派士兵的士氣這時卻漸漸地低落下去了。一個人的地位越高，就越是願意採取認命的妥協態度，因爲他擔心如果克雷莫納也在敵人的猛襲下被攻占的話，要想指望得到寬恕是不可能的，並且勝利者的全部怒氣將不會發洩到赤貧的民衆身上，而是要發洩到軍團的將領和百人團長的身上，因爲殺死這些人就意味著得到利益。但是普通士兵卻根本無需考慮未來而且又有地位卑微這樣一個比較有利的特點，因此就繼續進行抵抗。他們在大街小巷遊蕩或者躲在住宅裡，可是他們甚至在放棄了戰鬥的時候還是不祈求和平。負責的軍官們在大本營那裡除掉了維提里烏斯的名字和他的像②。他們把凱奇納釋放出來——因爲甚至在這個時候，他依然被關在獄裡——並且請求他爲他們講情。當他高傲地拒絕了他們的請求時，他們就流著淚懇求他。所有這些勇敢的人竟然請求一個叛徒的幫助，這實在是他們所做的最可悲的事情！不久之後他們就把帶子之類的懸掛物挑掛在城牆上作爲求和的標幟③。在安托尼烏斯下令停止焚燒之後，他們便打出

---

①這裡指輔助部隊。

②名字和像一般是在隊旗和盾牌上，參見蘇埃托尼烏斯：《維斯帕西亞努斯傳》，第六章。

③參見本書第一卷，第六十六章。人們把纏繞在木棍上的白羊毛的帶子稱為velamenta，還有一種纏在懇求者的頭上的白色的和猩紅色的帶子，人們稱之為infulae。

了他們的軍旗和隊旗。跟在後面的是可悲的一列不帶武器的人，他們的眼睛都望著地面。勝利的軍隊站在四周，對他們肆意侮辱，並作出要毆打他們的樣子；後來當戰敗的軍隊毫無怨言地任憑對方侮辱，沒有絲毫的勇氣而甘願忍受一切的時候，勝利者才開始記起，不久之前這些軍隊在貝德里亞庫姆取得勝利之後，他們是表現得很有自制力的。但是，當著凱奇納穿著紫邊的外袍①並在走在前面在人群中間爲他開路的侍從的衛護下以執政官的身分出現的時候，勝利者的怒氣便抑制不住了；他們嘲罵他的盛氣凌人、他的殘酷（罪行是這樣可惡②！），甚至他的背叛行爲。安托尼烏斯干預了這件事，他給凱奇納派了一支衛隊，並把凱奇納送到維斯帕西亞努斯那裡去了。

32 這時，克雷莫納的人民受到了軍隊的包圍和毒打，而當統帥們得以用懇請的辦法把士兵安撫下來的時候，事情已經快發展成爲一場屠殺了。於是安托尼烏斯便把他們召集到一處，對勝利者作了最熱烈的頌揚；對於被戰敗的人們，他講話的口吻也是溫和的。但是對克雷莫納，他卻沒有講任何稱許或反對的話。軍隊很想把全城的居民殺光，這不僅是由於他們那樣根深柢固的打劫願望，而且是由於他們的舊恨。他們相信，這些居民過去在對奧托的戰爭中也曾幫助過維提里烏斯派。而後來城市的普通居民（要知道，大群的賤民的本性永遠是橫傲無禮的）又侮辱和嘲弄了被留下來結束半圓形劇場的工程的第十三軍團③。還有別的原因也激發了軍隊的憤怒情緒：凱奇納曾在那裡舉辦了一場劍奴的比賽；這座城市曾兩

---

①這是執政官的官服。

②這句話顯然指背叛的罪行，因為甚至連從這一背叛得到好處的敵人都憎惡這一罪行。這一句也可能是後人的話摻入正文的。

③參見本書第二卷，第六十七章。

次爲戰爭的場所；這裡的市民在維提里烏斯派實際上還正在作戰的時候，曾爲他們提供過糧食；還有幾個婦女被殺死了，因爲爲了熱心維護維提里烏斯的事業，她們竟然自己參加了戰爭；除這之外，集市的季節又使這個一向富有的移民地顯得更加富庶。

雖然其他統帥很少爲別人所注意；但是聲譽和命運使得安托尼烏斯在所有的人眼中顯得特別突出。他趕到幾個浴場去洗淨了他全身的血污。當他抱怨浴場的水不夠熱的時候，他聽見一個聲音回答他說，人們很快就會使它熱起來的。一個奴隸的這個回答使得後來人們的憎恨情緒全部加到安托尼烏斯的身上，就彷彿這時確實已著起火來的克雷莫納，是由於他發出了信號才被點著了的②。

33 四萬名武裝士兵衝入了城市；隨營酒保和僕從的人數就更多了，而且這類人物是更易於縱欲，更易於變得殘暴的。地位和年齡都不能使任何人得到安全；向他們進攻的人的行爲十分放肆，並且毫無區別地進行殺戮。即將結束自己一生的老年男女作爲戰利品雖然已沒有什麼價值，卻仍然被拖去給士兵們取樂。不管什麼時候，只要是有一個年輕的女人或是漂亮的少年落到他們手裡，他們就會由於那些想占有他們的人們的激烈爭奪而被撕裂，這種情況最後又會促使這些掠奪者相互殘殺致死。每個個人都想爲自己把獻給神殿的金錢或大量的黃金帶走，但是他們又受到比他們更強的人們的襲擊並且被這些人殺死。有些人瞧不上他們眼前看到的戰利品，就鞭打和拷問所有主以便發現被藏起來的財富並掘出埋在地下的寶藏。他們手

①這句話的意思是有人誤解了他們的對話，好像安托尼烏斯在問奴隸，克雷莫納是否已經被火點著了，奴隸回答說，很快就會點著的。

裡拿著火把，而當他們取得了他們的戰利品的時候，他們便完全是任性地把這些火把拋到空房子和空著的神殿裡面去。在這支軍隊裡，在由公民、聯盟者和異邦人組成的這支軍隊裡，語言和風俗習慣多種多樣，因此人們的情緒也是多種多樣的。沒有兩個人把同一件事物看成是神聖的，沒有任何一件罪行被認爲是不合法的。克雷莫納在四天裡都是破壞的對象。當任何神聖的和世俗的事物都被火焰吞沒的時候，只有美菲提斯的神殿①孤零零地聳立在城牆的外面，它之所以被保全，這或者是由於它所處的地位，或者是由於神的護佑②。

34 克雷莫納建城第二百八十六年的命運就是這樣。在它初建的時候③，正是提貝里烏斯·顯普洛尼烏斯和普布里烏斯·科爾涅里烏斯擔任執政官的一年④。那時漢尼拔威脅著意大利，這座城的建立就是爲了使它成爲對付山北高盧的一座起守衛作用的堡壘，同時可以防止來自阿爾卑斯山對面的任何可能的侵略。被送到那裡去的大批移民、它的那些可以通航的河流所帶來的各種利益、土地的肥沃，還有通過婚姻和聯盟而同其他民族建立的聯繫：所有這一切結合起來就使得這個移民地不斷地擴大和繁榮起來；它雖然沒有

---

①掌理瘧疾的女神；在古時，波河流域的瘧疾十分猖獗，因此波河一帶的居民認為奉祀這個女神可以緩和瘧疾的流行。在克雷莫納就發現一個銘文把一座祭壇獻給這個神。

②約瑟普斯（《猶太戰爭史》，第四卷，第十一章）對克雷莫納的戰爭和攻占情況作了完全不同的敘述。他說維提里烏斯派並沒有投降；安托尼烏斯包圍和割裂了他們的大部分軍隊，並且把其餘的軍隊趕到城裡去。佛拉維烏斯派陣亡的四千五百人，維提里烏斯派陣亡的三萬零二百人。但就意大利的戰爭的記述來說，當然還是塔西佗記述的更可信些。

③參見李維，第二十一卷，第二十五章。

④公元前二一八年。

受過對外戰爭的影響，可是卻由於內戰而大遭其殃①。對自己的殘酷罪行感到可恥的安托尼烏斯在公衆的憤怒情緒日益加強的時候，便公布了一份文告，禁止任何人保有克雷莫納的公民作爲俘虜。老實講，整個意大利的共同感情已經使得士兵的戰利品變得毫無價值，因爲所有的意大利人都不願購買這樣的奴隸。於是士兵們便開始殺死俘虜；這種情況被人知道了以後，這些俘虜就秘密地被他們的親屬贖了出來。後來活著的人就回到克雷莫納來了。當地居民出了很多錢把廣場和神殿重建起來。維斯帕西亞努斯是鼓勵這樣的行動的。

35 但是遍布於血污的土地上的瘟疫使得軍隊無法在這座死城的廢墟上長期紮營。佛拉維烏斯的軍隊移動到離城第三個里程碑的地方；流散的和心有餘悸的維提里烏斯派的士兵重新被組織起來，每個人都回到了自己原來的隊伍。戰敗的軍團則被分散到伊里利庫姆去，以防止他們有任何可疑的行動，因爲內戰還沒有結束。於是佛拉維烏斯方面的領導人就派使者把消息帶到不列顛和西班牙去；他們把軍團的一位將領優利烏斯・卡列努斯派到高盧去，把一個中隊隊長阿庇尼烏斯・蒙塔努斯②派到日耳曼去。蒙塔努斯是特列維利人，卡列努斯是埃杜伊人；兩人都是維提里烏斯派，但他們被派出去卻是爲了宣揚佛拉維烏斯派的勝利的。與此同時，佛拉維烏斯派的軍隊占領了阿爾卑斯山的各個山口，因爲他們擔心日耳曼會準備出兵援助維提里烏斯。

36 在凱奇納離開羅馬後幾天③，已經促使法比烏斯・瓦倫斯出發作戰的維提里烏斯便開始縱情在享樂

---

①克雷莫納一度站在布魯圖斯和卡西烏斯的一面，因此被三頭(triumviri)剝奪了許多領土。

②參見本書第四卷，第三十一章。

③這裡是接著本書第二卷第一〇一章敘述的。

的生活中，以掩飾他內心的焦慮不安。他根本不曾採取措施準備武器，不曾試圖利用向軍隊訓話或是使他們得到訓練的辦法去激勵自己的軍隊，也不在人民群衆的面前出現。他躲在自己的花園裡，就像那些懶惰的動物一樣：只要你供給它們豐富的食物，它們就懶洋洋地臥在那裡，動也不動了。過去、現在和未來完全都不在他的考慮之內。當他接到路奇里烏斯・巴蘇斯投敵和拉溫那的海軍叛變的消息而大吃一驚的時候，他實際上正懶洋洋地徜徉在阿里奇亞的森林①裡。不久之後，維提里烏斯接到了一個使他又喜又悲的消息：凱奇納投到維斯帕西亞努斯方面去，但是被他的軍隊逮捕了。他這個懶散的傢伙所感到的，與其說是焦慮不安，無寧說是喜悅。他十分高興地乘車返回了羅馬，對著集會的人民群衆極口稱讚他的士兵對他的忠誠。繼而他便下令逮捕了近衛軍長官普布里里烏斯②・撒比努斯，因爲他是凱奇納的朋友。阿爾菲努斯・伐魯斯③被任命接替他的職務。

37 隨後他就在元老院發表一篇堂而皇之的演說，他本人在元老院也受到了人們字斟句酌的吹捧。路奇烏斯・維提里烏斯④帶頭建議給凱奇納以嚴厲的處分；隨後其餘的人也都裝作義憤塡膺的樣子，因爲「作爲執政官，他出賣了自己的國家；作爲統帥，他出賣了自己的皇帝；作爲朋友，他出賣了給了他極大的財富和榮譽的人」。這些人表面上是爲維提里烏斯抱不平，實際上卻是發洩他們自己的怨氣。但是任何一個人的演說都沒有攻擊佛拉維烏斯派的將領。當元老們指責軍隊的錯誤行爲和不明智的舉動時，他們小心翼

①在阿披亞大道上，離羅馬十六英里。
②有的本子是普布里烏斯，參見本書第二卷，第九十二章。
③伐魯斯原任營帥(praefectus castrorum)，參見本書第二卷，第二十九章。
④此人是皇帝的兄弟。

翼地故意避免提到維斯帕西亞努斯的名字。而確實還有一位元老竟然從維提里烏斯那裡騙取了凱奇納最後剩下來的那一天的執政官的任期①，這件事使授受的雙方都大受嗤笑。在十月三十一日那天，羅西烏斯·列古路斯接受並交卸了自己的職務。有識之士指出，在先前除非職位先被宣布出缺或通過相應的法律，一位執政官是絕不能接替另一位執政官的。以前確乎有一次有人只擔任了一天的執政官：那就是蓋烏斯·凱撒獨裁時期的卡尼尼烏斯·列比路斯，因爲當時凱撒急於要酬勞在內戰中有功的人②。

38 這時已經傳了出來的尤尼烏斯·布萊蘇斯③死亡的消息，引起了人們很多的議論。我們所知道的經過情況是這樣。當維提里烏斯在塞爾維里烏斯的花園④裡面病重的時候，他看到附近高高的一座邸宅在夜裡發出了耀眼的光芒。當他詢問是什麼原因的時候，人們告訴他，是凱奇納·圖司庫斯⑤盛宴款待尤尼烏斯·布萊蘇斯。向他傳話的人接著就誇大了對這次宴會的精心準備，並且談到了客人們的過度享樂。當然，要想控告圖司庫斯等人，那是不難找到控告者的。但是他們攻擊得最厲害的卻是布萊蘇斯，因爲在他的皇帝臥病的日子裡，他卻縱情於歡樂。當那些對皇帝的憤怒情緒反應十分敏銳的人看到維提里烏斯非常生氣

①凱奇納曾被任命為九月和十月的執政官，而從正文來推斷，他叛變的消息顯然是十月二十九日或三十日才傳到了羅馬的。他沒有正式被免掉職務，但他的叛變行動很自然地被認為使他的職務出缺了。

②卡尼尼烏斯·列比路斯於公元前四五年最後一日的下午被任命為執政官。參見西塞羅：《致友人書》，第七卷，第三十章。

③參見本書第二卷，第五十九章。歐列里(Orelli)認為他就是塔西佗《編年史》第三卷第七十四章中所提到的那個布萊蘇斯。如果是這樣，那麼此人年紀已經很老了，因為當時是公元二〇年。

④在台伯河附近，位於羅馬和奧斯蒂亞之間。參見塔西佗：《編年史》，第十五卷，第五十五章；蘇埃托尼烏斯：《尼祿傳》，第四十七章。

⑤公元六七年被尼祿放逐，尼祿死後被召回。參見蘇埃托尼烏斯：《尼祿傳》，第三十五章。

而布萊蘇斯又可以被搞垮的時候，路奇烏斯・維提里烏斯便被分配了告密者的角色。他所以憎恨布萊蘇斯，是出於一種卑鄙的嫉妒，因爲布萊蘇斯的崇高聲譽超過了他這個醜名四溢的人物。於是路奇烏斯便跑到皇帝的寢室去，擁抱維提里烏斯的兒子並且跪倒在地上。當維提里烏斯問他爲什麼這樣驚惶的時候，路奇烏斯回答說，他自己沒有什麼害怕的，也不是爲自己感到不安，他是爲了他的兄弟和他的兄弟的孩子才提出了請求，才流下眼淚的。他說：「對於維斯帕西亞努斯，那是沒有任何害怕的必要的，因爲所有的日耳曼軍團，所有勇敢而又忠誠的行省，總之還有廣闊無垠的海洋和陸地都封閉了他的進攻道路。你必須提防的敵人是在城裡，在你自己的內部：他誇耀自己是尤尼烏斯家族和安托尼烏斯家族的後裔①；這個自稱是統帥(imperator)的後人的人②，用謙恭下士的辦法和威嚴的儀表爭取他的士兵對他的好感。每個人的心思都傾向於他，可是你卻連朋友和敵人都分不出來，而寵信一個在皇帝遭到不幸時卻大張酒宴、尋歡作樂的人。爲了懲罰他這種很不合時宜的歡樂，他應當嘗一嘗悲痛和死亡之夜的味道，好叫他知道並親身感到維提里烏斯還活著，維提里烏斯是皇帝，而且還應當要他知道，即使維提里烏斯有什麼不幸，他還有一個兒子呢。」

39 維提里烏斯焦慮地在罪行和恐懼之間拿不定主意：如果他不趕快動手除掉布萊蘇斯，這就等於加速自己的滅亡；如果他公開下令處死布萊蘇斯，又會引起人們對他們強烈憎恨。最後他決定使用毒殺的辦法。

---

①布萊蘇斯和共和派瑪爾庫斯・尤尼烏斯・布魯圖斯屬於同族。同時他又是奧古斯都的姊妹屋大維婭（嫁過三頭之一的安托尼烏斯）的後人。

②他的父親曾由於在阿非利加戰勝塔克法里那斯而被軍團歡呼為統帥(imperator)。參見塔西佗：《編年史》，第三卷，第七十四章。

當他去看布萊蘇斯的時候，他顯然是十分高興的，這一點使人們有理由相信他的罪行。而且人們還聽他說過這樣的滅絕人性的話，他誇耀說——我要把他的原話寫下來——「看到敵人的停屍床，眞是大飽眼福。」布萊蘇斯這個人不僅僅是出身顯貴的家族，不僅僅是個文雅高尚的人物，而且是極其忠誠的。甚至當維提里烏斯的地位還沒有動搖的時候，凱奇納和已經不把皇帝放到眼裡的那些派別領袖就引誘過他，但是他堅持拒絕了這些人的遊說。這個人稟性正直，不喜歡變革，也不想取得突如其來的榮譽，更不想做皇帝，但他卻不能使別人不認爲他有這樣的資格。

40 就在這個時候，法比烏斯・瓦倫斯帶著由大群侍妾和太監組成的娘娘隊伍緩慢地行進著，完全不像是一位出發作戰的統帥①。在途中，他從匆匆趕來的使者們那裡知道，路奇烏斯・巴蘇斯已經率領拉溫那的海軍投到佛拉維烏斯那邊去了。但是，如果他快走的話，他本來是可以阻止尙在猶豫之中的凱奇納的，至少能夠在決戰之前來到軍團這裡②。有些人勸他帶著自己的心腹，避開拉溫那從秘密的小路向荷司提里亞或克雷莫納推進；另一些人則主張把近衛軍從羅馬召來，然後用一支強大的兵力打開一條進路③。但是，由於無益的耽擱，瓦倫斯把應當用來行動的時間都消耗在空談上面了；後來他拒絕了上述的兩種計劃，卻採用了一項折衷的辦法——這是猶疑不決之際的下下之策——他既未表現出足夠的勇氣，又未表現出先見之明。

---

①懶惰是瓦倫斯的主要性格之一，參見本書第一卷，第六十六章；第二卷，第三十章，普魯塔克：《奧托傳》，第六章。
②參見本書第二卷，第一〇〇章。
③穿過拉溫那的近郊。

41 他寫信給維提里烏斯請求援助。得到的回答是，從不列顛派出了三個步兵中隊和一個騎兵中隊①，這支軍隊的數量不容易避過敵人的視線，同時又不能有足夠的力量強行突破敵人的截擊。但是即使在這樣一個危急時刻，瓦倫斯都不惜幹出許多醜聲四溢的勾當：他仍然不放過罪惡的享樂，他用淫亂放縱的行徑玷污了款待他的那些人的家庭②。他有權力、金錢，即使在他注定垮台之際，他仍不放過最後一刻的縱欲機會。當步兵和騎兵最後到達的時候，他的計劃之荒謬就變得十分明顯了，因爲他不能利用這樣一支小部隊——不管這支部隊對他何等忠誠——衝過敵人的防線，而且實際上這些軍隊的忠誠也不是絲毫無可置疑的。然而羞恥之心和對於他們的統帥的畏懼使他們未敢輕舉妄動；但是這些情況並沒有很大的力量來約束那些既害怕危險卻又不怕丟臉的人。因此他就驚惶地把步兵中隊派到阿里米努姆③去，並命令那個騎兵中隊保衛他的後方。他本人則偕同少數在他遭受厄運時依然對他忠誠的伙伴轉道到翁布里亞去，從翁布里亞又進入了埃特路里亞。他在埃特路里亞那裡聽到了克雷莫納戰爭的結果之後，就擬訂了這樣的一個計劃；這並不是一個怯懦的計劃，而且如果這個計劃真的得以實現，它本來應當說是很具有威脅力的。原來他打算俘獲一些船隻，在納爾波行省沿岸的一個地方登陸，然後把高盧諸行省以及日耳曼的軍隊和部族發動起來，而這實際上就等於是挑起一場新戰爭了。

42 瓦倫斯一走，阿里米努姆的軍隊就變得驚恐不安和膽怯了。科爾涅里烏斯·富斯庫斯④帶來了他的

---

①當時他所需要的是一支正式的軍隊。
②這使人想起了他在高盧的行徑（參見本書第一卷，第六十六章以次）。
③今天的里米尼(Rimini)。
④這時他正在統率著拉溫那的海軍；參見本書第三卷，第十二章。

陸軍，並且使他的輕型艦船沿著附近的海岸停泊下來，這樣就從陸上和海上把衛戍部隊包圍了。佛拉維烏斯派現在正在掌握著翁布里亞的平原和皮凱努姆①面臨亞得里亞海的那一部分。實際上，整個意大利已經以亞平寧山爲界在維斯帕西亞努斯和維提里烏斯之間平分了。法比烏斯・瓦倫斯乘船從比薩的港口出發，但是由於無風或是由於逆風而不得不進入赫爾克里士・摩諾伊庫斯港②。沿海阿爾卑斯山的代理官馬利烏斯・瑪圖路斯就在離這裡不遠的地方。儘管他周邊的全部地區對他都是敵視的，但是他仍舊忠於維提里烏斯，不曾背叛他對皇帝維提里烏斯的效忠誓言。他親切地接待了瓦倫斯，並且勸瓦倫斯不要冒險進入納爾波高盧。但在這同時，其他的人們卻由於心裡害怕而動搖了自己的忠誠。

43 他們的動搖是有道理的，因爲皇帝的代理官③瓦列里烏斯・保里努斯——一個精力充沛的軍人，甚至在維斯帕西亞努斯作皇帝之前就是他的朋友——已經通過對維斯帕西亞努斯的效忠宣誓把附近的各個城市團結起來了。保里努斯還把被維提里烏斯所遣散、現在卻急於想重新拿起武器來的一切老兵召了來④；他還在控制著這一帶海面的佛路姆・優里伊⑤配置了一支衛戍部隊，而下述的事實又足以提高他個人的威信：佛路姆・優里伊是他的故鄉，而他還受到近衛軍士兵的尊重，因爲他曾是近衛軍的將領。此外當地的人民由於熱心贊助自己的同鄉並且希望他在將來取得權力，因此也盡力幫助他的一派。當這些有效的而且又爲謠傳所誇大的準備工作一再地傳到這時已經在動搖猶豫的維提里烏斯派那裡去的時候，法比烏斯・瓦

①今天亞得里亞海沿岸安科納(Ancona)和桑格羅河(Sangro)之間的地帶。
②今天的摩納哥(Monaco)。
③可能是納爾波高盧的代理官。
④參見本書第二卷，第六十七章。
⑤今天的佛雷儒斯(Frejus)。

倫斯就偕同四名親衛隊士兵、三個朋友和三個百人團長回到了他的船上去；瑪圖路斯和其餘的人願意留下，並且向維斯帕西亞努斯宣誓效忠。在瓦倫斯看來，雖然海洋比海岸地帶或城市要安全些，但他對於未來仍然感到危懼不安，這時他更清楚地看到的是他應當迴避什麼，而不是信任什麼了。一次海上的暴風把他吹到屬於瑪西里亞人的司托伊卡達伊群島①去，他就在那裡被保里努斯派出來搜索他的一些輕型艦船逮捕了。

44 瓦倫斯既被俘虜，一切事情就都對勝利者有利了。西班牙方面的活動是由阿德優特里克斯第一軍團帶頭開始的，這個軍團依然懷念奧托，因而是十分敵視維提里烏斯的。跟在第一軍團後面的是第十和第六軍團。高盧諸行省也毫不猶豫地學了他們的樣子。在不列顛方面，人們對維斯帕西亞努斯也有好感，因為克勞狄烏斯曾任命他統率過那裡的第二軍團，而且他本人也在那裡建立過不小的戰功。這種情況使得不列顛站到維斯帕西亞努斯這一面來，其他軍團在開頭時對這事曾進行了某種抵抗，因為在這些軍團裡，有許多百人團長和士兵是由於維提里烏斯的關係才得到升遷的，因此他們在叛離同他們已經有過一些關係的皇帝時，就顯得不是那樣果斷了。

45 不列顛人看到羅馬軍隊之間發生的這種爭端，同時又聽到了傳到他們這裡來的許多關於內戰的謠言之後，他們在維努提烏斯的領導之下鼓起了自己的勇氣。維努提烏斯不僅生性勇敢好戰，並憎恨羅馬的名字，他本人還十分憎恨王后卡爾提曼杜婭，而渴望對她進行報復。因出身高貴而享有威信的卡爾提曼杜婭是不列剛提斯人②的領袖，後來她的實力又加強了，因為她曾通過叛變的手段俘虜了國王卡拉塔庫斯，從

①今天土倫附近的耶爾群島(Les îles d'Hyères)。

②這些人居住在今天的約克郡和諾森伯蘭。

而給克勞狄烏斯．凱撒的凱旋式添加了光彩①。這種做法使她取得了財富，使她沉湎在隨著成功而來的放蕩生活裡。她漸漸瞧不起她的丈夫維努提烏斯，而把他的侍從維洛卡圖斯召來和自己同居，並且允許維洛卡圖斯和她分享統治大權。但是這一醜行立刻動搖了她的家庭。所有公民都同情她的丈夫。只有女王對維洛卡圖斯的愛情和她那殘暴的性格才是這個姦夫的依靠。因此從外面取得了援助同時又得到了不列剛提斯人本身的叛亂的幫助的維努提烏斯，就使卡爾提曼杜婭處於極其危險的地位。於是她要求羅馬人的保護，而實際上我們的一些步兵和騎兵的隊伍，在多次的戰鬥中取得了各種各樣的勝利之後，終於得以拯救女王，使她擺脫了危險。維努提烏斯取得了他的王國，但我們卻被捲入了戰爭②。

46 就在這時，日耳曼又發生了騷動。將領們的疏於職守、軍團的喜好作亂的性格、帝國從外部受到的攻擊和我們的聯盟者對我們的背叛③，這一切確實幾乎使羅馬的事業遭到極大的災難。這次戰爭的經過以及它的原因和結果我們在後面還要談到，因爲這是一場時間拖得很長的紛爭④。從來就不可靠的達奇人⑤也不安分起來。他們現在索性不再怕羅馬人，因爲我們的軍隊已經從美西亞撤退了。他們在事件剛剛發生的

---

①這裡同事實略有出入，因為克勞狄烏斯的凱旋式是公元四四年的事，而卡拉塔庫斯的被俘卻是公元五一年的事。瓦爾特(Walter)認為塔西佗這裡的意思是說，卡爾提曼杜婭俘虜了卡拉塔庫斯、他的妻子、女兒和兄弟只是給克勞狄烏斯的凱旋增加了光彩。這種說法是對的，因為我們還記得，克勞狄烏斯曾為這件事下令舉行莊嚴的遊行式，這在某種程度上也正是他先前的凱旋式的延長。參見塔西佗：《編年史》，第十二卷，第三十六章。

②戰爭是公元七一年由佩提里烏斯．凱里亞里斯結束的。

③因為巴塔維亞人和特列維利人同萊茵河以東的日耳曼人聯合起來。

④作者在後面談到了這些事情。參見本書第四卷，第十二～三十七章，第五十四～七十九章和第五卷，第十四～二十六章。

⑤他們住在今天羅馬尼亞境內。

時候採取靜觀態度，但是當他們聽到戰火已燃遍了意大利，而整個帝國業已分裂爲敵對的兩派的時候，他們就猛襲我們的輔助步兵和騎兵部隊的冬營①，並且攻占了多瑙河兩岸的地帶。他們已經準備摧毀軍團的營地，如果不是木奇亞努斯②把第六軍團配置在他們進軍的道路上加以截擊的話，他們是會實現自己的目的的。他採取了這一措施是因爲他聽到了克雷莫納勝利的消息，而且他還擔心：如果達奇人和日耳曼人都能成功地在不同地點突破羅馬人的防線，那麼就會有兩大群異邦人壓向帝國了。這一次也同以前多次發生的情況一樣，羅馬人民的福星高照：福星這時使得木奇亞努斯和東方的軍隊正好來到了當地，同時又保證了我們在克雷莫納的勝利。豐提烏斯・阿格里帕③從亞細亞行省被調了來——他在那裡擔任了一年的總督——負責美西亞的事務；在這裡，從維提里烏斯的軍隊中再撥給了他一部分軍隊。從政策以及從維護和平的觀點來看，把這些軍隊分配於各個行省並且使他們的矛頭指向外部的敵人，是高明的辦法。

47 在其他民族那裡也並不平靜。在本都發生了一次突然的武裝暴動，暴動的首領是擔任過皇家艦隊的長官的一名蠻族奴隸。這是波列莫④的一名被釋奴隸，一個叫做阿尼凱圖斯的人。波列莫過去曾實力雄厚，但是在他的王國被改爲行省之後就心懷不滿了。這個人以維提里烏斯的名義把本都的人民鼓動起來，並且用可以放手打劫的甜頭去引誘最貧苦的人民。在這之後，他便率領實力絕對未可輕視的一支隊伍向特拉佩佐斯⑤突然發動了進攻。特拉佩佐斯是座著名的古城，它是希臘人在本都海岸盡頭的地方建立起來的。在

①因為這時軍團士兵已由多瑙河沿岸地帶撤退，只有輔助部隊在那裡擔負著防守任務。
②這時他已離開拜占廷向西推進。參見本書第二卷，第八十三章。
③在對撒爾瑪塔伊人作戰時陣亡，參見約瑟普斯：《猶太戰爭史》，第四卷，第七章。
④指波列莫二世，他在公元六三年死去時把本都王國遺留給了羅馬人。
⑤今天的特拉布松(Trabzon)。

那裡他屠殺了原來包括由國王所提供的輔助部隊的一個步兵中隊，它的士兵取得羅馬公民權之後，採用了羅馬的隊旗和武器，但是卻保留了希臘人的懶惰和放縱。他還放火焚燒了艦隊，並從沒有羅馬人巡邏的海上逃走，因爲這時木奇亞努斯已把他的最精良的輕型艦船和全體海軍士兵都集中在拜占廷了。而且，蠻族還趕忙地修造了船舶在海上任意遊蕩，完全不把羅馬人的統治放到眼裡。他們把他們的船舶稱爲卡瑪拉伊(camarae)；這種船的幹舷低，但是船幅卻寬，它們不用青銅的或鐵的長釘就能拼合在一起。當海上風浪很大的時候，水手們便用木板構築防波船壁來對付波浪的高度，直到最後他們竟可以用一個像屋頂那樣的外殼把自己包起來。這些船舶就這樣地保護著自己在滔天的波浪當中到處翻滾。他們的船兩端都可以算是船頭，他們的橈手的排列方式可以改變，因此這些船就可以隨意向著任何方向安全行駛了。

48 這些事情引起了維斯帕西亞努斯的注意，因此他就派在作戰能力上久經考驗的維爾狄烏斯・蓋米努斯率領著他的軍團的一些隊伍前往。蓋米努斯在敵人的軍隊疏於防守並且由於貪圖劫掠物而分散到各處去的時候，向敵人發動了進攻，並且把他們迫回到他們的船舶上去。後來他又很快地修造了一些輕型艦船，在科布斯河①河口的地方趕上了阿尼凱圖斯。但阿尼凱圖斯在那裡取得了賽多凱吉人的國王的保護；他是通過行賄送禮的辦法才得以同這個國王結成了聯盟的。起初國王是借助於戰爭的威脅來保護向他請求庇護的人，但是當人們向他提出了叛變的報酬、否則就要對他作戰的時候，他就像一般的蠻族那樣開始動搖了自己的忠誠，出賣了阿尼凱圖斯的生命，同時交出了所有避難的人，而奴隸發動的這場戰爭就這樣結束了。

正當維斯帕西亞努斯爲這一勝利而歡欣鼓舞的時候——因爲任何事情都順利得出乎他的願望和希求之

①今天的科披河(Khopi)。

外——他在埃及又得到了有關克雷莫納戰役的消息。於是他兼程向亞歷山大推進，這樣他就能夠把饑饉的重擔加到維提里烏斯的被擊潰的軍隊和永遠需要外界支援的羅馬城身上①。原來他這時正在準備也從陸海兩方面進攻實際上處於同一地區的阿非利加，他的目的則是切斷意大利的糧源，從而在他的敵人中間造成匱乏與不和。

49 當著帝國的統治大權隨著這些世界規模的動亂而轉手的時候②，普利姆斯·安托尼烏斯在克雷莫納一役之後的行爲卻不像先前那樣無可非議了。他所以有這樣的表現，或者是因爲他以爲他已經爲戰爭做了足夠的工作，而其他的事情就容易做了，或者是因爲在有他這樣的品質的人身上，成功會把他過去被隱藏起來的貪婪、橫傲等劣點暴露出來。他神氣十足地在意大利到處爲非作歹，就彷彿這是一塊被征服的土地似的。他討好軍團士兵就好像他們是他個人的士兵一樣。他利用自己的每一句話和每一個行動來鋪平自己取得權力的道路。爲了使士兵們習慣於放縱的行爲，他要士兵自己挑選那些已經陣亡的百人團長的繼任者。士兵們就從他們當中把那些最好鬧事的推舉出來。士兵們這樣就不再聽他們的將領的話，而將領們反而要聽憑普通士兵的任意擺布了。這些助長兵變和破壞紀律的行爲，不久便被安托尼烏斯利用來爲自己的私利效勞了③。木奇亞努斯的到達絲毫不曾使他感到害怕，雖然，結果正是這種做法，而不是他對維斯帕西亞努斯不尊重這樣一件事實，對他反而是更加致命的④。

---

①埃及和阿非利加行省是羅馬的糧庫。參見塔西佗：《編年史》，第二卷，第五十九章；第十二卷，第四十三章。

②這裡塔西佗是接著本書第三卷第三十五章敘述的。

③這是說爲了自己給予的支持而向士兵勒索或接受士兵的賄賂。

④安托尼烏斯後來失去了自己的勢力，但看來實際上並沒有受到任何損害，宮廷詩人瑪爾提亞里斯在多米提安的統治時期還稱頌過他。參見本書第四卷，第十一章。

50 這時，由於冬天日益逼近而波河的水又在平原上泛濫起來①，佛拉維烏斯方面的軍隊就拋開他們的累贅的輜重而進行了轉移。他們把勝利的軍團的軍旗和隊旗②、負傷或年老因而不適於作戰的士兵，還有許多健康的士兵都留在了維羅納；現在戰爭的最嚴重的關頭既然已經過去，所以他認爲輔助的步兵和騎兵部隊再加上精銳的軍團士兵就足夠了。第十一軍團③同他們匯合到一處；開頭這個軍團有些拿不定主意，但是在他們看到佛拉維烏斯派勝利了，他們又憂慮不安起來，因爲他們先前並沒有同佛拉維烏斯派聯合起來。同他們在一起的還有新徵募的六千名達爾馬提亞人④，他們的統帥是擔任過執政官的彭佩烏斯・西爾瓦努斯⑤。但實際上起主導作用的卻是軍團的副帥安尼烏斯・巴蘇斯。西爾瓦努斯在作戰時並不積極，他把應當採取行動的日子都在空談中浪費掉了。對於西爾瓦努斯，巴蘇斯表面上是尊重他，實際上是操縱他。巴蘇斯帶著一種謙抑的熱情不斷親臨指導一切必要的活動。拉溫那的海軍士兵現在要求同軍團士兵一道作戰，他們當中的精銳部隊被編入了軍團；達爾馬提亞人代替他們擔任了海軍。軍隊和統帥們在法努姆・佛爾圖納伊⑥停了下來，不知道下一步應當如何行動，因爲他們接到報告說，六個近衛軍中隊已經離開了羅馬，而且他們認爲亞平寧山的山路已經被敵人守衛起來了。統帥們也由於糧食的缺乏（因爲現在他們所處

---

①這時正是十一月。
②這裡指勝利的軍團的主要部分。
③第十一軍團來自達爾馬提亞（他們本是奧托的老兵，但是被維提里烏斯送回了達爾馬提亞），參見本書第二卷，第六十七章。
④在今南斯拉夫境內。
⑤他這時是達爾馬提亞的長官，參見本書第二卷，第八十六章。
⑥法努姆・佛爾圖納伊(Fanum Fortunae)直譯是「幸福神殿」，即今天的法諾(Fano)，位於里米尼和安科納之間，美陶羅河(Metauro)河口處。

的地區曾受到戰爭的極大蹂躪）和士兵們的叛變性的要求而感到驚惶不安：原來他們要求他們稱之爲克拉瓦里烏姆(clavarium)的贈賜①。但是統帥們既拿不出錢，也拿不出糧食來。此外，他們把本可以儲藏起來以便後來使用的資源倉卒而貪婪地據爲己有，這也使他們陷入了窘境。

51 我從最有權威的作品那裡知道，勝利者已經把是非界限混淆到這樣程度，以致一名普通士兵竟然宣稱在上次戰爭中殺死了自己的兄弟，並爲此而向將領們要求賞賜。從一般人道上考慮，是不允許將領們獎勵這樣殺害行爲的，但是懲處這種殺害行爲又同軍事政策相牴觸。將領們藉口這個士兵應得的報酬很多而不能立即發給，這樣就把這個士兵的事情拖了下去。這件事的下文如何我們也就不得而知了。但是在先前的內戰裡卻發生過類似的一件罪行。西森納說過，在雅尼庫路姆山上對秦納作戰時②，彭佩烏斯③的一名士兵殺死了自己的兄弟，但後來在他發現了自己的罪行時就自殺了。在我們的祖先身上，對於罪行感到的悔恨情緒以及對於崇高行爲感到的光榮都要比我們強烈得多啊！這樣的事情以及從羅馬的古代歷史上引用來的其他事例，我應當在我的著作裡適當地方加以敘述，只要我所講到的事情或當時的情況需要我舉出正當行爲的例子或是爲錯誤行爲減輕其罪惡性質的話。

52 安托尼烏斯和佛拉維烏斯派的其他統帥決定把他們的騎兵先派出去在整個翁布里亞作一次偵察，以

---

①本來這錢是發給士兵們用來換鞋扣(clavus)的，所以直譯可以叫「鞋扣錢」。這是士兵的俚語。

②事情發生在公元前八七年。當時雅尼庫路姆被馬利烏斯和秦納包圍，參見李維：《羅馬史提要》，第七十九卷。格拉尼烏斯·李奇尼亞努斯和瓦列里烏斯·瑪克西姆斯也提到了這件事情，但他們說被殺死的不是秦納的士兵，而是謝爾托里烏斯的士兵。

③指彭佩烏斯·斯特拉波；他保衛台伯河的左岸，而執政官奧克塔維烏斯則在雅尼庫路姆山對路奇烏斯·科爾涅里烏斯·秦納作戰。

便看一下他們是否能安全地在什麼地方迫近亞平寧山①。他們還打算把軍旗和隊旗以及當時在維羅納的全體士兵調來，並想從波河和從海路運來糧食②。統帥中有一些人卻想出一些理由來拖延實現這些計劃；他們感到安托尼烏斯正在變得過分專橫，因此他們就希望從木奇亞努斯那裡取得一些比較確實的利益。原來取得勝利的這種速度使得木奇亞努斯很爲不安，他認爲，如果他不能親自占領羅馬，他就不能分享到這次戰爭的榮譽，故而他就不斷地用模稜兩可的口氣寫信給普利姆斯和伐魯斯；在一封信裡面他說他們無論如何也要乘勝直追，但是在另一封信裡面他又列舉緩緩前進的各種好處；他總是採取看風使舵的態度，指望根據不同的結果既能在失敗時推卸掉自己的一切責任，又能在勝利時列舉自己的功勞。對於普洛提烏斯·格律普斯③——這個人最近才被維斯帕西亞努斯提升爲元老，並被任命爲軍團的統帥——和所有其他忠誠的軍官，他在信中使用了比較坦率地加以告誡的口吻；在所有他們的回信中，他們都不贊同普利姆斯和伐魯斯的倉卒行動，他們的意見看起來是合於木奇亞努斯的口味的。木奇亞努斯把這些書信轉送到維斯帕西亞努斯那裡去，從而使得安托尼烏斯的計劃和行動未能得到像安托尼烏斯本人所希望的那樣高的估價。

53 安托尼烏斯對這一點感到十分氣憤。他責怪木奇亞努斯，說木奇亞努斯的不懷好意的暗諷使得他自己所經歷的那些危險看來算不得一回事了；他講話向來沒有節制，而且是不習慣於尊重別人的，所以他就不免把什麼話都講出來了。他寫了一封信給維斯帕西亞努斯，信裡的口氣對皇帝是很放肆的。而且他在暗

---

①可能是尋找山坡不太陡的地方。安托尼烏斯顯然認為維提里烏斯已占領了佛拉米尼亞大道。

②這裡的意思似是要士兵帶著軍旗和隊旗前來，並擔任從河路和海路運糧的任務。

③在本書第四卷的第三十九章我們看到他是行政長官。他是哪個軍團的統帥已不詳，希略斯說是第七軍團，但是沒有什麼文獻上的根據。

中還攻擊了木奇亞努斯：「把潘諾尼亞軍團武裝起來的是我！把美西亞的統帥發動起來並不斷加以鼓動的是我！正是由於我的勇敢的行動，我們才突破了阿爾卑斯山，占領了意大利，並且封鎖了可以從日耳曼和萊提亞給維提里烏斯以任何支援的道路。」安托尼烏斯還列舉了應當全部算到他的名下的光榮業績：他曾利用騎兵的突襲重創了維提里烏斯的內部不和的和分散的軍團；他還曾使自己的一支人數衆多的步兵隊伍通過整整一晝夜的追擊把那些軍隊擊潰。至於克雷莫納的災難，他認爲這是內戰中難以避免的事情，因而應當由戰爭本身來負責。他指出說，過去的內戰所造成的損失更大，所摧毀的城市也更多。他說，他是用實際行動和武器爲他的皇帝作戰，而不是靠著報告和書信爲他的皇帝作戰的。他並不想掩蓋這時已經使達奇亞①平靜下來的那些人的光榮；他們是想使美西亞獲得和平，但他的希望卻是使意大利得到安全和穩定。而且正是因爲他的勸告，世界上最強悍的高盧人和西班牙人才轉到維斯帕西亞努斯的一面來。他又說：「如果冒了險的人應得的報酬卻偏偏被那些沒有經歷過危險的人無端奪去，那麼我的一切努力便全部歸於泡影了。」木奇亞努斯完全聽到了這些話，結果雙方就結下了很深的仇恨，不過安托尼烏斯這方面表現得更加露骨，木奇亞努斯這方面雖狡猾地把這種仇恨隱蔽起來，然而他的仇恨卻是更難加以和解的。

54 但是維提里烏斯在克雷莫納的失敗之後，卻故意隱瞞了這一慘敗的消息。這種愚蠢的僞裝並不曾延緩災難本身的到來，實際上卻耽擱了對他的災難的及時補救。要知道，如果他肯承認眞相並且尋求對策的話，他仍然可以有一些希望和辦法的。但是相反地，如果他裝作一切都平安無事的樣子，那他自己的弄虛作假就只會使他的處境更加不堪了。

---

①原抄本是亞細亞(Asiam)，但亞細亞這時本來就是平靜無事的，因而從上下文來判斷應是達奇亞。今從西斯克爾(Sisker)，改為達奇亞。

在他的面前，人們奇怪地閉口不談戰爭的事情；在羅馬城裡是禁止人們談論的，這結果只能使得更多的人在那裡談論。如果允許他們講話，那他們是一定會把眞相談出來的。但是旣然他們被禁止講話，他們就反而散播更加可怕的消息。佛拉維烏斯的將領也設法散布大量的各式各樣的謠言，他們使用的辦法是領著他們俘獲的維提里烏斯方面的奸細巡視他們的營地，使這些奸細看到勝利的軍隊的雄厚實力，然後再把他們放回羅馬。維提里烏斯在暗中審問了所有這些人，並很快地把他們處死了。一個名叫優利烏斯·阿格列斯提斯的百人團長表現了非凡的勇氣。通過多次的談話他都未能激使維提里烏斯採取勇敢的行動，在這之後，他就說服皇帝派他親自去看一看敵人的力量，去看一看在克雷莫納到底發生了什麼事情。他不想瞞過安托尼烏斯去進行任何秘密的調查，而是坦率地要對方知道他的皇帝的命令和他自己此行的目的，並要求對方把一切都給他看一看。

於是人們就領他去看戰場，去看克雷莫納的廢墟和被俘的軍團。阿格列斯提斯回到維提里烏斯這裡來報告了一切；而當皇帝不承認他的話是眞話，甚至說他是因爲受了賄才這樣講話的時候，他就說，「旣然我必須爲我所說的話向你提供一個令人信服的證據，而無論我活著還是死亡都不能使你得到其他別的好處，所以我要提出一個使你信服的證據。」講了這些話之後，他就從皇帝面前離開，用自殺來表明他的話是眞的。有些人說他是根據維提里烏斯的命令被處死的，但是所有的人對他的忠誠和勇氣卻沒有異議。

55 維提里烏斯這時才像是一個從沉睡中醒過來的人那樣明白了一切。他下令優利烏斯·普利斯庫斯和阿爾菲努斯·伐魯斯①率領著十四個近衛軍中隊和所有的騎兵封鎖亞平寧山的各個山口。後來又派去了一

①近衛軍長官，參見本書第二卷，第九十二章；第三卷，第三十六章。

個海軍的軍團。這成千上萬的包括精銳的步兵和騎兵的軍隊如果是另一名統帥率領他們的話，他們是有能力採取攻勢的。維提里烏斯把其餘的中隊交給了他的兄弟路奇烏斯，用來保衛羅馬，他本人則一點也不放鬆追求他的日常享樂生活，同時又由於他對自己的未來缺乏信心，因此他就提前召開民會①並任命此後多年中間的執政官。他允許同聯盟城市締結專門的條約②，並且慷慨地把拉丁權③給予外國人；他削減了某些行省居民的租稅，又免去了另一些行省居民的全部義務——一句話，他根本沒有考慮到未來，而是把帝國弄得一塌糊塗了。但是群衆對於皇帝的慷慨恩賜卻十分歡迎。最愚蠢的公民用金錢購買這些恩賜，但是明智的人卻認爲，在國家的當前的情況下既不能給予也不能接受的這些特權，是毫無價值的。最後維提里烏斯聽從了駐留在美瓦尼亞④的他的軍隊的請求，在大批元老的伴隨下離開了羅馬。許多元老跟著他是爲了向他討好，但大多數的元老卻是因爲害怕而不得不這樣做。他就這樣沒有任何明確意圖地來到了營地，因此也就很容易爲不忠於他的意見所左右了。

56 正當維提里烏斯向軍隊發表演說的時候，一件難以置信的奇蹟出現了。一群不吉利的鳥在他的頭上飛翔，以致像一片黑雲那樣把天空都遮暗了。一隻公牛表現了另一個不吉的朕兆，它撞翻了犧牲用具，從

---

①從提貝里烏斯當政時起就由元老院表演選舉的笑劇（參見塔西佗：《編年史》，第一卷，第十五章），但結果卻仍然要向在民會(comitia)集合的人民群衆報告。

②有些城市對羅馬的關係要由特殊的條約加以規定，以與行省的一般法律相區別。

③享有拉丁權（ius Latii 或 Latinitas）的外國人有權同羅馬人進行貿易，但沒有權同羅馬人通婚。拉丁城市個別成員在某些情況下可以取得充分的公民權，條件是他們在本城擔任高級官吏或移居羅馬並有男性子嗣。從優利烏斯·凱撒時期起，整個意大利便都享有充分的公民權，而同公民權一道擴大的 ius Latii 也往往賜給行省的城市。

④在翁布里亞的司波列提烏姆西北，今天的貝瓦尼亞(Bevagna)。

祭壇那裡逃走，後來它才在離祭壇不遠的地方被人以非常的辦法殺死。但是最突出的一個朕兆卻是維提里烏斯本人；他並不精通戰術，沒有先見之明，不懂得正常的行軍次序，不會使用偵察兵，不知道一個統帥要在怎樣的限度內加速或延緩一次戰役，於是他就不斷地向別人打聽。每有一名使者到來的時候，他的面色和舉止都表現出他內心的焦慮；繼而他就大量地飲酒。但是最後他對營地的生活厭倦了，因而在聽到米塞努姆的艦隊叛變的消息以後就返回了羅馬：他聽到每一個最新的壞消息時都照例感到手足無措，卻又不去考慮事態最後會發展到怎樣的不可收拾的地步。原來當他那完整無損的兵力可以穿過亞平寧山，並可以向他那仍被嚴寒的冬天和缺糧折磨得筋疲力盡的敵人進攻的時候，他卻把他的軍隊分散開來，從而使他的最精銳並在任何情況下始終對他忠誠的軍隊遭到戰死和被俘的命運；雖然，這種做法曾是他那些最有經驗的百人團長所反對過的，而如果他肯徵求他們的意見的話，他們是會把眞實情況告訴他的。但是維提里烏斯的最親密的朋友卻不許這些百人團長見到他，這樣就使皇帝無法聽到雖然逆耳但是有益的忠告，而他所能聽到的，也就只能是阿諛奉承的話和會使他陷於毀滅的話了。

57 米塞努姆的艦隊的行動可以說明在內戰中，一個人的大膽行動可以起多麼巨大的作用。唆使這個艦隊叛變的是一個曾不光彩地被伽爾巴解職的百人團長克勞狄烏斯・佛拉溫提努斯，原來他捏造了維斯帕西亞努斯的來信，好像在這些信裡維斯帕西亞努斯答應把報酬給予叛變的士兵。艦隊的長官是克勞狄烏斯・阿波里那里斯①，這個人雖非十分忠誠，卻也不是存心非叛變不可。這時恰巧在明圖爾納伊②，一個名叫阿庇尼烏斯・提洛的擔任過行政長官的人自願領導叛亂的士兵。這些人又把各自治市和移民地也發動起來。

①巴蘇斯的繼任者，參見本書第三卷，第十二章。

②利里斯河河口的城市，位於拉提烏姆和康帕尼亞的邊界上，今已廢。

普提歐里①的人民成了維斯帕西亞努斯的熱心支持者；但另一方面，卡普亞對維提里烏斯卻是忠誠的。這樣一來，城市與城市之間的敵對關係就構成了內戰的一部分。維提里烏斯選派克勞狄烏斯・優利亞努斯去安撫軍隊，因爲當不久之前優利亞努斯擔任米塞努姆的艦隊長官的時候，他是以溫和的方式行使自己的權力的。皇帝派了一個城市步兵中隊和優利亞努斯當時率領的劍奴陪他同去，以便支持他的安撫工作。當兩支軍隊面對面地設營之後，優利亞努斯動搖了，沒有多久就投到維斯帕西亞努斯的那一面去了。雙方聯合起來的兵力於是占領了塔爾拉乞那②，這個城市之所以防守得比較好，與其說是士兵們有任何能力，無寧說是它的城壁堅固，地勢險要。

58 聽到這個消息之後，維提里烏斯③就把他的一部分軍隊④和近衛軍長官留在納爾尼亞⑤；又派他的兄弟路奇烏斯・維提里烏斯率領六個步兵中隊和五百名騎兵，去對付康帕尼亞的一觸即發的戰爭局勢。他本人雖然心情沉重，士兵的熱情和人民要求武器的呼叫聲卻又使他重新振作起來：但在他面前的其實是一群怯懦的人，他們的勇氣至多是在口頭上，他卻把這樣一些人不眞實地和浮誇地想像爲正規的軍隊和軍團呢！根據他的被釋奴隸的意見（因爲他的朋友越是顯要，他也就越是不信任他們），他下令人民按特里布斯⑥舉行集會，並在特里布斯的成員進行登記時宣誓效忠。由於成員的人數過多，他就把選拔新兵的任務分派

①今天的波佐利(Pozzuoli)，面臨那不勒斯灣。
②在阿披亞大道上，今天的特拉契納(Terracina)，位於彭提烏斯沼地以南的海岸。它的古名叫安克蘇爾(Anxur)。
③這時他已返回羅馬。
④七個步兵中隊，參見本卷第七十八章。
⑤今天的納爾尼(Narni)。
⑥這樣的特里布斯有三十五個。

給各個執政官。他要元老捐獻奴隸和現金。騎士也提供了援助和金錢；甚至被釋奴隸都要求能夠取得同樣的特權。這種實際上是出於畏懼的、僞裝的忠誠結果就形成了擁護皇帝的熱情；然而大多數人感到遺憾的與其說是爲了維提里烏斯本人，無寧說是爲了皇帝一人當權的制度所陷入的那種不妙的處境。他自己也用各種辦法，通過面部的表情、聲調和眼淚來喚起他們的同情；他就像是一個心虛膽怯的人那樣，他作了許多、甚至可以說是極多的許諾。而且他甚至希望人們把他叫做凱撒。這是他先前曾拒絕過的頭銜，現在他所以接受這一頭銜，是出於對這一名稱的迷信感①，還因爲在害怕的時候，他對於有見解的人的意見和群衆的話是同樣聽得進去的。但是，既然所有那些由於魯莽的衝動而引起的運動在開頭都很有力，但後來就慢慢削弱下去，元老和騎士也就逐漸開始改變態度：起初還是猶豫觀望的，後來在維提里烏斯不在的時候，他們就公然表現出輕視和無所謂的態度，最後維提里烏斯看到自己的企圖失敗而感到羞愧，就索性豁免了他們不肯幹的事情。

59 美瓦尼亞的占領使整個意大利陷入一片恐怖，看來又要開始一場新的戰爭了。但另一方面，事實卻是維提里烏斯的怯懦的撤退②使人們更加傾向於佛拉維烏斯的一派了。撒姆尼特人、佩利格尼人和瑪爾喜人看到康帕尼亞人走到他們的前面是心懷嫉妒的，因此他們就熱心地爲戰爭提供一切方便，就像每一次新的歸附必然會發生的情況那樣。雖然如此，軍隊在穿越亞平寧山時因冬天③的猛烈的暴風雪而受到極大的

①直到這時為止，維提里烏斯一直拒絕被稱為凱撒或奥古斯都（參見本書第一卷，第六十二章；第二卷，第五十五～六十二章），這可能是想表示自己的謙遜；但是現在他又認為皇帝的頭銜好像可能會對他的不幸起支持作用。
②指維提里烏斯返回羅馬的事情，參見本卷第五十六章。
③這時是十二月。

折磨，而當著這些沒有受到任何敵人的騷擾的軍隊感到難於在雪中跋涉前進的時候，將領們才看到他們將會遭到怎樣的危險，如果命運不使維提里烏斯轉回去的話（命運同智慧一樣，也常常幫佛拉維烏斯派統帥的忙）。在山區裡，他們遇到了佩提里烏斯·凱里亞里斯①，他是把自己打扮成農民的樣子並且利用自己對當地地形的熟悉，才逃過了維提里烏斯的哨兵的。凱里亞里斯和維斯帕西亞努斯的關係很密切，而且由於他本人在戰事方面也頗有聲譽，所以他就被任命爲一位統帥②。許多人報導說，連佛拉維烏斯·撒比努斯③以及多米提安也有逃跑的機會。安托尼烏斯的密使使用各種巧妙的辦法同他們聯繫，告訴他們可以逃到什麼地方去和他們可以取得的保護。撒比努斯藉口他的健康無力經受疲勞或去做一件冒險的事情。多米提安有勇氣，而且儘管維提里烏斯派來監視他的人答應和他一同逃跑，但他卻害怕他們是故意試探他。雖然如此，維提里烏斯本人由於尊重自己的親屬而不想對多米提安下毒手。

60 到達卡爾蘇拉伊④之後，佛拉維烏斯方面的將領休息了幾天，等待軍團的軍旗和隊旗的到來⑤。他們也認爲他們的營地的實際形勢是十分有利的，因爲這一營地俯臨一個十分開闊的地帶，並且由於後面有一些繁盛的城市⑥，而能在各種必需品的供應方面得到保證。正當維提里烏斯的軍隊離他們只有十英里的時

---

①他曾兩度擔任執政官（公元七〇和七四年）。公元六一年他在不列顛統率著一個軍團，公元七一和七二年任不列顛的長官；他鎮平了巴塔維亞人的起義。

②後來他鎮平了巴塔維亞人奇維里斯所領導的一次起義（參見本書第四卷和第五卷）。

③維斯帕西亞努斯的兄弟，這時擔任市長(praefectus urbi)，參見本卷第六十四～七十五章。

④翁布里亞的城市，今天的卡西里雅諾(Casigliano)，位於特爾尼(Terni)以北十羅馬里，在佛拉米尼亞大道上。

⑤從維羅納來的。參見本卷第五十二章。

⑥這裡指美瓦尼亞、司波列提烏姆(Spoletium)、烏爾比努姆(Urbinum)等城市。

候①，他們希望同對方談判，並且把他們拉過來。士兵們反對這種做法，他們寧願取得勝利也不想得到和平；他們甚至反對等待他們自己方面的軍團到來，因為在他們的心目中，這些軍團與其說是前來同他們一道冒險，無寧說是前來分享戰利品的。安托尼烏斯於是把他的軍隊召集起來，指出維提里烏斯還有這樣一支軍隊：如果給他的士兵以考慮的機會，那他們對他的忠誠就是大可懷疑的，但如果使他們陷入絕望的地步，那他們就是一支可怕的力量了。他說：「在內戰開始的時候，人們必須依靠命運；但是最後的勝利永遠是靠戰略和賢明的智謀得到保證的。米塞努姆的艦隊和康帕尼亞的美麗漂亮的地區已經背棄了維提里烏斯，現在在整個世界上，除了塔爾拉乞那和納爾尼亞之間的土地之外，再沒有任何地方是屬於他的了。在克雷莫納的戰鬥中我們取得了充分的榮譽，但是我們摧毀了克雷莫納，這種做法使我們蒙受了出乎我們想像的激烈指責。因此我們的責任應當是拯救羅馬，而不是占領羅馬。如果你們打算用不流血的手段使元老院和羅馬人民得到安全的話，那麼你們就會得到更多的報酬，得到你們可能取得的最大聲譽了。」這些以及諸如此類的其他說法終於使士兵們的不耐煩的情緒鎮靜下來了。

61 沒有很久，軍團就到達了卡爾蘇拉伊。佛拉維烏斯的軍隊已得到增援這樣一個可怕的消息，使維提里烏斯的步兵中隊動搖了；沒有軍官鼓勵他們去作戰，但是號召投敵的人卻很多，他們競相把他們的百人團和騎兵中隊拖到勝利者那邊去作為禮物，作為後來取得報酬的保證。佛拉維烏斯方面的人就從他們那裡得知，附近平原上的印提拉姆那②是由四百名騎兵防守的。伐魯斯③立刻奉命率領一支輕武裝的隊伍前去。

①在納爾尼亞（特爾尼）。
②今天的特爾尼，在佛拉米尼亞大道附近，參見本書第二卷，第六十四章。
③阿里烏斯・伐魯斯，佛拉維烏斯方面的將領。

衛戍部隊中有幾個人進行了抵抗，被他們殺死，但大多數的人放下了武器，並請求寬恕了。從主營逃出的一些人在那裡造成了極大的驚恐情緒，因爲他們過分誇大了敵人的勇氣和數量，其實他們的這種做法不外是想沖淡他們自己不能守住陣地的恥辱而已。維提里烏斯派不會因爲膽怯而受到懲罰，但是投到佛拉維烏斯派那一面去的人卻由於他們的叛變而得到報酬。現在人們爭先恐後做的唯一的一件事，就是看誰更加不守信義了。將領和百人團長的投敵已經成了司空見慣的事情，不過普通士兵卻始終是堅定地忠於維提里烏斯的。直到最後，普利斯庫斯和阿爾菲努斯①也離開營地回到維提里烏斯那裡去了，這就使得所有的人再也不覺得叛變是可恥的了。

62 在這些日子裡，在烏爾比努姆②被監視起來的法比烏斯・瓦倫斯③被殺死了。他的首級被展示給維提里烏斯的步兵中隊，以便使他們不再抱任何幻想，因爲直到當時爲止，他們一直認爲瓦倫斯已經到日耳曼各行省去發動舊軍隊，並在徵募新軍。他們看到他的首級時很爲失望。但是瓦倫斯的被殺卻極大地鼓舞了佛拉維烏斯軍隊的勇氣，因爲他們認爲這等於是戰爭的結束。

瓦倫斯生於阿那格尼亞④地方的一個騎士的家庭。他生性放蕩，卻頗有才幹，不過他總想通過插科打諢來博得風雅機智的聲名。在尼祿當政時期的青年節⑤時，他表演過滑稽戲，開始時他顯然是被迫這樣做的，後來卻完全是出於自願了。他的表演雖然精采，卻是很有損於自己的身分的。在維爾吉尼烏斯手下擔

①皇帝的親衛隊長官，參見本卷第五十八章。
②在翁布里亞，今天的烏爾比諾(Urbino)，位於法諾(Fano)西南。
③參見本卷第四十三章。
④今天的阿納尼(Anagni)；以前拉提烏姆地方赫爾尼奇人(Hernici)的古都。
⑤參見塔西佗：《編年史》，第十四卷，第十五章。尼祿創設的、由騎士等級的青年參加的節日。

任軍團副帥時，他巴結自己的上司，但後來又中傷他①。他在把豐提烏斯・卡皮托②勾引墮落之後，就把他處死，也許是因為未能使他墮落而把他處死的。他背叛了伽爾巴，卻忠於維提里烏斯，而別的人的背信棄義卻使他得到了榮譽。

63 既然現在各方面的任何可能的希望都已經幻滅，維提里烏斯的軍隊於是就準備投到維斯帕西亞努斯的那一面去了。但是，他們卻還想把這件事做得很體面，於是他們就打著各種標記和隊旗③下到納爾尼亞下面的平原地帶來④。全部裝備起來作好戰鬥準備的佛拉維烏斯方面的士兵，沿著道路的兩旁⑤排成密集的隊列。維提里烏斯方面的士兵被允許在佛拉維烏斯方面士兵的隊列中間行進；繼而安托尼烏斯便要他的軍隊圍在他們的四周，用溫和的語氣向他們發表講話。他們的一半人受命留在納爾尼亞，另一半則留在印提拉姆那。同時卻把一些勝利的軍團留在後面。如果維提里烏斯派的士兵安安靜靜地不動的話，這些軍團就不虐待他們，但是卻要準備足夠的力量以便應付任何叛變的行動。在這期間，安托尼烏斯和伐魯斯不斷送信給維提里烏斯，建議他放下武器並帶著他的孩子投降維斯帕西亞努斯，這樣他就可以得到安全、金錢和退居康帕尼亞的待遇。木奇亞努斯也寫信給他，向他提出類似的意見；維提里烏斯也常常有相信這些建議的意思，並且談到他應當帶著的奴隸的數目和他應當選擇的退隱地點。他這個人竟然昏昏沉沉到這種程度，以致如果不是別人記得他曾是個皇帝的話，他自己都會把這件事忘掉的。

①參見本書第一卷，第七章以次。
②下日耳曼長官，參見本書第一卷，第八章。
③這是說他們彷彿是去接受檢閱的樣子。
④這裡說「下到……來」(descendere)，是因為他們的營地是設立在高地上。
⑤指佛拉米尼亞大道。

64 另一方面，顯要的公民們卻開始在暗中慫恿羅馬市長官佛拉維烏斯・撒比努斯也來分享勝利和光榮了。他們說：「你有你自己的武力即城市步兵中隊①，警備隊②和我們的奴隸也不會不支持你；佛拉維烏斯派的好運和勝利一方的百事順遂等等情況，對你都是有利的。不要使安托尼烏斯和伐魯斯獨享光榮吧！維提里烏斯只有幾個中隊③，而且他的士兵因爲從各方面傳來的不吉利的消息而處於一種驚惶不安的狀態。人民群衆是容易改變的；只要你自己把領導他們的任務擔當起來，他們就會像阿諛維提里烏斯那樣阿諛維斯帕西亞努斯，而維提里烏斯本人既然甚至經受不住勝利，那麼他在遇到災難的時候，自然便更加無能爲力了。占領了這個城市的人將要受到人們的感謝，因爲他結束了戰爭。只有你可以爲你的兄弟維護統治大權，因爲維斯帕西亞努斯是把你看得比誰都重的。」

65 但是這些要求卻激不起撒比努斯的熱情，因爲他已經年老力衰了。確實有一些人在攻擊他，他們在暗中表示，他是出於惡意和嫉妒才故意拖延他的兄弟的勝利的。原來撒比努斯比較年長，而當他們兩人都是普通公民的時候，他的影響和財富都超過了維斯帕西亞努斯。而且還有一個說法，即有一次，當維斯帕西亞努斯的信譽受到損害的時候，撒比努斯只給了他相當吝嗇的幫助④，而且還把他城裡的房屋和田產拿來作爲抵押。因此，儘管他們在表面上相互間很和睦，可是人們懷疑他們之間在暗中是有誤會的。對於他

①維提里烏斯徵募了四個城市步兵中隊，每隊一千人；一個中隊已奉派在優利亞努斯的率領下離開（參見本卷第五十七章）。

②警備隊兼警察和消防的任務，羅馬共有七個這樣的中隊。參見本書第一卷，第二十章。

③這裡指三個近衛軍中隊。參見本卷第七十八章。

④蘇埃托尼烏斯（《維斯帕西亞努斯傳》，第四章）也說，維斯帕西亞努斯在統治阿非利加時根本沒有搜括很多財富，因此他竟不得不把自己的財產抵押給自己的哥哥，並且還想買賣奴隸，以便弄到一些錢。

的猶疑不定的性格的一種比較善意的解釋是：他是一個性格溫順、害怕流血和屠殺的人，而正因爲這一點，他才多次同維提里烏斯高談和平問題，談在約定的條件下放下武器的問題。他們在私下裡常常見面；傳說他們最後在阿波羅神殿①達成了協議。實際上只有克路維烏斯·路福斯②和西里烏斯·意大利庫斯③兩個人爲他們講的話作證。但是那些離得較遠的人卻看到了他們的面部表情，並且注意到，維提里烏斯看來是垂頭喪氣和受到屈辱的神氣，但撒比努斯的表情卻不是得意，而無寧說是憐憫。

66 如果維提里烏斯能夠說服他的追隨者也像他自己那樣容易退讓的話，維斯帕西亞努斯的軍隊就可以兵不血刃地進入羅馬了。但實際上那些對他最忠誠的人卻不接受和平，不接受同敵人締結的條件，他們指出，這是一項蘊藏著危險和恥辱的政策，而他們得到的保證只不過是要看勝利者的高興與否罷了。他們說：「維斯帕西亞努斯沒有足夠的自信心可以使他容忍維提里烏斯以一個普通公民的身分生存下去，甚至被戰敗的一方也不會容忍這種情況：他們的憐憫將會招致危險。確實，你自己已經是一個經歷過酸甜苦辣的老人了，但是你的兒子日耳曼尼庫斯④將要取得怎樣的名義和地位呢？在這個時候他們答應給你金錢、奴隸和康帕尼亞那裡的歡樂的退隱生活。但是當維斯帕西亞努斯一旦攫得了統治大權，無論是他本人、他的朋友，還是他的軍隊，都不會認爲他們將得到任何安全，除非他的對手被鏟除掉。法比烏斯·瓦倫斯雖然被

---

①奧古斯都在帕拉提努斯山上修建的神殿。

②西班牙的長官。參見本書第一卷，第八章；第二卷，第五十八、六十五章。

③他是以維提里烏斯的友人的資格在場的。在尼祿統治時期的最後一年，他擔任行政長官，後來又是亞細亞的長官。在這之後的三十年中間他似乎一直住在意大利，最後在七十五歲的時候，自願絕食而死。他有一首記述布匿戰爭的史詩(Punica)保存下來。

④參見本書第二卷，第五十九章；第四卷，第八十章。

囚禁起來並且留作在可能發生的危機時的人質，但是這個人對於俘獲他的人們來說卻依舊是一個過於沉重的負擔。普利姆斯和富斯庫斯，或是他的一派的主要代表人物木奇亞努斯除了把你殺掉的自由之外，難道還能有其他任何同你打交道的自由麼？凱撒並沒有放過龐培，奧古斯都也沒有放過安托尼烏斯①。除非維斯帕西亞努斯或許有一副比較高貴的心腸，現在你能有什麼指望呢？但維斯帕西亞努斯又是個什麼樣子的人呢？他在維提里烏斯②擔任克勞狄烏斯的同僚的時候，是維提里烏斯的一名食客。不！你必須證明你自己無愧於你那擔任過監察官的父親，無愧於三任執政官③和屬於你的名門的全部榮譽。至少在生死關頭，你必須鼓起勇氣來。士兵們對你是忠誠的，而且人民又熱心支持他們。最後，任何情況都不會比我們自願投入的那種處境更壞。如果我們被打敗，我們固然難逃一死。但如果我們投降，我們同樣活不成。唯一的問題就在於，我們是在嘲笑和侮辱中死去，還是在英勇的行動中死去。」

67 對於一切比較嚴正的意見，維提里烏斯一概充耳不聞。對於妻子兒女的憐憫和牽掛已使他的心緒煩亂已極，因爲他擔心，如果他頑強反抗的話，他會使得勝利者對他們更加不留情面。他自己還有一位年邁的母親④。但是她很及時地在她全家遇難之前幾天去世了，這樣一來，從她的兒子成爲皇帝這件事上，她

---

①這種說法並不符合歷史上的實際情況。

②維斯帕西亞努斯可能借重過路奇烏斯・維提里烏斯的某些影響。路奇烏斯・維提里烏斯是皇帝維提里烏斯的父親，他在公元四三年和四七年兩次擔任執政官（同僚是克勞狄烏斯），公元四一～五一年擔任監察官（參見蘇埃托尼烏斯：《維提里烏斯傳》，第二章；塔西佗：《編年史》，第十一卷，第三章；本書第一卷，第五十二章）。

③根據蘇埃托尼烏斯的《維提里烏斯傳》（第二章），他擔任執政官的年代是公元四三年和四七年，第三次擔任執政官的時期不詳（參見本書第一卷，第五十二章；塔西佗：《編年史》，第十一卷，第三章）。

④塞克司提里婭・奧古斯塔(Sextilia Augusta)，參見本書第二卷，第六十四、八十九章。根據蘇埃托尼烏斯的記載（參見《維提里烏斯傳》，第十四章），據說她是被她的兒子逼死的。

所得到的只不過是痛苦和令譽而已。

正月朔日前第十五日①，當維提里烏斯聽到了納爾尼亞那裡的軍團叛變和一些中隊叛變投降消息之後，他便穿上喪服，從帕拉提烏姆宮走了出來，在他四周則是他的哭哭啼啼的家人②。他的小兒子被放到肩輿上抬著，就彷彿走在出殯的行列中的樣子。人民群衆喊著不合時宜的諂媚話；士兵們也保持著不祥的沉默。

68 沒有一個人對於別人的命運會這樣漠不關心，以致他對於當前的這種情景竟無動於衷。這裡的羅馬皇帝就在昨天還是全人類的主人，現在他卻放棄了他那備極尊榮的地位，從人民中間和市中心走過，放棄了自己的統治大權。人們在先前從來沒有看到過或聽到過類似的事情。突然發生的一次暴行殺死了獨裁官凱撒，一次密謀又奪去了皇帝蓋烏斯的性命。在黑夜和荒野的掩蔽下尼祿逃跑了；披索和伽爾巴還可以說是死在戰場上的。但現在是維提里烏斯在他自己召集的一次會議上③，在他自己的士兵的拱衛下，甚至在有婦女旁觀的情況下，按照他當前的悲慘處境簡單地講了話。他說他的退讓是爲了和平和他的國家。他請求人民群衆只須記住他並憐憫他的兄弟、他的妻子和他的無辜的年幼子女。他講話時，把他的年幼的兒子抱起來，給這個人那個人以及到會的所有的人看。最後他泣不成聲，從身邊把匕首抽出來，交給了站在他身旁的執政官，就好像把他的生死大權交到公民們的手裡似的。這個執政官的名字是凱奇里烏斯·西姆普列克斯④。當這個人表示拒絕，而與會的人民也高呼表示不同意的時候，維提里烏斯便離開了他們，打算

①公元六九年十二月十八日。
②這裡原文的 familia 還應當包括他的奴隸和被釋奴隸。
③他是從廣場的講壇(Rostra)向人們講話的。
④他是十一月和十二月的補缺執政官，參見本書第二卷，第六十章。

把皇帝的標記存放入協和神殿①，而在這之後，再到他的兄弟家裡②去。於是人民便更加用力地高呼，反對他到一個私人的住宅去，而是要他回到宮殿去。所有其他的道路都在他面前被封閉了。只有一條聖路③留給他。他只得萬分惶恐地返回宮殿。

69 外面已經傳說他退位了，佛拉維烏斯·撒比努斯也寫信給中隊④的將領們，要他們對軍隊加以約束。因而就彷彿全國都已轉入維斯帕西亞努斯的手裡似的，首要的元老、大多數的騎士和全部城市守衛部隊和警衛人員都擠到佛拉維烏斯·撒比努斯的家裡來。人們在那裡聽到了關於人民的情緒和日耳曼中隊所發出的威脅的談論⑤。但是在這時，撒比努斯要想後退已經困難，因爲他走得太遠了。每個人自己都擔心一旦他們分散開來而變得孤單軟弱的時候，維提里烏斯的士兵會向佛拉維烏斯的士兵發動進攻，於是就催促還在徘徊觀望之中的市長採取武裝行動。但是，正如在這種情況下往往會發生的那樣，雖然所有的人都出主意，但敢於冒險的人卻很少。當撒比努斯和他的武裝侍從來到豐達努斯湖⑥的時候，他們遇到了一批最堅決支持維提里烏斯的人。這次衝突是無關重要的，因爲這一遭遇是事先沒有預料到的，然而它對於維提里

---

①協和神殿(aede Concordiae)在卡庇托里努斯山下，就在講壇的後面。神殿首建於公元前三六七年，此後不斷改建和增修。此外，它也被利用為一種藝術博物院。元老院經常在這裡召開會議。

②就在廣場附近（參見本卷第七十章）。

③聖路穿過帕拉提努斯山通到佛拉維烏斯圓形比賽場(Colosseum)。大概就在後來提圖斯拱門的地方，這條聖路向上通到帕拉提烏姆宮。

④這裡指羅馬的一切軍隊：近衛軍、城市步兵中隊和警備隊。

⑤這裡指支持維提里烏斯的三個近衛軍中隊。從本書第一卷第九十三和九十四章我們知道，日耳曼的軍隊中有許多人被編入了近衛軍。但近衛軍被稱為日耳曼中隊卻是不常見的。

⑥在克維里那里斯山附近。歐列里(Orelli)說蘇拉時期的一個銘文就提到豐達努斯湖街(vicus laci Fundani)。

烏斯的軍隊卻很有利。在這種混亂的情況下，撒比努斯採取了就當時而論最容易做到的辦法。他率領一支混合的軍隊和一些不容易指出名字來的元老和騎士，占領了卡庇托里努斯山上的衛城①。我所以說不出他們的名字，因爲在維斯帕西亞努斯取得勝利之後，許多人都聲稱曾爲他的一派做過這樣的事情。遭到圍攻的人們中間甚至有幾名婦女。在這些婦女中間，最有名的是維路拉娜・格拉蒂拉②，子女和親屬都不能引起她的牽掛，但戰爭的魅力卻使她十分神往。當維提里烏斯的軍隊圍攻撒比努斯和他的同伴的時候，他們對警戒是很不注意的；因而在深夜裡，撒比努斯竟然得以把他自己的兒子和侄子多米提安召到卡披托里烏姆神殿來。他還做到派一名使者穿過敵人的鬆弛的哨兵線，而到佛拉維烏斯的將領們那裡，去報告他們被包圍的消息，而除非援軍到來，否則他們就會難以擺脫困境。但實際上這一夜是如此地安靜，以致撒比努斯本來是可以安全地逃出去的。因爲維提里烏斯的士兵雖然不怕危險，卻不是認眞執行自己的任務和用心戒備的；此外突然下起來的一陣冬雨也使得人們看既看不清楚，聽也聽不清楚。

70 天色剛亮，在雙方能夠展開戰鬥行動之前，撒比努斯便把一個主力百人團長科爾涅里烏斯・瑪爾提亞里斯派到維提里烏斯那裡去，要瑪爾提亞里斯向維提里烏斯抗議破壞協定的行動。他的話是這樣：「你實際上只是爲了欺騙所有這些顯貴人物才在那裡裝模作樣地表示要退位的。你爲什麼從講壇到你的兄弟的那俯臨廣場而且引人注目的家裡去，而不到你妻子在阿文提努斯山上的家裡去呢？只有這種做法才適合於

---

①卡庇托里努斯山的頂部是兩個差不多高的山峰。古時的作家把北面的山峰稱為阿爾克斯(Arx)，西南面的山峰稱為卡披托里烏姆。撒比努斯所占領的是卡披托里烏姆。塔西佗則把它稱為 arx Capitolii，Capitolina arx 或 Capitolium。但是這裡他只把 arx 用來指一般山峰。朱庇特神的神殿就在卡庇托里努斯山的西南部。

②她被多米提安放逐出羅馬（參見普利尼：《書信集》，第三卷，第十一章；第五卷，第一章）。

一個完全不想表示自己是個皇帝的普通公民的身分。但你的做法卻恰恰相反，你回到皇宮去，到掌握統治大權的要塞去。從那裡又派出了一支武裝隊伍，結果城裡人口最稠密的地方就布滿了無辜者的屍體，甚至連卡披托里烏姆神殿也未能幸免。我撒比努斯當然只是一個普通公民①和一名元老。只要是維斯帕西亞努斯和維提里烏斯之間的問題正在依靠雙方軍團之間的戰爭、城池的占奪和中隊的投降來決定，儘管西班牙、日耳曼②和不列顛都叛離了，但我，維斯帕西亞努斯的親哥哥，在我應邀同你談判之前，我仍然是忠實於你的。和平與協調對戰敗者是有利的事；對勝利者來說，它們只是光榮的而已。如果你後悔你的協定的話，你也不應當進攻曾被你的叛變行爲所欺騙的撒比努斯或維斯帕西亞努斯的還是幼童的兒子。殺死一老一少對你有什麼好處呢？你倒是應當率領軍隊對軍團展開堂堂正正的戰爭，以便在戰場上爭奪最高的統治大權。所有其他一切都是要取決於戰鬥的結果的。」維提里烏斯聽到這些話之後感到十分不安，但他只是作了一個簡短的答覆爲自己辯護，而把責任推到他的士兵身上。他說士兵們的過分熱情是他這樣一個性格溫和的人所無法控制的③。同時他勸瑪爾提亞里斯從宮殿的一個秘密的出口離開，爲的是使士兵不會因爲他斡旋他們所不喜歡的和平而把他殺死。至於他本人，他已沒有力量發布命令或是禁止別人做什麼了。他已不再是皇帝，他只不過是戰爭的由頭罷了。

71 瑪爾提亞里斯剛剛回到卡披托里烏姆神殿，士兵就憤怒地趕上來了。他們並沒有領頭的，各人都是

①原來的意思是穿著長袍的人。

②指上下日耳曼。長官霍爾狄奧尼烏斯・佛拉庫斯和軍團副帥沃庫拉都是站在維斯帕西亞努斯的一面的。參見本書第四卷，第三十一、三十七章。

③這裡的意思是說他的謙遜、耐心的勸告對士兵發生不了什麼作用。

按照自己的意思行動。他們列爲縱隊衝過廣場和聳立在廣場周邊的那些神殿①到山上來，一直到卡庇托里努斯山的衛城最前面的門。如果你從山坡上去，那麼在右手就可以看到一些舊的柱廊；守衛者就跑到這些柱廊的頂子上來，用大量的石頭和瓦片向進攻他們的人攻擊。進攻者除了刀劍之外，沒有別的武器，而且他們認爲若是再把投射器械和投射物取來又太費時間，於是他們就向柱廊的一個向外突出的部分投擲火把，然後就沿著延燒的道路前進。他們實際上已經點著了卡披托里烏姆神殿的正門，而如果撒比努斯不是把所有的雕像和紀念祖先的光榮的紀念物搗毀、並把它們堆在入口的地方當做屏障的話，他們本來是可以攻進去的。進攻者試圖通過不同的方面攻入卡披托里烏姆神殿，進攻的道路一處在阿吉路姆森林②的地方，一處在通向塔爾培亞岩③的百步梯的地方。在這兩處發動的進攻都是事先不曾料到的，不過從阿吉路姆森林方面進攻的道路比較近，威脅也更大。而且守衛者也沒有辦法擋住那些從鄰近的房屋爬上來的人，這些房屋在和平時期修造得很高，它們達到同卡披托里烏姆神殿相等的高度。不過我們在這裡不清楚是攻擊者還是被攻擊者把屋頂點起了火。比較流行的說法是被攻擊者點著了的，因爲他們想藉以擊退正在向上爬或是已爬到頂子上來的進攻者。火從房屋延燒到同神殿相連接的柱廊那裡去；繼而那支持著屋頂的「鷹」④因爲是舊木料製造的，便也引上了火。這樣，門沒有被打開的卡披托里烏姆神殿就燒起來了。沒有人保衛它，

①例如卡司托爾神殿、撒圖爾努斯神殿等等。

②傳說在卡庇托里努斯山的兩個山峰的山凹部，羅木路斯建造了一座避難所，今天是羅馬的康姆庇多里歐廣場(Piazza del Campidoglio)。

③卡庇托里努斯山的西南角。

④這顯然是指鷹形的柱頭。

也沒有人劫掠它。

72 這是羅馬建城以來所犯下的最可悲的、也是最可恥的罪行。羅馬沒有外部的敵人；只要是我們的風習不越軌，諸神對我們是慈祥的。可是我們的祖先通過相應的占卜儀式作爲帝國大權的保證而修建起來的至善至大的朱庇特神的神殿，連羅馬對之投降的波爾塞那①以及占領過羅馬的高盧人②都不敢破壞的這座神殿，卻毀在發瘋的皇帝們的手裡！在先前的內戰裡③，卡披托里烏姆神殿確實被焚燒過，但那不過是私人的罪行。但現在它卻公然被包圍起來，人們明目張膽地焚燒它，而且發動戰爭的原因是什麼呢？爲這一巨大災難所付出的代價是什麼呢？在我們爲祖國而戰鬥的時候，這座神殿一直完整無恙地屹立在那裡。國王塔爾克維尼烏斯·普利斯庫斯在對薩比尼人作戰時曾發願修建這座神殿，他爲神殿奠立的基址與其說是爲了適應當時還不富裕的羅馬人民所能負擔的財力，無寧說是爲了配得上他對羅馬的偉大未來的期待。後來開始修建它的是得到了羅馬的聯盟者的熱心幫助的謝爾維烏斯·圖里烏斯。塔爾克維尼烏斯·蘇培爾布斯在圖里烏斯之後繼承了這一事業，因爲在攻占了蘇埃撒·波美提亞④之後，他從敵人手裡取得了戰利品。但是完成了這一建築物的光榮卻落到了自由的身上：在驅逐了國王之後，荷拉提烏斯·普爾維路斯在他擔

---

①根據傳說，這是公元前五〇七年的事。但這裡在細節上和傳統有出入：波爾塞那並沒有進城，而是取得人質後便撤除了包圍的軍隊，關於這裡的說法，可參見普利尼：《自然史》，第三十四卷，第十四～三十九章。現在我們還弄不清楚塔西佗的根據是什麼。

②根據傳說，這是公元前三八七年的事。

③公元前八三年馬利烏斯與蘇拉之間的戰爭。

④古時拉提烏姆的一座城市，離羅馬約五十英里，在阿披亞大道旁。

任第二任執政官時正式奉獻了它①。而這座神殿是如此雄偉，以致羅馬人民此後取得的巨大財富只能對它進行裝飾，卻不能增加它的壯麗②。經過四百十五年③以後，它在路奇烏斯·斯奇比奧和蓋烏斯·諾爾巴努斯擔任執政官的一年裡被焚毀，但它在原地被重建起來。勝利的蘇拉擔起了這一任務，但他也未能看到它的完成以便親自奉獻它，這是他的順利的一生中唯一未能如願的事情④。在凱撒們所修造的一切偉大的建築物當中，路塔提烏斯·卡圖路斯⑤的名字直到維提里烏斯時期始終保有自己的地位。這就是當時所燒掉的神殿。

73 但是大火對被圍攻者，較之對圍攻者造成了更大的恐怖，因爲維提里烏斯的士兵在危險當中既不缺少技能，又不缺少勇氣。但是在對方，士兵們卻十分害怕，指揮官好像被嚇呆了似的，既不能講話，也聽不進別人的講話；他不願聽從別人的意見，但自己卻又不想辦法；他隨著敵人的呼叫聲時而這邊時而那邊地亂轉。他剛剛下令要大家做的事情卻又禁止執行了，他剛剛下令禁止的事情卻又要大家做了。不久之後，就像是在不顧一切的時候經常發生的情況那樣，所有的人都發起命令來，但沒有任何人服從這些命令。最後他們就拋掉自己的武器。開始向四面尋求逃跑的機會或是躲避他們的敵人的場所了。維提里烏斯的士兵衝了進來，進行了一場極爲殘酷的燒殺。少數有經驗的軍人——其中最著名的是科爾涅里烏斯·瑪爾提亞

①公元前五〇七年；波利比烏斯、李維、普魯塔克認為奉獻是兩年前他第一次擔任執政官時的事情。
②關於這座神殿的歷史，參見李維：《羅馬史》，第一卷，第三十八、五十三、五十五章。
③實際上是四百二十五年。可能原來的羅馬數字 CCCCXXV 被看錯了。
④這是蘇拉自己的話。參見普利尼：《自然史》，第七卷，第一三八章。
⑤他的父親是金布利人的征服者。他在公元前六九年奉獻了這座神殿。後來奧古斯都雖然花了大量金錢修飾卡披托里烏姆神殿，但是他沒有換掉上面有卡圖路斯的名字的銘文。

里斯、埃米里烏斯·帕肯西斯①、卡司佩里烏斯·尼格爾和狄第烏斯·司凱瓦——敢於作戰，結果就被殺死了。手無寸鐵而且不打算逃跑的佛拉維烏斯·撒比努斯被維提里烏斯派的士兵包圍了。他們同樣還俘獲了執政官克溫圖斯·阿提庫斯②。他所以引起敵人的特別注意，一來是他那空頭的官職③，二來是他自己的愚蠢，因爲他曾向人民發表過一些稱頌維斯帕西亞努斯、侮辱維提里烏斯的文告。其餘的守衛者也用各種各樣的辦法逃走了。他們有的打扮成奴隸的樣子，有的得到了忠誠的食客的保護而被藏在行李中間。還有一些人聽到了維提里烏斯的士兵相互遇到時用來辨識自己人的口令，因而便使用主動問人或在被問到時使用口令的這樣一個大膽的辦法，而得以逃了活命。

74 在進攻者衝進衛城的時候，多米提安被藏在神殿的一個住持的家裡：後來一個被釋奴隸給他想出了一個巧妙的辦法。他穿上一身亞麻布的衣服④，瞞過敵人的耳目而得以混到大群的信徒⑤裡，這樣就逃到維拉布魯姆附近他父親的一名食客科爾涅里烏斯·普利姆斯的家裡去藏了起來⑥。後來當他父親取得了統治大權的時候，多米提安就拆掉了神殿住持的住所，在那裡爲保護之神朱庇特修造了一座小聖堂，此外還修

---

①帕肯西斯曾被伽爾巴撤去城市守衛中隊將領的職務。奧托使他復職之後，就要他率領一支隊伍到納爾波高盧去。參見本書第一卷，第二十、八十七章；第二卷，第十二章。

②他是公元六九年度最後兩個月的補缺執政官，他的同僚是格涅烏斯·凱奇里烏斯·西姆普列克斯。

③在帝國時期，執政官只是一種空銜，根本沒有任何實權。

④埃及的伊西司女神的崇奉者(sacricolae)都應穿亞麻布的衣服，因為這種宗教認為羅馬人平常穿的羊毛衣服是不淨的。

⑤這裡當然指信奉伊西司的信徒。在卡庇托里努斯山上有一座伊西司的神殿。但在彭佩地方，可能早在公元前一〇五年便有了伊西司的神殿。

⑥狄奧·卡西烏斯（第六十五卷，第十七章）說他逃到普通的民家去。

造了一座祭壇，祭壇上有一幅描述他的逃跑情景的大理石浮雕。後來當他本人取得了皇帝的寶座時，他又把一座巨大的神殿奉獻給守護之神朱庇特①，並且把自己的像放到神像的懷裡。撒比努斯和阿提庫斯被戴上鐐銬送到維提里烏斯那裡去，維提里烏斯對他們既沒有講氣憤的言語也沒有氣憤的臉色，雖然，群衆卻都在憤怒地喊叫，要求他授權把他們殺死，並要求完成這項任務的報酬。站得最近的人們最先大聲提出了這樣的要求，繼而最下層的平民就既諂媚又恫嚇地開始要求懲辦撒比努斯。維提里烏斯站在宮殿的台階上正準備向他們提出請求，但這時他們卻迫使他後退。隨後他們就刺死了撒比努斯，肢解了他，割下了他的腦袋，然後就把他那無頭的屍體拖到蓋莫尼埃台階那裡去了②。

75 一個絕不應加以輕視的人物便這樣地結束了自己的性命。他擔任公職長達三十五年之久，在文治武功方面都卓著勳功。他的正直的品格和公道的作風是無可非議的。但是他講話太隨便了。在他擔任美西亞長官的七年或擔任市長③的十二年當中，講話太隨便是外界輿論可以對他提出的唯一指責。他晚年時，有人認為他缺乏毅力，許多人則認為他性格溫順，不想使他的國人流血。無論怎樣，所有的人一致同意，直到維斯帕西亞努斯成了皇帝的時候為止，他們一家的聲譽主要是在撒比努斯一人身上。據說他的死訊曾使木奇亞努斯感到歡喜。大多數的人感到他的死亡對和平的事業也是有利的，因為他結束了這樣兩個人之間的競爭：其中的一個人認為自己是皇帝的哥哥，而另一個人卻把自己認成是參預統治大權的人。但是當人

---

①這座神殿就在塔爾培亞岩的百步梯附近。

②從廣場通向卡披托里烏斯神殿的台階，通常被處死的犯人的屍體都陳列在這裡。

③在奧古斯都和提貝里烏斯當政時期，市長(praefectus urbi)只是皇帝離開羅馬時的臨時代表，後來這一職位就成為常設的了。

民要求懲處執政官的時候，維提里烏斯拒絕了，因爲他很感激阿提庫斯並且好像是想要報答他似的。原來當人民群眾問是誰把卡披托里烏姆神殿點著了火的時候，阿提庫斯自己擔起了這項罪名，而由於他的承認——也許這是隨機應變說的謊——他好像就把人們對這一罪行的憎恨引到自己身上，而使維提里烏斯派的人們擺脫了對這一罪行的責任。

76 就在這些日子裡，在費羅尼亞①設營的路奇烏斯·維提里烏斯威脅說要摧毀塔爾拉乞那，他已經把那些不敢出城或是不敢冒險到城外的平原上去的劍奴和水手都封鎖在城裡了。前面我說過②，帶領劍奴的是優利亞努斯，帶領水手的是阿波里那里斯，但是這兩個人的放蕩的生活習慣和懶惰的性格使得他們與其說像是將領，倒不如說更像劍奴。沒有配置任何哨兵，沒有作任何努力加強城牆的防守薄弱的部分。他們日夜在各處遊逛，使得岸上的遊憩之地到處響著他們尋歡作樂的喧聲。他們的士兵分散到各處去尋找他們可以取樂的東西，而將領們卻只在晚飯的桌子上才談論戰爭。幾天之前阿庇尼烏斯·提洛就已經離開了塔爾拉乞那，現在他在附近各個城鎮搜括禮物和金錢的粗暴方式使得他並未能加強自己的力量，反而引起了人們更多的憎惡。

77 這時，維爾吉尼烏斯·卡皮托的一個奴隸跑到路奇烏斯·維提里烏斯那裡去，並保證說，如果他能有一支隊伍的話，他就可以把這座空城③拿過來。因此，在深夜裡，他就率領著一些輕武裝的步兵中隊，

---

①離塔爾拉乞那三英里。這顯然是意大利的一位女神的名字，在普列涅斯特和索拉克提各有它的神殿一座，這裡是第三座。

②參見本卷第五十七章。

③這實際上是說等於無人防守的城堡，參見前章。

同他們一道爬到俯臨他們的敵人的山頂上去。他們就從這裡一擁而下屠殺敵人，而不是同敵人作戰。他們屠殺了敵人，敵人當中有些人沒有武器，有些人是剛剛拿起武器，有些人只是剛剛醒來，這時黑暗、恐怖、喇叭聲、他們的敵人的號叫聲使所有的人亂成一團。

一些劍奴進行了抵抗，他們雖然陣亡了，卻使他們的敵人也受到了相應的損失。其餘的人則衝到船上去；但是在那裡，同樣的驚恐情緒引起了極大的混亂，因爲維提里烏斯的士兵不分青紅皂白地屠殺同士兵一道逃跑的市民。六隻里布爾尼亞式的船在一得到警報的時候就逃跑了，在這批船上的就有艦隊的長官阿波里那里斯。其餘的船隻則在未離岸時就被俘獲了，有的卻是由於跑到船上來的人員過多而陷在淺灘上無法轉動了。優利亞努斯被帶到路奇烏斯・維提里烏斯面前來，當著他的面遭到笞打和屠殺。有些人控告路奇烏斯・維提里烏斯的妻子特里婭里婭①，說她佩戴著士兵的刀，在塔爾拉乞那被攻克後的可怕的屠殺裡，有橫傲和殘暴的行動。維提里烏斯本人把帶著桂葉的信送給他的兄弟，報告他的勝利②，同時又問他，他是把他調回羅馬，還是要他留在那裡把康帕尼亞全部平定。後來的耽擱不僅幫助了維斯帕西亞努斯派，而且也幫助了國家，要知道，如果這些因爲自己的勝利的自豪感、而更爲加強了自己那天生的倔強脾氣的軍隊乘勝趕到羅馬的話，那麼後來發生的鬥爭就必定會是激烈的，並且必定會把羅馬摧毀了。儘管路奇烏斯・維提里烏斯品質惡劣，但是他是刻苦的，他的力量不是像好人那樣來自自己的德行，而是像最壞的人那樣來自自己的罪惡。

①參見本卷第六十三、六十四章。

②根據當時的習慣，報告好消息的信一般附上一片桂葉，報告壞消息的信一般附上一支羽毛。

78 正當維提里烏斯派的這一面發生這些事情的時候①，維斯帕西亞努斯的軍隊卻離開了納爾尼亞，並且安安靜靜地在歐克里庫路姆②慶祝撒圖爾那里亞節③。對於這樣一種很不光彩的耽擱所作的辯解是，他們在等待著木奇亞努斯。有些人懷疑安托尼烏斯，說他的耽擱有背叛的意圖，因爲維提里烏斯曾暗中寫信給他，答應他擔任執政官，把女兒嫁給他，並且給她一大筆妝奩作爲叛變的酬勞。但另一些人認爲，這些說法純乎是爲了木奇亞努斯的利益而揑造出來的。還有一些人認爲，所有的將領都建議只用戰爭來威脅羅馬，而不是在實際上對羅馬作戰，因爲最強的中隊都已經叛離了維提里烏斯，如果把他的全部後備力量加以切斷的話，他會自動放棄統治大權的。

他們說：「但是起初是撒比努斯的倉卒，繼而是他的軟弱，把所有的計劃破壞了。因爲他輕率地拿起了武器，後來在保衛卡披托里烏姆神殿時，甚至三個中隊④的敵人都抵擋不住，雖然，工事堅固的卡披托里烏姆神殿這樣的堡壘本來是應當能夠抵抗住甚至大軍的進攻的。」但是要把所有的人都會犯的錯誤加到任何個人的頭上去並不是輕而易舉的事情。木奇亞努斯用他那些模稜兩可的信拖住了勝利者；安托尼烏斯卻由於不合時宜的遷就或是爲了盡力想把人們的指責轉嫁到木奇亞努斯身上，這才使自己受到了指責；其

---

①參見本卷第六十三章。

②翁布里亞的城市，位於納爾尼亞以南，納爾河(Nar)與台伯河合流處附近。今天的奧特里科利(Otricoli)。

③每年十二月十七日至二十三日舉行。

④這裡指三個近衛軍中隊。近衛軍中隊本來有十六個（參見本書第二卷，第九十三章），有十四個參加了戰鬥（參見本書第三卷，第五十五章），但我們應假定維提里烏斯在返回羅馬時，使這十四個中隊裡的一個中隊作為他的衛隊與他同行。這樣在六個中隊被路奇烏斯・維提里烏斯帶走之後，便只有六個留在納爾尼亞了。

餘的統帥由於認爲戰爭已經過去，反而使戰爭得到一個聲名狼藉的收場①。甚至佩提里烏斯・凱里亞里斯雖然事先奉命率領一千名騎兵通過薩比尼人地區的道路，並從撒拉利亞大道進入羅馬②，但是他進軍的速度也不夠迅速，直到最後他們得到了卡披托里烏姆神殿被包圍的消息時，這才使他們一致地加緊行動起來。

79 沿著佛拉米尼亞大道前進的安托尼烏斯在深夜到達了路布拉・撒克撒③；但是他帶來的援助是不及時的。他在路布拉・撒克撒只得到了可悲的消息：撒比努斯被殺死了，卡披托里烏姆神殿被燒毀了，全城居民人心惶惶。但後來他又接到情報，說普通人民、甚至奴隸都武裝起來支持維提里烏斯了。此外，佩提里烏斯・凱里亞里斯的騎兵在一次戰鬥中也被打敗了，原來當他像是追擊被打敗的敵人那樣漫不經心地、倉卒地向前推進時，他們遇到了維提里烏斯的一支步兵和騎兵的混合部隊。戰鬥是在離城不遠的地方，在建築物、花園和曲曲折折的街道中間進行的：這些地方是維提里烏斯的士兵所熟悉的，但敵人卻不熟悉這些地形而驚慌起來。而且凱里亞里斯的騎兵也並非全部都是同心同德地作戰的，因爲被分配到他的軍隊裡來的有不久之前在納爾尼亞投降的軍隊，這一類人對於作戰雙方採取了旁觀態度。一個名叫優利烏斯・佛拉維亞努斯的騎兵中隊隊長被俘了；所有其餘的人都可恥地逃跑了，但是勝利的一方卻只把他們追擊到費

---

①塔西佗這裡似指佛拉維烏斯派的將領們的拖延所引起的悲慘後果：卡披托里烏姆神殿被燒、撒比努斯慘死等等。

②凱里亞里斯是要穿過薩比尼人地區的小路（路東面是撒拉利亞大道，西面是佛拉米尼亞大道）轉到撒拉利亞大道上來，再從科里努斯門進入羅馬。普利尼在《自然史》中說（第三十一卷，第七章），「撒拉利亞」這個名稱的由來是因爲薩比尼人從城裡買了鹽之後就是從這條路回來的（按salarium一詞，在拉丁語中是「鹽」的意思，撒拉利亞的原文salaria一詞即從這一詞演變而來）。

③在佛拉米尼亞大道上，位於台伯河右岸，在羅馬以北六英里（一說九英里），直譯是「紅岩」。今天的格羅塔・羅撒(Grotta Rossa)。

迪納伊①。

80 這次勝利激發了人民群衆的熱情。羅馬的民衆拿起了武器。他們當中的一些人有盾牌。但大多數的人只是匆忙地拿起他們手頭可以摸到的不管什麼武器，並要求發布戰鬥的信號。維提里烏斯對他們表示感謝，並且命令他們出擊，以保衛羅馬城。稍後又召集了元老院的會議，元老院選派代表到軍隊那裡去，勸說他們爲著國家的利益同意締結和約。這些使節的命運各不相同。到佩提里烏斯・凱里亞里斯那裡去的人們冒了極大的危險，因爲他的士兵根本不考慮任何和平條件。他們實際上竟然使阿路列努斯・路斯提庫斯②這位行政長官負了傷。他個人的崇高品格加強了人們對於加到一名使者身上的這一暴行和對於一位行政長官的這種侮辱，很自然地會感到的義憤情緒。他的隨從人員都被趕跑；離他最近的那個侍從③仗著膽子想在人群中間分出一條道路來，就被殺死了；老實說，如果凱里亞里斯不把一支衛隊派去保衛使節的話，使節們本人——他們的神聖不可侵犯甚至在外國人那裡都是受到尊重的——在瘋狂的內爭中就會受到蹂躪，而使者也就會在他們故鄉城市的城門前被殺死了。但是到安托尼烏斯那裡去的使節卻受到了比較溫和的接待，這倒不是因爲他的士兵性格不那樣暴烈，而是因爲他們的統帥有較高的威信。

---

①在撒拉利亞大道上，在羅馬東北約五英里，今天的卡司提爾・吉猶比列奧村(Gastel Giubileo)。

②公元六六年度保民官，著名的斯多噶派信徒，他在公元九四年由於曾稱頌過特拉塞亞和赫爾維狄烏斯・普利斯庫斯而被多米提安處死。參見小普利尼：《書信集》，第一卷，第五章。

③行政長官的侍從(lictor)在他面前列成一排，而離行政長官最近的那個侍從地位最高（參見李維：《羅馬史》，第二十四卷，第四十四章）。

81 穆索尼烏斯・路福斯①也參加到這些使節裡面來。他是騎士等級出身的人，是一個專心研究哲學特別是斯多噶派學說的人。當他走在隊伍中間的時候，他就開始告誡那些武裝士兵，談論和平的幸福和戰爭的危險。許多人聽到他的話笑了起來，但更多的人是感到厭煩；還有一些人甚至準備把他推來推去，並且把他踏倒在地上，如果這時他不是聽從了那些性情比較溫和的士兵的警告和另一些人的威脅，而放棄了他那不合時宜的說教的話。維司塔貞女們也到軍隊這裡來，她們帶來了維提里烏斯寫給安托尼烏斯的信件。維提里烏斯要求把決定性的戰鬥只拖延一日，並表示只要他們拖下來，他們就能夠比較容易地達成完全的協議。維司塔貞女被禮貌地送了回來。對維提里烏斯的回答是，由於殺死了撒比努斯和燒掉了卡披托里烏姆神殿，他已經使雙方不可能再進行任何接觸了。

82 雖然如此，安托尼烏斯還是召集了他的軍團的士兵，想安撫他們，說服他們在穆爾維烏斯橋②附近設營，而在第二天再進城。他希望有這樣的耽擱，因爲他擔心那些被戰鬥所激怒的士兵會根本不把人民、元老院、甚至諸神的神殿和廟宇放到眼裡。但是他的士兵卻感到他的每一次的耽擱都是有損於他們的勝利的。同時在小山間閃現的隊旗，儘管在它們後面是大群的沒有武裝的人們，卻給對方造成了一支敵軍的印象。佛拉維烏斯的軍隊是分成三個縱隊行進的：一部分繼續沿著佛拉米尼亞大道行進；一部分沿著台伯河行進；第三個縱隊則沿著撒拉利亞大道，迫近科里努斯門。騎兵的一次進攻把大群的公民驅散了；但是維提里烏斯派的士兵也是分三個縱隊行進以保衛羅馬城的。在城前發生了各有勝負的多次戰鬥，不過領導方

---

①埃皮克提圖斯的教師，特拉塞亞的朋友。參見塔西佗：《編年史》，第十四卷，第五十九章；第十五卷，第七十一章。他的全集已佚，但是有不少部分以引文的形式保存在其他作家的作品裡（如斯托拜厄斯的作品）。

②離羅馬二英里的橋，在佛拉米尼亞大道上，橫跨台伯河。現在這裡是莫列橋(Ponte Molle)。

面較高明的佛拉維烏斯方面的軍隊卻有更多的勝利機會。唯一遇到嚴重困難的那部分軍隊，是沿著又窄又滑的街道向左面的市區和撒路斯提烏斯花園①方面進攻的軍隊。維提里烏斯派的士兵爬到花園四周的圍牆上來，投出大量的石塊和投槍從而使敵人無法接近，直到傍晚的時候，他們才終於被從科里努斯門衝進來的騎兵所包圍。敵對的雙方在瑪爾斯廣場②也遇上了。佛拉維烏斯派的士兵運氣好，他們取得了多次勝利。維提里烏斯派的士兵只是迫於絕望的心情才衝到前面來，他們雖然被敵人擊退，但是在城裡又不斷地組織起來了。

83 民衆站在一旁觀看雙方的戰鬥人員，就彷彿他們在賽馬場觀看比賽似的。他們時而向一方、時而向另一方呼號喝采，以示鼓勵。如果一方後退了，而士兵們藏到店鋪③裡去或是到某個私人住宅裡去逃避，旁觀的人便要求把這些人拖出來殺死；這樣他們可以取得較大部分的戰利品，因爲軍隊完全醉心於對敵人的屠殺，而戰利品便落到亂民手裡去了。城市到處都可以看到可怕而又可憎惡的景象。這裡在進行戰鬥和負傷流血，那裡的浴場和酒館卻還在開門營業；這邊是鮮血和大堆的屍首，那邊卻是妓女與她們同樣墮落的人。這裡有在放蕩的承平時代人們可以遇到的一切放縱和淫行，還有在最野蠻的征服中人們可以犯下的各種罪行，因此人們就很可能會相信，這座城市既憤怒到瘋狂的程度，同時又沉醉在歡樂之中。士兵在這座城裡確實打過仗，路奇烏斯·蘇拉取得勝利時打過兩次，秦納戰勝時打過一次④。當時的殘酷程度並不

①歷史家撒路斯提烏斯和他的繼子修建的花園，後來成為皇帝的財產。在城市北部的路多維喜區。
②在佛拉維烏斯方面，應是右翼和中央的兩部分軍隊。
③羅馬店鋪多半在住宅最下面的一層，特別在住宅區裡的情況是這樣。
④蘇拉的兩次是在公元前八八和公元前八二年；秦納的一次是在公元前八七年。

比今天差。但是現在人們卻表現了不人道①的漠不關心的態度，他們一刻也不曾放鬆尋歡作樂的機會。就彷彿這是他們祭日的一項新的開心項目似的，他們完全沉浸在狂歡和喜悅裡，對雙方完全不關心，卻只是爲國家的災難感到高興。

84 軍營②是最難攻打的地方，因爲最勇敢的士兵把它作爲最後的希望，拚死地進行保衛。抵抗行動只會使勝利的一方更加奮力地進攻，而其中過去的近衛軍各中隊③尤其堅決。他們同時使用了每一種過去被發明出來以摧毀最堅固的城市的辦法：「龜形陣」④、放射器械、土方工事和火把。他們叫著說，在他們所有的戰鬥中所經受的一切勞苦和危險，只有通過這次勝利才能順利結束。

他們叫道：「我們把城市還給了元老院和羅馬人民，我們把神殿還給了諸神。只有軍營才是士兵的榮光：那是他的故鄉，那裡有他的家神。如果軍營不立刻收復的話，我們就只能帶著武器度夜了。」但是在維提里烏斯的士兵這方面，儘管在人數上處於劣勢而且運氣也不佳，但他們依然不放棄最後一線希望，盡了自己的最大努力來破壞對方的勝利，拖延和平的到來，並用鮮血來玷污城市的住宅和祭壇。許多負了致命傷的人是在塔樓和城垛上戰死的；當營門被攻破的時候，還活著的士兵緊緊地結合在一處抗擊勝利者，他們在肉搏的戰鬥中全部陣亡了，他們是面對著敵人死去的⑤。甚至在臨死的一刻，他們都渴望取得一個光榮的結局！

---

①這裡拉丁文是inhumana，又有「不合情理」的意思。
②這裡指近衛軍的軍營。
③指過去被維提里烏斯遣散的近衛軍士兵（參見本書第二卷，第六十七章）。
④參見本卷第二十七、二十八章。
⑤狄奧・卡西烏斯說在這幾天的戰鬥裡陣亡的有五萬人，這個數目看來有些誇大。

羅馬被敵人攻克之後，維提里烏斯就乘著肩輿從皇宮的後門到阿文提努斯山上他妻子的家裡去了。他這樣做的目的是：如果在白天裡他能夠不被發覺的話，那他就可以逃到塔爾拉乞那地方他的兄弟和他的中隊那裡去。但是他那猶豫不定的性格，以及恐怖情緒本身，使得他這樣一個對任何事情都感到害怕的人把當前的情況總是估計得最壞，結果他又返回了皇宮。但他發現皇宮裡面的人都跑空了，因爲甚至是他的最低賤的奴隸也都已經溜掉或者避開不來見他了。孤獨和房屋內的寂靜使他感到十分害怕。他去看看那些關著門的房間，吃驚地發現它們也是空著的。他孤零零地在各處看了一遍之後感到困乏之極，就找了一個很不像樣子的地方藏起來了。但是步兵中隊的一名將領優利烏斯·普拉奇都斯卻把他拖到外面來。他的雙手被綁在背後，他的外袍也被撕破，這樣在他被帶走的時候就現出一副淒慘的樣子。許多人咒罵他，卻沒有任何人流一滴眼淚；他最後的一幕醜惡的表演使人無法對他產生憐憫之情。一名日耳曼士兵遇到他時憤怒地刺他，也許他的目的是爲了盡快地使維提里烏斯擺脫人們對他的侮辱，也許他的目標本來是那個將領——他到底是什麼意思，那就無法判斷了。他割掉了將領的一隻耳朵，他自己也立刻被刺死了①。

85 在刀尖的威脅之下，維提里烏斯有時不得不抬起頭來，任憑拿捕他的人侮辱他，有時又不得不看著他自己的像被推倒，有時還不得不一再望著講壇②或伽爾巴被殺死的地點。最後士兵們把他趕到不久以前躺著佛拉維烏斯·撒比努斯的屍體的蓋莫尼埃台階那裡去。他講的僅有的一句話表明他的精神還不是卑鄙的，因爲當一名將領侮辱他的時候，他回答說：「可我過去還是你的皇帝啊。」隨後他就倒斃在一頓痛打

①狄奧·卡西烏斯（第六十五卷，第二十一章）說，一名高盧士兵想殺死皇帝，以便使皇帝免受侮辱。他殺傷了皇帝，但他自己也立刻被殺死了。
②維提里烏斯曾在這裡對人民講話。

之下；民衆在他死後對他的屍體加以卑鄙的蹂躪，就同他活著時對他的諂媚一樣的卑鄙①。

86 他的故鄉是路凱里亞②。他差不多活滿了五十七歲③。他所以能擔任執政官、祭司，所以能在當代的首要人物中間享名和占有一席地位，絕不是因爲他自己有什麼功業，而完全是由於他那位傑出的父親的餘蔭。那些把皇位授給他的人並不理解他。任何人通過正當的途徑都很少能像他由於庸懦無能而從軍隊取得那樣程度的支持。不過他的本性卻具有單純和豪爽的特色——這兩種品質如果任其發展下去，它們是會把它們的所有者毀掉的。他一直認爲友誼是靠著豐厚的禮物而不是崇高的品格來加強的，因此他與其說有朋友，無寧說只是用金錢來購買朋友。毫無疑問，維提里烏斯的死對國家是有利的，但是把他出賣給維斯帕西亞努斯的人們，卻不能用他們自己的背叛作爲一種美德向維斯帕西亞努斯邀功，因爲他們過去已經背叛過伽爾巴了④。

天就要黑了。召開元老院的會議已經不可能了，因爲元老們已經偷偷地溜出了羅馬或是躲到他們的食客家裡去了。既然已沒有可以害怕的敵人，多米提安於是到他父親一派的將領那裡去，他們把他作爲凱撒⑤向他致敬；隨後，仍然身帶武器的大群士兵就伴隨著他到他父親舊日的住所去了⑥。

---

①他死在公元六九年十二月二十或二十一日。

②阿普里亞的城市，在阿爾皮(Arpi)以西；今天的盧切拉(Lucera)。

③狄奧·卡西烏斯（第六十五卷，第二十二章）說他活到五十四歲。

④這就是說，某些人（例如凱奇納和巴蘇斯）的背叛維提里烏斯的行動不能說是出於愛國的動機，而只是個人的投機行為，因為作者認為他們所曾背叛的伽爾巴的統治對羅馬是有利的。

⑤在哈德里亞努斯時期以前皇帝的兒子一般稱為凱撒。

⑥在共和國時期，當選官吏的人一般都是在朋友的陪伴下回家的。這個習慣被保存下來，只是普通公民被換成了士兵。

第四卷

1 ①維提里烏斯的死亡只能說是結束了戰爭，但是並沒有帶來和平。勝利者全副武裝在城內走來走去，以毫無和解之意的憎恨情緒追索著他們那些被戰敗的敵人：各處街道上都發生屠殺事件，廣場和神殿散發著血腥味。他們身邊遇到的任何人都逃不過他們那不分青紅皂白的屠殺。不久，他們變得更加放縱了，他們開始搜索那些已經隱藏起來的人，並且把那些人拖出來。只要他們發現身材高大的年輕人②，便把這個人殺死，不問這個人是士兵還是普通公民。當他們的憎恨還很強烈的時候，他們的殘暴只能在殺戮中得到滿足，但是這種殘暴後來就變成了貪欲。他們藉口搜索維提里烏斯派而把所有的地方都搜尋到或是打開了。這使得他們強行闖入私人的住宅，如果遇到抵抗的話，這就成了屠殺的藉口。普通民衆中的那些饑民或是品質最惡劣的奴隸當中，也不乏願意出賣他們的富有的主人的人。還有一些人是被他們的朋友出賣的。到

---

①從本章起到第三十七章，是公元六九年年底的事。

②一般說來，在維提里烏斯的軍隊中服役的日耳曼人都是身材高大的年輕人。關於日耳曼人的身材，參見本書第五卷，第十五章。

處是悲泣聲、痛苦的呼號聲，到處都是一個被攻克的城市所遭受的不幸事件。這樣，公民們先前雖然不喜歡奧托和維提里烏斯的士兵們的放縱，但是同目前的情況相比，那種放縱實際上卻又是他們求之不得的了。佛拉維烏斯方面的將領們，先前雖然很快地把內戰的火點起來，但是他們卻沒有力量控制自己的勝利，因為在混戰和內戰的年代裡，壞人總是最有勢力的，但是要取得和平與安寧的局面，那就需要正直的人來想辦法了。

2 多米提安接受了凱撒的名號和皇帝的宮殿①，但是他卻還沒有考慮他應當怎樣履行自己的職務，只是以皇帝的兒子的身分過著放蕩而又淫亂的生活。擔任近衛軍②長官的是阿里烏斯・伐魯斯，不過最高大權卻是由安托尼烏斯・普利姆斯來行使的。他隨便從皇帝的宮殿攫取金錢和奴隸，就好像這些都是克雷莫納的戰利品似的。所有其他那些由於謙遜或由於出身卑微而在戰爭中並不突出的將領，因此就分不到應得的賞賜。公民們都驚惶萬狀，甘願逆來順受。他們要求逮捕正在率領著自己的中隊從塔爾拉乞那開回來的路奇烏斯・維提里烏斯，要求消除戰爭最後的餘燼：騎兵先被派到阿里奇亞③去，但步兵卻還留在波維萊④的這一面。維提里烏斯毫不猶豫地率領著自己的軍團投降勝利者，聽任對方處置。他的軍隊既憤怒而又恐懼地拋掉了他們的不利的武器⑤。在武裝士兵隔離下的一長列俘虜開過了城市。沒有一個人現出哀求的神色，然而所有的人的樣子卻都是陰鬱和嚴厲的。他們無動於衷地面對著人群的歡呼、吵鬧和嘲弄。少數敢

①即帕拉提烏姆宮，參見本書第三卷，第八十六章。
②維斯帕西亞努斯把近衛軍中隊恢復為九個。
③參見本書第三卷，第三十六章。這個城市離羅馬十六英里。
④阿披亞大道上的一個小市鎮，離羅馬十英里。
⑤意思是他們並沒有用這些武器取得勝利。

於衛出警衛線的人立刻被警衛的士兵殺死了；所有其餘的人則都被監禁起來。沒有一個人講過一句有失自己身分的話，甚至在這樣的不幸當中，所有的人都保持了他們的勇敢的聲譽。隨後路奇烏斯・維提里烏斯就被處死了。他雖然同他的兄弟一樣邪惡，但是在他的兄弟擔任皇帝的時候，他卻是比較警惕的。不過他並沒有因他的兄弟的勝利而沾很大的光，卻由於他的兄弟的垮台而喪了命。

3 就在這些日子裡，路奇里烏斯・巴蘇斯①奉派率領著一支輕武裝的騎兵部隊去恢復康帕尼亞的秩序，因爲這裡的各個城市②的人民相互間正在鬧著糾紛，但他們倒未必是對皇帝採取不服從的態度。士兵們一到來，秩序立刻恢復了，較小的城市都被赦免了。不過第三軍團卻駐在卡普亞③過冬，因而那裡較好的房屋都被毀掉了。另一方面，塔爾拉乞那④的居民卻沒有得到任何援助：報復侮辱較之酬答善行是容易得多的事情，因爲感恩被認爲是一種負擔，但報復卻被認爲是一種收益。不過使塔爾拉乞那的居民感到欣慰的事實卻是：曾經出賣過他們的、維爾吉尼烏斯・卡皮托的奴隸帶著維提里烏斯送給他的戒指被磔死了⑤。

但是在羅馬，元老們卻集會同意把他們通常授予皇帝們的全部榮譽和特權授予了維斯帕西亞努斯⑥。他們充滿了喜悅和有把握的希望，因爲他們認爲，首先在高盧和西班牙諸行省爆發、後來又引起日耳曼、

---

①參見本書第三卷，第十二章。

②這裡實際上包括自治市和移民地。參見本書第三卷，第三十四章。

③卡普亞原來是忠於維提里烏斯的。參見本書第三卷，第五十七章。

④塔爾拉乞那站在維斯帕西亞努斯一面。

⑤戒指是騎士等級的標記。參見本書第一卷，第十三章。

⑥這項命令(senatus consultum de imperio Vespasiani)的一部分現在還保存著，參見拉丁銘刻集(Corpus Inscriptionum Latinarum)，第六卷，第九三〇頁。

伊里利庫姆的騷亂、繼而又波及埃及、猶太、敘利亞①和一切行省和軍隊的內戰已告結束，就好像整個世界的贖罪已經完成了②。維斯帕西亞努斯的一封信③更爲加強了他們的熱情，不過這封信的口吻卻好像戰爭還正在進行似的。至少這封信在起初給人的印象是這樣。但是實際上，維斯帕西亞努斯已經用皇帝的口吻講話了：在談到自己時，他的口吻是謙虛的，但是在談到國家時，他的口吻卻是威嚴的。元老院也表示了相應的敬意：它選舉維斯帕西亞努斯和他的兒子提圖斯爲執政官，並且使多米提安擔任擁有執政官權力的行政長官④。

4 木奇亞努斯也寫了一封信給元老院，但是這封信卻引起了人們的議論⑤。他們說：「如果他是一個普通公民，那麼他爲什麼還要打這樣的官腔？這樣一些話他在幾天後本來是可以拿到元老院來講的。」甚至他對維提里烏斯的攻擊也來得太晚了，因此根本看不出他有任何獨立的膽識。但是他吹噓說帝國統治大權本來在他自己手裡，是他把它送給了維斯帕西亞努斯的，這種說法在他們看來，對國家是一種傲慢的態度，對皇帝則是無禮的行動。不過他們卻沒有表現出自己的不滿情緒：他們在表面上對他還是阿諛的態度：

---

①在最近十八個月裡，帝國的幾乎每一個行省都被捲入了內戰：伽爾巴和溫代克斯率軍在高盧和西班牙作戰；維提里烏斯以萊茵河為作戰的據點；安托尼烏斯以伊里利庫姆為作戰的據點；最後，維斯帕西亞努斯則是以東方諸行省為作戰的據點。

②塔西佗在這裡認為內戰中的流血是上天對罪惡的世界的一種懲罰。

③維斯帕西亞努斯的這封信看來是在克雷莫納被攻克之後、維提里烏斯死前寫的，因為當時他還認為在自己面前有一個必須對付的敵人。

④授予多米提安以執政官的權力是因為維斯帕西亞努斯和提圖斯這時還在東方。

⑤習慣上除了皇帝之外，別的人是不能向執政官或元老院寫公函的。各行省的長官只向元老院寫有關本行省情況的報告，但木奇亞努斯的這封信恐怕不是報告的性質，而是論述一般的政治形勢的。參見本書第二卷，第五十五章。

元老們實際上是由於木奇亞努斯參加內戰的行動，才堂而皇之地把凱旋的標記授給了他，不過表面的理由是他征討撒爾瑪提亞人的功績罷了①。他們還把執政官的標記②授予安托尼烏斯・普利姆斯，把行政長官的標記授予科爾涅里烏斯・富斯庫斯和阿里烏斯・伐魯斯。

在這之後，他們想到了諸神：他們決定重新修建卡披托里烏姆神殿。所有這一切措施都是由當選的執政官③瓦列里烏斯・亞細亞提庫斯④所建議的。其餘的元老則通過他們的表情或手勢表示他們的同意；少數顯要的人物或是在阿諛奉承上向來有豐富經驗的人物則發表了鄭重其事的演說。當著輪到當選的行政長官⑤赫爾維狄烏斯・普利斯庫斯發言的時候，他的話表現了對一位好皇帝的尊重……⑥他的發言沒有任何虛偽的諂媚，因此受到了元老院的熱烈歡迎。他在一生的事業中，這一天特別突出地標誌了他的巨大的失寵和巨大的榮譽的開始。

①羅馬統帥不能因為戰勝本國人而取得凱旋的榮譽，所以元老院不得不另找一個藉口，那就是他過去擊退達奇人的進攻的事（參見本書第三卷，第四十六章）。

②由於執政官、行政長官等等在帝國時期已是一種虛銜，所以這種標記可以任意授予。屬於皇帝的行省的長官一般均授以執政官級的頭銜。

③根據蘇埃托尼烏斯的說法（《維提里烏斯傳》，第十一章），維提里烏斯本人是永久的當選執政官(consul perpetus designatus)，因此當選執政官在皇帝之外就只能有一個人。看來亞細亞提庫斯是當選在公元七〇年年初就任的。這裡元老院是按照會議的正規程序辦事，首先是由當選執政官發言。

④維提里烏斯的女婿，參見本書第一卷，第五十九章。

⑤當選的行政長官在前任的執政官之後發言，在他們之後才輪到現任的行政長官發言。

⑥原文在 principem 後有殘缺，殘缺了多少字我們已無法斷定，但從下文來看，我們可以知道他的話必然是比較鯁直的（參見本卷第八章）。

5 由於我又有一個機會①來談談我還要談到許多次的一個人物②，因此我認爲我應當簡略地談一談他的生平和興趣，以及他一生經歷的各種事情。赫爾維狄烏斯・普利斯庫斯誕生在克路維埃城③〔在卡拉奇那地區④〕。他的父親曾是一個主力的百人團長。赫爾維狄烏斯在少年時代，把他的非凡的才能都用到比較高尚的學問⑤上去，不過他這樣做並不是像大多數的青年人那樣，只是爲了用一種動聽的名義去掩蓋他們那無益的閒暇，而是爲了使他在開始參加政治生活時有較充分的準備，而不致受命運中各種機緣的擺布。他向之請益的哲學教師都是那些只把合乎道德標準的事物認成是「善事」，並且只把卑鄙的事物認成是「惡事」的人，他們把權力、高貴的出身和所有其他非意志所能控制的事物都認爲既非善又非惡的⑥。他在擔任了財務官⑦不久之後，就被帕伊圖斯・特拉塞亞⑧選中爲女婿⑨。從他的岳父的性格當中，他首先就取得了自由的精神。無論是作爲公民、元老、丈夫、女婿和朋友，他總是表現出自己能夠勝任生活中的一切義

---

①參見本書第二卷，第九十一章。
②從這句話來看，塔西佗可能在他的《歷史》現已遺失的一卷中談到赫爾維狄烏斯的放逐和死亡。
③克路維埃（或稱克路維亞）是卡拉奇那地區波維亞努姆（今天的波扎諾〔Bozano〕）附近的一個設防的市鎮。
④在撒姆尼烏姆北部。
⑤指哲學。在古代的學習過程中，哲學是最高級的學問。
⑥斯多噶派認爲人最關心的應當是道德，而對並非人的意志所能控制的事物如美貌、健康、力量等「外部的善」則是無所謂的，故而這裡說既非善又非惡的。
⑦在尼祿統治時期，他曾在阿凱亞擔任財務官，財務官是羅馬公民從政的開始，一般多由青年人擔任。在塔西佗的《編年史》第十二卷第四十九章和第十三卷第二十九章裡提到的那個同名的人大概是他的哥哥。
⑧參見塔西佗：《編年史》第十四卷，第二十八，三十三，三十五章。
⑨參見本書第二卷，第九十一章。

務；他蔑視財富，堅持正義，並且不畏強暴。

6 有些人認爲他好名太甚，因爲對光榮的渴望甚至對哲學家來說都是最難以擺脫掉的東西。他的岳父死亡後他就被放逐了，直到伽爾巴的統治時期才回到羅馬來，並且對密告過特拉塞亞的瑪爾凱路斯・埃普里烏斯①提出了控訴。爲他的岳父的這一既著名而又公正的復仇行動使得元老們分成了兩派：要知道，如果瑪爾凱路斯垮掉的話，大批的罪犯也會跟著一齊垮台的。在開頭的時候，鬥爭的形勢非常緊張，這從雙方的雄辯的演說中可以得到證明。但後來由於伽爾巴的態度猶豫不定，普利斯庫斯就在同僚元老的多次懇求之下讓了步，並且放棄了這一控訴。這一行動引起了人們的各種各樣的議論，這些人由於性格不同，有人稱讚他的謙和，有人卻對他的不夠堅定表示遺憾。

但是在把帝國統治大權授予維斯帕西亞努斯的一次元老院會議上，元老們決定把一個使團派到皇帝那裡去。這一點使赫爾維狄烏斯和埃普里烏斯二人的意見發生了尖銳的分歧，因爲赫爾維狄烏斯要求使者由高級官吏在發誓②之後加以任命，但瑪爾凱路斯卻像當選的執政官所建議過的那樣，要求用抽籤的辦法選任。

7 瑪爾凱路斯所以極力提出這樣的主張，一是出於他個人的虛榮，一是因爲他擔心別的人會被任命爲使者，這樣他就有被忽略的危險了。在這場爭論當中，雙方的態度漸漸激烈起來，最後相互間竟然長篇大論地激烈責難起來了。赫爾維狄烏斯問瑪爾凱路斯，爲什麼這樣害怕高級長官作出的決定。他說：「如果

①參見本書第二卷，第五十三章。
②這是說發誓從國家利益的觀點來任命，絕不徇私。

你不是因爲人們還記得你的罪行而感到內疚的話，那麼你不是擁有超過了許多人的財富和口才麼。從罐子裡抽籤的辦法並不能判斷人們的品格。過去制定由元老院投票和審議的辦法，就是爲了使人們能夠藉以深入了解每個人的生平和聲譽。元老院應當派遣他們認爲聲譽最好的人組成的使團去見維斯帕西亞努斯，以便使他們能把最公正的意見提供給皇帝，這種做法不但符合國家的利益，而且對維斯帕西亞努斯的榮譽也有關係。維斯帕西亞努斯過去曾是特拉塞亞、索拉努斯①和森提烏斯②的朋友。即使說我們不便於懲辦控告他們的人，但我們無論如何也不能把這種人擺到前面去。通過在這件事上所做的決定，元老院在某種方式上也就等於向皇帝說明，他們所贊許的是什麼人，所害怕的又是什麼人了。對於一個公正的統治者來說，最得力的手段莫過於身旁有一批忠誠正直的朋友。瑪爾凱路斯，你曾唆使尼祿殺死這樣多無辜的人，這件事實也應當使你滿足了吧。受用你的獎金③而又免遭懲處，這也該使你十分滿意了吧。讓好人留在維斯帕西亞努斯的身旁吧。」

8 瑪爾凱路斯回答說，受到攻擊的不是他的建議，而是當選的執政官的建議。他說他的建議是符合於古老的先例的④，因爲這些先例規定，使節是應當通過抽籤的辦法來選任的。抽籤的辦法可以杜絕徇私或是仇恨的作用。沒有發生任何情況足以使我們有理由放棄由來已久的慣例，或是把應對一位皇帝表示的尊

---

①參見塔西佗《編年史》，第十二卷，第五十三章；第十六卷，第二十一、二十三、三十、三十二章等。再參見本卷第十、四十章。

②此人僅在此處一見。

③埃普里烏斯由於密告特拉塞亞而取得五百萬謝司特爾提烏斯的獎金，參見塔西佗：《編年史》，第十六卷，第三十三章。

④西塞羅在《致阿提庫斯書》（第一卷，第十九章）中就提到通過抽籤的辦法選派去高盧的使節的事情。

敬變成對任何人的侮辱：所有的人都可以表示各人自己的敬意。新近取得統治大權的皇帝對於每一種表情每一句話都是很敏感的，然而他卻沒有什麼先入之見，因此他們必須設法避免使某些個人的任性行爲激怒皇帝的情緒。至於他個人，他還記得他誕生的那個時代，還記得他們的父親和祖父所建立的統治方式①。他仰慕古老的時代，但是卻也能適應當前的時代。他固然希望有好的皇帝，但是任何壞的皇帝卻也都能忍受。置特拉塞亞於死地的並不是他的演說②，卻無寧說是元老院所作的決定。尼祿的殘酷本性喜歡在世人面前作出公正的姿態，而同尼祿的這種友誼在他身上所引起的憂慮，並不亞於放逐一事在別人身上所引起的憂慮。總之，他們可以認爲赫爾維狄烏斯的堅定與勇敢足以同加圖與布魯圖斯比美：至於他本人，他只是在同意一起奉公辦事的元老院中當一名元老而已。他還想勸告普利斯庫斯，不要把自己看得比皇帝還要高，不要想用他的教訓去限制像維斯帕西亞努斯那樣一個在年齡上已經如此成熟的人③。要知道，他曾取得過凱旋的標記④，而且他的兒子們也都長大成人了。最壞的皇帝固然希望取得絕對的專制權力，但是甚至最好的皇帝也不希望他們的臣民自由得太過分。雙方十分激烈地辯來辯去的這些論據在元老院引起了不同的反響。贊同用抽籤辦法選派使節的一派占了上風，因爲甚至普通元老都熱中於保存先例，而所有那些最顯要的元老也傾向於採取這樣的做法，因爲他們害怕一旦在自己被選中時會招引別人的嫉妒。

---

①這裡指奧古斯都所建立的帝國制度。
②埃普里烏斯・瑪爾凱路斯控告特拉塞亞的演說，參見塔西佗：《編年史》，第十四卷，第二十五章。
③這時他已五十九歲。
④在克勞狄烏斯當政時期，維斯帕西亞努斯是一個軍團的統帥，他的凱旋標記就是在這時取得的。

9 接著又發生了另一場爭辯。負責國庫的行政長官①——因爲當時是由行政長官負責管理國庫的——抱怨國家的貧困，並且要求限制國家的開支。當選的執政官想把這個問題留交皇帝解決，因爲事情過分重大，而且也難於謀求對策，但是赫爾維狄烏斯卻認爲這事應當由元老院來決定。當執政官開始向元老們徵詢意見的時候，保民官烏爾卡奇烏斯・特爾圖里努斯卻不許在皇帝未到來的時候，對這樣一件重大的事情作出任何決定。赫爾維狄烏斯建議由國家出資，由維斯帕西亞努斯協助重修卡披托里烏姆神殿。比較謹慎的元老院對這一建議默不作聲，隨後就讓它被忘掉了。但是也有幾個人是把這件事記在心上的②。

10 後來穆索尼烏斯・路福斯③向普布里烏斯・凱列爾發動了攻擊，指控凱列爾利用僞證的辦法陷害了巴列亞・索拉努斯。這一案件燃起了過去告密者所曾引起的憎恨情緒。但是像凱列爾這樣一個卑鄙的、罪惡的被告是不能得到保護的：人們是懷著尊敬的心情來追憶索拉努斯的。凱列爾曾是索拉努斯的哲學教師，但他卻作證陷害索拉努斯，這樣他就出賣和玷污了他自稱教導別人去理解其本質的友誼。爲這一案件確定了一個盡可能提早的日期，而人們渴望聽取的發言對象與其說是穆索尼烏斯或凱列爾，無寧說是普利斯庫斯、瑪爾凱路斯和所有其餘的人，因爲他們現在都是打算報仇的④。

---

①國庫的管理制度變化很大。公元前二八年國庫由財務官之手轉歸兩名國庫官(praefecti aerarii)負責，他們由元老院在前任的行政長官中任命。公元前二三年奧古斯都規定用抽籤的辦法選任兩位行政長官負責國庫，稱為 praetorii aerarii。到克勞狄烏斯時期（公元四四年）才又把國庫交還給財務官。財務官負責國庫三年之後直接升任行政長官，而無需經過營造官和保民官的職位。在尼祿時期，國庫又由皇帝本人從前任行政長官中任命的 praefecti 負責。尼祿死後，現在又由行政長官(praetores)負責了。最後涅爾瓦或圖拉真又恢復了尼祿的制度。

②赫爾維狄烏斯被認為有瞧不起維斯帕西亞努斯的意思，因為他只建議維斯帕西亞努斯協助重修神殿。

③參見本書第三卷，第八十一章。

④凱列爾後來被判了罪，參見本卷第四十章。

11 這時的情況是：元老中間意見不和；失敗的一方滿腔憤怒，但勝利者一方又沒有任何威信，國內既無法律又無皇帝；正是在這樣的情況下，木奇亞努斯進了羅馬，把一切事情都抓到自己手裡。普利姆斯·安托尼烏斯和伐魯斯·阿里烏斯的權力被摧毀了，因爲木奇亞努斯並不大掩蓋自己對這兩個人的憤怒，儘管他不把自己的這種內心的情感在面容上流露出來。但對於發現領導人物的好惡頗爲敏感的羅馬人民卻已經把他們的忠誠轉向木奇亞努斯了。人們只是找他一個人，向他一個人進行懇求。他這方面也不是毫無表示：他在身邊配置了武裝的衛士，掉換了他的住宅和花園，通過他的閱兵，他的走路時的神氣，他的衛隊，他攫取了一個皇帝的權力，只是沒有提起這個頭銜而已。處死卡爾普爾尼烏斯·伽列里亞努斯的事件引起了極大的恐怖。他雖是蓋烏斯·披索①的兒子，但是他沒有任何叛變的企圖：不過他那卓越的聲名和漂亮的儀表依然使他成爲人們談論的對象，而且在那些還不安分和喜歡談論變革的公民們當中，有不少人願意把皇帝的虛榮加到他頭上去。木奇亞努斯下令一小隊士兵逮捕了他。他擔心在城裡處死伽列里亞努斯會引起人們的過多的注意，因而就下令沿著阿披亞大道把他帶到離開羅馬四十英里的地方，然後在那裡用割斷脈管的辦法把他處死了。維提里烏斯統治時期的近衛軍長官優利烏斯·普利斯庫斯②自殺了，他這樣做與其說是迫不得已，無寧說是因爲感到羞愧。阿爾菲努斯·伐魯斯③自己卻怯懦而可恥地活了下來④。有著被

---

①蓋烏斯·披索在公元六五年曾策劃反尼祿的陰謀，陰謀被揭發後自殺，參見塔西佗：《編年史》，第十五卷，第五十九章。
②參見本書第二卷，第九十二章。
③參見本書第三卷，第三十六章。
④參見本書第三卷，第六十一章。他和普利斯庫斯在納爾尼亞逃離了他們統率的軍隊。

釋奴隸的身分的亞細亞提庫斯①爲了他那邪惡的權力，結果像一名奴隸那樣地付出了生命②。

12 就在這些日子裡，越來越多的有關日耳曼的災禍③的消息傳到公民的耳朵裡來，但是沒有引起他們的任何悲痛表示④。人們在談起被屠殺的軍隊、軍團的冬營被攻占以及高盧行省的一次叛亂的時候，就好像這些事件根本不是什麼災難似的。關於那次戰爭，我打算比較深入地闡明它的原因，說一說有多少異邦的和聯盟的民族被捲入了這場戰火。

巴塔維亞人住在萊茵河對岸的時候，他們一直是卡提伊人⑤的一部分。後來因爲一次內戰，他們被趕了過來，從而占居了高盧沿岸無人居住的邊緣地帶⑥和那裡沿岸附近的一個島⑦。這座島正面向著大洋，但它的兩側和背後卻爲萊茵河的河水包圍著。在本身的財富未被殘酷榨取淨盡的情況下⑧——這種情況在同較強大的民族締結聯盟時是少見的——他們只向羅馬帝國提供人員和武器。在我們對日耳曼人作戰時，他們曾受過長期的訓練。後來通過在不列顛的兵役，他們又提高了自己的聲譽，因爲他們曾把幾個步兵中隊

①他被提升到騎士等級的事情，參見本書第二卷，第五十七章。

②他是被釘死在十字架上的，這是處死奴隸的一種刑罰。參見本書第二卷，第七十二章。

③參見本書第三卷，第四十六章。

④日耳曼軍隊的潰敗使維提里烏斯派失去了最後的希望。

⑤卡提伊人是日耳曼人中最善戰而又好戰的一個民族，他們居住在今天的黑森——拿騷和瓦爾戴克(Waldeck)地區。關於這一民族，可參見塔西佗：《日耳曼尼亞志》，第二十九～三十一章。

⑥瓦爾河(Waal)和馬斯河的左岸，直到大海。

⑦這個長達六十英里的 insula Batavorum 是由萊茵河與瓦爾河形成的。它今天的名字是貝杜爾夫(Beturve)。關於巴塔維亞人和他們的早期居住地的描述，參見摩特里(Motley)的《荷蘭共和國》（《Dutch Republic》）的開頭部分。

⑧這是說羅馬不向他們徵稅。

派到不列顛去，並且按照他們的古老的習慣，由他們中間的最顯貴的人物率領著這些中隊①。在國內他們還有一支擅長游泳的精銳的騎兵。他們就帶著自己的步兵和騎兵，保持著完整的隊列渡過了萊茵河。……②

13 優利烏斯・保路斯和尤尼烏斯・奇維里斯在巴塔維亞人中間是比別人要傑出得多的人物，他們全是王族出身。保路斯由於被誣告叛變③，結果被豐提烏斯・卡皮托④處死了；奇維里斯則被加上鐐銬送到尼祿那裡去；他雖然爲伽爾巴赦免，但是在維提里烏斯當政時期，由於軍隊要求懲辦他，他再一次遭到了危險⑤。這就是他的憤怒的原因，而我們的災難則激起了他的希望。不過，比一般蠻族更要狡猾的奇維里斯，他的舉止行動也和謝爾托里烏斯或漢尼拔一樣，因爲他的面容和他們一樣被破壞了⑥。爲了避免使自己像敵人那樣受到攻擊（如果他公開叛變羅馬人，他是會受到這樣的對待的），他把自己裝扮成維斯帕西亞努斯的朋友，並且作出熱心支持他的一派的姿態。普利姆斯・安托尼烏斯也確實曾寫信給他，要他牽制奉維提里烏斯之召而去支援的輔助部隊，並且利用日耳曼人的叛亂這個藉口來拖住羅馬的軍團。霍爾狄奧尼烏斯・佛拉庫斯⑦也曾當面向他作了同樣的建議。他所以這樣，一方面固然是因爲他的立場是在維斯帕西亞努斯

---

①公元六一年在不列顛有八個巴塔維亞人的步兵中隊在蘇埃托尼烏斯・保里努斯的麾下服役（參見塔西佗：《編年史》，第十四卷，第三十八章）。
②後面遺失的部分已無法確定其範圍和內容了。
③大概同溫代克斯的起義有關。參見本書第一卷，第六章。
④卡皮托在公元六八年是下日耳曼的長官。參見本書第一卷，第七、五十八章。
⑤參見本書第一卷，第五十九章。
⑥他也失掉了一隻眼睛。
⑦上日耳曼的長官（參見本書第一卷，第九章）。維提里烏斯曾任命他負責萊茵河沿岸的防務（參見本書第二卷，第五十七章）。

的一面，另一方面也因爲他確是爲著國家的命運擔心；他知道，如果戰爭重新發動起來，而那些成千上萬的武裝士兵都湧入意大利的話，國家是必然要毀滅的。

14 這樣，奇維里斯雖已決定發動叛亂，卻暫時把他內心深處的意圖隱藏起來。他準備按照事態的發展再來決定他的其他計劃，於是他就開始以下列的方式騷動起來。由於維提里烏斯的命令，這時他正在徵募一支年輕的巴塔維亞人的隊伍。這當然是十分沉重的負擔，由於負責徵募的人們貪欲和任性，結果就變得更加難以忍受了；他們拘捕老弱，爲的是在取得一筆賄賂之後再把他們釋放；他們還把孩子們拖走；選擇其中最漂亮的來滿足他們的淫欲，因爲巴塔維亞的兒童一般比與他們同年齡的兒童要高。這些行爲激起了人們的憎恨，而決心發動陰謀的那些領袖於是勸說人民群衆拒絕徵兵。奇維里斯在一次宴會的藉口之下，把他本族的領袖和普通人民中間最勇敢的人們召到一座神聖的森林裡來，而當他看到黑夜和飲宴的歡樂把他們的精神激發起來的時候，他就開始談論他們本族的榮譽和光榮，繼而又列舉他們所遭受的虐待，他們所受到的勒索以及奴役所帶來的其他一切不幸。他說：「要知道，我們過去雖然是羅馬人的聯盟者，但羅馬人現在已不再把我們看成聯盟者，而看成是奴隸了。一位長官①到這裡來時即使他的隨從人員是難以供應的，是橫傲的，然而就算是這樣吧，什麼時候又有這樣的一位全權的長官到我們這裡來過呢？我們只是被交到區長官②和百人團長的手裡，這些人屠殺和搶劫夠了以後，軍隊就被調了開去，新來的人於是就想辦法再把自己的錢袋裝滿，並且揑造出各種打劫的藉口。我們現在又受到了徵兵的威脅：徵兵使父子分離，兄弟失散，就和人間的死別一樣。在任何時候，羅馬的局面都不曾這樣糟糕，在他們的冬營裡除了掠奪物

①皇帝行省的長官是行政長官級的副帥(legati Caesaris pro praetore)。

②皇帝行省所屬各區由區長官負責(praefecti)治理。

和老頭子①之外什麼都沒有。只要抬起你們的眼睛來看一看，你們是無須害怕軍團的空名的②。但是在我們這一面有我們的強大的步兵和騎兵，還有我們的親屬日耳曼人以及高盧諸行省，他們也同我們抱著同樣的期望。甚至羅馬人也不反對這一戰爭。如果戰爭的結果不能最後確定，我們可以說我們是爲了維斯帕西亞努斯作戰的，如果我們得到勝利，那麼我們就更無須對任何人說明理由了。」

15 他的發言得到了人們的巨大讚揚，於是他通過他們本族的誓言和蠻族的儀節使這些人同他團結起來。有人被派到坎寧尼法提斯人③那裡去使他們也參加了這一計劃。坎寧尼法提斯人占居島上的一部分④；他們就起源、語言和勇氣而論是和巴塔維亞人相同的，但是人數卻不如巴塔維亞人多。不久，他們又通過秘密的使節把不列顛的輔助部隊⑤和我上面所提到的⑥被派往日耳曼而當時駐守在摩功提亞庫姆⑦的那些巴塔維亞步兵中隊爭取過來。在坎寧尼法提斯人中間有一個出身顯貴名叫布林諾的蠻勇之士；他的父親敢於做出許多敵視羅馬人的行動，並曾嘲笑過蓋烏斯的荒謬可笑的征討⑧，但是卻並沒有爲此而受到懲處。這反抗

---

①這裡似指士兵的精神狀態而言，因為軍營裡是不可能有老年人當兵的。

②維提里烏斯來到意大利時從下萊茵的軍隊中帶來了四萬人（參見本書第一卷，第六十一章），所餘空額都是用很不熟練的士兵補充的。

③坎寧尼法提斯人居住在巴塔維亞人以西，位於島的較低部分以及萊茵河北岸。關於他們在羅馬軍隊中服役的事情參見塔西佗：《編年史》，第四卷，第七十三章。有的銘刻也把他們稱為坎努涅法提斯人(Cannunefates)。

④在島的北部，即前注中所說地勢較低的部分。

⑤有八個巴塔維亞的步兵中隊從提奇努姆被派往不列顛服役（參見本書第二卷，第六十九章）。

⑥參見本書第二卷，第二十九章。

⑦今天的美因茨。

⑧參見蘇埃托尼烏斯：《卡里古拉傳》，第四十三～四十七章。據說在他征討結束時，卡里古拉使他的軍隊在北部日耳曼的海岸上列隊，要他們揀拾貝殼作為戰利品。

過羅馬人的家庭的名字本身就使得布林諾成了一個受歡迎的人物。巴塔維亞人便根據他們本族的習慣①，要他站到一個盾牌上，用肩頭抬著他，選他爲自己的領袖。他立刻又召來了住在萊茵河對岸的部族弗里喜人②，並且從海路向最近的因而便於攻擊的兩個步兵中隊③的冬營發動了進攻。羅馬軍隊沒有預料到這次進攻，而且，甚至如果他們預料到的話，他們也沒有足夠的力量擋住敵人的進攻。因此軍營被占領和劫掠了。繼而他們又向著彷彿在承平時期那樣散在當地各處的羅馬方面徵發糧草的人和商人進行襲擊。同時他們還威脅說要摧毀羅馬的各個要塞；但是羅馬的步兵中隊隊長們因爲無力防守這些要塞，結果就自己把它們都燒掉了。羅馬的標記和隊旗④以及全部士兵都集中在島的上手，由一位名叫阿克維里烏斯的主力百人團長率領著。但他們只不過有一支軍隊的名義罷了，論實力夠不上說是一支軍隊。原來當維提里烏斯把精銳的步兵中隊都撤走的時候，他就從附近涅爾維伊人⑤和日耳曼人⑥的那些市鎮拼湊了一群廢物，硬要他們拿起了武器。

16 奇維里斯認爲最好是使用計謀行事，於是他立刻就譴責那些隊長放棄自己的要塞，並揚言他要用他自己所統率的中隊來敉平坎寧尼法提斯人的叛亂，因此羅馬人應該各自返回自己的冬營。很清楚，在他的

---

①古日耳曼的習慣，盛行於法蘭克人、哥特人以及帝國晚期的羅馬人中間。
②住在今天的弗里斯蘭(Friesland)。
③可能是高盧輔助部隊（參見本卷第十七章）。
④羅馬步兵小隊有標記(signum)，步兵中隊有隊旗(vexillum)。
⑤涅爾維伊人主要居住在今天比利時桑伯河兩岸的埃諾(Hainaut)和那慕爾(Namur)地區。
⑥可能是住在今天的那慕爾和盧森堡的日耳曼人。凱撒在《高盧戰紀》（第六卷，第二章）裡稱他們為 Germani cisrhenani，即萊茵河南岸的日耳曼人。

意見後面隱藏著奸計，因爲各個中隊一分散開來就更容易被擊破了。同樣明顯的是：這次戰爭的眞正的領袖並不是布林諾，而是奇維里斯；這種情況的證據是逐漸顯示出來的，因爲喜歡戰爭的日耳曼人並沒有長期隱瞞這樣的事實。當他的這種陰謀未能得逞的時候，奇維里斯便訴諸武力，而把坎寧尼法提斯人、弗里喜人和巴塔維亞人組織起來，每一個民族各自組織成一支軍隊。羅馬士兵在離萊茵河不遠的地方拉開了一條戰線來對抗他，而在把要塞燒毀後被帶到這裡來的船隻則被利用來從正面對付敵人①。戰鬥了不久以後，琴格利人的一個中隊便帶著隊旗投到奇維里斯的那一面去；由於這一突然的倒戈而士氣沮喪的羅馬士兵結果就受到聯盟者和敵人的兩方面的進攻。在海軍方面也同樣發生了背叛行動：有些巴塔維亞人出身的橈手故意裝做技術不行的樣子，而同水手與戰士們糾纏在一起；不一會兒，他們就向著相反的方向划去而使船尾靠向敵人那一方面的河岸了。最後，他們把那些不肯歸附他們的舵手和百人團長都殺死了，直到全隊二十四隻船都轉到敵人的一面去或是被俘獲。

17 這次勝利當時對敵人來說是光榮的，而對於未來則又是有益處的。他們取得了他們所需要的武器和船隻，而且在所有的日耳曼和高盧行省裡，他們則作爲解放者而受到很大的讚揚。日耳曼人立刻派來了使團表示願意協助。奇維里斯又想用計謀和禮物把高盧諸行省爭取過來：他把被俘的隊長送回他們本國，對於中隊的士兵，去留則聽憑自願。自願留下的人都在軍隊中取得了榮譽的職位，而離開的人又得到了從羅馬人手中取得的戰利品。同時通過私下的談話，他又提醒他們在多年間所受的苦難，但在這期間，他們卻

①戰爭應當是在島的東部進行的。羅馬船隻是在萊茵河或在瓦爾河上（這一點塔西佗沒有說清楚），船頭向著敵人。戰鬥開始時，巴塔維亞的水手就制服了同船的羅馬人，把船隻划向奇維里斯士兵所占據的河岸。

錯誤地把他們的悲慘的被奴役地位說成是和平。他說：「巴塔維亞人雖然免於納貢，但仍然拿起武器來反抗我們共同的主人。而就在這第一次戰鬥裡，羅馬人就被擊潰了、被打敗了。如果高盧諸行省砸碎自己身上的枷鎖的話，情況又會如何呢？在意大利還有什麼兵力留下來呢？行省是用行省居民的血征服的。別去考慮溫代克斯的戰爭吧①。摧毀了埃杜伊人②和阿維爾尼人③的是巴塔維亞的騎兵。在維爾吉尼烏斯的輔助部隊裡的有比爾伽伊人④，而如果你正確地考慮這件事的話，你就會看到，高盧人正是毀在自己軍隊的手裡的。現在這一切力量都站到同一方面來，而且在這之外，我們還取得了羅馬軍營的軍事訓練所能給予我們的全部力量。我手下有一些久經鍛煉的中隊，他們不久之前⑤曾制服過奧托的軍團。讓習慣於國王統治的敘利亞、亞細亞和東方去做奴隸吧。在高盧，仍有許多人是生在不知道貢賦爲何物的時期。確實就在不久之前，由於克溫提里烏斯・伐魯斯的被殺而使奴役制度被驅出了日耳曼⑥，而當時日耳曼人敢於抗衡的皇帝並不是一個維提里烏斯，而是一個凱撒・奧古斯都。大自然把自由贈給了甚至是不能講話的動物，但是勇氣卻是人類得天獨厚的東西。諸神護佑更勇敢的人；因此，讓我們起來向敵人進攻吧，我們無憂無慮，他們是心情苦惱的；我們精力飽滿，他們是筋疲力盡的。在他們那方面，既然有人站在維斯帕西亞努斯的

---

①這是說，溫代克斯的失敗並不足畏。
②住在盧瓦爾河上游和索恩河之間。
③在奧弗涅(Auvergne)。當時幫助溫代克斯的還有謝夸尼人。
④特列維利人和林哥尼斯人。塔西佗（本書第一卷，第八章）說伽爾巴曾拒絕把給予別的城市的某些特權給予東高盧的城市，甚至還削去了他們的某些領地，這樣就播下了他們同羅馬人不和的種子。再參見塔西佗：《編年史》，第一卷，第三十四、四十三章；第三卷，第四十章。
⑤公元六九年四月在貝德里亞庫姆的第一次戰鬥中（參見本書第二卷，第四十三章）。
⑥這是公元九年的事。作者前面也用了 nuper 這個詞，但所指的事相去差不多六十年。

一面，又有人站在維提里烏斯的一面，這樣我們就可以對任何一方作戰了。」

18 這樣，奇維里斯就把他的全部心思用到日耳曼人和高盧人身上，如果他的計劃成功的話，那麼他是準備擔任那些最強大的和最富有的民族的國王的。

但是霍爾狄奧尼烏斯·佛拉庫斯最初卻裝作不知道這些事情，結果就助長了他的企圖。但是當著驚惶萬狀的使者帶來了軍營被攻占、中隊被殲滅和羅馬人被逐出巴塔維亞人的島嶼的消息時，他就命令率領著駐在冬營的兩個軍團①的穆尼烏斯·盧佩爾庫斯②去對敵人作戰。盧佩爾庫斯迅速地把他手下的全部軍團士兵調到島上去，此外他還調去了附近駐防的輔助部隊中間的烏比伊人③和離那裡不遠的一隊特列維利人④的騎兵。在這些軍隊之外，他還加上了一個巴塔維亞人的騎兵中隊，這個中隊雖然實際上已經被敵人拉了過去，但表面上他們卻仍舊裝作忠於羅馬人的樣子。他們這種做法的目的是，如果他們在戰場上背叛羅馬人，他們就會爲此取得更大的報酬。奇維里斯要被俘的中隊的隊旗排列在自己的身邊，這樣他自己的軍隊看到這些隊旗時，就不會忘掉他們不久之前取得的光榮，而看到它們之後想起自己的失敗的敵人就會感到心驚膽戰了；他下令給自己的母親、他的姊妹、還有所有他手下的人們的妻子和小兒女們站在他的軍隊的後面，鼓勵他們爭取勝利或是在他們打敗時羞辱他們⑤。當敵人的陣線裡迴盪著男子的歌唱聲和婦女的呼叫聲的

---

①指第五和第十五軍團。第五軍團的副帥大概是法比烏斯·瓦倫斯，它的大部分都同維提里烏斯到意大利去了（參見本書第一卷，第六十一章）。

②大概是第十五軍團的統帥。

③他們的首府是科洛尼亞·阿格里披嫩西斯（Colonia Agrippinensis 或稱 Colonia Agrippina），即今天的科倫。

④他們的首府是貝爾吉卡·高盧的摩塞爾河上的奧古斯塔·特列維洛路姆(Augusta Treverorum)，即今天的特利爾。

⑤要婦女站在軍隊附近吶喊助威是日耳曼人、不列顛人和色雷斯人的習慣。

時候，羅馬軍團和中隊的回答的呼聲卻遠遠地比不上對方。我們的左方由於巴塔維亞騎兵的突然倒戈向我們發動進攻而暴露在敵人的面前了。但儘管出現了這種沒有預料到的局面，我們的軍團士兵卻還是拿著他們的武器，保住了他們的隊列。由烏比伊人和特列維利人組成的輔助部隊可恥地逃跑了，他們雜亂無章地在原野上遊蕩著。日耳曼人向他們展開了追擊，這時軍團才得以逃到稱爲維提拉①的營地去。率領著巴塔維亞騎兵部隊的克勞狄烏斯·拉貝歐和奇維里斯在某一地方的事務中相互爭奪過領導權。因而現在奇維里斯把拉貝歐調到弗里喜人那裡去，因爲他知道，如果殺死拉貝歐，這會激起他本國人的憤怒，而如果把他留下來和軍隊在一起，這又會播下不和的種子。

19 在這個時候，奇維里斯派出的一名使節追上了奉維提里烏斯之命開向羅馬的巴塔維亞人和坎寧尼法提斯人的步兵中隊②。這個消息使他們立刻神氣和驕傲起來。他們要求爲他們的這次行軍付給報酬，堅持要求雙份的軍餉③並增加騎兵的數量④；這些事情確實是維提里烏斯曾經答應過的，但是中隊的眞正目的並不是取得他們要求的東西，而是尋找一個發動叛變的藉口。事實上佛拉庫斯儘管答應了他們的許多要求，但這只會使他們要求越來越多的、他們知道他不會答應的東西。他們完全不把佛拉庫斯放在眼裡，而動身去下日耳曼地方同奇維里斯聯合起來。霍爾狄奧尼烏斯於是把各將領和百人團長召集起來，同他們商量要

---

①在今天的克桑頓(Xanten)的附近，據說就在費爾斯頓山(Fürstenberg)的山坡上。

②維提里烏斯曾把巴塔維亞人的步兵中隊從提奇努姆調回摩功提亞庫姆，但後來又發出一個命令把他們召到意大利以便對付維斯帕西亞努斯（參見本書第一卷，第五十九章；第二卷，第九十七章和本卷第十五章）。

③公元一世紀普通士兵的餉銀每天是十阿斯，輔助部隊士兵的軍餉更要少些，近衛軍士兵的餉銀每天是二狄納里烏斯，約合普通士兵的三倍。

④騎兵的軍餉比步兵要高些。

不要用武力制服不服從的隊伍；但由於他天性怯懦，並由於他的部下的恐懼——他們感到苦惱的是輔助部隊的性格善變，而且軍團的士兵都是通過倉卒徵募才補充起來的——他最後決定要他的士兵留在營地裡①。後來，他又後悔他的決定並且受到了給他出這個主意的那些人的影響，於是他就好像是自己想要進行追擊似的寫信給駐守在波恩②的第一軍團的統帥希倫尼烏斯・伽路斯，要他截擊巴塔維亞人，並說他自己也將率軍緊追在他們的後面。如果霍爾狄奧尼烏斯從一方面而伽路斯從另一方面夾擊、並把敵人兜在他們中間的話，巴塔維亞人確實是可以被擊潰的。可是佛拉庫斯放棄了這樣的計劃，並在第二封信裡提醒伽路斯在巴塔維亞人撤退時不要襲擊他們。這就使人們不能不懷疑挑起戰爭是得到羅馬統帥的同意的，或不能不懷疑實際上已發生的或人們擔心會發生的一切，並不是由於士兵的懶惰或敵人的強大，而是由於統帥們的背叛行動。

20 當巴塔維亞人走近波恩的營地的時候，他們先派出了一名使者到希倫尼烏斯・伽路斯那裡去提出中隊的要求。這個使者說，他們並不是對他們常常爲之作戰的羅馬人作戰，而是對他們那長期而又得不到好處的軍役感到厭倦，並希望回家去過和平的生活。如果沒有人阻擋他們的話，他們在通過時不會給別人造成任何損害。但如果對他們加以武裝抵抗的話，他們就要用武器殺出一條道路來了。當伽路斯拿不定主意的時候，士兵們勸他同對方武力相見。三千名軍團士兵和倉卒徵募起來的、比爾伽伊人③的幾個步兵中隊，

①第四和第二十二軍團在摩功提亞庫姆，第一軍團在波恩，十六軍團在諾瓦伊西烏姆(Novaesium)（今天的諾伊斯（Neuss」），第十五軍團和第五軍團在維提拉。

②羅馬軍營在該城以北，維舍斯霍夫(Wichelshof)附近。

③指涅爾維伊人和通古里人。

還有農民和糧秣徵發人的一個隊伍（這些人並不善戰，但在遇到眞正的危險之前卻是勇敢的），立刻從所有的城門衝了出去，把人數較少的巴塔維亞人包圍起來。但是這些久經戰陣的巴塔維亞人卻排成密集的縱隊，把自己隊伍從四面都封得嚴嚴的，從而使他們的前面、側面和後面都防守得很牢靠。他們就這樣地突破了我們的薄弱的戰線。當比爾伽伊人後退的時候，軍團也被打退，結果他們就驚惶地逃回了營地的工事和營門。他們在這些地方所受的損失最大：濠溝裡堆起了很高的屍體，我們的士兵不僅在對敵作戰時死於刀劍和負傷，而且死於衝撞，許多人死於他們自己的武器①。勝利者避開了科洛尼亞·阿格里披嫩西斯（原義是阿格里披娜移民地，即今天的科隆——中譯者）。而且在他們其餘的行程中，也沒有其他敵對的行動。他們爲波恩的戰鬥提出了辯解的理由：他們本來是請求和平的，只有當這一要求被拒絕之後，他們才起來保衛自己的利益。

21 這些久經戰陣的中隊的到來，使得奇維里斯有了一支不折不扣的軍隊，不過他這時還沒有拿定主意如何行動，而且又考慮到羅馬人的力量，於是他就要他的全部軍隊都向維斯帕西亞努斯宣誓效忠，並且派了一個使團到羅馬的兩個軍團——這兩個軍團在不久之前戰敗後，退往稱爲維提拉的營地——那裡去，要他們同樣也宣誓效忠。但是他們回答說：「我們不能聽從賣國賊或是敵人的意見。我們的皇帝是維提里烏斯，我們將效忠於他，並爲他戰鬥到最後一口氣。因此任何叛離的巴塔維亞人都不能仲裁羅馬人的命運，還是讓他等著接受罪有應得的懲罰吧！」接到這個回答而大爲震怒的奇維里斯立刻把巴塔維亞的全體人民

①大概是說落到濠溝裡的士兵為自己方面人的武器戳死，當然人們也還可以為自己手裡的武器戳死。

都武裝起來。布路克提里人①和騰克提里人②參加了他們的隊伍，由使者們召請來的日耳曼人，也趕來分享戰利品和光榮。

22 爲了應付來自許多方面的一觸即發戰爭形勢，軍團的統帥穆尼烏斯・盧佩爾庫斯和努米西烏斯・路福斯③開始加強他們營地的柵欄和壁壘。他們摧毀了在長時期的和平中修造起來的建築物（這些建築物在離軍營不遠的地方實際上已經發展成一個市鎮）④，因爲他們不願使這些建築物爲敵人所利用。不過他們卻沒有充分注意到儲備糧食的事情：他們任憑軍隊到各處去進行劫掠。結果士兵們的輕率行動使他們在幾天裡就耗光了本來可以夠他們長時期使用的糧食。奇維里斯和巴塔維亞人的精銳部隊占居軍隊的中心，而爲了使敵人看了更加害怕，他要日耳曼人的隊伍浩浩蕩蕩地沿著萊茵河的兩岸推進⑤，而他的騎兵則在平原地帶上行進。同時他的戰船也向著上游行進。在一面是老兵中隊的隊旗，在另一面則是從森林和聖林中取得的野獸的圖像⑥（每一個部落習慣上就是帶著它們去作戰的）。這些既表明是內戰，又表明是對外戰爭的標記使被包圍的軍隊頗爲震恐。而且羅馬的壁壘的規模也使圍攻者頗爲興奮，因爲就它的大小而論，需要有兩個軍團來守衛它⑦，但現在實際上防守它至多也不過是五千武裝的羅馬人罷了。此外還有一大群

---

①布路克提里人居住在利珀河(Lippe)和埃姆斯河(Ems)上游之間以北的地區。

②騰克提里人居住在萊茵河、魯爾河和利珀之間的地區。

③路福斯大概是第十六軍團的副帥。

④許多市鎮實際上是以固定的軍營為核心而形成的。

⑤奇維里斯本人順著左岸上的軍路行進，而日耳曼人的隊伍則是緊沿著河兩岸同他平行地推進。

⑥這大概就是每一部落的圖騰。

⑦兩個軍團的定額是一萬二千人。

隨軍商販①，他們是剛一發生緊急情況時就集合到那裡去的，現在則在這次對敵鬥爭中發揮了自己的力量。

23 軍營的一部分是在緩斜的山坡上，但另一部分卻同平原相連接。奧古斯都曾認爲用這樣的一些冬營就可以約束並在實際上制服日耳曼②，卻根本沒有想到竟然眞的發生了日耳曼人向軍團發動進攻的災難。因此，他沒有採取任何措施加強陣地或工事的防守力量。武裝的隊伍好像就足夠應付局勢了。巴塔維亞人和從萊茵河對岸過來的各個民族③，爲了更明顯地表現他們個人的勇敢，他們每個部落本身都組成了各自的隊伍，並且從較遠的地方就展開了進攻。但是當他們的大部分武器毫無結果地投到塔樓和女牆上面、而羅馬方面投向他們的石塊卻使他們受到很大傷亡的時候，他們便呼嘯著向堡壘發動進攻，許多人架起了雲梯，另一部分人爬到由他們的同伴組成的「龜形陣」上去。一些人已經爬上城牆，但是這時軍團士兵卻用刀劍和盾牌把他們打下去，並用大量的滾木和投槍把他們壓住。這些民族在戰鬥開始時總是特別猛烈的，他們越是順利也就越容易變得勇敢。但是現在他們爲了貪圖戰利品，他們甚至連這種不利的形勢都不放到眼裡，而竟敢使用他們不習慣使用的攻城器械。不過他們自己根本不善於使用這種器械：逃兵和俘虜教給了他們用木板修造了一種橋④，橋下安裝了輪子，然後再把它們推到前面去，這樣站在橋上的人們就可以像在山頭上那樣作戰，但是藏在裡面的另一些人則可以從下面摧毀城牆：但是從投石器投射出來的石塊摧

①即 lixae，他們多半不是羅馬人，但是可以有武裝：這種人和羅馬商人(negotiatores)不同，羅馬商人一般是沒有武裝的。

②這裡是說軍營只是向日耳曼人發動進攻的基地，根本沒有想到防禦敵人進攻的事情。

③指布路克提里人、騰克提里人和弗里喜人（參見本卷第十五、二十一章）。

④原文雖然是pons（橋），實際上是一種塔樓，大概從塔樓上有某些突出的東西像是橋或跳板的樣子，站在「橋」上進攻的可以得到塔樓上的人們的掩護。

毀了這一粗重的器械，而當他們開始準備掩護自己的屏障的時候，羅馬人便用弩機向他們射出了點著了火的投槍，並用火來威脅進攻者，直到蠻族看到他們用武力猛攻不成，才改用拖延的策略，因爲他們知道得很清楚，營裡只有幾天的糧食，而且裡面有大批非戰鬥人員。同時他們還指望對方由於缺糧而發生叛變，指望那些奴隸的動搖，指望戰爭的運氣。

24 在這個時候，佛拉庫斯①聽說軍營被圍的事情，就派遣使者到高盧各個行省去請求輔助部隊的支援，並且把他的兩個軍團②中的精銳部隊交付第二十一軍團的統帥狄里烏斯・沃庫拉，命令他沿著萊茵河河岸儘快地向前推進。佛拉庫斯本人則乘船前進，因爲他身體不好③，而且受到士兵們的憎惡。原來士兵們確實毫不含糊地抱怨說，他曾把巴塔維亞的中隊從摩功提亞庫姆放走，曾隱瞞了他知道奇維里斯的行動這件事件，並且同日耳曼人結成了聯盟。他們說：「普利姆斯・安托尼烏斯和木奇亞努斯都不像佛拉庫斯那樣助長了維斯帕西亞努斯的力量。不加掩飾的憎惡和武裝行動會公開地受到反擊；但背叛和欺騙卻是隱蔽的，因此無法防備。奇維里斯現在出現在我們的面前，擺出了他的戰陣；霍爾狄奧尼烏斯從他屋裡的床榻上發布有利於敵人的命令。最勇敢的人組成的這些武裝隊伍竟然都要受一個年老病弱的人的任意擺布！讓我們把這個賣國賊殺死，並且讓我們的命運和我們的勇氣擺脫這一不吉利的兆頭吧！」當他們相互間已經用這樣的話把對方激勵起來的時候，維斯帕西亞努斯的一封信更加激起了他們的情緒。佛拉庫斯不能隱瞞這封信，所以就把它在一次大會上宣讀了，繼而就給帶信來的使者們加上鐐銬，把他們送到維提里烏斯那裡去

①在美因茨的營地。

②指第四和第二十二軍團。

③本書第一卷第九章談到他的痛風病的事情。

了。

25 士兵們的怒氣這才平息下去。他們開到了波恩，這裡是第一軍團的冬營的所在地。但在這裡，士兵的情緒卻更爲激烈，他們認爲他們的失敗①是霍爾狄奧尼烏斯的責任。他們說，他們是根據他的命令才對巴塔維亞人作戰的，因爲他曾保證說，軍團就要從摩功提亞庫姆開出來。他們還說，正是由於他的叛變行爲，他們的同伴才被敵人殺死，因爲他們沒有得到任何援助；其餘的軍隊都不知道這些事情，而且這些事情也沒有被報告給他們的皇帝；雖然，通過所有行省的及時的努力，這一新的叛變行動本來是可以制止的。霍爾狄奧尼烏斯向軍隊宣讀了他送往高盧、不列顛和西班牙求援的所有信件的抄件。此外，他還樹立了一種最不好的先例，那就是把所有的信②都交給各軍團的軍旗手，由軍旗手在將領們過目之前當著士兵們的面加以宣讀。隨後他又下令逮捕一名叛變者，這與其說是因爲這個人的過錯，無寧說是爲了證明他的威信。軍隊繼而就由波恩開往科洛尼亞。阿格里披嫩西斯，而他們在這裡就同大量開到的高盧輔助部隊匯合起來，因爲高盧人在開頭還是極力擁護羅馬人的事業的。但後來日耳曼的力量加強了，許多國家因爲指望能取得自由和一旦擺脫奴役之後得以樹立自己的統治大權，因而便拿起武裝來反對我們。軍團士兵的情緒更加憤怒了，逮捕一名士兵根本不能使他們有所畏懼。而且這名士兵確實曾指控過將領，說他參與了叛變，並且宣稱他曾在奇維里斯和佛拉庫斯二人之間傳話，而正是因爲他能夠爲這件事的眞相作證，所以現在才受到陷害。沃庫拉極其勇敢地登上了座壇，下令捉起這名士兵，儘管這名士兵拚命叫喊，他還是下令把這名士

①在維提拉，參見本卷第二十章。
②這裡當然是指寫給統帥的信。

兵帶走加以懲處。壞人一旦被鎮服住，規矩的人也就聽從命令了。由於軍隊一致要求沃庫拉擔任他們的將領，佛拉庫斯就把統率權移交給他了。

26 但是也發生了許多激起了他們的反叛情緒的事情。軍餉和糧食都沒有，同時高盧各行省又藐視地拒絕羅馬方面的徵兵和徵稅；萊茵河由於氣候發生了一次空前的乾旱①，結果幾乎連船隻都浮不起來；糧食的補充受到了阻礙；沿著萊茵河沿岸的所有地方都配置了隊伍以阻止日耳曼人渡過來，而由於同樣的理由，糧食少了，但是吃飯的人卻更多了。那些無知的人們甚至把河中水面的低落看是上天的一個朕兆，好像古人一向用來保衛我們的這些河流②現在也叛離了我們似的：在和平時期他們稱這些事情爲偶發事件或自然發生的事件。但是在這個時候，他們卻把它們說成是命運和諸神的憤怒了。

當我們的軍隊進入諾瓦伊西烏姆③的時候，第十六軍④就同他們匯合了。沃庫拉現在有希倫尼烏斯・伽路斯跟他聯合在一起，共同負責軍務。不過他們並不敢向敵人發動進攻，只是在一個叫做蓋爾杜巴⑤的地方設營。他們在這裡用操演戰陣、修築工事和柵欄以及所有其他各種各樣的軍事訓練的辦法，提高了他們士兵的士氣。而且爲了通過給士兵們一個掠奪的機會以激發他們的勇氣：沃庫拉率領著一支軍隊去進攻附

①在塔西佗時期，日耳曼有大量的森林，但耕地比較少，因此它的氣候遠比今天為潮濕。
②萊茵河、多瑙河和幼發拉底河都是帝國的邊界。
③今天的諾伊斯，當時這個城市就在萊茵河畔，但現在它是在離河二英里的地方，在迪塞爾多夫(Düsseldorf)附近。
④第十六軍一個分隊已經同維提里烏斯到意大利去了。
⑤今天是蓋爾勃(Gelb)，位於凱撒維爾特(Kaiserwerth)和玉爾丁根(Ürdingen)之間。據說這裡地勢較高，適於用作營地，離諾伊斯約十英里。

近的庫格爾尼人①——奇維里斯的聯盟者——的市鎮；一部分軍隊則和希倫尼烏斯・伽路斯留在蓋爾杜巴。

27 正巧這時在離營地不遠的地方，日耳曼人著手把沙洲上擱淺的一隻裝運糧食的船拖到他們那邊的岸上去。伽路斯不願船被他們拖走，所以就派了一個中隊去救這隻船。日耳曼人方面也得到增援，而當雙方的人數都漸漸增加的時候，就形成了一場正規的戰鬥。日耳曼人在使我們遭受了慘重的損失之後，結果還是把船拖走了。就同當時流行的做法一樣，被打敗的羅馬軍隊不怪自己沒有能力，卻是指控他們的統帥的背叛。他們把他從營帳裡拖了出來，撕碎他的衣服，揍他，逼他說出他受了什麼賄賂，他和什麼人同謀出賣軍隊。他們對霍爾狄奧尼烏斯的怒氣又復發了：他們說他是主使人，伽路斯是工具，而由於受到士兵們威脅說要殺死他，他自己最後嚇得眞的指控霍爾狄奧尼烏斯有叛變行爲了；於是霍爾狄奧尼烏斯就被加上了鐐銬，直到沃庫拉到來之後才得到釋放。第二天，沃庫拉處死了兵變的那些首犯。這支軍隊昨天還是那樣放肆，今天又是這樣馴順，這是多大的變化啊！毫無疑問，普通士兵是忠於維提里烏斯的，但是所有的軍官卻傾向於支持維斯帕西亞努斯。因此，犯罪就同懲罰交替出現，而激怒在他們身上又同馴服結合起來②。這些士兵儘管能夠受到懲罰，然而卻是無法控制的。

28 但是，這時奇維里斯的力量卻由於從整個日耳曼取得巨大的增援力量而大爲加強了。聯盟者都把地位最高的人質送到他這裡來保證自己的忠誠。他命令離烏比伊人和特列維利人最近的那些民族蹂躪這兩個

---

①庫格爾尼人據說是提貝里烏斯在公元前八年遷到萊茵河左岸的蘇甘布利人的後裔（參見蘇埃托尼烏斯：《提貝里烏斯傳》，第九章）。他們的北面是巴塔維亞人，南面是烏比伊人。他們的名字據說保留在今天的市鎮戈赫(Goch)的名字上面。

②這裡似是說士兵和軍官各有一定力量，從而形成兩派實力各有消長的錯綜複雜的局面。

民族，又命令另一支兵力渡過馬斯河去威脅美納皮伊人①與莫里尼人②和高盧行省的邊界。他們在這兩個地區都得到了戰利品。但是他們對烏比伊人卻更要嚴厲，因爲儘管烏比伊人也是日耳曼人，他們卻背棄了他們的故土，而接受了阿格里披嫩西斯這個羅馬的名字③。他們的一些中隊在瑪爾科杜路姆地區④被割裂，因爲他們在遠離萊茵河河岸的地方毫無戒備地活動。雖然如此，烏比伊人並沒有安靜地待在那裡不對日耳曼展開劫掠性的進攻。他們最初未受報復，但是後來他們被擊潰了。而實際上在這全部戰爭當中，他們表現的對羅馬人的忠誠要超過他們的好運。在粉碎了烏比伊人之後，奇維里斯造成的壓力就更加嚴重了。他在勝利的鼓舞之下，加緊對軍團⑤的圍攻，並嚴密監視不許任何密使把援軍到來的消息報告給被圍攻的人。他分配給巴塔維亞人的任務是修造戰爭器械和圍攻的工事。從萊茵河對岸開過來的軍隊在要求作戰時，他就命令他們去摧毀羅馬人的壁壘。當這些人被擊退的時候，他就要他們重新發動進攻，因爲他們的士兵多得很，損失一點是算不了什麼的。

29 戰鬥到夜裡還沒有結束。進攻者在市鎮的四周點起了堆堆篝火，他們大吃大喝，由於人們一個一個地酒性發作，他們就莽撞但無益地衝出去作戰，因爲在黑夜裡，他們投出去的武器是起不了任何作用的。但是羅馬人這方面的目標卻十分明確，因爲他們可以清楚地看到蠻族的戰線⑥，特別是那些最勇敢的或是

---

①美納皮伊人住在貝爾吉卡・高盧，馬斯河和設爾特河(Scheldt)之間，巴塔維亞人的南面。

②莫里尼人住在美納皮伊人的西南部沿岸地帶。味吉爾在《埃涅伊特》（第八卷，第七二七行）說他們是人類中最壞的。

③參見本書第一卷，第五十六章。

④今天的杜倫(Duren)，在猶利希(Julich)以南。

⑤被包圍在維提拉的軍隊。

⑥因為篝火照亮了他們，這樣就把目標暴露在敵人面前。

標誌特別鮮明的人。奇維里斯及時地看到了當時的情況，於是下令他的士兵把他們的篝火熄滅，這樣就使黑夜給戰鬥帶來了更大的混亂①。當時確實到處是混亂的呼號聲，人人都要碰運氣，任何人也不知道應當在什麼地方攻擊或迴避敵人。他們聽到什麼地方有呼號聲，他們就朝著什麼地方衝去。勇氣起不了任何作用，偶然的機會造成了極大的混亂，最勇敢的士兵往往死在怯懦者的刀劍之下。日耳曼人只是一味盲目地廝殺；但是久經戰陣的羅馬士兵卻不隨便把他們的鐵頭的投槍或是沉重的石塊投出去。當他們從聲音辨別出有人在攀登城牆或是從雲梯爬上來的敵人已經來到他們跟前時，就用盾牌的盾心把敵人打下去，隨後就是一陣投槍。許多爬到城上來的敵人被他們用匕首刺死了。黑夜這樣度過去之後，一場新的戰鬥又在白天展開了。

30 巴塔維亞人修造了一個雙層的塔樓，他們就把這座塔樓推向軍營的正門②，因為那裡的地勢最平坦。但是羅馬人卻把粗大的竿子捅出去對付它，他們用梁木對它反覆加以衝擊，結果就把它撞倒，從而使塔樓上面的人受到了沈重的損失。後來當敵人陷入一片混亂的時候，他們就向敵人發動了一次突然的、然而是成功的出擊。同時比敵人既有經驗和又有技能的軍團士兵還有別的手段對付敵人。蠻族最害怕的是平穩地懸在他們頭上的一種器械③，這種器械突然間落下來時可以當著敵人的面捉住一個或更多的敵人，然後向

---

① 修昔底德《歷史》第三卷第二十三章有類似的描述。

② 接連著將領和他的僚屬的本營(praetorium)的那個營門，也就是面向著敵人的那個營門。這個門可能是在營地的西面，因為這裡的地帶是一片不高的高地，這片高地緩緩地向著馬斯河的一個支流尼爾斯河(Niers)方面傾斜。東面的 porta decumana 對著萊茵河，因而從這方面進攻是不大可能的。

③ 這大概是一種槓桿之類的器械。它的一半突出在外面，尖端上有鉤子，另一半在營地內部。這個槓桿平時平放著，但它可以像蹺板那樣上下擺動。戰鬥時外部的一端落入圍攻的敵人中間鉤住一個或更多敵人之後，然後利用向下壓的力量把他們鉤到營地內部。

回一拉，就把這些敵人拋到營地裡去了。現在奇維里斯放棄了用猛襲辦法攻占營地的企圖，又開始了一種不慌不忙的包圍，同時還企圖用各種消息①和許諾來動搖軍團的防守信心。

31 這些事情都是克雷莫納一役之前在日耳曼發生的②。人們從普利姆斯・安托尼烏斯的一封信知道了這一戰役的結果，而這封信還附了凱奇納的一個公告③。被戰敗一方的一名中隊隊長，一個叫做阿爾披尼烏斯・蒙塔努斯的人④也親自承認了他們一方的失敗。這個消息引起了情感上的不同反應。高盧的輔助部隊不一定要歸附或憎恨哪一派，而且在服役時也沒有什麼熱情，因此他們的軍官一經慫恿，立刻就背棄了維提里烏斯。老兵們這時卻還拿不定主意。但是由於霍爾狄奧尼烏斯・佛拉庫斯的命令和他們的將領們的懇求，他們才舉行了效忠宣誓，不過無論他們的面部表情還是他們的內心意願，都沒有把這一宣誓確定下來。而且當他們按照一般的程度重複大部分誓詞的時候，他們對維斯帕西亞努斯的名字表現了猶豫：他們中間的一些人只是有氣無力地默默叨念維斯帕西亞努斯的名字，但大多數人則根本不提他的名字。

32 隨後安托尼烏斯給奇維里斯的一些信又在集合的士兵們面前宣讀了。不過這些信引起了他們的懷疑，因爲這些信好像是寫給聯盟者的，而且在談到日耳曼軍隊的時候表現了一種敵視的口吻。不久之後，當這個消息到達蓋爾杜巴地方羅馬軍營的時候，它引起了同樣的議論和同樣的行動。蒙塔努斯受命到奇維里斯那裡去，命令他放棄戰爭，並且不要利用虛僞的藉口來掩蓋他的敵對行動⑤。他要向對方講的是：如果奇

---

①指對被圍攻者不利的一些消息。

②這就是說在公元六九年十月底以前。

③凱奇納這一公告可能是在克雷莫納發表的，內容當然是勸告士兵追隨執政官轉到維斯帕西亞努斯的一面來。

④關於蒙塔努斯，參見本書第三卷，第三十五章。

⑤這就是說，奇維里斯假裝擁護維斯帕西亞努斯的姿態，實際上卻對羅馬帝國宣戰。

維里斯是爲了幫助維斯帕西亞努斯而行動的，那麼他已經作了足夠的努力。對方這一聲明，奇維里斯在開頭作了一個狡猾的回答。後來當他看到蒙塔努斯是個性情暴烈的人並且有叛變的意圖時，他就開始抱怨他二十五年中間在羅馬人的軍營中所經歷的各種危險。他說：「我多年的勞苦的報酬眞是光榮啊。我的兄弟被殺死，我本人被加上鐐銬，還有要求對我加以懲處的這支軍隊的野蠻叫囂。各民族的權利使我有正當的理由要求對這些事情進行報復。可是，你們特列維利人還有所有你們其餘的人，你們這些有著奴隸心情的人，你們這樣多次地流了鮮血，可是你們所能指望的報償是什麼呢？還不是令人厭惡的軍役，無止無休的租稅、鞭打、劊子手的斧頭和你們的主子的頭腦裡所能想到的一切花樣！就看我這樣一個中隊的隊長吧，我同坎寧尼法提斯人和巴塔維亞人①，全體高盧人當中無足輕重的這一部分人，已經用事實證明了你們羅馬人的巨大的軍營是空虛的，我們已經摧毀了它們，或是正在包圍著它們，並且用武器和饑饉對它們施加巨大的壓力。總之，應當鼓起勇氣來！或者是你的勇敢給你帶來自由，或者是我們所有的人都一起被戰敗。」奇維里斯用這些話煽動起了蒙塔努斯的情緒，但是他卻要蒙塔努斯在回去時作溫和的傳達。蒙塔努斯這樣就回去了，但是他卻做出使命未能完成的樣子，完全隱瞞了到後來才發現的一切。

33 奇維里斯留下了自己的一部分軍隊，卻派遣優利烏斯・瑪克西姆斯和他自己的侄子克勞狄烏斯・維克托爾率領著老兵的中隊和最精銳的日耳曼軍隊去進攻沃庫拉和他的軍隊。在他們的進軍途中，他們劫掠了阿司奇布爾吉烏姆②地方一個騎兵中隊的冬營，他們還這樣突然地攻擊了沃庫拉的營地③，以致他竟然來

①巴塔維亞人實際上是日耳曼人。
②位於維提拉和蓋爾杜巴的中間，它是今天的阿斯貝爾格(Asberg)或是埃森貝爾格(Essenberg)。
③在蓋爾杜巴，參見本卷第二十六章。

不及給他的軍隊下命令或是把他們士兵列成戰陣。在混亂當中他所能下的唯一的一道命令，就是用軍團士兵加強營地中心的防守：輔助部隊被分散到附近各處。騎兵發動了進攻，但是遇到了隊形嚴整的敵人，結果又返回了自己的隊列。在這之後就是一場屠殺，而不是一場戰爭。涅爾維伊人的中隊或是因爲害怕，或是有心叛變，他們也離開了我們，使我們的兩側暴露在敵人面前：這樣，進攻的重擔現在就落到軍團士兵的身上。他們在失掉了自己的隊旗之後，就在柵欄之內受到屠殺，但這時突然一支不曾預料到的援軍扭轉了戰鬥的局勢。原來先前由伽爾巴徵募、現在又受到召喚的瓦斯科尼斯人①的一些中隊，在他們開近營地並聽到戰鬥的聲音時，從背後向正在專心致志地作戰的敵人發動了進攻，從而引起了一場比他們的人數所能引起的驚恐要更加廣泛的驚慌情緒，因爲有些人以爲諾瓦伊西烏姆的全部軍隊到來了，另一些人則以爲是摩功提亞庫姆的軍隊到來了。敵人的錯誤激發了羅馬人的勇氣，當他們信賴別人的力量的時候，他們也恢復了自己的力量。巴塔維亞人步兵的全部精銳都被殺死了；但騎兵卻帶著戰鬥剛開始時他們奪得的隊旗和俘虜逃跑了。在那一天裡，我們陣亡的人數較多，但是這些人並不是最勇敢的。日耳曼人的最精銳的軍隊卻都陣亡了。

34 雙方的將領由於同樣的錯誤都應遭到失敗，並且都未能利用他們的勝利。如果奇維里斯把更多的軍隊投入戰線，就不會被這樣少數的中隊所包圍，而且在突入羅馬軍營之後，他本來是可以把它摧毀的。沃庫拉這方面則未能發現敵人的迫近，因此他一出擊就被擊敗了；繼而由於對自己的勝利缺乏信心，他在向敵人進軍之前又耽擱了好幾天。如果他能當機立斷緊逼敵人，並且把戰事進行到底的話，他本來是可以一

①今天的巴斯克人的祖先；他們居住在塔爾拉科西班牙的東北部和與高盧接壤的地區。伽爾巴曾擔任過塔爾拉科西班牙的長官。

舉而解軍團之圍的。就在這個時候，奇維里斯用如下的辦法試探了被圍攻者的情緒。他放出一種空氣，好像羅馬已經失敗而他的一方面取得了勝利。他顯示羅馬的標記和隊旗；他甚至把俘虜也陳列出來。在這些俘虜中間有一個人有膽量做出了一件英雄的事跡：他高聲說出了事情的眞相。日耳曼人立刻刺死了他。他們的這種做法使人們更加相信他的話是眞的了。這時被蹂躪的田野和農家被焚時的火光①則說明一支勝利的軍隊正在逼近了。當沃庫拉看到軍營②的時候，就下令把隊旗立起來，同時在它們周邊挖一道溝，構築一道柵欄，並且要他的軍隊把行李用具都放到那裡去，以便使他們能夠毫無牽累地作戰。這項命令使得軍隊同他們的統帥吵了起來，並且要求立刻作戰。實際上他們已經習慣於進行威脅了。他們甚至不等到排成戰陣，便在混亂中拖著疲倦的身體向敵人展開了進攻。奇維里斯這方面對他們也早有準備，他相信敵人會犯錯誤，就如同他相信自己方面士兵的勇氣一樣。羅馬方面的命運是有好有壞的，而事實表明最喜歡鬧事的士兵都是貪生怕死之輩。有些人還沒有忘記他們不久之前取得的勝利，因此他們守住自己的陣地，打擊敵人，相互激勵並且激勵他們旁邊的人們。他們在重新整頓了隊伍之後，就向被圍攻者伸出手來，請他們不要放過出擊的機會。從城上看到了一切的被圍攻者，於是從他們的營地的所有的營門出擊。而正是在這個時候，奇維里斯的馬恰巧滑倒並且把他摔了下來。於是雙方便都接到報告說，奇維里斯受了傷或是被殺死了。這樣一個被人相信的消息把他自己方面的人嚇壞了，而使他的敵人高興得了不得。然而就是在這樣的情況下，沃庫拉並不追擊逃跑的敵人，卻繼續加固柵欄和他的營地的塔樓，就好像他又面臨了一次圍攻的威脅似的。這樣，由於他屢次不能利用已經取得的勝利，從而使人們有充分的理由懷疑他寧願要戰爭而

①這裡指庫格爾尼人的農家，參見本卷第二十六章。
②即維提拉。

不想要和平①。

35 使我們的軍隊最感苦惱的莫過於缺糧的問題了。軍團的輜重隊和不能作戰的人們都被送到諾瓦伊西烏姆去，要他們從陸路把那裡的糧食運來，因爲河上的運輸被控制在敵人的手裡。第一批人的來回都是平安的，因爲這時奇維里斯的力量還沒有恢復到可以發動進攻的程度②。但是當他聽說再度被派往諾瓦伊西烏姆去的從軍商販和衛護他們的一些中隊就像在和平時期那樣出發，並且只有很少的士兵照管隊旗，而他們的武器都放在車上，他們自己又都隨隨便便地走開的時候，他就整頓了他的隊伍，對他們發動了進攻（在這之前他還先派出了一些軍隊占領了路上的橋梁和狹窄的部分③）。他們拉開了一道很長的戰線作戰，戰鬥一直分不出勝負來，最後直到夜裡才不得已而告結束。中隊到達了蓋爾杜巴，那裡的軍營還是先前的老樣子，由被留在那裡的一支隊伍防守著。他們毫不懷疑，如果他們同這些帶著很多東西並且已經心驚膽戰的從軍商販回去的話，他們會遇到很大的危險。沃庫拉從曾在維提拉被圍攻的第五和第十五軍團中選拔了一千名精銳來增援他的軍隊，這些人都是難以駕馭而又敵視他們的統帥的④。出發的人比得到命令出發的人要多，而在進軍的時候，他們開始毫無顧忌地念叨說，他們再也不能忍受饑餓或是他們的統帥的陰謀了；但是那些被留在後面的人們卻又抱怨說，由於部分軍團的撤退，人們就把他們拋下不管了。這樣就開始發生了一次雙重的兵變：一些人要沃庫拉回來，另一部分人卻又拒絕回到營地去。

①沃庫拉所以希望戰爭拖下去，或是因為戰爭的結束會終止他自己的統帥權力，或是因為他自己傾向於維斯帕西亞努斯的一面，並且看到戰爭繼續下去對維提里烏斯不利。

②因為他墜馬受傷，還沒有復元（參見本卷第三十四章）。

③維提拉和蓋爾杜巴之間是一片平原，因此這裡所說的狹窄部分，似仍指橋而言。

④關於萊茵河一帶羅馬軍隊的士氣，參見茹里昂：《高盧史》(Jullian, Histoire de la Gaule)，第四卷，第一四〇頁以次。

36 正在這個時候，奇維里斯包圍了維提拉。沃庫拉退到蓋爾杜巴①，然後又退到了諾瓦伊西烏姆（奇維里斯占領了蓋爾杜巴）②。但後來，在離諾瓦依西烏姆不遠的地方他在對騎兵的一次作戰中取得了勝利。但不管是成功還是失敗，同樣都激起了士兵們想殺死他們的將領的願望。當軍團士兵得到從第五和第十五軍團來的人們③的支援以後，他們便開始要求贈賜，因爲他們聽說維提里烏斯已經把錢送來了。霍爾狄奧尼烏斯並沒有拖延很久，但他是以維斯帕西亞努斯的名義向他們發放贈賜的。這一行動比其他任何事情都更加促成了兵變。沉湎在放縱、飲宴和夜間的幽會之中的士兵重新燃起了對霍爾狄奧尼烏斯的舊恨。由於沒有一個副帥或是將領敢於反抗他們，再加上黑夜使他們把羞恥的念頭忘得一乾二淨，結果他們眞的把他從床上拖下來殺死了。他們還準備用同樣的手段對付沃庫拉，但是他把自己打扮成奴隸的模樣，趁著黑夜跑掉了。

37 當這次事變平息下去的時候，他們又害怕起來了。軍隊派遣一些百人團長帶著信件到高盧各城市去，請求派遣輔助部隊並送來徵發的物品。他們這一大群沒有領袖的人永遠是輕舉妄動、怯懦而又無精打采的。在奇維里斯逼近的時候，他們很快地拿起了武器，但是又立刻把它們拋掉並逃跑了。災難在他們中間引起了不和：從上日耳曼軍隊來的人把他們的事業同其餘的人的事業分裂開來④。維提里烏斯雖然已經死了⑤，但是維提里烏斯的像再度在軍營和近旁的比爾伽伊人的城市中豎立起來。後來第一、第四和第二十二軍團

---

①沃庫拉向南退是因為他在沿河一帶不容易保持公開的聯繫。

②這一句的拉丁文原文 Civilis capit Geldubam，有人懷疑是邊注混入了正文的。

③沃庫拉從維提拉的衛戍部隊那裡帶來的隊伍，參見上一章。

④這是說，不和他們為同一事業而奮鬥，也就是說不擁戴同一個皇帝。

⑤維提里烏斯是在十二月二十日或二十日被殺死的，參見本書第三卷，第八十五章。

的人們又後悔自己的行動，於是他們便遵照沃庫拉的指示，向維斯帕西亞努斯宣誓效忠，沃庫拉並且率領著他們解除了對摩功提亞庫姆的圍攻。但是由卡提伊人①、烏西拔人②和瑪提亞奇人③構成的駁雜的大群圍攻者已經滿足於自己的擄獲物而撤退了。不過他們依然受到了一些損失，因爲在他們分散開來並且毫無戒備的時候，我們的士兵向他們發動了襲擊。此外，特列維利人還沿著他們的邊界修造了一道胸牆和柵欄④，並且對日耳曼人展開了一場給雙方都造成了慘重損失的戰爭，但不久之後，由於他們的叛變，他們玷辱了過去爲羅馬人民所樹立的顯著功勳的歷史。

38 在這個時候，維斯帕西亞努斯擔任了第二任的執政官，提圖斯則擔任了第一任的執政官，儘管他們還都不在羅馬⑤。精神沮喪、內心又因多種恐懼而有所顧慮的人民在實際上威脅著他們的災禍之外，又加上了沒有根據的驚恐情緒。他們說路奇烏斯·披索⑥策劃了叛國的陰謀，並且率領阿非利加起來叛變了。當時擔任著阿非利加總督的披索實際上根本不是個喜歡鬧事的人。但是現在由於向羅馬運送糧食的船隻因

①參見本卷第十二章。

②烏西拔人住在騰克提里人（參見本卷第二十一章）以南，卡提伊人以西，吉克河(Sieg)與拉恩河(Lahn)之間。

③瑪提亞奇人住在美因河(Main)、萊茵河和拉恩河之間，在今天的威斯巴登(Wiesbaden)附近。

④這大概是說一道壁壘上還有一道柵欄。

⑤這說明已經進入了公元七〇年。維斯帕西亞努斯之所以是第二次擔任執政官，因為在十九年前克勞狄烏斯的統治時期，他是補缺執政官。

⑥披索據說是公元五七年度執政官路奇烏斯·卡爾普爾尼烏斯·披索的兒子（參見塔西佗：《編年史》，第十三卷，第二十八、三十一章）和格涅烏斯·披索（也就是毒死日耳曼尼庫斯的那個人，參見塔西佗：《編年史》，第二卷）的重孫。

嚴冬的氣候而受到阻礙，所以習慣於每天購買糧食①、而且除了糧食的供應以外對國家事務概不關心的羅馬普通人民，就害怕起來而相信港口被封，同時運送糧食的船隻也被扣下了②。還沒有放棄自己的黨派情緒的維提里烏斯派助長了這一消息的傳播，但老實講，這個謠傳甚至對勝利者的那一派來說都不是不受歡迎的，因爲他們那甚至對外戰爭都不能滿足的貪欲，更不是任何內戰的勝利所能滿足的了③。

39 元旦那天，元老院在由市行政長官④優利烏斯・佛隆提努斯⑤召集的一次會議上，通過決議讚揚和感謝將領、軍隊和聯盟的國王們⑥；特提烏斯・優利亞努斯被剝奪了行政長官的職位，因爲當他的軍團轉到維斯帕西亞努斯一面去的時候，他離開了他的軍團⑦。行政長官的職務授給了普洛提烏斯・格律普斯⑧；霍爾姆斯被提升入騎士等級⑨。在這之後不久，凱撒・多米提安就代替辭去職務的佛隆提努斯擔任行政長官。他的名字就被放在書信和文告的前面，但是實權卻掌握在木奇亞努斯的手裡，不過多米提安在他的朋友們

①這是指收入微薄、僅足餬口的人。

②埃及是供應羅馬糧食的主要基地。這些糧食免費供給最貧苦的公民，並按照固定的官價供應一般市民。

③這就是說人們已變得這樣貪欲，他們更注意的是掠奪財物而不是權力。

④因為兩位執政官都不在，所以元老院由市行政長官召集。

⑤《戰略》(Strategematica)的作者，公元三〇年生，公元七四年度執政官，公元一〇三年（一說一〇八年）卒。他在阿古利可拉之前擔任過不列顛的統帥（公元七五～八年）。小普利尼則在他死後繼任占卜師(augur)的職務。

⑥索佩尼和埃美撒的索海木斯、孔瑪蓋尼的安提奧庫斯和卡爾啟斯與特拉科尼提斯的希羅・阿格里帕（參見本書第二卷，第八十一章）。

⑦參見本書第二卷，第八十五章。他的行動與其說是政治上的叛變，無寧說是逃避私敵的陷害。

⑧他已經代替優利亞努斯擔任第七軍團的副帥（參見本書第二卷，第八十五章；第三卷，第五十二章）。

⑨參見本書第三卷，第十二、二十八章。

的慫恿下或是在他自己突然感到有這樣的需要的時候，也常常敢於自主地做許多事情。但是木奇亞努斯主要害怕的是普利姆斯·安托尼烏斯和伐魯斯·阿里烏斯，因爲這兩個人曾由於最近的勝利而聲譽卓著，並且得到軍隊的愛戴。甚至普通市民對他們也有好感，因爲除了在戰場上之外，他們從來不曾對任何人使用過武力。還有一個謠傳說，安托尼烏斯曾勸司克里波尼亞努斯·克拉蘇斯①——他因顯赫而又古老的門第和一個著名的兄弟而出名——奪取統治大權，他說如果司克里波尼亞努斯不拒絕這個建議的話，那是會有不少的人支持他的。司克里波尼亞努斯之所以拒絕，因爲他甚至在肯定有成功希望的時候，都不會輕易地受到誘惑，更不用說在他對事情的結果沒有把握的時候了。

木奇亞努斯既然不能公開除掉安托尼烏斯，他就在元老院裡把安托尼烏斯捧到天上去，在暗中又用各種許諾籠絡他，並且向他指出，近西班牙長官的職務由於克路維烏斯·路福斯的離開而出缺了。同時，他還把將領和隊長②的職務贈給安托尼烏斯的朋友們。繼而，當木奇亞努斯把這個蠢人的頭腦裝滿了希望和野心的時候，他就把最熱心擁戴安托尼烏斯的第七軍團③調到它的冬營④去，從而摧毀了他的實力。後來，阿里烏斯·伐魯斯自己的軍隊第三軍團⑤也被調回了敘利亞，一部分軍隊被調到了日耳曼。被清除了騷亂分子的羅馬城恢復了它的舊日的面貌。法律重新有了效力，高級官吏重新取得了他們的職權。

①他是伽爾巴的繼子披索的哥哥（參見本書第一卷，第十五章）。
②這裡指輔助軍隊的軍官職位。
③即伽爾巴軍團(septima Galbiana)。
④在潘諾尼亞，參見本書第二卷，第八十六章。
⑤即高盧軍團，它的大本營在敘利亞，參見本書第一卷，第十章。

40 在多米提安進入元老院的那一天，他簡短而又謙虛地談到了他的父親和兄弟不在羅馬的事情，談到了他自己的年輕。他的舉止是恰當的，而由於人們還不知道他的性格，因此常常在他的面孔上出現的慌亂害羞的情緒①就被人們認爲是一種謙遜的表現。當多米提安提出恢復伽爾巴的榮譽的問題時，庫爾提烏斯・蒙塔努斯②便建議也應當紀念披索。元老院通過了兩項決議，但是有關披索這一項決議卻從來不曾付諸實現。繼而用抽籤的辦法選出了一個委員會，負責償還在戰爭期間被劫去的財產，確定和重新安置由於年深日久而掉下來的法律青銅板，清除文告中由於過去各個時代的阿諛諂媚而被增加進去的骯髒東西③，節制國家的開支。在人們弄清楚特提烏斯曾逃到維斯帕西亞努斯那裡去請求庇護的時候，他的行政長官的職位就被恢復了。但是格律普斯保留了他的職位。隨後元老院就決定重新審理穆索尼烏斯・路福斯和普布里烏斯・凱列爾之間的案件④；普布里烏斯・凱列爾被定了罪，而索拉努斯的幽靈得到了慰解。在表現了國家的這種嚴厲行動的日子裡，對於穆索尼烏斯個人同樣也是光榮的。人們都認爲他做了一件伸張正義的事

---

①從人們的記載來看，可以判斷多米提安的面孔是紅色的（參見塔西佗：《阿古利可拉傳》，第四十五章；小普利尼：《頌詞》，第四十六章），這種紅色往往被人認成是一種慌亂、害羞情緒的表現。

②蒙塔努斯在尼祿統治時期曾發表過諷刺詩，從而引起了御用詩人的嫉妒。他曾受到埃普里烏斯・瑪爾凱路斯的控告，雖由於他父親的斡旋而免於判罪，卻被禁止擔任任何公職（參見塔西佗：《編年史》，第十四卷，第二十八、二十九、三十三章）。在多米提安統治時期，他好像取得了比較負責的職位。優維納爾（《諷刺詩》，第四卷，第一〇七行）說他是皇帝的朋友或近臣之一。

③當時人們甚至為最惡劣的皇帝制定了國家的節日和祭祀；公元六五年，四月的名稱被改為 Neroneus，五月改為 Claudius，六月改為 Germanicus（參見塔西佗：《編年史》，第十五卷，第七十四章；第十六卷，第二章；蘇埃托尼烏斯：《卡里古拉傳》，第十五章；《多米提安傳》，第十三章）。

④參見本卷第十章。

情，但是輿論對於犬儒學派的戴米特里烏斯①卻抱有不同的看法，因爲在爲罪惡昭彰的普布里烏斯進行辯護的時候，他表現出自己是把私利放在崇高的目的之上的：普布里烏斯本人在危險的時刻，既沒有勇氣，也沒有口才來應付這種局面。既然已經發了對密告者進行報復的信號，於是尤尼烏斯・瑪烏里庫斯②就請求凱撒授權元老院審查皇帝的檔案，以便使他們知道在每次控告中告密者都是一些什麼人。多米提安回答說，他必須在同皇帝商量之後才能決定這樣一項重大的事件。

41 在那些首要元老的倡議之下，元老院起草了一份誓詞，全體高級官吏和其他元老則按照他們被召請的次序，熱誠地以此誓詞來召請諸神作證：他們從來不曾支持過任何足以危害任何人的安全的行動，他們也從來不曾爲著任何人的不幸而接受過賞賜或是官職。不過自己知道犯過罪的人在重複誓詞的時候，心裡是膽怯的，所以就用各種不同的辦法改換裡面的詞句。

元老院讚許他們的這種有所顧忌的態度，但是卻反對他們的僞誓③。受到了這類最嚴厲的譴責的有撒里奧列努斯・沃庫拉、諾尼烏斯・阿提亞努斯和凱司提烏斯・謝維路斯，他們在尼祿統治時期都是因多次

---

①他是特拉塞亞的摯友（參見塔西佗：《編年史》，第十六卷，第三十四章），因此他為普布里烏斯・凱列爾的辯護被認為是言行不一的，甚至是可恥的。維斯帕西亞努斯根據木奇亞努斯的意見驅逐了他，因為木奇亞努斯似乎認為哲學家在政治上是危險的。

②他是阿路列努斯・路斯提庫斯的兄弟（參見本書第三卷，第八十章）。他被多米提安放逐，到涅爾瓦統治時期才返回羅馬。

③這是說他們由於內心有愧而不敢照原文念誓詞。這至少還是一種有所顧忌的態度，所以受到讚許，然而另一方面，他們的行為卻依然還是一種騙人的偽誓行為。這句話有的譯者有不同的理解，例如比爾努的法譯本就譯為：「元老們讚許他們的老實，卻反對他們的偽誓」(Les sénateurs applaudissaient à la bonne boi, protestaient contre la parjure.)

進行密告而臭名昭著的人物。撒里奧列努斯在不久之前還有過這類可恥的行爲，因爲在維提里烏斯統治時期他還想幹同樣的勾當；元老們也不斷伸出拳頭來對他個人進行恐嚇，最後他只得離開元老院。在這之後，他們的憤怒的鋒芒又轉到帕克奇烏斯·阿非利卡努斯身上去，並且把他也趕了出去，因爲他曾向尼祿建議殺害以兄弟間的情誼和財富而著名的司克里波尼亞努斯兄弟①。阿非利卡努斯不敢承認、但是也不能否認自己的罪行：當維比烏斯·克利司普斯②不斷用各種問題折磨他的時候，他就指出說克利司普斯也參加過一些他自己無法否認的行動，這樣，在揭露了維比烏斯是他的同謀者之後，就把元老院的憤怒情緒從自己身上引開了。

42 那一天，維普斯塔努斯·美撒拉③由於他對兄弟的友愛以及由於他的口才而取得了很大的聲譽，因爲儘管論年紀他還不能參加元老院④，但是他卻有膽量爲他的兄弟阿克維里烏斯·列古路斯⑤呼籲：原來列古路斯曾因爲搞垮了克拉蘇斯⑥和奧爾菲圖斯⑦兩家而受到人們的極大痛恨。雖然他當時十分年輕，看來他

---

①路福斯·司克里波尼亞努斯和普洛庫路斯·司克里波尼亞努斯二人分別是上日耳曼和下日耳曼的長官。尼祿在公元六七年遊歷希臘時曾逼迫他們自殺以便奪取他們的財富。參見狄奧·卡西烏斯，第六十三卷，第十七章。

②參見本書第二卷，第十章。

③參見本書第三卷，第九章。

④奧古斯都規定進入元老院的年齡是二十五歲。

⑤瑪爾庫斯·阿克維里烏斯·列古路斯在尼祿統治時期是一個臭名昭著的告密者。在被他以大逆罪的罪名陷害的人們當中就有兩個貴族李奇尼烏斯·克拉蘇斯·福路吉和謝爾維烏斯·科爾涅里烏斯·奧爾菲圖斯（參見本書第一卷，第四十八章）。

⑥克拉蘇斯是披索·李奇尼烏斯的兄弟，參見塔西佗：《編年史》，第十五卷，第三十三章。

⑦關於奧爾菲圖斯，參見塔西佗：《編年史》，第十二卷，第四十一章；第十六卷，第十二章。

卻是自願地進行這一控訴的，這並不是爲了防止某種危險，而是因爲他想藉以取得權力。克拉蘇斯的妻子蘇爾皮奇婭・普拉提克斯塔塔和她的四個孩子也在那裡要求復仇，如果元老院受理這一案件的話。因此美撒拉既不爲這一案件，也不爲被告進行辯護，而是親身擔起了逼臨到他的兄弟的頭上的危險，結果他的這種做法竟然感動了一些元老。但是庫爾提烏斯・蒙塔努斯卻發表了一篇尖刻的演說反對他，甚至指控說，在伽爾巴被殺死之後，列古路斯曾把金錢送給殺死披索的凶手，並且用牙齒咬裂他的腦袋。他說：「尼祿肯定不會強迫你做這樣的事情，而且你也不曾用這樣的野蠻行徑保全你的地位或是你的生命。老實說，如果有人爲了自己擺脫危險而想嫁禍於人，那麼他們的辯護我們總還可以容忍。但是在你的情況下，你的父親的放逐和把他的財產在債權人中間分配，這只會使你得到安全；你的年齡還沒有大到可以擔任官職，你沒有任何可以引起尼祿羨慕的東西，沒有任何可以使他害怕的東西。由於渴望屠殺，貪圖賞賜，你一開頭就用高貴人物的鮮血試驗了你那還不爲世人所發現，還沒有在法庭上鍛煉過的才能，而在國家多難的時候，你奪取了擔任過執政官的人物的財產①，侵吞了七百萬謝司特爾提烏斯並且享有顯赫的祭司職位，同時還陷害了無辜的兒童、顯要的老人和高貴的婦女；你譴責尼祿缺乏魄力，因爲他和他的密告者只是一家一家地陷害下去，最後是會使自己感到厭倦的。你說過一句話就可以把整個元老院推翻。元老們，把這個無論在什麼時候都能立刻提供意見的人保留和保存起來吧，這樣才能使每一個時代都能向他學習。既然我們老一輩的人可以學習瑪爾凱路斯②和克利司普斯③，那麼年輕人也就可以學習列古路斯了。邪惡，甚至如果是

①克拉蘇斯和奧爾菲圖斯都擔任過執政官。
②指埃普里烏斯・瑪爾凱路斯，參見本書第二卷，第五十三章。
③指維比烏斯・克利司普斯，參見本書第二卷，第十章；第四卷，第四十一章。

不幸的邪惡，仍然可以找到熱心的模仿者。如果邪惡能飛黃騰達，如果邪惡能變得很有勢力的話，那是什麼情況就更不難想像了。而如果在他只不過是擔任過財務官的時候，我們就不敢觸犯他，那麼當他在擔任過行政長官和執行官的時候，我們還敢反對他麼？你們以爲尼祿就是最後的一個暴君麼？從提貝里烏斯和蓋烏斯的統治時期活過來的人都有這樣的想法；然而就在這個時候，出現了一個更加無情、更加殘酷的尼祿。我們並不害怕維斯帕西亞努斯。他的年紀和他的謙遜保證了這一點；然而事例是比一個人的品德有更長久的生命力的①。元老們，我們的精力已經衰退了，我們已經不再是在尼祿被殺死之後、要求他的密告者和爪牙都應按照我們祖先的慣例加以懲辦的那個元老院了。在一個壞皇帝倒下去之後的第一天才是最美好的一天啊。」

43 元老院對蒙塔努斯的發言十分贊同，以致赫爾維狄烏斯竟開始指望連瑪爾凱路斯也可以被搞掉了。因此他的發言一開始就讚揚了克路維烏斯・路福斯②——這個人雖然也很富有和以辯才出名，在尼祿的統治時期卻沒有危害過任何人——他把這個人的崇高事例同他自己的指控結合起來，這樣就使瑪爾凱路斯陷入了狼狽之境並且激起了元老院的怒氣。當瑪爾凱路斯看到這種情況時，他就在他顯然開始想離開元老院的時候說：「普利斯庫斯啊，我走了，把你的元老院留給你吧；在凱撒面前作威作福吧。」維比烏斯・克

①意思是說：維斯帕西亞努斯雖然是個好皇帝，但他死後他的政策便不起作用，但如果懲辦告密者，這樣的事例卻可以較長久地起作用。

②路福斯是尼祿所信任的人物，因此他很有可能成為一個為人們所畏懼的危險人物（參見蘇埃托尼烏斯：《尼祿傳》，第二十一章）。

利司普斯①也要跟著他出去；他們兩個人都是惱怒的，不過面色卻不一樣。瑪爾凱路斯的眼光發著咄咄逼人的閃光，不過克利司普斯卻裝出微笑的樣子②；但是最後他們卻被他們的那些跑過去的朋友拉了回來。當爭辯激烈化的時候，大多數的元老和比較正派的元老形成一派，但另一派卻是少數幾個有勢力的人物，他們全都是悻悻然地頑強地爭辯著。這一天是在爭吵當中度過去的。

44 在元老院的下一次集會時，凱撒帶頭建議人們忘掉過去的壞事、怨恨和那些很難避免的、必然會發生的事情。繼而木奇亞努斯又作了長篇的演說為告密者開脫；不過同時他又對那些重新提出了控訴的人們——他們曾提出過這些控訴，但後來又放棄了控訴——用溫和的、並幾乎是懇求的口氣提出了勸告。自己的做法受到反對的元老們只好放棄了他們已經開始享有的自由。木奇亞努斯為了避免給人一種印象，好像他不重視元老院的意見或是赦免了在尼祿統治時期所犯下的一切罪行，他把奧克塔維烏斯·撒吉塔③和安提司提烏斯·索西亞努斯④這兩個元老級的人物送回了流放的島嶼，因為他們是在流放時自己逃回來的。奧克塔維烏斯曾誘姦過彭提亞·波司圖米娜，但是當她拒絕同他結婚的時候，他便在妒火之下把她殺死了；索西亞努斯也用卑劣的手段陷害過不少人。兩個人都被定了罪，並且通過元老院的一項嚴厲的命令而遭到放逐。當別人都得到允許返回羅馬的時候，他們的處分卻仍然沒有改變。不過木奇亞努斯這一行動卻依然

①參見本書第二卷，第十章。
②他可能是表示不大在乎的樣子。克溫提里亞努斯說他是一個幽默家，優維納爾（第四卷，第八二行）也說：「隨後進來的是上了年紀的、溫和的克利司普斯，他的溫和的性格可以同他的演說的風格比美。」
③公元五八年度保民官。參見塔西佗：《編年史》，第十三卷，第四十四章。
④公元六二年度行政長官。參見塔西佗：《編年史》，第十四卷，第四十八章。

不能使他那不受歡迎的程度緩和一些。因爲索西亞努斯和撒吉塔都是無關緊要的人，甚至如果他們眞的回來的話。人們所害怕的是，告密者用到壞事上面去的才能、怒氣和權力。

45 元老院按照古老慣例所受理的一個案件暫時緩和了元老之間的敵對情緒。一個名叫曼里烏斯·帕圖路伊圖斯的元老①抱怨說，他曾在謝納移民地②遭到一群人的毆打，而且他們還是根據地方長官的命令這樣做的。此外，他還說對他的侮辱還不止於此，他們還把他包圍起來，當著他的面痛哭、哀悼、爲他舉行假的殯儀，同時還對整個元老院加以侮辱和粗暴的謾罵。被告被召到了元老院，而在元老院聽了案件的經過時，有罪的人都受到了懲處；元老院同時還通過了一項命令，警告謝納的民衆應當更守法一些。同時安托尼烏斯·佛拉瑪則由於庫列涅人民的控訴按照懲治勒索罪的法律判了罪，並且因爲他的殘酷行爲而被放逐了③。

46 這時，在軍隊中幾乎爆發了一次兵變。過去曾被維提里烏斯所解散④但後來又集合起來支持維斯帕西亞努斯的那些士兵，現在要求恢復他們的近衛軍的職務。而且軍團士兵被選拔出來準備擔任近衛軍的那些人也要求答應給他們的報酬⑤。甚至維提里烏斯派的士兵⑥不付出大量流血的代價都不能加以調遣。可是

---

①這裡指不擔任任何公職的元老。

②在翁布里亞，今天的錫耶納(Siena)。

③克里特的長官佛拉瑪曾受賄處死一個無辜的人，因而被放逐。如果他僅僅是勒索的話，那麼他只需把勒索的錢按四倍償還就可以了。

④參見本書第二卷，第六十七章。

⑤近衛軍士兵的軍餉每天是兩個狄納里烏斯，相當普通軍團士兵的一倍。

⑥他們大概就是在納爾尼亞和波維萊投降的近衛軍（參見本書第三卷，第六十三章；第四卷，第二章）。

要維持這樣一支龐大的武裝部隊那就需要一筆巨額款項。木奇亞努斯來到了軍營以便比較仔細地審查每個士兵的服役期限，他命令勝利一方的士兵帶著他們各自的標記和武器列起隊來，隊與隊之間留出適當的距離。繼而維提里烏斯派——前面我們說過，他們是在波維萊投降的——和所有其他在城內和郊區被搜索出來的屬於同派的士兵，也都在幾乎沒有衣服或武器的情況下被集合到一處。木奇亞努斯命令他們站到一邊去，並且命令日耳曼、不列顛的士兵和從其他軍隊調來的所有軍隊都分別站好各自的位置。他們一看到自己所處的位置就被嚇住了：原來這時他們看到在他們對面的就像是敵人的戰線一樣，那些人都用兵器和防禦的武器作出威嚇他們的姿態，而他們自己卻被對方包圍起來，沒有武器的保護，骯髒而又難看。而當他們開始被分開來、向著不同的方向開拔的時候，他們所有的人全都害怕極了。其中最害怕的是日耳曼的軍隊①，因爲他們認爲這樣分開來之後，他們是準備被屠殺的。於是他們開始撲到同他們一同當兵的人們身上去，摟住他們的脖子，請求最後的吻別，並請他們不要離開自己或是使那些爲著同一事業而服役的人遭到不同的命運。他們一直在時而向木奇亞努斯、時而向不在場的皇帝進行懇求，最後又向上蒼和諸神祈求，直到最後木奇亞努斯稱他們爲「用同樣的誓言團結起來的士兵」和「屬於同一位皇帝的士兵」，這才制止了他們那毫無必要的惶恐情緒。由於勝利一方的士兵用歡呼聲對這部分士兵的哭訴表示支持，所以木奇亞努斯就更加有必要這樣做了。這一天就這樣地過去了。幾天之後，當多米提安又對他們發表講話時，他們重新表示了對他的信任。他們看不上送給他們的土地，而是要求在軍隊中服役並取得報酬。他們確實只是採用了懇求的辦法，不過這種懇求卻是不容回絕的懇求。因此他們就被接受進了近衛軍的軍營。繼而那些

①他們是挑起戰爭的人，因而最害怕。

論年紀和服役期限都夠資格的士兵就光榮地退役了①。另一些人則由於犯了錯誤或其他原因而被解職了。不過這些人的被解職是逐步進行的，是一個一個地被解職的。要想拆散團結的一群人，這乃是一種安全的辦法。

47 但是，不知國庫是眞正空虛還是元老院想作出這樣的姿態，元老們通過一項決定，向普通公民借款六千萬謝司特爾提烏斯，並責成彭佩烏斯·西爾瓦努斯②負責這件事。不久之後，也許這種必需過去了，也許無須再裝做有這種必需了。在這之後，由於多米提安的建議，維提里烏斯所授予的執政官的職位都被取消了③。爲佛拉維烏斯·撒比努斯舉行了監察官的葬禮④。撒比努斯的這種哀榮十分明顯地證明了命運的多變，它總是把榮譽和屈辱摻合在一處的。

48 大概就在這同時，總督路奇烏斯·披索被處死了⑤。關於他的被殺，我將要盡我力之所及作最忠實的記述，不過在這之前，我還要談一談更早的若干事情，因爲這些事情同這樣一些罪惡的起源和原因不是沒有關係的。在阿非利加用來保衛帝國邊疆的軍團和輔助部隊在聖奧古斯都和提貝里烏斯的統治時期是由一位總督⑥統率的。後來頭腦混亂而且對當時的阿非利加行省的長官瑪爾庫斯·西拉努斯心懷畏懼的蓋烏斯·凱撒把軍團從總督手中調走，而交給了專門派到那裡去的一位副帥。這樣一來，委任官吏的權力就在

①士兵在五十歲的時候可以退役，此外在近衛軍中服役滿十六年、在軍團中服役滿二十年的也可以退役。
②他曾在達爾馬提亞任執政官級的副帥。
③因為維提里烏斯任命了今後十年的執政官，所以有必要通過一項正式的法律把這項任命取消。
④實際上就是國葬(funus publicum)的意思。
⑤披索是阿非利加的總督，參見本卷第三十八章。
⑥在元老院所屬行省當中，只有阿非利加（今天的突尼斯）有一支長駐的衛戍部隊，因為當地的倍貝里人是很難制服的。

兩個官吏之間平分了。兩個人在權力上的糾紛成了傾軋不和的根源，而他們的見不得人的爭吵更爲加深了這種不和。副帥們的權力加強了，這或者是因爲他們的任期長①，但也可能是因爲地位較低的人②爭強鬥勝之心更重一些，而那些最顯赫的總督所更關心的反而是安全，而不是權力。

49 在那個時候，阿非利加行省軍團的統帥是瓦列里烏斯·費司圖斯③，這是一個野心甚大而且生活習慣十分奢華的年輕人，不過他卻由於自己同維提里烏斯的親屬關係而感到不安。在他和披索的多次會晤當中，是他唆使披索叛變，還是他反對披索的建議，這一點我們就不清楚了，因爲在他們的私下的會談中沒有任何一個第三者在場，而且在披索被殺之後，大多數的人都是想取得謀殺者的好感的。行省和軍隊對維斯帕西亞努斯並無好感，這一點是沒有問題的；而且，從羅馬逃來的一些維提里烏斯派還向披索指出，高盧各行省的態度是猶豫不定的，日耳曼是準備叛變的，而且他自己的處境也很危險，因爲對於一個在和平時期受到懷疑的人來說，戰爭卻是一個比較安全的辦法。就在這個時候，佩特拉騎兵隊④的隊長克勞狄烏斯·撒吉塔由於一次順利的航程而比木奇亞努斯派遣來的百人團長帕披里烏斯更早地到達了；撒吉塔說，百人團是受命前來殺死披索的，而且他的從兄弟和女婿伽列里亞努斯已經被處死了。他認爲要取得安全，唯一的希望在於採取某種大膽的行動，但是要這樣做，有兩種辦法：披索可以立刻發動戰爭，但他也可以

---

①副帥是皇帝隨意任命和調換的，通常的任期是幾年。但元老院所屬行省的長官在帝國時期則和共和時期一樣，是每年調換的。

②這裡指地位較低的副帥。

③在公元六九和七〇年他是第三軍團的將領，後來他又是潘諾尼亞和西班牙的副帥（參見本書第二卷，第九十八章）。

④因為這個騎兵隊是由一個叫佩特拉的人組織起來的（參見本書第一卷，第七十章）。

到高盧去，擔起維提里烏斯派軍隊的領袖的職務。雖然披索根本不想採取這樣的辦法，但是當木奇亞努斯派來的百人團長到達迦太基的港口的時候，他就提高了自己的嗓音，不斷地為披索祈禱和發願，就彷彿披索是個皇帝似的。他還要那些看到他的並且對他的這種奇怪的行動感到驚訝的人們也都這樣講。輕信的人群於是湧到廣場上去，要求披索出來同他們見面，並且發出了一片歡呼聲，根本不管事情的眞相而只是熱心於表現自己的阿諛。不知是受到了撒吉塔的通知的影響，還是出於他天生的謙遜，披索並沒有同公衆見面或是使自己受熱情的群衆的影響。當他仔細地詢問了這個百人團長之後，才知道這個軍官是打算找一個機會把罪名加給他再把他殺死，於是他就下令處死了這個人，不過他這樣做的動機與其說是想拯救自己的性命，無寧說是對凶手的憤怒，因為這個百人團長曾參加過對克洛狄烏斯・瑪凱爾的屠殺①，而在這之後，又帶著沾滿了副帥的鮮血的雙手前來謀殺一位總督了。隨後他又發表了一個表現了他個人的憂慮的公告以譴責迦太基人，並且放棄了甚至他日常的工作，把自己關在自己家裡，以便使自己在今後不致甚至由於偶然的事故而成為一次新的騷動的藉口。

50 當人民群衆騷動的消息、百人團長被殺的消息、還有照例會被誇大的其他各種眞眞假假的事情傳到費司圖斯這裡來的時候，他就派遣騎兵去殺披索。他們奔馳得如此迅速，以致在天剛剛破曉的時候，他們就拔刀闖進了總督的住宅。他們的大多數人都同披索不相識，因為費司圖斯選派前來執行謀殺任務的是迦太基的輔助部隊和瑪烏利人。在離披索的寢室不遠的地方，他們恰巧碰到一個奴隸。士兵們問他誰是披索，他在什麼地方。奴隸英勇地回答了一句謊話，說他就是披索，結果立刻給殺死了。不過不久之後，披索還

①參見本書第一卷，第七章。

是被殺死了，因爲那裡有一個人認出了他，這個人就是巴伊比烏斯・瑪撒①，皇帝在阿非利加的代理官之一。甚至在那個時候，這個人已經成了那些最正直的公民的禍害，而且他的名字在後來我們所遭受的那些災難的原因中間還是要多次出現的②。費司圖斯從阿杜路美圖姆③——他就等在那裡注視事件的演變——趕到軍團④這裡來，爲了報復私仇而下令逮捕了營帥凱特洛尼烏斯・皮撒努斯，但是他把皮撒努斯說成是披索的工具。他還懲辦了一些士兵和百人團長，又賞賜了另一些士兵和百人團長。他的賞罰都不是以功過爲準，而是因爲他想表示出自己已經制止了一場戰爭。後來他又調解了歐埃阿⑤和列普提斯⑥兩城人民之間的糾紛。這次糾紛在開頭時雖然不過是由於偷竊糧食和牲畜而在這裡的農民中間引起的小事情，現在卻發展到武裝衝突和正規戰爭的程度。原來歐埃阿的人民因爲比他們的對手人數少而召來了伽拉芒提斯人⑦。伽拉芒提斯人是一個剽悍而難以駕馭的民族，他們一貫是對他們鄰近的民族打劫的。這種行徑使得列普提斯的居民列普提塔尼人備遭困苦。他們的土地到處都被蹂躪，他們戰戰兢兢地躲在自己的城裡，直到輔助部隊的步兵和騎兵到來的時候，伽拉芒提斯人才被趕跑，全部的掠奪物才被收回來，然而強盜們在當地極爲

①多米提安統治時期的一個臭名昭著的告密者。優維納爾（第一卷，第三十五行）把一個可怕的告密者說成是「甚至瑪撒都害怕的人」。他擔任巴伊提卡・西班牙的代理官時曾有勒索行為，結果在小普利尼和塞內奇奧的控訴之下被判罪。參見塔西佗：《阿古利科拉傳》，第四十五章；小普利尼：《書信集》，第七卷，第三十三章。

②本書論述這一時期的部分已失。

③在迦太基以南海岸上，今天的蘇撒(Susa)。

④軍團的本營在阿非利加邊境的提維斯特(Theveste)（今天的特貝薩〔Tebessa〕）。

⑤今天的的黎波里(Tripoli)。

⑥在阿杜路美圖姆以南，歐埃阿以東，今天的列布達(Lebda)。

⑦住在今天的費贊(Fezzan)地方的帕恰里克人(Pachalik)。味吉爾認為他們是最邊遠的民族之一。

荒僻的村落中遊蕩時售給邊遠部落的掠奪物卻無法再收回來了。

51 但是維斯帕西亞努斯①在得知克雷莫納之役的結果並從各方接到有利的消息之後，現在又從各個等級的許多人那裡知道了維提里烏斯死亡的消息。這些人都是同樣勇敢地而又幸運地冒著冬天的海洋的危險到這裡來報信的。國王沃洛伽伊蘇斯（沃洛吉西斯）也派遣使節前來，建議提供四萬名帕爾提亞的騎兵②。聯盟者請他接受這樣的援助，而他卻不需要這樣的援助，這對他來說是一種光榮，也是值得高興的事情。他對沃洛伽伊蘇斯表示感謝，並指令他派遣使節到元老院去，以便使元老院確信帝國內部並沒有戰爭發生。正當維斯帕西亞努斯專心考慮意大利和羅馬局勢的問題時，他聽到了有關多米提安的一項不利的消息，那就是多米提安的行爲超過了他的不大的年紀以及作爲皇帝的兒子所允許的界限。於是他就把他的軍隊的主力託付給了提圖斯，要他結束對猶太人的戰爭③。

52 據說在離開以前，提圖斯曾同他父親作了一次長談。在這次長談中，他請求他的父親不要在聽到中傷多米提安的那些人的報告後，就輕易地感到激動，並且請他以公正和寬恕的精神對待自己的兒子。他說：「對於皇帝的統治大權來說，一些孩子比起陸軍和海軍來是更加堅強有力的保衛者。因爲時間、命運、有時是過度的欲望或過錯，這一切都能使友情冷淡、改變和失掉，但是任何人都不能割斷血親之間的關係，尤其是那些王子們，因爲他們的成功也能由別人分享，但他們的不幸卻只會落到他們最親近的人們的頭上。除非父親以身作則，樹立典範，甚至兄弟之間也不是永遠和睦的。」維斯帕西亞努斯雖然不一定就打消了

①這時他還在亞歷山大。參見本書第二卷，第八十二章；第三卷，第四十八章；第四卷，第三十八章。
②參見本書第二卷，第八十二章。
③猶太人是在尼祿統治時期發動了反羅馬起義的。參見本書第二卷，第四章和第五卷。

對多米提安的怒氣，但是對於提圖斯所表現出來的手足之情卻是十分高興的，因此他就要提圖斯不必憂慮，應通過武力來發揚國家的威名；他自己將會注意維護和平和他一家的安全。然後他就把幾隻最快速的船裝上了糧食並且派它們出海了，儘管在這個時候，海上還是有風險的。老實說，當維斯帕西亞努斯的糧食運來接濟羅馬的時候，這座城市的情況已然十分危急，因爲它的倉庫中的存糧至多只夠全城十天的食用了①。

53 維斯帕西亞努斯②把重修卡披托里烏姆神殿的事情交給了路奇烏斯·維司提努斯。這個人儘管是騎士等級出身，但是他的勢力和聲譽卻使他同貴族沒有什麼兩樣。占卜師③被他集合起來之後就指示說，舊神殿的殘磚廢土應當運到沼澤地區④去，而新的神殿應當完全建立在舊神殿的原址上面；諸神是不願意看到舊的神殿的布局有任何改變的。六月二十一日是個一望無雲的晴好的日子。就在這一天裡，用來修造神殿的那塊土地被花環錦帶圍繞起來；名字吉利⑤的士兵帶著象徵吉兆的樹枝⑥進入了工程的地界。在這之後，在父母雙全的童男童女的伴隨之下的維司塔貞女就把泉水與河水噴灑在這塊土地上。繼而行政長官赫

---

①參見本書第三卷，第四十八章。

②從這一章的敘述來看，舉行儀式時維斯帕西亞努斯本人似不在場。但根據蘇埃托尼烏斯（《維斯帕西亞努斯傳》，第八章）和狄奧·卡西烏斯（第六十六卷，第十章），維斯帕西亞努斯本人不僅在場，而且積極地參加了這個儀式。

③在這裡集合起來的占卜師，可能就是克勞狄烏斯統治時期在羅馬建立的，由六十名占卜師組成的占卜師團（參見塔西佗：《編年史》，第十一卷，第十五章）。

④指奧斯蒂亞的沼澤地。

⑤吉利名字的舉例如 Salvius（健康的）、Valerius（健壯的）、Victor（勝利者）、Longinus（長久的）等等；反之，不吉利的名字則有 Curtius（短暫的）、Minucius（少的）、Furius（瘋狂的）、Hostilius（敵視的）等等。

⑥橡樹、月桂、番石榴和橄欖樹的樹枝都被認為是吉利的。

爾維狄烏斯・普利斯庫斯①在祭司普勞提烏斯・埃里亞努斯的引導下，用豬羊牛三牲作獻禮②爲這塊土地舉行了祓除式，並且把犧牲的臟腑放置到草泥的祭壇上。然後他就向朱庇特、優諾和米涅爾瓦，向保護帝國的諸神祈禱，祈求他們保佑修建工程順利進行，並通過神聖的助力，把他們那出於人們的虔心而開始建造的住所重建起來。祈禱完畢之後，他便用手撫摸纏在基石四周並繞在拖拉基石的繩索上面的飾帶。同時在場的其他高級官吏、祭司、元老、騎士和一大部分人民則一致熱情而歡樂地用力把這塊巨石拖到它應當安置的地方去。人們把大量的金銀，大量未經熔煉過而是開採時原樣的礦石拋散在地基的各處。占卜師不許用於任何其他方面的石頭和黃金來玷污這項工程的神聖性。新神殿比舊神殿修建得要高。從宗教上的考慮來看，只有這一點是容許改變的，而在宏壯的舊神殿上面，缺少的也只是這樣一個特色罷了。

54 這時③，傳遍了高盧和日耳曼諸行省的維提里烏斯被殺害的消息又引起了一場戰爭。原來現在已經放棄了一切僞裝的奇維里斯公開向羅馬人民發動了進攻，而維提里烏斯的軍團也寧肯甚至受外國人的統治，也不願服從維斯帕西亞努斯這樣一個皇帝。高盧人鼓起了他們的勇氣，他們認爲所有我們的軍隊在任何地方都是同樣的情況，因爲外面到處傳說我們在美西亞和潘諾尼亞的冬營正在受到撒爾瑪塔伊人和達奇人的圍攻④。關於不列顛，也捏造了類似的說法。然而最足以促使他們相信我們的統治即將崩潰的，就是卡披

①多米提安作為市行政長官(praetn urbanus)應當是地位最高的，但這時他可能已出發到高盧去了，故儀式由普利斯庫斯主持。

②三牲禮拉丁文原文是 suovetaurilia，該詞由 sus（豬）、ovis（綿羊）、taurus（公牛）三詞組成。

③塔西佗在這裡是接著本卷第三十七章敘述的，時當公元七〇年一月。

④這個傳說多少是有一些根據的，因為達奇人的確進攻過美西亞，不過他們很快地就被制服了（參見本書第三卷，第四十六章）。

托里烏姆神殿被燒掉這樣一件事。「很久很久以前，羅馬有一次被高盧人占領，但由於朱庇特的神殿沒有被摧毀，所以羅馬的權力始終屹立不動。但現在這一致命的大火卻證明了上天諸神的憤怒，並且預言，世界的統治大權將要轉到阿爾卑斯山以北各民族的手裡了。」以上就是德魯伊德們①所作的毫無根據的、迷信的預言。此外，外面還傳說被奧托派出去抗擊維提里烏斯的那些高盧頭目②在他們出發前也曾發誓說，如果連綿不斷的內戰和內部的傾軋摧毀了羅馬人民的權力的話，他們一定不放過爲自由的事業而奮鬥的機會。

55 在霍爾狄奧尼烏斯・佛拉庫斯被殺之前，沒有任何事件顯露出來可以使陰謀被發覺：但是在霍爾狄奧尼烏斯被殺死以後，在奇維里斯和特列維利人的騎兵長官克拉西庫斯③之間便開始有使節往來。克拉西庫斯論出身、論財富都優於其他人；他是王族出身，他的家系無論在平時還是在戰時都是出名的，而他本人就誇耀說，在他的祖先裡，同羅馬人爲敵的比同羅馬人友好的要多。優利烏斯・圖托爾和優利烏斯・撒比努斯參加了陰謀：圖托爾是特列維利部族的人，撒比努斯是林哥尼斯人。維提里烏斯曾任命圖托爾爲負責萊茵河沿岸駐軍④的長官；撒比努斯是一個生來就很好虛榮的人物，特別是他對於他那空想的身世感到驕傲，因爲據說他的曾祖母當聖優利烏斯在高盧作戰時，曾因爲她的美貌和溫柔的言談舉止而受到他的垂青。這些領袖在私下裡會見時首先試探所有他們的同謀者的情緒；繼而當他們把他們認爲適於參加陰謀的

①一般指高盧和不列顛地方古凱爾特人的祭司。「他們這時並沒有理由喜歡羅馬人，因為他們的宗教崇拜被取消，而他們本身也受到了克勞狄烏斯的迫害。」（蘇埃托尼烏斯：《克勞狄烏斯傳》，第二十五章。）

②歐列里認為這可能是奧托派到日耳曼的軍隊那裡去的副帥，但高德雷(Godley)認為這是奧托派到高盧去為他活動的使節。

③克拉西庫斯曾在瓦倫斯的麾下服役對奧托作戰（參見本書第二卷，第十四章）。

④這些軍隊顯然是負責巡邏邊界的，參見本卷第二十六、六十四章。

那些人確實地拉了進來的時候，他們就在科洛尼亞·阿格里披嫩西斯（科隆）的一個私人的住宅裡會晤，因爲城市當局，作爲官方的機構，對這樣的事情是避之唯恐不及的。參加這次會晤的還有幾個烏比伊人和通古里人。然而在這件事情上起主導作用的特列維利人和林哥尼斯人卻不允許人們把時間耽擱在反覆考慮上。他們爭先宣布說，羅馬人民正在瘋狂地進行內戰，羅馬軍團已被分裂，意大利被蹂躪成一片焦土，羅馬那時正在被占領①，而且全體羅馬軍隊也正在各自忙於自己的戰爭：他們只需要用武力守住阿爾卑斯山，而高盧諸地一旦在確保他們的自由之後，他們只須決定他們想把自己的權力擴充到怎樣的限度就行了。

56 這些說法提出來以後立刻就得到同意：但是對於如何處理殘餘的維提里烏斯派士兵的問題，他們卻還沒有作出最後的決定。大多數人主張把他們處死，因爲他們是喜好作亂的、不可靠的，而且他們還屠殺過他們的將領。然而，依然是赦免他們的意見占了上風，因爲陰謀者擔心，如果他們使軍隊失去任何得到寬大處理的希望的話，反而會激起頑強的抵抗。這些人認爲，這些士兵倒是應當被爭取過來成爲他們的同盟者。他們說：「如果我們只處死軍團的統帥，大群的普通士兵就很容易被我們拉過來，因爲他們知道他們犯了罪並且希望逃避懲罰。」總之這就是他們第一次考慮的結果。於是他們就把密使派到高盧各行省去煽動戰爭；陰謀的首領假裝作馴順的樣子，以便使沃庫拉更加疏於戒備。雖然如此，仍然有人把這件事告訴給沃庫拉②；但是他沒有足夠的力量制止這次陰謀，因爲各軍團不但人數不足，而且是不可靠的。沃庫拉認爲，在他所不相信的士兵和他的秘密的敵人之間，當前他能採取的最好的辦法是他自己也僞裝起來，對敵人使用敵人正在用來對付他的同樣的進攻辦法。於是他就到科洛尼亞·阿格里披嫩西斯（科隆）去。

①這裡指公元六九年十二月佛拉維烏斯派士兵占領羅馬的事情。參見本書第三卷，第八十二～八十五章。

②這時他正在摩功提亞庫姆。

克勞狄烏斯・拉貝歐過去被俘虜並被放逐到弗里喜人那裡去的事情，我在前面已經說過了①。他就是賄賂了看守人放了他而逃到科隆那裡去避難的。現在他向沃庫拉保證說，如果給他一支軍隊的話，他就可以到巴塔維亞人那裡去，把那裡的大多數的人民爭取回來和羅馬結成同盟。他取得了一小隊步兵和騎兵，但是他不敢在巴塔維亞人那裡有任何舉動；不過他的確說動一些涅爾維伊人和巴伊塔喜人②拿起了武器，同時他又不斷地蹂躪坎寧尼法提斯人和瑪爾撒奇人③，不過他用的辦法是在暗中騷擾，而不是公開的戰爭。

57 在高盧人的奸計的引誘之下，沃庫拉倉卒地向敵人發動了進攻。當他來到離維提拉④不遠的地方時，克拉西庫斯和圖托爾⑤藉口偵察敵情而離開了他們軍隊的主力，並同日耳曼的頭目們締結了協定。而且也正是在那個時候，他們第一次敢於離開羅馬的軍團⑥，單獨用壁壘把自己的營地守衛起來。不過沃庫拉卻不同意這個做法，他說羅馬還從來不曾因內戰而削弱到甚至被特列維利人和林哥尼斯人瞧不起的程度。他說：「羅馬還有效忠它的行省，還有勝利的軍隊，還有掌握統治大權的命運，復仇諸神也站在羅馬的一面。早先的撒克羅維爾和埃杜伊人⑦，近一點的如溫代克斯和所有的高盧行省，都是在一次戰鬥中就被擊潰了的。那些破壞條約的人們也一定同先前一樣，會遇到同樣的神靈、同樣的命運。聖優利烏斯和聖奧古斯都

---

①參見本卷第十八章。

②住在通古里人和涅爾維伊人之間，今天勃拉邦特(Brabant)的貝茨(Beetz)附近，設爾特河和馬斯河之間。

③與坎寧尼法提斯人相鄰，在設爾特河河口一帶。

④維提拉再一次受到奇維里斯的圍攻（參見本卷第三十六章）。

⑤這時他們兩個人還在沃庫拉的麾下服役。

⑥可能是第一、第十六軍團，因為第五、第十五軍團（無論如何是大部分）都在被圍攻的營地裡。

⑦公元二一年撒克羅維爾率領的埃杜伊人和佛洛路斯率領的特列維利人發動了起義，但很快就被鎮壓下去了（參見塔西佗：《編年史》，第三卷，第四十～四十六章）。

能比較深入地理解高盧人的精神。伽爾巴的削減高盧人的租稅的行動①，助長了他們的敵對情緒。他們現在同我們為敵，是因為他們身上的奴役負擔輕了：如果我們掠奪他們，把他們剝得精光，他們就會成為我們的朋友了。」沃庫拉在氣憤地講了這樣的話之後，看到克拉西庫斯和圖托爾依然堅持他們的叛變行動，於是他就回師到諾瓦伊西烏姆去。高盧人就在二英里以外的地方占據了一個陣地。百人團長和士兵常常到那裡去找他們，他們就在那裡受到背叛祖國的引誘。結果一支羅馬軍隊就犯下了一件前所未聞的罪行：他們竟然向外國人宣誓效忠，並且殺死或逮捕他們的負責軍官用來作為他們這一滔天罪行的保證。雖然許多人勸沃庫拉逃跑，但他認為只有勇敢地行動起來才是明智的辦法，於是他就召集了一次會議，講了如下的話。

58 「我對你們講話時，對你們從來不曾表現過這樣大的牽掛，或者說，對我自己也從來不曾這樣不介意過，因為我很高興地知道，人們已決定殺死我，而我在目前的不幸當中，等候我的最後的命運就如同等待我的痛苦的結束一樣。我正是為你們感到羞恥，正是為你們感到遺憾——要知道，敵人甚至不屑於排成陣勢對你們展開堂堂正正的戰爭。因為，如果是這樣的話，那就符合於作戰的規則和敵人之間的正當權利了。你們知道嗎，克拉西庫斯是想要你們自己對羅馬人民作戰的：他指給你們的遠景是一個高盧帝國，是對高盧人的效忠。即使我們一時運氣不好，勇氣不夠，然而我們難道完全忘記了過去的歷史，忘記羅馬軍團曾有多少次寧肯死也不肯被敵人趕出陣地麼？我們的聯盟者②有多少次曾忍受他們的城市被破壞，使他們自己同他們的妻子兒子一道在火中被燒死，而當時他們的死亡的唯一報償就是取得始終忠誠不渝的光榮？正是在這個時候，維提拉的軍團不為威脅所屈，不為許諾所動，而正在忍受著饑餓與圍攻的痛苦：而我們

①伽爾巴實際上並未削減沃庫拉所指的這部分高盧人的租稅（參見本書第一卷，第八、五十三章）。
②例如在布匿戰爭中，撒貢圖姆(Saguntum)和卡西里努姆(Casilinum)的衛戍部隊。

呢，我們不僅有我們的武器、我們的士兵和我們營地的十分堅固的工事，我們還有不論多麼長期的戰爭都夠用的糧食和食物。最近我們甚至有足夠的錢來頒發贈賜；不管你們願意把這贈賜認爲是維斯帕西亞努斯的也好，認爲是維提里烏斯的也好，反正你們毫無疑問是從一位羅馬皇帝那裡取得的。如果你們，你們這些曾在這樣多次戰爭中取得過勝利的人們，你們這些曾在蓋爾杜巴和維提拉這樣多次打跑過敵人的人們竟然害怕一次公開的戰爭的話，那確實是一件可恥的事情。而且你們還有工事、壁壘和推遲危險的辦法，因爲你們可以等待相鄰諸行省的軍隊趕到這裡來支援你們。若是我不能得到你們喜歡，這沒有什麼關係。還有別的統帥、將領、甚至某些百人團長或是普通士兵，這些人你們都可以投靠，但是不能把這樣一個醜惡的消息傳到外面去，說你們竟要投靠奇維里斯和克拉西庫斯，並且幫助他們進攻意大利。當日耳曼人和高盧人把你們率領到羅馬城下的時候，你們難道願意拿起武器反對你們的祖國嗎？在想到這樣一件罪行的時候，我的靈魂都在感到戰慄，難道你們願意爲一個圖托爾，一個特列維利人站崗麼？難道你們能容許一個巴塔維亞人發出作戰的信號麼？難道你們願意補充日耳曼人的隊伍麼？當羅馬的軍團列陣同你們對抗的時候，你們的罪行的後果將會是什麼？難道你們還想作第二次的逃兵，第二次的叛徒，而在受到諸神的憎恨的情況下，徘徊於你們的新舊誓言之間麼？我請求你、懇求你，朱庇特，至善至尊的神，這位在八百二十年中間使我們獲得了這樣多次勝利的神，我還懇求你，克維利努斯，羅馬的父親：如果你們不願意看到在我領導下的這座營地能保持純潔和不受侵犯，至少請你不要使它爲圖托爾或克拉西庫斯之輩所褻瀆和玷污吧。使這些羅馬士兵都能保持清白無瑕吧，否則就使他們能夠很快地改悔而不致幹出可恥的罪行來吧！」

59 士兵們聽了這一講話之後，反應各不相同，他們有人抱著希望，有人害怕，有人感到羞愧。沃庫拉退去之後，作了自殺的準備，但是他的被釋奴隸和奴隸使得他不能自願地死去以避開最可怕的一種死法。

克拉西庫斯把第一軍團的一個叫做埃米里烏斯・隆吉努斯的逃兵派了來，很快地殺死了沃庫拉。對於副帥希倫尼烏斯①和努米西烏斯②，他只是給他們上了鐐銬。然後他就給自己加上了羅馬統帥的標記③，進入了營地。儘管他殘忍到什麼罪行都幹得出來，但是他除了發誓之外，卻什麼話都講不出來；在場的那些人都向高盧人的統治大權宣誓效忠。他提升了刺殺沃庫拉的凶手擔任高級軍職；對於其他的人，他按照他們的罪行的大小，也分別給予了賞賜。

在這之後，圖托爾和克拉西庫斯在作戰方面就作了分工。圖托爾率領一支堅強的隊伍圍攻科洛尼亞・阿格里披嫩西斯，並且強迫該地的居民和萊茵河上游一帶的全體士兵④作了同樣的效忠宣誓；在摩功提亞庫姆，他殺死了那裡的將領並且趕跑了營帥，因爲他們拒絕宣誓效忠；克拉西庫斯把投降的人們中間那些最壞的人派到被包圍的人們那裡去，建議他們承認既成事實而取得寬大，否則他們是不會有任何希望的。他們將會遭到饑餓、屠戮和最可怕的災難。他的使節用他們親身的榜樣著重指出他們的話並不是毫無根據的。

60 一方面的忠誠同另一方面的饑餓，一直使被圍攻的人們在光榮和羞恥之間徘徊不定。正當他們這樣猶豫觀望的時候，他們的正規的和甚至非正規的食物資源都沒有了，因爲他們把他們的馱畜、他們的馬匹和所有其他儘管不乾淨和令人噁心但仍然不得不宰殺的動物全都吃光了。最後他們甚至把從石頭縫裡長出

---

①他統率的是第一軍團（參見本卷第十九章）。

②他可能是第十六軍團的副帥。

③一般是紫袍和侍從(lictor)。

④可能是摩功提亞庫姆的第四和第二十二軍團。因為萊茵河上游的另一個軍團即第二十一軍的本營在溫多尼撒（今天的溫狄什），而這個地方似乎還沒有被捲入這一糾紛。

來的灌木、樹根和野草都採集來吃了①；他們的這種做法同時卻證明了他們的災難和他們的忍耐力，但到最後，他們還是可恥地玷污了一件本來可以稱得上是了不起的光榮行徑，因爲他們派了一個使團到奇維里斯那裡去請求留條活命了。奇維里斯拒絕了他們的請求，直到他們向高盧的統治大權宣誓效忠的時候；繼而他就約定要取得他們軍營中的戰利品，並且把一些衛兵派了去取得營地的財庫、僕從②和輜重行李，以及在羅馬士兵空著手離開他們的營地時監視他們。當他們走了大約五英里的時候③，日耳曼的軍隊突然向他們發動襲擊，把他們包圍起來，但他們在行進時卻完全沒有預料到會有任何危險發生。最勇敢的士兵在抵抗時當場被殺死了，還有許多人在逃散時被殺死了；其餘的人則逃回營地。奇維里斯確實對日耳曼人的行動表示遺憾，並且譴責他們可恥地背棄了自己的信義。但是這也許只不過是他這方面的一個藉口，也許是他眞的不能控制他們的憤怒情緒，眞實情況如何就無從確切地加以證實了。他的軍隊掠奪了營地，然後放火把它燒掉；大火把在戰爭中活下來的人們都燒死了。

61 奇維里斯曾根據他過去許下的一個願——這些蠻族常常許這樣的願④——把他的頭髮染紅⑤，並且把

①實際上在克桑頓附近的土地並不是石質的。

②這些人(calones)都是奴隸，所以作為財產和貨物等一同被看管起來。

③在阿爾本(Alpen)附近，在克桑頓和萊茵貝爾格(Rheinberg)之間。

④日耳曼人常常是全城的人發這樣的願（例如塔西佗在《日耳曼尼亞志》第三十一章中所說的卡提伊人）。保路斯·狄亞科努斯(Paulus Diaconus)就告訴我們，六千名撒克遜人曾發誓在他們對蘇埃比人進行報復之前絕不剃掉自己的頭髮和鬍鬚。蘇埃托尼烏斯說（《凱撒傳》，第六十七章），甚至優利烏斯本人也發過這樣的誓言。

⑤瑪爾提亞里斯(Martialis)曾提到過巴塔維亞人人工染紅頭髮的辦法。普利尼（《自然史》，第二十八卷，第十二章）也提到過高盧人用獸脂和灰染髮的事情。因此染紅頭髮的事不一定就是誓言的內容。

它從他開始反抗羅馬人的時候起留起來，但既然他已最後完成了對軍團的屠殺，所以他就把它剪短了①。還有一個傳說，說他給了他的小兒子一些俘虜，用作練習射箭和投槍的靶子。但是他卻沒有使他自己或任何巴塔維亞人同高盧締結效忠的誓約，因為他所依靠的是日耳曼人的資源，而且他感到，如果一旦必須同高盧人爭奪統治大權的話，他的聲譽和他的優勢兵力對他都是有利的。一個軍團的統帥穆尼烏斯·盧佩爾庫斯②連同其他禮物一道被送到維列妲③那裡去。這個出身布路克提里人④部落的處女按照古代日耳曼的習慣而擁有廣泛的權力，因為古代日耳曼的習慣認為許多婦女都具有預言的能力，而當人們變得越來越迷信的時候，就把她們奉為神明了。維列妲的勢力現在是最大的時候，因為她過去曾預言過日耳曼人的勝利和軍團的覆滅，但是在路上盧佩爾庫斯就被殺死了。少數高盧人出身的百人團長和將領被扣留起來作為人質，以保證聯盟的關係。輔助步兵與騎兵部隊的和軍團的冬營都被搗毀和燒掉了，僅有的例外就是摩功提亞庫姆和溫多尼撒⑤兩地的軍營。

62 第十六軍團和在同時投降奇維里斯的輔助部隊奉命從諾瓦伊西烏姆開到特列維利人的移民地去，並且確定了一個必須全部離開營地的日期。在這中間的一整段時期裡，士兵們真是顧慮重重：膽怯的人看到在維提拉被屠殺的那些人的命運而被嚇住了，較好的士兵則又因為覺得可恥和丟面子而十分痛苦。他們問

---

①參見塔西佗：《日耳曼尼亞志》，第三十一章。
②參見本卷第十八章。
③這個婦女後來被俘並送往羅馬。參見塔西佗：《日耳曼尼亞志》，第八章。
④參見本卷第二十一章。
⑤今天的溫狄什(Windisch)。從第一卷第六十一章我們知道，守衛溫多尼撒的第二十一軍團已經隨同凱奇納去意大利，因此留在這裡的只能是後來補充的新兵了。

他們自己：「這將是怎樣的一種行軍？誰來率領我們？一切都要由我們已把生死大權交給他們的那些人擺布啊。」另一些人卻沒有羞恥之心，他們只是把他們的錢和最心愛的東西妥善地藏在身上；還有一些人則整備自己的武器並且帶上他們的投槍，就好像是出發去作戰似的。當他們正在這樣忙著的時候，出發的時刻到了。但是這個時候卻比他們的等待時期還要悲慘。因爲在城裡面，他們的屈辱地位還不這樣明顯；但是平原地帶和白天的光亮卻把他們的恥辱暴露出來了。皇帝們的像都被毀掉了，他們的旗幟被弄得光禿禿的①，但是高盧的標記卻在到處閃閃發光；他們的隊伍默默地前進著，像是送葬的行列。率領著他們的是克勞狄烏斯·桑克圖斯；這是一個面目可憎的人，他的一隻眼睛被挖掉了，甚至他的智力也有些遲鈍。當著離開了波恩軍營的另一個軍團參加了他們的行列的時候，他們的恥辱就更重了。而且，由於外面都傳說軍團被俘虜，因而所有那些在昨天聽了羅馬的名字還要戰慄的人，都從他們的田地和住宅跑來，從四面八方聚攏來，對這一不平常的景象表現了極大的歡樂情緒。皮肯提那騎兵中隊②忍受不了群衆的這種侮辱性的歡樂情緒，他們不顧桑克圖斯的諾言和威脅而逃到摩功提亞庫姆去；在路上他們湊巧碰上殺害了沃庫拉的隆吉努斯，他們就用一陣投槍把他刺死，這樣他們就開始了他們未來的贖罪行爲。軍團並沒有改變自己的進路，就在特列維利人的城③前設營了。

①在隊旗和軍旗的旗桿上照例有皇帝圖像的圓牌作為裝飾，圓牌被毀掉之後，旗桿的頭部就是禿禿的了。參見本書第一卷，第四十一章；第三卷，第十三章。

②本書中只此處提到，但它還見於公元七四年的一項軍事特許狀（在這裡它被稱為 Picentiana）和美因茨附近的一個銘文上。

③今天的特里夫斯(Treves)。

63 由於勝利而得意起來的奇維里斯和克拉西庫斯討論他們要不要把科洛尼亞・阿格里披嫩西斯交給他們的士兵、任憑他們劫掠的問題。他們的殘酷本性和他們對於戰利品的貪欲，使他們傾向於贊同摧毀這座城市。但是當他們正在樹立新的統治大權的時候，這種做法卻違反戰爭的利益①和取得寬大聲譽的好處；而且奇維里斯也還沒有忘記這座城待他的好處，因爲在叛亂開始的時候，他的兒子曾在科隆被逮捕，但是在扣押期間他的兒子卻受到禮貌的待遇。雖然如此，萊茵河對岸各部落對於這座城市還是憎恨的，這一則是因爲它的財富，一則是因爲它的迅速發展。他們相信，要結束這場戰爭那只能有兩個辦法，或者是開放這個地方，使它毫無區別地成爲全體日耳曼人的共同住所，或者把城市毀掉，把烏比伊人像其他民族一樣地驅散②。

64 於是騰克提里人③——他們是隔著萊茵河同移民地相對的民族——派出了一個使團，要他們在科隆的民會上提出他們的要求。代表中性情最暴烈的人是這樣提出了他們的請求的：「我們感謝我們共同的諸神，首先是瑪爾斯神④，因爲你們返回了日耳曼各民族的大家庭，你們重新取得了日耳曼人的名字，而且我們還向你們慶賀，因爲你們終將成爲自由人中間的自由人；要知道，在先前的時候，羅馬人封鎖了河流、土地，而且多多少少還封鎖了天空本身⑤，其目的則是爲了使我們不能聚會在一起商討事情，或是爲

①他們要摧毀這座城市，自然就會失掉這裡人民的支持。
②烏比伊人在日耳曼自然會受到同他們相鄰的各民族的懷疑，因為他們雖然是日耳曼人，但很早就採用了羅馬的風俗習慣，成為一個繁榮富庶的大城市（參見本卷第二十八章）。
③參見本卷第二十一章。
④瑪爾斯神相當於日耳曼人的提烏(Tiu)或吉歐(Zio)。比如，英語的星期二(Tuesday)即相當於法語的Mardi(dies Martis)。
⑤這裡大概是指高聳的城牆和壁壘。

了——而這對於我們這些生性好戰的人們是一個更加嚴重的侮辱——使我們在人們的監視下，而且還要爲取得這一特權付了錢之後①，才能赤手空拳地並幾乎是赤身露體地見面。但是爲了使我們的友誼和聯盟得到永久的保證，我們要求你們拆毀你們的移民地的城牆②，奴役你們的堡壘；要知道，如果你們把野獸關起來，甚至它們都會忘掉自己的勇氣的。我們要求你們把你們領土③之內的一切羅馬人殺死。自由和主子是不容易結合到一起的。那些被殺死的人的財產要歸公，這樣任何人就不能隱匿任何東西或是在這裡享有他特殊的私人利益。我們和你們都將有權利在河的兩岸居住，就像我們的祖先過去做過的那樣。就如同大自然一向使全人類都能享受白天的光亮一樣，它同樣也使勇敢的人能享受一切土地。重新恢復你們祖先的生活習慣和風俗，拋棄使羅馬人比用武力更能制服他們的臣民的那些享樂吧。只有當你們變成一個純潔的、清白的、忘掉你們的奴役的民族的時候，你們才能過同任何人完全平等的生活或是統治別人。」

65 科隆的人民先是把這件事情考慮了一個時候，後來由於對未來的恐懼不容許他們答應提出的條件，而當前的情況又使他們不可能公開拒絕這些條件，於是他們便作了如下的答覆：「我們是迫不及待地而不是瞻前顧後地抓住我們所能遇到的任何一次取得自由的機會的，因爲只有這樣，我們才可以同你們以及屬於同一血統的其他日耳曼人聯合起來。可是，在當前羅馬軍隊正在集中的時候，把城壁加高較之摧毀城壁卻是更加安全的辦法。所有在我們土地上居住的意大利或行省出身的異邦人都已死於戰爭或是各自逃回自

①日耳曼人到城裡來要納稅，而且在城裡還要受到警察的監視（參見下章）。
②城牆是羅馬領土的標記，而沒有城牆的村落則是日耳曼式的。
③烏比伊人的領土最南到安德納赫(Andernach)，北面則同玉爾丁根(Uerdingen)相接。

己的家鄉去了。最早的一批移民①，他們早已定居在這裡，並且同我們有了婚姻上的聯繫，而對他們以及他們的孩子來說，這裡就是他們的故鄉了。我們也不能想像你們會不公正到要我們殺死我們自己的雙親、兄弟和子女。現在我們取消了妨礙商業的關稅和一切捐稅：讓我們自由地相互交往吧，但是這交往要在白天進行，進城時也不要帶武器，這樣久而久之，我們就會習慣於我們的新制訂的因而還感到生疏的權利了。我們希望奇維里斯和維列妲作我們的仲裁者，我們的一切協議都將在他們面前被批准。」

他們先是用這些建議把騰克提里人安撫下來，跟著就派遣一個使團帶著禮物到奇維里斯和維列妲那裡去，從他們那裡得到了科洛尼亞・阿格里披嫩西斯的人民所希望的一切；但是使節們不允許見到維列妲本人並直接同她說話：她不要他們見到自己是爲了引起他們更大的尊敬。她自己住在一個高塔裡②；爲這件事而選出來的她的一個親戚把問題帶到她那裡去，再把她的答覆帶回來，就彷彿此人是神的一名使者似的。

66 奇維里斯同科洛尼亞・阿格里披嫩西斯的人民結成聯盟之後，他的實力也就大大地加強了，於是他又決定試圖把相鄰的各個民族也都爭取過來；如果他們拒絕的話，就向他們發動進攻。當克勞狄烏斯・拉貝歐利用他倉卒集合起來的一支由巴伊塔喜人、通古里人和涅爾維伊人組成的兵力進行抵抗的時候③，奇維里斯已經把蘇努奇人④爭取過來，並且把他們的青年編成了步兵隊伍。但是拉貝歐對他所占的地勢是有

---

①這也只是二十年前的事。老兵是公元五〇年定居在這裡的。參見塔西佗：《編年史》，第十二卷，第二十七章。

②大概在利珀河（Lippe 即 Lupia）可通航部分的附近，參見本書第五卷，第二十二章。利珀河即路皮亞河。

③參見本卷第五十六章。

④蘇努奇人是烏比伊人的西鄰，居住在馬斯河和洛爾河(Rör)之間。今天的金尼希(Sinnich)村的這個名字可能就同蘇努奇人(Sunuci)的名稱有關。

信心的，因爲他占據了馬斯河上的一座橋①。雙方的兵力在這一狹窄的地區展開了不能決定最後勝負的戰鬥。但最後日耳曼人卻泅水過河，進攻拉貝歐的背後。與此同時，奇維里斯或是因爲一時勇氣上來，或是因爲事先已有安排，衝到通古里人的隊伍裡去，高聲叫道：「我們發動這場戰爭並不是爲了使巴塔維亞人的或特列維利人統治其他的民族：我們絕沒有這樣驕傲的企圖。同我們結成聯盟吧，我願意同你們聯合在一起，不管你們想把我當做你們的領袖也好，還是想把我當作一名普通的士兵也好。」大群的通古里人受到了這一呼籲的影響，當他們的兩個頭目康帕努斯和優維納里斯率領全體人民向奇維里斯投降的時候，他們也都在把自己的刀劍插入鞘內了。拉貝歐在他被敵人包圍之前便得以逃掉了。巴伊塔喜人和涅爾維伊人也投降了奇維里斯，而奇維里斯就把他們編入了自己的隊伍。他的實力現在已經十分可觀了，因爲各個民族不是被他嚇住，就是自願地爲他的事業而戰鬥了。

67 這時，優利烏斯・撒比努斯②摧毀了足以使人聯想到同羅馬的聯盟的一切紀念物③，並且下令要人們尊他爲凱撒。然後他就率領著一大群毫無組織的本族人民向謝夸尼人④發動了進攻，謝夸尼人的土地同林哥尼斯人的土地相接，並且是忠實於我們羅馬人的。謝夸尼人並沒有放棄對他們的抵抗；命運幫助了正義的一方面；林哥尼斯人被打敗了⑤。撒比努斯把這樣的戰爭挑起來有多麼快，他驚惶地

---

①可能在後來特拉耶克圖斯・莫賽(Trajectus Mosae)，即馬斯特里赫特(Maastricht)地方。

②參見本卷第五十五章。

③這裡指刻著聯盟條約的銅板或石柱。

④謝夸尼人的首府是維松提奧(Vesontio)，即今天的貝桑松(Besançon)。

⑤根據佛隆提努斯(Frontinus)的說法，在戰鬥中，林哥尼斯人投降的有七萬人。

從戰場上逃走時也就有多麼快。為了散布他本人死亡的消息，他把他逃到那裡避過難的一座鄉間住宅燒掉了，但外面人們卻都認為，他是在那裡自殺身死的。不過在後面適當的地方，我還要談到他用什麼辦法，在怎樣的一些藏身之所，又多活了九年之久。我還要描寫一下他的朋友對他的忠誠和他的妻子埃波尼娜所樹立的崇高範例①。謝夸尼人的勝利制止了戰爭的衝動。各個城市漸漸地清醒過來並開始重視他們締結的條約上為他們規定的義務了。列米人②在這一行動中起了帶頭作用，他們帶信給高盧各個行省，要它們派遣使節討論有關他們共同利益的一個問題，即高盧各民族是想取得自由，還是想取得和平。

68 但是從高盧方面傳到羅馬來的一切消息都從壞的方面被誇大，從而使木奇亞努斯擔心是否甚至那些傑出的統帥——他已經選拔了伽路斯·安尼烏斯③和佩提里烏斯·凱里亞里斯④——都應付不了這樣一場大規模的戰爭。他不能使羅馬沒有一個首腦，而且看到多米提安的那種無法管束的情欲，他感到十

①塔西佗的《歷史》中的這一部分已經遺失了，但是狄奧·卡西烏斯（第六十六卷，第十六章）和普魯塔克卻敘述了這事的經過。原來撒比努斯和他的妻子在山洞裡住了九年，並且還在這裡生了兩個兒子。後來在公元七九年，他們終於被發覺，結果被解送到羅馬去處死了。

②列米人住在馬恩河和埃納河(Aisne)之間，在今天的蘭斯(Reims)附近。

③奧托的一名統帥（參見本書第一卷，第八十七章）。現在他被派往上日耳曼。

④他在統率著下日耳曼的軍隊。關於凱里亞里斯，參見本書第三卷，第五十九章。根據約瑟普斯的說法，凱里亞里斯是被維斯帕西亞努斯派往不列顛的，但是在途中遇到了叛亂。

分不安。另一方面，我前面說過，他又不放心普利姆斯・安托尼烏斯和伐魯斯・阿里烏斯①。擔任近衛軍長官的伐魯斯手裡依然控制著一支軍隊：木奇亞努斯調開了他，但是為了不致傷害他的情緒，就要他負責糧食供應的工作。另一方面為了安撫多米提安的感情——因為多米提安對伐魯斯的印象還是不壞的——他把同維斯帕西亞努斯一家有姻親的關係②而又為多米提安所喜愛的阿爾列奇努斯・克利門斯調任為近衛軍長官。他反覆地指出這樣一個事實：克利門斯的父親在蓋烏斯・凱撒的統治時期曾出色地擔任過同樣職務，而且克利門斯在士兵當中聲望也很高，他本人雖然是一名元老，但他是勝任近衛軍長官的任務和他本等級的任務的③。所有最顯要的公民都被登記參加出征，其他的人則是通過他們自己的請求才參加出征的。多米提安和木奇亞努斯於是都作了出發的準備，不過兩個人的情緒卻不相同。多米提安那一面是少年氣盛，躊躇滿志；木奇亞努斯這一面卻是想各種辦法造成耽擱以抑制另一個人的熱情，因為他擔心：一旦多米提安控制了全部軍隊，他的那種年輕人的暴躁性格和那些給他出壞主意的人們就會使他變成一個無論在和平還是戰爭時期都是同樣危險的人物。勝利的軍團即第八④、第十一⑤、第十三軍團，原來屬於維提里烏斯派

①木奇亞努斯是有充分的理由表示不安的，多米提安不安分而野心勃勃，普利姆斯・安托尼烏斯和伐魯斯・阿里烏斯的忠誠也很成問題（參見本書第三卷，第五十二章以次，第七十八章；第四卷，第三十九章）。木奇亞努斯使阿爾列奇努斯・克利門斯擔任了近衛軍長官之後，就解除了多米提安和可能支持他的伐魯斯的軍權，同時又保證了近衛軍對維斯帕西亞努斯的忠誠。

②克利門斯的一個姊妹是提圖斯（一說維斯帕西亞努斯）的第一個妻子。參見蘇埃托尼烏斯：《多米提安傳》，第十一章。

③從奧古斯都統治時期起，便規定近衛軍長官必須由騎士等級的人擔任。以前的一個例外是提貝里烏斯當政時期的謝雅努斯。

④參見本書第三卷，第十、二十一、二十七章。

⑤奧托的一個軍團，原駐在潘諾尼亞。

的第二十一軍團①和徵募不久的第二軍團②被調入高盧，他們一部分是通過奔尼努斯阿爾卑斯山和科提安努斯阿爾卑斯山③的，另一部分則是通過格萊烏斯山④的。從不列顛調來了第十四軍團⑤，從西班牙調來了第六⑥和第一軍團。

這樣，當大軍正在迫近的消息傳到四面八方去的時候，那些很自然地傾向於採取妥協路線的高盧城市就在列米人那裡舉行集會。特列維利人的一個使團正在那裡等候他們，這個使團的領袖是一個最熱心主戰的人物優利烏斯・瓦倫提努斯。在一篇精心構思的演說裡，他作了人們通常對大帝國進行的一切指控，把大量的侮辱和咒罵的詞句加到羅馬人民身上，這個演說家很善於煽起騷動和叛亂，而且他的狂熱的演說才能是很受他的大量聽眾的歡迎的。

69 但是優利烏斯・奧斯佩克斯，列米人的一名貴族，詳細地論述了羅馬的強大力量與和平的好處；他指出說，甚至怯懦的人都能挑起一場戰爭，但是只有最勇敢的人們冒著危險才能把戰爭進行下去，而且羅馬的軍團已經逼到他們的頭上來了。這樣他就用尊敬和忠誠作爲理由抑制了他們本族中最慎重的人，而爲了抑制青年人，他向他們指出了危險，引起了他們的恐懼：人民稱揚瓦倫提努斯的勇敢精神，但是接受了奧斯佩克斯的忠告。毫無疑問，下列的事實是頗爲引起高盧人的反感的，即在溫代克斯發動叛亂的時候，

---

①即拉帕克斯軍團，它曾是凱奇納的軍隊的主力（參見本書第一卷，第六十一章）。它的本營在溫多尼撒(Vindonissa)。

②即阿德優特里克斯軍團，它是由在拉溫那投到維斯帕西亞努斯這一面來的維提里烏斯派的水兵組成的。

③參見本書第一卷，第六十一章。

④參見本書第二卷，第六十六章。

⑤參見本書第二卷，第六十六、八十六章。

⑥即維克特利克斯軍團。

特列維利人和林哥尼斯人是站在維爾吉尼烏斯一面的。許多人由於高盧行省相互間的嫉妒而未能採取共同行動。他們問道：「我們到什麼地方去尋找一個戰爭的領袖呢？到什麼地方去尋求命令和占卜權呢①？如果我們一切都順利的話，我們又要選擇什麼地方作我們的首都呢？」他們還沒有取得勝利，但是內部已經爭吵起來了；有些人傲氣凌人地吹噓自己的條約，有些人吹噓自己的財富和力量或是自己的古老的歷史：他們厭惡考慮未來的問題，而最後卻是選擇了他們的現狀。他們以高盧諸行省的名義寫信給特列維利人，命令他們不要使用武力，並且說，如果他們悔悟的話，他們可以取得寬恕，而且有人願意爲他們從中斡旋。瓦倫提努斯又出來反對，並且做到使他的本族人民拒絕聽從這樣的建議。他雖然熱心煽動人民，但是他在實際的備戰行動方面卻不是表現得同樣積極的。

70 但結果卻是：無論特列維利人、林哥尼斯人，還是其他參加叛亂的民族，都根本沒有適應當前十分嚴重的情況作出應有的努力。甚至領袖們都沒有集合到一起進行商議。但奇維里斯卻在貝爾吉烏姆的一片無路可通的荒野②中到處拚命搜索，以便捕捉克勞狄烏斯·拉貝歐，或是想把他趕出那個地方；另一方面，克拉西庫斯卻把他的時間大部分浪費在安樂閑散的生活中，享受他那好像已經沒有問題的最高權力。甚至圖托爾都不急於帶領軍隊去占領上萊茵地區和阿爾卑斯山的隘道。就在這個時候，第二十一軍團從溫多尼撒突入，而塞克司提里烏斯·費里克斯也帶著一部分輔助步兵部隊通過萊提亞進來了③。此外參加這些軍

①這就是說：「我們到什麼地方去尋求一個領袖呢？」羅馬統帥的占卜權(ius auspiciorum)最初由人民授予，這時則是由皇帝授予了。

②可能是設爾特河河口以南、佛蘭德斯的沼澤地區。

③參見本書第三卷，第五章。他現在的行程是走阿爾柏格山路，通過費爾特奇爾希(Feldkirch)而來到瑞士和上萊茵。

隊的還有一個精銳的騎兵中隊，這隊騎兵最初是維提里烏斯組成的，但是後來轉到維斯帕西亞努斯的一面來了。率領這些騎兵的是優利烏斯·不列剛提庫斯①，他是奇維里斯的一個姊妹的兒子。奇維里斯憎恨他，但他也極端憎恨他的舅父（這種的痛恨情緒在最近的親屬之間是往往會出現的）。圖托爾最初新徵募了一支萬吉歐尼斯人②、凱拉卡提斯人③和特里波奇人④的隊伍，來補充特列維利人的軍隊，隨後他又從軍團抽調了步兵和騎兵的老兵用來補充這些軍隊。這些軍團士兵不是他用諾言收買的，就是他用恐嚇手段制服住的。這批士兵在開頭時屠殺了被塞克司提里烏斯·費里克斯派出來的一個先鋒中隊；後來，當羅馬的將領和軍隊開始迫近的時候，他們就光榮地重新歸順了羅馬的軍隊，接著特里波奇人、萬吉歐尼斯人和凱拉卡提斯人也學了他們的樣子。圖托爾在特列維利人的陪伴下避開了摩功提亞庫姆而退到賓吉烏姆去⑤。他對這裡的地勢具有信心，因爲他已經摧毀了納瓦河⑥上的橋，但是他還是受到了塞克司提里烏斯麾下的一些中隊的進攻，因爲塞克司提里烏斯發現了一個可渡的淺灘，這種情況就把他暴露出來，並迫使他逃跑了。這次失敗嚇壞了特列維利人，普通人民都放棄了他們的武器，逃散到他們的田地裡去了。有些頭目爲了想

①參見本書第二卷，第二十二章。他在瓦爾河(Waal)上的戰役中陣亡（參見本書第五卷，第二十一章）。

②住在波爾比托瑪古斯(Borbetomagus)附近，即今天的沃爾姆斯(Worms)地區。

③不詳。只在這裡提到過。

④住在下亞爾薩斯地區。

⑤由於圖托爾看來占據的是納瓦河的左岸，所以賓吉烏姆也必定在那一面，即今天的賓格爾布律克(Bingerbrück)，但也有人認為是右岸的賓根(Bingen)。

⑥今天的納厄河(Nahe)。

作出最早放棄作戰的姿態，於是就跑到沒有同羅馬斷絕聯盟關係的那些城市去逃避。從諾瓦伊西烏姆和波恩開出去對付特列維利人的軍團，我在前面說過，現在自願地向維斯帕西亞努斯宣誓效忠了。所有這一切都是在瓦倫提努斯不在時發生的。但當他回來的時候，他簡直瘋狂了，他想使一切都再度陷入混亂和毀滅。軍團於是撤到一個聯盟的民族美狄奧瑪特里奇人①那裡去。瓦倫提努斯和圖托爾把特列維利人又都給武裝起來了。他們殺死了羅馬的兩名統帥希倫尼烏斯和努米西烏斯，他們的這種做法減少了他們取得寬恕的希望，卻加強了他們的共同犯罪的聯繫。

71 佩提里烏斯・凱里亞里斯到達摩功提亞庫姆時的戰況就是這樣。他的到達激起了巨大的希望；凱里亞里斯本人是急於想作戰的；而且就他的本性而論，與其說他善於保護自己，無寧說他更能夠蔑視敵人。他用激烈的語言煽動他的士兵，他說只要有機會向敵人發動進攻，他是一刻都不願意耽擱的。他把他在高盧各地徵募的軍隊分別送回了他們自己的城市，並且要他們散布這樣一個消息，即軍團本身的力量已足夠維持帝國的統治。聯盟者可以毫無顧慮地各自回去從事和平的事務，因爲，只要羅馬軍隊開始進行戰爭，這場戰爭實際上就已結束了。這一行動更加促成了高盧人的原來就有所準備的投降行動。因爲現在他們的青年人既然都回來了，他們的租稅負擔就比以前更加輕鬆了，而且，當他們看到自己根本沒有被羅馬人放到眼裡的時候，他們就更加願意俯首就範了。

但是，當奇維里斯和克拉西庫斯聽到圖托爾被打敗、特列維利人的隊伍被割裂、而他們的敵人在到處都取得勝利的時候，他們就害怕起來，趕忙地把他們的分散的兵力集合起來了。與此同時，他們又多次送

---

①住在今天的梅茨(Metz)一帶。

信給瓦倫提努斯，提醒他不要冒險進行決定性的戰鬥。這些情況促使凱里亞里斯更加迅速地行動起來。他派遣幾名軍官到美狄奧瑪特里奇人那裡去，指令軍團通過一個更加便捷的道路向敵人發動進攻，另一方面，他本人則把摩功提亞庫姆的軍隊①同他身邊所帶領的全部軍隊結合起來，經過三天的行軍②之後，他來到了利果杜路姆③，這個地方曾被瓦倫提努斯所率領的一大支特列維利人的軍隊占領過。這座城市就地形方面來看，有一些小山和莫塞列河保衛著，在這之外，瓦倫提努斯還修造了壕溝和石砌的壁壘。但是這些工事並不曾阻止羅馬的統帥下令他的步兵進攻，或是派遣他的騎兵攻上山來，因為他根本不把他的敵人放到眼裡，而相信他自己手下的士兵的勇氣，較之陣地之對於敵人的倉卒集合起來的士兵，占有更大的優勢。當羅馬軍隊受到敵人的投槍的進攻時，他們向上攀登的速度受到一些影響；但他們逼到敵人近前的時候，特列維利人就像山崩那樣迅速地被打倒了。而且一部分騎兵在較低的小山的周邊巡視，他們俘擄了最顯要的

---

①第四和第二十二軍團的士兵。

②從美因茨(Mainz)到利果杜路姆大約是二十七小時的行軍路程。

③今天的利奧爾(Riol)，離特里爾(Trier)約九英里，莫塞列河右岸的小山形成一個半圓形，而隆維希(Lonwich)和利果杜路姆的村落就在小山的環抱之中。利果杜路姆的位置就在小山開始隆起的山腳下面，而它的西側（即離特里爾最近的那一面）則是一塊不高的突出的餘脈。瓦倫提努斯就占領了這一村落。由於他估計羅馬人肯定會從河岸方面進攻（羅馬人是從諾依瑪根〔Neumagen〕沿著河岸前進的），他就用壕溝和石壁加強了他在那一方面的陣地，但凱里亞里斯不僅直接攻擊這些工事，他的騎兵還到利果杜路姆後面的山上去，從那裡出其不意地向特列維利人發動了進攻，因為他們在這一方面顯然是沒有戒備的。繼而從山上或是從河岸又派出了一隊士兵，通過緩斜的山坡，切斷了敵人向西面即特利爾方面的退路。

顯而易見，瓦倫提努斯只是部分地防守了他的陣地。但令人不解的卻是（如果利果杜路姆即是利奧爾的話），他沒有防守小山的這一面，雖然這些小山並不是很高的。

比爾伽伊人①，其中包括他們的領袖瓦倫提努斯。

72 第二天，凱里亞里斯進入了特列維利人的移民地②。他的士兵都急於想掠奪城市，他們說：「這是克拉西庫斯的故鄉，也是圖托爾的故鄉；正是由於他們的背叛，我們的軍團才受到包圍和屠殺。克雷莫納幹了什麼極大的罪行呢？可是它還是從意大利的中心地帶被分離出去，就因爲它使勝利者僅僅耽擱了一夜。但這個移民地卻仍然毫無損傷地在日耳曼的邊界屹立著，並且由於從我們軍隊得來的戰利品，由於屠殺了我們的統帥③而感到高興。戰利品可以歸入皇帝的財庫；但我們只需把這一叛亂的移民地燒掉，把它毀掉就夠了，因爲只有這樣，我們才能補償我們這樣多被摧毀的營地。」凱里亞里斯擔心如果人們認爲他的士兵的放縱和殘酷是他所灌輸的，他將會因此而蒙受恥辱，於是他就制止他們的極大的憤怒：他們服從了他，因爲現在他們既然已經放棄了內戰，他們對國外的敵人就比較溫和了。他們的注意力當時被吸引到從美狄奧瑪特里奇人那裡被召集來的軍團④所表現的悲慘外貌上面去。這些軍隊站在那裡，由於意識到他們自己的罪行而垂頭喪氣，他們的眼睛望著地下：當士兵們相遇時，他們相互間沒有打招呼；士兵們對於那些想安慰或是想鼓勵他們的人們不作任何回答。他們躲在他們的營帳裡，白天也不出來。使他們無精打采地待在那裡的，與其說是危險和恐懼，無寧說是一種羞恥和不名譽的感覺，而且甚至勝利者都在那裡發呆。這

①即特列維利人和林哥尼斯人。
②今天的特里爾(Trier)。這一移民地是尼祿或克勞狄烏斯建立的，後來是貝爾吉卡・普利瑪(Belgica prima)行省的首府和羅馬皇帝的駐地，因而直到今天在阿爾卑斯山以北的地區羅馬的遺存仍以這裡為最多。
③他們所指的是霍爾狄奧尼烏斯、沃庫拉、希倫尼烏斯和努米西烏斯。
④這些軍團是第一和第十六軍團，參見本卷第二十五、三十七、五十九、六十二和七十章。

些士兵不敢講話或是進行懇求，他們只是默默地流著眼淚，不斷地爲他們的同伴請求寬恕，直到最後，當凱里亞里斯說由於士兵同統帥之間的不和以及由於他們的敵人的叛變所發生的一切都是命運使然的時候，這才使他們平靜下來。他勸他們把這看成是他們服役的和效忠的第一天，他還說，皇帝和他都不再記起他們先前的罪過。繼而他們就和其他士兵被調入同一營地，此外還在每一個隊裡都宣讀了一項文告，禁止任何士兵在爭吵或辯論時用叛變或謀殺的罪名去嘲弄對方同伴。

73 隨後不久，凱里亞里斯就召集了特列維利人和林哥尼斯人的一次會議，向他們講了這樣的話：「在演講術方面，我在過去是沒有過任何訓練的，羅馬人民一直是通過武力來確定自己的價值的：然而既然言語最能對你們發生作用，而你們並不是從事物的本質來判斷它們的善惡，卻要根據叛亂分子的言談來衡量它們的價值，因此我決定講一些事情，這些事情在戰爭業已結束的情況之下，對你們聽起來較之對我說起來是更有益處的。羅馬的統帥和將領進入你們的土地和其他高盧人的土地並不是爲了自己的利益，而是因爲他們受到了你們的那些由於內爭而被折磨得要死的祖先的邀請，但另一方面，被他們邀請來幫助他們的日耳曼人卻不分聯盟者和敵人①把他們全都奴役了。我們對金布利人和條頓人進行過多少場戰爭，我們的軍隊經歷了怎樣的一些苦難以及我們對日耳曼人的戰爭取得了怎樣的結果②，這一切都是你們知道得很清楚的。我們占領了萊茵河的兩岸，並不是爲了保衛意大利，而是爲了阻止第二個阿里奧維斯圖斯取得高盧

①聯盟者指謝夸尼人，敵人指埃杜伊人。
②提貝里烏斯、杜路蘇斯和日耳曼尼庫斯都進行過對日耳曼人的戰爭。

的王位①。你們相信你們同奇維里斯和他的巴塔維亞人或是同萊茵河對岸各民族的關係，較之你們的祖父和父親同他們的祖先更親近嗎？日耳曼人永遠有同樣的理由渡河侵入高盧行省——情欲、貪婪和想改變自己的住所的希望，他們這樣做是爲了離開他們的沼地和沙漠，而變成這片最肥沃的土地和你們本人的主人。當然，他們的藉口是自由和各種表面上好聽的名詞；但是凡是有野心奴役別人或是爲自己占奪領土的人，沒有不使用同樣的詞令的。

74 「在你們服從我們的法律之前，在整個高盧總是不斷出現國王和戰爭。雖然我們常常爲你們所激怒，但是作爲勝利者，我們唯一利用我們權利的地方，就是使你們爲維持和平而付出必要的費用。要知道，沒有軍隊你們就不能在各民族之間得到安靜，沒有錢就不能維持軍隊，而沒有稅收就不能籌劃出錢來。除此之外，我們對一切都是共同享有的。你們常常統率著我們的軍團，你們治理著某些行省，我們不要求任何特權，你們也不受任何歧視②。儘管你們住得離首都很遠，但你們同我們一樣享受好皇帝的利益。可是殘暴的皇帝所殘害的卻是離他們最近的那些人。你們要忍受凶年、淫雨和所有其他的天災；同樣地你們也要忍受你們的統治者的奢侈或貪欲。只要有人，就會有罪惡，但是這些罪惡並不是永久的，當更好的時代到來時，這些罪惡就會得到補償；除非你們也許希望你們可以享受一次比較緩和的統治，如果圖托爾和克拉西庫斯成爲你們的統治者的話；或是你們希望用來維持軍隊以阻擋日耳曼人和不列顛人的租稅會比現在少

①公元前五八年在凱撒出征高盧的第一次戰役中，阿里奧維斯圖斯敗於優利烏斯・凱撒。

②自從公元四八年高盧行省取得公民權的時候起，他們就常常取得高級的統帥權力，比如高盧的長官溫代克斯就是一個高盧人。

一些。要知道，如果羅馬人被驅逐出去——但上天不許這樣做——那麼除了在所有的民族當中引起普遍的混亂之外，又能有什麼結果呢？八百年的好運和秩序建立了這樣一個強大的建築，而要想摧毀它的人是必然會被壓死在它的廢墟之下的。而且你們的危險是最大的，因為你們擁有作為戰爭的主要原因的黃金和財富。因此，愛並且珍惜和平與城市吧，在這裡，我們征服者和被征服者都享有同樣的權利：接受好運和厄運的教訓，不要放棄服從和安全反而採取抗拒和毀滅的道路吧。」凱里亞里斯就用這樣的一些話安撫和鼓勵了他的那些害怕更加嚴厲的措施的聽衆。

75 當特列維利人為勝利的軍隊所制服的時候，奇維里斯和克拉西庫斯就寫信給凱里亞里斯說了這樣的話：「儘管人們封鎖了維斯帕西亞努斯死亡的消息，但維斯帕西亞努斯是死了。羅馬和意大利已經被內戰耗得精疲力竭了。木奇亞努斯和多米提安只剩下了沒有任何分量的空名字。如果你希望看到高盧人取得統治大權的話，我們滿足於我們自己的國界；如果你們寧願戰爭的話，我們也一定奉陪。」凱里亞里斯沒有回答奇維里斯和克拉西庫斯的信；但是他把帶這封信來的使者和這封信本身都轉到多米提安那裡去了。兵力被分散的敵人現在從四面八方迫近了。許多人責怪凱里亞里斯，說他使他本來可以分別切斷的軍隊集合起來。羅馬的軍隊在他們軍營的四周修築了一道濠溝和柵欄；這一軍營雖然沒有任何工事，但過去他們卻一直是輕率地占領著這一軍營的。

76 在日耳曼人中間不同的意見爭論不休。奇維里斯認為他們應當等待萊茵河對岸的各個民族，他說這些民族可以把羅馬人嚇到使他們的力量瓦解和崩潰的程度。他說：「至於高盧人，那他們只不過是勝利者手中的戰利品罷了。而且他們當中真正有實力的比爾伽伊人是公開站在我們的一方，或是希望我們取得勝利的。」圖托爾卻認為，拖延只會改善羅馬人的處境，因為他們的軍隊正在從四面八方集合到這裡來。他說：「從不列顛調來了一個軍團①，其他的軍團也已從西班牙召來②，或是正在從意大利開來③。這些士兵不是倉卒徵募的軍隊，而是久經戰陣的熟練的軍隊。而我們的希望所寄託的日耳曼人卻從來是不服從命令和指示的，他們總是高興怎樣行動就怎樣行動；至於金錢和禮物——我們只能用這樣的東西才能爭取到他們——那麼羅馬人有的比我們要多，而且如果一個人能取得同樣報酬的話，則任何一個也不會好戰到寧願冒險而不願過寧靜生活的程度。因此，如果我們立刻作戰的話，凱里亞里斯除了那些由在日耳曼的殘餘軍隊所組織的軍團以外，是沒有別的軍團的，而且這些軍隊又是同高盧各城市有締約的關係的。至於說不久之前他們出乎意料地打敗了瓦倫提努斯的沒有紀律的軍隊，那麼這一情況只會助長軍隊和將領的輕舉妄動的情緒。讓他們再來進攻一次吧，這次他們將不是落到一個注意言語過於注意武力的沒有經驗的年輕人④的手裡，而是落到奇維里斯或克拉西庫斯的手裡了。當我們的敵人看到這些領袖的時候，他們的內心將要再一次感到恐怖，將會再一次記起他們的潰逃、饑餓，記起他們多次被俘時生死完全操在我們手裡的情況。特列維利人或林哥尼斯人也不一定非要愛羅馬人不可；他們一旦打消自己的恐懼，他們會立刻重新拿起他們的武器的。」克拉西庫斯同意了圖托爾的看法而結束了他們的爭論。他們立刻行動起來了。

77 他們的戰線的中心分配給烏比伊人和林哥尼斯人⑤；右翼是巴塔維亞人的步兵中隊，左翼是布路克提里人和騰克提里人。於是他們一部分通過小山，另一部分是沿著道路和莫塞列河之間的地帶展開了這樣

---

①指第十四軍團，參見本卷第六十八章。
②維克特利克斯第六軍團和第十軍團。
③從意大利來的是第八、十一、二十一軍團。
④指瓦倫提努斯。
⑤林哥尼斯人的國家在名義上雖然投降羅馬人，但他們仍然是奇維里斯的軍隊的一個構成部分。

迅速的進攻，以致當凱里亞里斯接到報告說，他的軍隊已對敵展開戰鬥並且正在被擊敗的時候，他還在自己寢室的床上，因爲那一夜他不是在營地裡度過的①。他不斷責罵報信的人，說他們大驚小怪，但最後他自己卻親眼看到了全部災難。敵人攻入了軍團的營地，打敗了騎兵，並且占領了莫塞列河上那座橋的中部，而對岸②同移民地便是靠這座橋連接在一起的。凱里亞里斯遇到這種危急情況並不驚慌，而是親手阻攔了逃兵。他雖然得不到任何掩護，卻衝到敵人火力集中的地方去，結果就仗著他的好運氣和蠻勇，再加上跑上來幫忙的、他手下最勇敢的士兵的支援，他收復了這座橋，並且用一支精兵來守衛它。隨後他就返回營地，在那裡發現曾在諾瓦伊西烏姆和波恩被俘的那些軍團③的隊伍毫無目的分散在各處，只有少數幾名士兵打著隊旗，而軍旗幾乎被敵人包圍了。他看到這種情況就憤怒地喊道：「你們現在背棄的不是佛拉庫斯，也不是沃庫拉。這裡沒有背叛行爲。我也不需要給自己進行什麼辯解，除非我過分輕易地相信，你們忘掉了你們對高盧人的誓約，卻又記起了你們對羅馬的效忠宣誓。我將要遭到同努米西烏斯和希倫尼烏斯一樣的命運，這樣所有你們的統帥將會死在他們的士兵的手裡或是敵人的手裡。去告訴維斯帕西亞努斯，或者去告訴奇維里斯和克拉西庫斯——因爲他們更近一些——說你們在戰場上背棄了你們的統帥吧。可是你們

①特列維利人的移民地（即今天的特里爾）位於莫塞列河的右岸。羅馬軍團為了保衛它使不受奇維里斯（他的軍隊在這座城市西北的地區）的侵犯，而在左岸設營，守衛位於河與平行的小山之間的道路。他們顯然駐在橋的附近。奇維里斯從兩方面（從小山的一面和從河的上游河岸的一面）向他們展開了進攻，羅馬的軍營受到猛攻，同城市的交通由於橋的占領而被切斷。凱里亞里斯是在右岸過夜的。他在得到敵人進攻的消息後才趕到橋這裡來，而在收復了它之後，才過了橋來到營地。

②有人把原文 ulteriora 理解為郊區。

③這裡指第一及十六軍團。他們都是在諾瓦伊西烏姆投降的，不過其中一個軍團的本營是在波恩，因此作者可以這樣說。

要記住，將會有一些軍團來爲我報仇或是懲罰你們的。」

78 這一切指責都是正當的，而將領和隊長們也對他們進行了同樣的指責。士兵們組成了中隊和小隊，要知道，這時他們確實無法組成一條開展的戰線，因爲到處都有他們的敵人，而且由於戰鬥是在他們的壁壘內部進行的，所以他們的營帳和輜重對他們也成了一種阻礙。圖托爾、克拉西庫斯和奇維里斯各自在自己的戰鬥崗位上鼓動他們手下的士兵作戰，他們要高盧人爲自由而戰，要巴塔維亞人爲光榮而戰，要日耳曼人爲戰利品而戰。一切都是對敵人有利的，直到有較大迴旋餘地的第二十一軍團①把它的全部力量集中起來、抗擊了敵人的進攻、並很快地把敵人打退的時候，局勢才有所扭轉。而且在這裡也不是沒有上天的幫助的：原來勝利的軍隊突然間改變了自己的情緒而轉身逃跑了。他們自己說，當他們看到在他們剛剛發動攻擊時被擊退的那些中隊②在山嶺上重新集合起來時，以爲是新的援軍到來了，因此他們就感到十分害怕。然而事實是，勝利的蠻族的進攻之所以能夠被制止，是因爲他們之間相互可恥地爭奪起戰利品來，結果他們便把他們的敵人忘記了。這樣，由於疏忽大意而幾乎毀滅了自己的事業的凱里亞里斯，就通過自己的決心恢復了自己的事業。爲了把他的勝利堅持到底，他在同一天裡又攻占和摧毀了敵人的營地。

79 然而，軍隊卻依然得不到長時期的休息。科洛尼亞、阿格里披嫩西斯（科隆）的人民前來求援，並且表示願意把奇維里斯的妻子和姊妹還有克拉西庫斯的女兒交出來，這些人原來都是爲了保證聯盟的忠誠才交給他們作爲人質的。在這同時，他們還殺死了散居在他們各家之中的日耳曼人。這種做法使他們有理

①原來維提里烏斯的一個軍團，參見本卷第六十八章。
②這裡指輔助部隊。

由害怕並且使他們的呼籲求救成爲合理的①，因爲他們不能等待敵人恢復自己的力量並武裝起來進行某種新的冒險或是進行報復。原來事實上奇維里斯已經向科隆方面開來了；這仍然是一支可怕的力量，因爲他的中隊當中最好戰的分子還沒有受到損害，而由卡烏奇人②和弗里喜人③所組成的這一部分人就駐屯在科隆人民的領土邊界地帶的托爾比亞庫姆④那裡。但是一個令人沮喪的消息迫使他改變了進軍的路線，那就是這個中隊被科隆的居民利用計謀全部殺害了。他們在一次講究的宴會上用大量的酒灌醉了日耳曼人之後，就關上了門，把建築物點著了火，把日耳曼人全部燒死了；就在這同時，凱里亞里斯以急行軍的速度趕來了。奇維里斯又遇到了另一件害怕的事情：他擔心在來自不列顛的海軍⑤支援之下的第十四軍團會對沿海地帶的巴塔維亞人有所傷害。但是領導著軍團向內地進發的法比烏斯・普利斯庫斯卻把進攻的鋒芒指向涅爾維伊人和通古里人⑥，並且接受了這兩個城市的投降；至於艦隊，它實際上受到了坎寧尼法提斯人的攻擊，結果大部分的船隻不是被擊沉就是被俘虜了。這些坎寧尼法提斯人還打敗了自願起來爲羅馬人作戰的一支涅爾維伊人的龐大隊伍。克拉西庫斯也打敗了凱里亞里斯派到諾瓦伊西烏姆去的一些騎兵。這些挫折的規模雖然都不大，但次數卻很多，因而足以損害羅馬人最近勝利的威信⑦。

---

①這裡指向凱里亞里斯求救。

②他們是日耳曼人；住在埃姆斯河(Ems)和威悉河(Weser)之間。

③參見本卷第十五章。

④今天的沮爾皮希(Zülpich)，在科隆的西南，是烏比伊人的城市。

⑤不列顛沿海地帶是羅馬一部分海軍的長駐地。

⑥軍團是在蓋索里亞庫姆(Gessoriacum)（今天的布洛涅〔Boulogne〕）登陸的，從那裡有一條道路通向巴伽庫姆・涅爾維奧路姆(Bagacum Nerviorum)、阿杜亞圖卡・通格羅路姆(Aduatuca Tungrorum)和科洛尼亞・阿格里披嫩西斯。

⑦本書後面第五卷第十四章是接著這裡敘述的。

80 就在這些日子裡，木奇亞努斯處死了維提里烏斯的兒子①，因爲他說，如果他不把這戰爭的種子毀掉的話，紛爭就會繼續下去。他還不允許多米提安的那要使安托尼烏斯・普列姆斯成爲自己的一個隨從人員②的要求，因爲他對於這樣一種情況深感不安：普利姆斯在士兵中間很有威望，而且他的高傲脾氣不能容忍和他同樣地位的人，更不用說在他上面的人了。安托尼烏斯離開了羅馬到維斯帕西亞努斯那裡去，他雖然沒有從維斯帕西亞努斯那裡得到他所希望的接待，但維斯帕西亞努斯卻也沒有對他表現出任何不友好的態度。維斯帕西亞努斯現在徘徊在兩種意見之間：一方面他看到了安托尼烏斯的功勞，因爲正是在他的領導下，戰爭毫無疑問地結束了③；另一方面，他又受到了木奇亞努斯的來信的影響。而且在這同時，所有別的人都攻擊安托尼烏斯，說他性格倔強好鬥，高傲不遜，並且還指責他先前的生活。但安托尼烏斯本人的高傲和他總是談論他過去的功業，這種情況也助長了人們對他的敵視情緒。他攻擊某些人的怯懦，又嘲笑凱奇納說他是個俘虜和自願的囚犯④。結果是：儘管在表面上他依舊保持了同維斯帕西亞努斯的友誼，但他的分量和重要性在人們的心目中卻一點點地減少了。

81 維斯帕西亞努斯在亞歷山大等待著夏天的風與平靜的海洋這樣一個例行季節⑤的到來，就在這幾個

①參見本書第二卷，第五十九章。
②他們大都是高級官吏，一般充任顧問的職務；文獻上說多米提安雖是一個壞皇帝，但身旁卻有一些賢明的輔佐（參見優維納爾：《諷刺詩》，第四卷）。
③參見本書第二卷。
④參見本書第三卷，第十三章。
⑤東風一般是從五月底吹到七月下旬，所以這裡所指的就是六月和七月了。在這之後就要在四十（一說五十）天中間連續颳一種西北風或埃提西亞風(etesiae)。參見本書第二卷，第九十八章；《編年史》，第六卷，第三十三章。

月裡，出現了許多奇蹟表明上天的眷顧和諸神對他的某種偏愛。亞歷山大的一個由於失明而爲人所熟知的普通人跪到維斯帕西亞努斯的面前，懇切要求維斯帕西亞努斯醫治他的失明，因爲塞拉皮斯神命令他這樣做。這個最迷信的民族所最崇奉的神，就是塞拉皮斯。這個盲人請求皇帝俯允用唾液塗在他的面頰和眼睛上面①。另一名有一隻手殘廢了的人也因爲受到同一位神的命令，而請求凱撒用腳踏一踏這隻殘廢的手。維斯帕西亞努斯起初嘲笑這些請求，並且以輕蔑的態度對待他們；然而當他們堅持請求的時候，他開始有了不同的想法。他一時裡擔心治不好病而自己丟面子，一時裡在請求者的懇請和他的廷臣的諂媚之下，又認爲有希望能得到成功。最後他問醫生們，這種盲目和這種殘廢是否爲人力所能挽回，命令他們提出看法。對這兩種情況，他們提出了不同的回答。他們說，在第一種情況下，視力並未完全損壞，如果視力的障礙消除的話，那個人是可以重新看到東西的。但在第二種情況下，是關節脫了節、變了位，如果在醫療上對它加以壓力的話，他也是可以恢復正常的。這也許就是諸神的意旨，可能皇帝不過是被選來執行上天交付的任務罷了。但無論如何，如果能夠治癒的話，這將是凱撒的光榮；如果失敗的話，那麼人們嘲笑的就只能是那些可憐的請求者了。因此，維斯帕西亞努斯既然相信他的好運可以做出任何事情來②，而且不再有任何事情是不可信的，於是他就微笑著，在旁邊侍立的人們的十分緊張興奮的心情當中，按照向他所請求的那樣做了。那隻殘廢的手立刻能轉動了，而那盲人也立刻重新看見了光明。甚至現在③，當謊言並不能取得任何報酬的時候，當時的目擊者對這兩件事實也還是津津樂道的。

---

①關於用唾液治病的傳說，可參見《新約全書·馬可福音》（第八章，第二十二節）中耶穌用唾液治好瞎子的傳說。
②參見本書第二卷，第八十二章。
③指本書發表時的圖拉真統治時代。

82 這些事情使維斯帕西亞努斯更加想到神殿①去向神請示有關他之繼承帝位的命運的事情。他下令所有的人都離開神殿。繼而，在他進入神殿並陷入對神的沉思的時候，他就看見在他後面出現了埃及的一個顯要人物巴西里德斯②，他知道這個人曾因病而被耽擱在離開亞歷山大有多日旅程的一個地方。他問祭司們，巴西里德斯是否在那天到神殿裡來過；他又問路人是否有人在城裡看到他；最後他又派出了一些騎兵去，結果發現在那個時候他是在八十英里以外的地方。於是他就得出結論，這是一個神奇的幻象，並且把巴西里德斯這個名字當成是神的預言了③。

83 我們的作家對於這個神的起源④還沒作過概括的論述。按照埃及祭司們的說法則是這樣：當第一個馬其頓人、國王托勒米⑤為了想把埃及的權力安置在一個鞏固的基礎上而把城牆、神殿和宗教儀式給予這座新的亞歷山大城的時候，他在夢中看到了一個極其漂亮的而且比一般人身材高大的年輕男子的幻象，這個幻象告誡他把他的最忠誠的友人派到本都去把這個男子的像帶到這裡來。幻象說，這一行動對於王國將是一件幸運的事情，而接受這個神的城市也將變成一座偉大的名城。在說了這些話之後，一道火光好像把這個年輕人帶到天上去。為這一奇異的朕兆所感動的托勒米把夜間的這個夢告訴了埃及的祭司們，而祭司們的任務就是要解釋這些東西。當他們表明他們對於本都和外國地方幾乎毫無所知的時候，他就問埃烏莫

①即塞拉皮斯的神殿。
②意思是「國王的兒子」。
③維斯帕西亞努斯認為神是藉著巴西里德斯的外形顯示出來的，這意味著佛拉維烏斯家族將要取得統治大權。
④塔西佗所以在本章裡特別介紹這個神的起源，是因為在羅馬，人們崇拜埃及的神是很流行的事情。普魯塔克認為，西諾佩的神本來不叫做塞拉皮斯，這個名字是在埃及取得的。
⑤拉吉達伊朝的建立者托勒米·索特爾（公元前三〇六～公元前二八三年在位）。

爾皮達伊家族①的一個雅典人提莫提烏斯（這個人是他從埃列烏西斯召來主持宗教儀式的），問他這是怎樣一種宗教，這個神又是怎樣的神。提莫提烏斯通過向旅行過本都的人們打聽而得知，在那裡有一個叫西諾佩的城市②，而在離西諾佩不遠的地方有朱庇特・迪斯③的一座神殿，這座神殿在當地人中間是早已著名的：因為在那裡的神像旁邊還有一個女人的像，當地的人大都稱她為普洛西爾皮娜。但是儘管托勒米也有國王們那樣的性格，容易有各種迷信的恐懼，但是他在再度感到自己安全的時候，因為更熱心於享樂而不是宗教儀式，於是他開始逐漸忽視這件事，並把注意力放到別的事情上去，直到同一個幻象——現在它變成更加可怕和明顯了——對國王本人進行了威脅，說如果國王不執行他的命令，則不僅國王本身會死亡，而他的王國也會崩潰的。這樣托勒米才下令要使節帶著禮物到國王斯奇德羅提米斯那裡去，因為他當時在統治著西諾佩的人民。而當使團即將乘船出發的時候，他又指示他們去訪問佩提亞的阿波羅。使節們發現海路是十分順利的。神託的回答也是肯定的。阿波羅囑告他們前去帶回他父親的像，但是留下他的姊妹的像④。

84 當使節們到達西諾佩的時候，他們就把他們的國王的禮物、請求和問候轉達給了斯奇德羅提米斯。他不知應當怎樣應付才好。他時而害怕天神，時而又害怕他的人民的恫嚇和反對。使者的禮物和許諾往往對他起引誘的作用。但在三年中間，托勒米一直保持自己的熱情並且不斷提出懇求。他派來的人的身分越來越高貴，帶來的船和送的黃金也越來越多。但隨後斯奇德羅提米斯卻夢見了一個可怕的幻象，這個幻象

---

①阿提卡的一個家族，他們有世襲的權利擔任埃列烏西斯的戴美特爾的祭司。
②黑海南岸的一個最古老的米利都的移民地。後來本都的國王就住在那裡。
③冥界的統治者。
④在這裡冥界的朱庇特同上天的朱庇特（阿波羅的父親）是沒有區別的。阿波羅的姊妹是普洛西爾皮娜。

警告他不要再阻礙執行神①的意旨：當國王還在猶豫不定的時候，卻遇到了各種日益嚴重的災難、疾病和諸神的明顯的憤怒。他召集了本國人民的一次大會，把神的命令向他以及向托勒米顯示的幻象和他們遭到的大量不幸告訴了他們。人民反對他們的國王；他們嫉妒埃及，為自己擔心害怕，因此就聚集在神殿的四周。故事講到這個地方就出現了怪事。原來根據傳統的說法，這個神自己自動地登上了岸上的船隊，神奇地渡過了廣大的海洋，並且在兩天中間到達了亞歷山大。一座同城市的規模相適應的神殿在拉科提斯區②裡修建起來。在那個地方原來有一座奉祀塞拉皮斯和伊西司的古老的神殿。關於這個神的起源和到來的情況的最流行的說法就是這樣。不過我知道，有些人認為，這個神是托勒米三世統治時期③從敘利亞的塞琉西亞帶來的。但又有一些人說，是同一個托勒米把這個神引進來的，但是它來自的地方是孟斐斯，這在過去一度曾是古埃及的一個著名的城市和堡壘。許多人認為這個神就是埃司庫拉皮烏斯，因為他能夠治病。有些人則認為它是歐西里斯，即這些民族的最古老的神；但又有更多的人認為它就是朱庇特，是萬物的最高統治者。不過大多數的人根據從神像上看到的神的特徵，以及根據他們自己的猜測而認為它是父神迪斯④。

85 但在多米提安和木奇亞努斯⑤到達阿爾卑斯山之前，他們就接到了對特列維利人取得了勝利的消息。對特列維利人取得勝利的一個主要證據，就是敵人的一名領袖瓦倫提努斯被俘擄到他們的跟前。不過瓦倫提努斯一點也沒有垂頭喪氣的表現，他的面孔上依然表現出了他一貫保有的那種氣概。他得到了一次發言

①這或是指西諾佩的神，或是指佩提亞的阿波羅。
②亞歷山大市離船塢最近的市區。
③托勒米・埃烏厄爾吉提斯（公元前二四七～公元前二二二年在位）。
④塔西佗這裡的說法似乎是從瑪涅托(Manetho)來的。瑪涅托在重新組織對塞拉皮斯和歐西里斯的祭祀一事上起過重要作用。
⑤參見本卷第六十八章。

的機會，但這只是因爲審訊他的人想藉以了解他的性格。他在定罪之後被送去處死時，有人用他的祖國已被征服這樣一件事實來嘲笑他，但他回答說，正是由於這一點他才死得毫無遺憾。於是木奇亞努斯提出了一項建議，這項建議彷彿是剛剛想到的，但實際上是在內心中隱藏了很久的。他的主張是：既然由於諸神的垂顧，敵人的力量被粉碎，則在戰爭幾乎已經結束的情況之下，多米提安再干預別人的榮譽就是不適當的了。如果帝國的穩定或高盧的安全受到危害，那麼凱撒應當親臨戰陣，但是他卻應當把坎寧尼法提斯人和巴塔維亞人交給次要的統帥去指揮。他還說：「你本人應當從附近的路格杜努姆①發揮皇帝的權力和尊嚴，但是不要去冒那些無謂的小危險，不過對於比較重大的危險你倒是應當親自去處理的。」

86 他的計謀被識破了，但是多米提安必須百依百順地聽從木奇亞努斯，這種關係要求他必須做出完全沒有看出這一點來的樣子。這樣他們就來到了路格杜努姆。人們相信多米提安曾從這一城市暗中送信給凱里亞里斯以試探他的忠誠，他問凱里亞里斯，如果他親自前來的話，凱里亞里斯是否願意把軍權交給他。多米提安的這項計劃是想對他父親作戰，還是想控制資源和軍隊以便反對他的兄弟，這一點是無法確定的了。因爲凱里亞里斯巧妙地應付和迴避了這項請求，而只把它看做是一個孩子的一種愚蠢的希望。當多米提安看到長輩的人都瞧不起他年輕的時候，他就放棄行使皇帝的一切職權，甚至那些無關重要的和他先前行使過的職權。繼而在天眞和謙遜的外衣之下，他就把自己徹底地僞裝起來，而做出專心於文學和喜好詩歌的姿態，藉以掩蓋他的眞正性格，並避免自己的兄弟的嫉妒。因爲對於他的兄弟的那種比較溫和的，與他完全不同的品質，他是作了並非善意的理解的。

①即今天的里昂。這樣，多米提安就不是通過大聖伯爾納直抵萊茵河到作戰地帶來的。

第五卷

1 這一年①年初，爲父親選派出來去徹底征服猶太②，而且在他們父子二人還都是普通公民的時候，就已經成了傑出的軍人的提圖斯·凱撒③，開始享有更大的權力和聲譽，因爲各行省和軍隊現在都爭先恐後地向他表示好感。而且，由於他想給人以他的功業要超過他的命運的印象，因此他在戰場上便總是表現得崇高而英勇。他的親切近人的態度引起人們對他的熱愛，而且他在勞作中以及在行軍時常常同普通士兵混在一處，卻又不損傷他作爲統帥的尊嚴。他在猶太看到有三個軍團等著他，他們是維斯帕西亞努斯的舊部第五、第十和第十五軍團。在這些軍團之外，他又補充了敘利亞的第十二軍團，還有他從亞歷山大帶來的第二十二軍團和第三軍團的部分士兵④。和這些士兵在一起的還有聯盟步兵部隊的二十個中隊，八個騎兵

①公元七〇年。
②參見本書第二卷，第四章；第四卷，第五十一章。
③在日耳曼和不列顛他擔任過將領，在猶太統率過一個軍團。
④這兩個軍團一共只有兩千人；參見約瑟普斯：第五卷，第三章。

中隊，以及國王阿格里帕①和索海木斯②，國王安提奧庫斯③派來的輔助部隊，此外更有阿拉伯人的一支強大的分遣隊（因爲阿拉伯人和同猶太人相鄰接的各個民族一樣，他們也是十分憎恨猶太人的）。此外還有許多羅馬人，他們離開羅馬和意大利跟隨他，是指望在皇子還沒有確定哪些人應當是他的親信之前取得他的好感。提圖斯就是帶領著這些軍隊開進了敵人的土地的。他的軍隊在行進時排成嚴整的隊形，他每走一步都要進行偵察，並且時時刻刻保持戰鬥的警惕；他在離耶路撒冷不遠的地方紮下了營。

2 但是，由於我在下面要記述一座名城的末日，所以我認爲在這裡談一談它的起源是適宜的④：

據說猶太人原來是從克里特島上逃亡出來的⑤；他們在朱庇特廢掉和趕跑撒圖爾努斯的時候，定居在利比亞的最邊遠的地區，名字本身對這一點來說就是一個有利的論據：在克里特有一座有名的伊達山，因此那裡的居民就被稱爲伊達埃伊人，這個名稱後來按照蠻族的發音方式拖長而成爲猶太人。有些人認爲在伊西司的統治時期，埃及的過剩的居民在希耶羅索律木斯和猶達⑥的率領之下移居到相鄰的土地上去；還

①阿格里帕是特拉科尼提斯和迦利里的國王。

②索海木斯是索佩尼的國王和敘利亞的埃美撒的國王。

③安提奧庫斯是孔瑪蓋尼和部分奇里奇亞的國王。以上參見本書第二卷，第八十一章。

④塔西佗的關於猶太人的這一簡略的但是有些混亂的記述，顯然是採用了亞歷山大的歷史家凱列蒙(Chaeremon)和呂西瑪庫斯(Lysimachus)的史料。

⑤這一說法除了這裡之外不見於其他任何地方。它的這一起源可能用下述幾種方法加以解釋：(1)伊達埃伊人(Idaei)和猶太人(Iudaei)名稱的相似；(2)猶太人的安息日(sabbath)等於撒圖爾努斯日(saturni dies)，而克里特島又是撒圖爾努斯神崇拜的起源地。也可能猶太人把他們的鄰人腓尼基人從克里特島移居阿非利加並建立了迦太基和它的沿岸城市的事情混入了本國的歷史。

⑥普魯塔克也把猶太人移居的事情同伊西司聯繫起來。至於希耶羅索律木斯和猶達的名稱則是從希耶羅索律瑪（即耶路撒冷）和猶太人逆推出來的、想像的名字，猶如羅木路斯之於羅馬。

有許多人則認爲他們原來是埃及人，他們是在凱培烏斯①的統治時期，由於恐懼和憎恨而不得不移居出來的。但還有一部分人認爲，他們是亞述的逃亡者②，是一個沒有土地的民族；他們最初控制了一部分埃及，後來他們才有了自己的城市並定居於希伯來的領土和敘利亞的較近的各個地區。更有一些人說，猶太人的出身是顯赫的，他們是在荷馬的史詩③中被歌頌的一個民族索律米人。他們建立了一座城市，並且用他們自己的名字而給它起了一個名字希耶羅索律瑪。

3 大多數的作者都同意這樣一種說法④：過去當埃及發生一種使人的身體變得極其難看的流行病⑤的時候，國王波科里斯⑥到阿蒙神那裡去請示神託⑦，問是否有什麼應付的辦法。神託要他清洗他的王國，並把這個民族遷移到別的國土上去，因爲諸神憎恨這個民族。於是希伯來人就都被搜尋出來，集合到一處；當

---

①他是安德羅美達(Andromeda)的父親，他的故事的背景地一般是放在腓尼基的城市約帕(Joppa)。這裡作者是把腓尼基人和猶太人的事情混到一起了。

②這種說法似乎和聖經裡所提到的亞伯拉罕移居的事情有一些關係。優斯提努斯（第三十六卷，第二章）就認為猶太的起源地是亞述國王統治的一個城市大馬士革。

③參見《伊利亞特》，第六卷，第一八四行；《奧德賽》，第五卷，第二八二行。

④塔西佗的有關走出埃及的記載看來主要是以公元前二世紀的作家呂西瑪庫斯·亞歷山大里努斯的作品為依據的。約瑟普斯就保存了他的敘述，這一敘述在許多地方是同瑪涅托、凱列蒙、狄奧多洛斯、斯特拉波、特洛古斯、彭佩烏斯和優斯提努斯的敘述相符合的。

⑤根據優斯提努斯的說法（第三十六卷，第二章），這種病是癩瘋病。

⑥波科里斯的統治時期在公元前七六三～公元前七二〇年，但猶太人移居的事情一般都認為是公元前一五〇〇年或更早的事情，因此本書這裡的敘述在年代上是不大準確的。

⑦阿蒙的神託所位於今天巴爾卡高地東南部的西瓦綠洲(Siwah)。關於這一地方的情況，參見希羅多德：《歷史》，第四卷，第一八一章。

所有其他離鄉背井被棄置到沙漠裡來的人都不知所措地在那裡哭泣的時候，流亡者當中只有一個名叫摩西的人告誡他們，不要指望諸神或是人們能夠給他們援助，因爲他們是被神和人所遺棄的人。他們應當相信他們自己，把那能首先幫助他們擺脫他們目前苦難的人看成是上天派來的引路者。他們一致同意了他的說法，於是他們就踏上了他們的旅途。他們完全憑命運的支配，一點也不認識道路。使他們最感苦痛的是缺水①，而且實際上他們已經筋疲力盡地倒在平原上和死人差不多了，但正是在這個時候，有一群野驢從它們的草地向著一座有樹林覆蓋的小山那裡走去。摩西跟著它們走，他從有草地這一點推測到實際的情況，從而發現了大量的水流。這種情況挽救了他們，於是他們又繼續行進了六天，而在第七天裡占居了一塊地方，把原來的居民從那裡趕了出去。他們就在那裡建立了一座城市，並奉獻了一座神殿。

4 爲了使自己對這一民族的影響永久保持下去，摩西制定了一些新的宗教儀式，這些儀式完全不同於所有其他宗教的儀式。我們認爲是神聖的一切，在猶太人看來都是瀆神的；另一方面，我們憎惡的一切，在他們又都是允許的②。他們在一座神殿裡供奉了一個動物的像③，因爲這種動物引導他們結束了流浪和口渴；他們把一隻公羊作爲犧牲獻給它，這對阿蒙顯然是一種嘲弄④。他們同樣把牛作爲犧牲，因爲埃及人

---

①參見《舊約全書》，「出埃及記」，第十五～二十三章。

②例如他們允許伯父或叔父同侄女結婚。

③這裡指野驢的像。在猶太的傳統和崇拜裡出現了驢子，這可能是由於把猶太人的移民同埃及的有關提彭(Typhon)騎著驢子逃跑了七天的神話混同起來。普魯塔克就清楚地指出，有些人把提彭的神話同猶太的初期歷史混到一處。但是根據狄奧多洛斯的說法，安提奧庫斯・埃披帕尼斯在耶路撒冷的一座神殿裡就看到一座騎驢的人像，並且推定這個人就是摩西。

④在藝術品中，埃及的神有公羊的角。

是崇拜阿披斯的。他們由於過去得過一種傳染病而不吃豬肉，因爲他們就是從豬身上傳上了疥癬病的。甚至今天他們還經常齋戒禁食①，這一點證明他們過去遭受過長期的饑餓之苦，而不加酵粉的猶太麵包現在仍然被食用，以紀念他們過去取得穀物時的倉卒情況②。他們說他們最初選擇第七天爲休息日，是因爲他們的痛苦是那一天才結束的。但是過了一個時候，他們因爲愛上了懶散的生活，結果每到第七年也什麼都不做了③。另有一些人說，他們是爲了紀念撒圖爾努斯才這樣做的。這或者是因爲他們的宗教的最初原理是伊達埃伊人規定下來的，而根據傳統的說法，伊達埃伊人是同撒圖爾努斯一同被逐並且成了猶太民族的始祖的；或者是因爲這樣一個事實，即在控制著人類的命運的七個行星中，撒圖爾努斯④的軌道最高，也最有權威；而且許多天體的運行和旋轉都是和七的倍數有關的⑤。

5 這些儀式姑且不論它們的起源如何，它們所以能存在乃是由於它們的古老。猶太人的其他風俗習慣是卑劣的、可憎的，而且正是由於它們的邪惡，它們才得以保存下來。因爲在其他民族當中那些最壞的惡棍，他們放棄了古老的宗教，卻始終不斷地把貢品和獻禮送到耶路撒冷⑥，這樣就增加了猶太人的財富。

①摩西只制定了每年一次的齋戒，這就是七月十日的大贖罪日。但後來齋戒日就多了起來，法利賽人甚至每周齋戒兩次。

②參見《舊約全書》，「出埃及記」，第十二章，第一五～二〇、三四～三九節。

③參見《舊約全書》，「申命記」，第十五章；「利未記」，第二十五章，第四節。

④希臘人和羅馬人都採用了埃及人的用行星的名字給日子命名的辦法。撒圖爾努斯（土星）日就相當於猶太人的安息日。

⑤參見狄奧·卡西烏斯，第三十七卷，第十八章以次。

⑥所有的猶太人和新皈依猶太教的人每年都要給神殿獻禮，每人每年是兩個德拉克瑪。在塔西佗的時代，巴勒斯坦以外的猶太人大約有四百萬。所以約瑟普斯指出（《猶太古代史》，第七卷，第二章）：「任何人都不應對我們神殿的財富感到驚訝，要知道，世界上所有的猶太人很久以來就都是向神殿獻禮的。」

而且猶太人相互間是極端忠誠的，他們在自己人中間總是準備向別人表示同情，但是對每一個別的民族，他們卻只有憎恨與敵視了①。他們吃飯、睡覺都不在一處。雖然他們整個民族都是生性淫蕩的，但是他們卻不同外國女人發生關係。可是在他們中間，任何事情都是合法的。他們採用了割禮，藉以用這樣的區別使自己同別的民族分開。皈依了他們的宗教的那些人都採用了同樣的辦法，而他們所接受的最早的教訓就是藐視諸神②，同他們自己的國家脫離關係，並且不把他們的雙親、兒女和兄弟放在心上。不過，他們卻也設法增加自己的人口；因為他們認為殺死任何晚生的孩子③都是一種罪過，而且他們還相信，在戰爭中或是被劊子手殺死的人們的靈魂是不朽的：因此他們就特別喜歡生男育女，並且不把死亡放到眼裡。他們按照埃及人的習慣，對死者大都是埋葬④，而不是火化。他們對死者施以同樣的照料，關於地下的世界也抱著相同的信仰；但是他們的有關天上事物的想法卻是恰恰相反的。埃及人崇拜許多動物和怪誕的形象；但猶太人認為只有一個神，而且只有用心靈的眼才能看到這個神。他們認為用可以毀壞的物質把神像塑造成人形的那些人對神都是不敬的。在他們看來，那最高的和永恆的存在是不可能表現出來的，而且是沒有

---

①當時對基督教徒也有過類似的指責，參見塔西佗：《編年史》，第十五卷，第四十四章。對猶太人的這種看法也見於古代的其他作家，例如庇洛斯特拉圖斯(Philostratus)就說：「猶太人離開我們較之蘇撒人、巴克妥利亞人和印度人離開我們更遠。」狄奧多洛斯（第三十四卷，第一章）也說：「他們把所有的人都看成自己的敵人。」

②信奉多神教的羅馬人很容易吸收多神教的宗教，但對於猶太的一神教卻難於理解。

③這裡所說的晚生的孩子(agnatus)是指父親立了遺囑之後才生的孩子，或是不受歡迎、不願有的孩子。參見塔西佗：《日耳曼尼亞志》，第十九章。

④實際上，埃及人把他們的死者製成木乃伊，但是猶太人只是給死者塗上香料，參見《新約全書》，「約翰福音」，第十九章，第四十節：「他們就照猶太人的殯葬的規矩，把耶穌的身體用細麻布加上香料裹好了。」

終止的。因此他們在他們的城市裡就不立神像，更不用說在他們的神殿裡了。他們也不用給他們的國王立像的辦法來諂媚他們，對凱撒也不給以這樣的榮譽。但由於他們的祭司通常是在笛子和鐃鈸的伴奏下歌唱並且戴著常春藤的花環，而且因爲在他們的神殿裡人們發現了黃金的葡萄蔓①，所以有些人便認爲他們是崇奉東方的征服者利倍爾②的，雖然這種崇拜同他們的風俗習慣根本不協調。要知道，利倍爾規定的節日儀節的性質是歡樂的，但是猶太人的生活習慣卻是荒誕不經的和卑賤的。

6 他們的土地的東面是阿拉伯，南面是埃及，西面是腓尼基和大海③，在北面，人們可以看到敘利亞的很大一片土地④。那裡的居民是健康的和吃苦耐勞的。雨水稀少，土地肥沃⑤。那裡的出產和我們這裡⑥的出產相似，所不同的是那裡也生長鳳仙花和棕櫚樹。棕櫚樹是一種高大而又美麗的樹。鳳仙花⑦只是一種灌木。如果漲滿了汁液的花枝用鐵針刺過的話，葉脈就要枯萎。因此人們就用石頭或是陶器的碎片來切開它。醫生們使用它的汁液⑧。在那裡的群山當中，最高的是黎巴嫩山⑨；老實說，這座山可以說是一件奇

①黃金製的葡萄蔓是作為還願的禮物獻給神殿的。

②古意大利的神，相當於希臘的巴庫斯神（酒神）。

③這裡不是猶太本土以西，而是迦利里以西，塔西佗是把迦利里包含在猶太之內的。

④這是說從黎巴嫩山俯視科列敘利亞(Coele-Syria)。

⑤這似乎指迦利里，因為猶太本土是荒瘠得多的。

⑥指意大利。

⑦棕櫚樹和鳳仙花多產於約旦河流域一帶，特別是耶利哥(Jericho)附近。約瑟普斯說鳳仙花是希巴(Sheba)的女王帶到猶太來的，目前巴勒斯坦的棕櫚已很罕見了。這是一種可作藥用的芳香植物。參見斯特拉波：《地理》，第十六卷，第七六三章；普利尼：《自然史》，第十二卷，第一一一章。

⑧這種汁液就是沒藥。

⑨作者在這裡所指的顯然是安提黎巴嫩山(Antilebanon)的南峰赫爾蒙峰(Hermon)，該峰高約九千英尺。

蹟，因爲儘管那裡的氣候極端炎熱，它的山頂卻有樹木和白雪覆蓋著；它同樣又是約旦河的源頭和供水者①。這條河不是流入大海的，而是以同樣的水量流經兩個湖，最後才消失在第三個湖裡。這第三個湖是一個大湖②，它像一個海，但是它的水的味道卻是令人作嘔的，而且它的那種討厭的氣味對於住在它附近的人來說是有害的。風不能吹動它的水，在它那裡，水鳥和魚都不能生活。它那毫無生氣的水波漂得起拋到上面去的任何東西，就好像拋在堅硬的土地上似的。任何游泳的人，不論他是否熟練，都能漂在水上。在一年的某個季節裡，海水把瀝青噴出來，經驗教會當地人如何收取瀝青③，就和它教會了他們所有的技藝一樣。瀝青本來是一種深色的液體，這種液體如果用醋噴灑到上面就會凝結，漂在水面上。那些收取瀝青的人用手抓住它，把它拖到船的甲板上，在這之後無需用人工的幫助，瀝青自己就陸續流進來，直到把船裝滿，再把流進來的瀝青切斷。不過你卻不能用青銅或鐵的東西來切斷流到船裡來的瀝青；它一遇到血或是爲婦女的月經所玷污的布就會縮回去。這就是古代作家的說法，但是對當地熟悉的人們卻斷言，漂浮起來的大塊瀝青④是被風吹到岸上，或是用手拖到岸上的。瀝青在那裡被地上的熱氣或太陽的熱力烘乾之後，人們再用斧頭或是楔子把它們劈開，就像是劈木塊或石塊一樣。

7 在離這個湖不遠的地方有一個平原。根據記載，這個平原一度曾是肥沃的，而且上面有過若干大城

---

①約旦河的水源在赫爾蒙山(Hermon)上，作者顯然把它同黎巴嫩山等同起來了。

②前兩個湖是沼澤式的美羅姆湖(Merom)和根尼撒列特湖(Gennesareth)，最後的湖則是死海。死海四十英里長，九英里寬，在海面下一千三百英尺。

③收集瀝青今天仍是死海沿岸居民的主要工業。

④約瑟普斯在《猶太戰爭史》第四卷第八章裡說大塊的瀝青和沒有頭的牛一樣。

市，但後來卻爲電火燒毀了①。據說到現在在那裡還可以看到這一災難的痕跡，而且這個地方看起來是被燒毀的並失去了它的肥沃。老實說，那裡所有的植物，無論是野生的還是人工培植的都變成了黑色，都不結果實，它們在長了葉或長了花的時候，或是在達到它們通常的成熟形式之後，就枯萎成爲塵土了。至於我本人，儘管我可以假定名城一度曾被天火所摧毀，但我仍舊認爲，正是從湖裡蒸發出來的東西沾染了土地並且毒化了這一地區的空氣，而且正是這個原因，穀物和果實才枯萎，因爲土壤和空氣都是有毒的②。倍路斯河③也是流入猶太海的；在它的河口四周有一種沙子，這種沙子同硝石混合起來就可以溶解出玻璃來。這一段海岸地帶並不大④，但是它供應的沙子卻是取之不竭的。

8 在猶太的很大一部分土地上都有散在的村落，然而也還有若干城鎮⑤。猶太人的首府是耶路撒冷。在那裡有一座擁有巨大財富的神殿⑥。第一道工事保衛城市，第二道工事保衛皇宮，最內部的一道城牆保

---

①這裡所指的是《舊約全書》「創世記」第十九章中所提到的、被火燒毀的所多瑪(Sodom)和蛾摩拉(Gomorrah)。這裡所說的天火，實際上可能是火山。斯坦萊(Stanley)認為城市的摧毀同死海附近鹽山的形成有關。

②參見約瑟普斯：《猶太戰爭史》，第四卷，第八章；斯特拉波：《地理》，第十六卷，第七六三章以次；普利尼：《自然史》，第五卷，第七十一章以次；第七卷，第六十五章。

③倍路斯河，即納曼河(Naaman)是巴勒斯坦第二大河，發源於迦利里的高地，在聖冉達克(St. Jean d'Acre)附近流入地中海，它實際上是腓尼基的河流。參見普利尼：《自然史》，第三十六卷，第二十六章。

④普利尼（同上書）說大約有五百步長。

⑤約瑟普斯說，在伽利里的九十到一百平方英里的土地上有二百零四個村落和十一個城鎮。斯坦萊（《西奈和巴勒斯坦》，第二章）說：「巴勒斯坦的無數廢墟，不管它們的時代如何，使我們只要一看就可以知道，我們不能從當前這一淒涼荒廢的景象來判斷古時的繁榮。」

⑥應當注意的是：塔西佗是在神殿被毀之後寫作的。他特別說明耶路撒冷是猶太人的首府，因為羅馬的代理官駐在凱撒列亞。

衛神殿①。只有猶太人可以走近神殿的門，而且除去祭司之外，任何人都不准到裡面去。當亞述人、米地亞人和波斯人統治著東方的時候，猶太人被他們看成是他們的最下賤的臣民。但是自從馬其頓人成了統治者②以後，國王安提奧庫斯曾試圖取消猶太人的迷信並且把希臘的文明介紹過來。不過對帕爾提亞人的戰爭卻使他未能改善這個最卑鄙的民族，因為正是在這個時候，阿爾撒凱斯叛變了③。後來由於馬其頓的勢力衰微下去，帕爾提亞人還沒有強大起來，而羅馬人又遠在千里之外，猶太人就選擇了他們自己的國王④。不過這些國王卻又依次地被性格無常的民眾趕跑了。但是在他們用武力恢復了他們的王位之後⑤，他們卻

---

①約略說來，耶路撒冷位於一塊有低地錯雜其中的高地上。它除了北面之外，其他三面都是深谷（欣嫩谷〔Hinnom〕和耶霍沙法特谷〔Jehoshaphat〕），從而形成了幾乎無法進攻的天然屏障。在城市西北部則正像塔西佗所說的有幾道防線。從本文看來，這三道防線似乎是同一圓心的，但實際上並非如此。但塔西佗的說法在下述的意義上來說卻是正確的，即軍隊要占領三四道城壁才能控制全城。米爾曼說有四個各不相屬的城區需要分別加以圍攻。在第一城壁之內的是貝吉塔郊區(Bezetha)，緊接在它的南面是城市較低的部分阿克拉，設防的摩利亞山(Moriah)（山上有神殿和安托尼烏斯塔）和錫安山(Sion)（山上有王宮）。以上各區均各有城壁圍繞著。

②這裡指敘利亞的塞琉古王朝。

③阿爾撒凱斯是在安提奧庫斯二世（公元前二六〇～公元前二四五年在位）叛變的，但是塔西佗在這裡卻把阿爾撒凱斯的叛亂同安提奧庫斯四世當政時期由於迫害猶太人而引起的瑪卡比戰爭（公元前一六七～公元前一六四年）混淆到一起了。

按安提奧庫斯四世埃披帕尼斯（公元前一七六～公元前一六四年在位），由於不斷迫害猶太人而引起了瑪卡比或哈司摩尼家族的英勇抵抗並且敗於這一家族。塔西佗並不重視猶太的英勇愛國者，因為他憎恨猶太人，從而對猶太人的敵人一概採取偏袒的態度。

④根據約瑟普斯的說法，瑪卡比或哈司摩尼家族的阿里斯托布路斯第一個採取了國王的稱號（公元前一〇七年）。

⑤這可能指國王亞歷山大和法利賽人之間的戰爭（開始於公元前九二年，持續六年），也可能指亞歷山大的寡婦莎羅美(Salome)在公元前七〇年死後的爭奪王位的鬥爭。

又把公民趕跑、摧毀城市，殺死了兄弟、妻子和父母，並且毫不猶豫地敢於做出了王族的所有其他種類的罪行；不過對於民族的迷信他們還是獎勵的，因爲他們利用祭司的地位來支持他們在國內的統治。

9 征服了猶太人並且作爲征服者而踏入了他們的神殿的第一個羅馬人是格涅烏斯·龐培①。在那之後，人們才普遍地知道，在神殿裡原來沒有任何神像，神殿裡是空的，而秘密的聖所裡也什麼都沒有。耶路撒冷的城牆被夷平，但神殿卻還在那裡存留著。後來在我們的內戰期間，當著東方的這些行省落入瑪爾庫斯·安托尼烏斯之手的時候，帕爾提亞的國王帕科路斯占領了猶太，但是他被普布里烏斯·文提狄烏斯殺死，而帕爾提亞人也就被趕回了幼發拉底河的對岸②。蓋烏斯·索西烏斯征服了猶太人。安托尼烏斯把王位給了希羅③，而奧古斯都在取得勝利之後又加強了他的權力。希羅死後，一個名叫西蒙的人④沒有等到凱撒的

---

①龐培在公元前六三年為了決定敘爾卡努斯和阿里斯托布路斯爭奪王位的問題而被請入耶路撒冷。猶太王國暫時被取消，敘爾卡努斯被任命為太守(ethnarchus)和高級祭司。

②帕科路斯奉了他的父親歐洛狄斯的命令率領一支軍隊渡過了幼發拉底河，因為他要履行同布魯圖斯和卡西烏斯的代理人、共和派的拉比耶努斯所締結的協定（公元前四〇年）。但是他在兩年後被殺死。瑪卡比家族的最後的代表者安提戈努斯利用同帕爾提亞的聯盟取得猶太的王位，但是他和他的聯盟者在公元前三八和三七年被安托尼烏斯的副帥索西烏斯和文提狄烏斯所打敗。安提戈努斯在安提奧奇亞(Antiochia)被斬首。

③文提狄烏斯和索西烏斯都是安托尼烏斯的副帥。希羅在索西烏斯的支援下在公元前三七年趕跑了瑪卡比王朝的最後一個代表者。王位於是轉入親羅馬國王的手裡。
希羅的父親安提帕提爾是伊都米亞的貴族，猶太太守敘爾卡努斯的大臣。安提帕提爾在世時，希羅是伽利里的長官。安提帕提爾死後，安托尼烏斯任命他為這一行省的總督。安提戈努斯在被瑪卡比族驅逐後就逃往羅馬。他所擁護的凱撒派把他提升為猶太國王。他娶了安提戈努斯的侄女瑪利亞姆妮，這樣便加強了自己的要求繼承哈司摩尼家族的遺產的權利。

④希羅的奴隸。他率領著耶路撒冷和耶利哥之間溪谷中的一群強盜，自稱以色列國王。

決定便僭取了國王的稱號。但是敘利亞的長官克溫提里烏斯．伐魯斯①處死了他；猶太人遭到了鎮壓；王國被分為三部分，分給了希羅的兒子們②。在提貝里烏斯當政期間，一切都是平靜無事的。但後來當卡里古拉下令猶太人在他們的神殿中設立他的像的時候，他們就寧肯訴諸武力抵抗的辦法，但皇帝的死亡結束了他們的暴動③。國王們這時不是死掉就是變得沒沒無聞了④，克勞狄烏斯於是把猶太變成一個行省，並把它交給了羅馬的騎士或被釋奴隸來負責。有一個名叫安托尼烏斯．費里克斯⑤的被釋奴隸備極殘酷、放蕩，他帶著奴隸的一切本能來行使一個國王的權力。他娶了克利歐帕特拉和安托尼烏斯二人的外孫女杜路西

---

①他可能就是十二年之後在提烏托布爾格森林中同自己的軍隊一道覆滅的那個伐魯斯。

②阿爾凱拉烏斯作為太守治理猶太、伊都米亞南部和撒瑪利亞北部。希羅．安提帕斯作為總督治理伽利里和培萊亞，菲利浦作為總督治理約旦河以東的地區（伽烏洛尼提斯、巴塔奈亞、特拉科尼提斯、伊圖萊亞、奧拉尼提斯）。九年之後，阿爾凱拉烏斯被皇帝黜免和放逐，猶太和撒瑪利亞暫時成為羅馬行省，由皇帝的代理官負責。

③雖然卡里古拉的要求使猶太人感到難以服從，但實際上他們並未訴諸武力。根據約瑟普斯的比較詳細的記載，敘利亞的長官佩特洛尼烏斯自己擔起了不服從皇帝命令的責任，並且為他們向皇帝說情。可以肯定，如果不是卡里古拉死掉，他的這種大包大攬的作風是會把自己毀掉的。

④阿爾凱拉烏斯是在亡命時期死掉的。希羅．阿格里帕一世（希羅大王的孫子、卡里古拉的友人）不僅繼承了菲利浦的約旦河對岸的領土，而且還設法取得伽利里和培萊亞的總督職位，因為這時他的叔父希羅．安提帕斯正在放逐中。公元四一年阿格里帕奉准把猶太和撒瑪利亞諸地區（它們在過去三十多年中間一直是羅馬的行省）併入自己的王國，但是他未能長久享受自己的王位，而在公元四四年被蟲咬氣絕（參見《新約全書》，「使徒行傳」，第十二章）。他的年輕的兒子只繼承了他的叔父的卡爾啟斯的土地，後來他便奉准換了約旦河以東的土地。猶太、伽利里、撒瑪利亞和培萊亞後來成了羅馬的一個行省。

⑤安托尼烏斯．費里克斯是克勞狄烏斯的臭名昭著的寵臣帕拉斯的兄弟。根據約瑟普斯的《猶太古代史》（第二十卷，第七章）的記述，他在公元五二～公元六〇年是猶太的代理官，但在公元五二年以前似乎只治理它的南半部。參見塔西佗：《編年史》，第十二卷，第五十四章。

拉①爲妻，這樣就成了安托尼烏斯的孫婿，而克勞狄烏斯則是安托尼烏斯的孫子。

10 但猶太人卻一直忍受到蓋西烏斯・佛洛路斯②擔任代理官的時候，才開始了對羅馬的戰爭③。當敘利亞的長官凱司提烏斯・伽路斯想制止這場戰爭的時候，他的運氣是有好有壞的，但一般地說是敗多於勝④。在他死時——他也許是善終的，也許是愁死的⑤——尼祿派來了維斯帕西亞努斯。維斯帕西亞努斯仗著他的好運和聲譽，也仗著他有一批優秀的輔佐，他在兩個夏天裡便利用他的勝利的軍隊占領了全部平原地帶和除耶路撒冷之外的一切城市⑥。下一年被用到內戰上面去，所以在談到猶太人時，這一年裡沒有發生什麼事情。但是當整個意大利恢復了和平的時候，外患又開始了。只有猶太人不肯投降這樣一個事實，加深了我們的憤怒情緒。與此同時，考慮到一個新王朝的一切可能會發生的事件和可能會遭到的意外事件，看來要提圖斯和軍隊留在一起還是合適的。

11 因此，正如我在前面所說，提圖斯便在耶路撒冷的城前設下了營地，把他的軍團⑦排成戰鬥的隊列。

---

①阿格里帕的第二個女兒，阿格里帕娶了安托尼烏斯和克利歐帕特拉的一個女兒賽浦路斯。

②蓋西烏斯・佛洛路斯是克拉佐美納伊(Clazomenae)地方的希臘人，他娶了尼祿的情婦波培婭的女友克利歐帕特拉為妻。他在公元六四～公元六六年間是猶太的代理官。

③戰爭爆發在公元六六年秋天。

④在他從貝特霍倫山路(Bethhoron)潰退時，他損失了他所有的戰爭器械和將近六千人。這是伐魯斯在日耳曼的森林中戰敗後最慘重的一次失敗。

⑤有人認為是「自殺」。凱司提烏斯被召回，由木奇亞努斯替代，對猶太人的戰爭則交由維斯帕西亞努斯負責。

⑥如約塔帕塔(Jotapata)、加瑪拉(Gamala)和吉斯卡拉(Gischala)等。但實際上有些城市是在耶路撒冷之後攻陷的，這時只不過是處於被包圍狀態而已。

⑦這裡是指第三、五、十、十二、十五和二十二軍團。參見本卷第一章。

猶太人就在他們的城下列成戰陣，這樣他們在勝利時能隨時進擊，在被擊退時近處也有地方可以逃避。派出了一些騎兵和輕武裝步兵去進攻他們，但是戰鬥不能決定勝負。後來敵人退了回去，在隨後的日子裡，他們在他們的城門前面展開了多次的小戰鬥，到最後他們才因爲不斷遭到失敗而退守到城裡。羅馬人這時就著手準備一次猛襲。因爲士兵們認爲用饑餓迫使敵人投降，對自己來說是一件不光彩的事情。於是他們便要求不惜冒險進攻，一部分人固然是因爲他們的勇敢，但許多人卻是出於他們的野蠻本性和奪取戰利品的欲望。提圖斯本人心裡在嚮往著羅馬，嚮往著羅馬的財富和歡樂，他以爲如果耶路撒冷不立刻被攻陷的話，他就不能很快地享受到這些東西。但是這座城市是建立在一個高地上面，而且猶太人爲它所修建的防禦工事甚至足夠保衛平原上的城市。原來有兩座很高的山①被圍在城牆內部，而且城牆修得很巧妙，它無論是突出還是凹入，都能使進攻隊伍的兩側全部受到火力的攻擊。山到峰頂處都變成了陡峭的懸崖絕壁。在依靠小山之助而築起的塔樓工事的高度是六十英尺，在谷地裡它們就高達一百二十英尺了。這些塔樓十分壯觀②，而從遠處來看，它們是同樣高的。內城是環繞著皇宮修築的，安托尼烏斯塔③聳立在特別引人注目的高地上。希羅是爲了紀念瑪爾庫斯・安托尼烏斯而給它起了這個名字的。

---

①歐列里(Orelli)認為這兩座山是阿克拉山(Acra)和錫安山(Zion)，阿克拉山比它南面的莫里亞山(Moriah)要低得多，而從本章末尾的敘述來看，作者所指也顯然是阿克拉山和錫安山；但希略斯(Heräus)和莫爾(Moore)則認為是阿克拉山和貝吉塔山(Bezetha)。高德雷(Godley)認為兩座山的說法可能是對這座城市的一般敘述，因為該城主要分布在兩座山即錫安山和莫里亞山的範圍內。

②外圍工事有塔樓九十個；根據約瑟普斯在《猶太戰爭史》（第五卷，第四章）中的說法，塔樓全部是一百六十四個。

③這個要塞原來叫做巴利斯(Baris)，位於神殿高地西北角一個九十英尺高的小山上。希羅一世重修和加強了它的防守，有時它被用來駐屯羅馬衛戍部隊。

12 神殿①修建得像一座城堡，它有自己的城牆，這道城牆較之其他任何城牆都修造得更加細心和努力。神殿周邊的柱廊本身就是極好的防禦工事。在神殿地界之內有一個永不枯竭的泉水②；在山裡面有開鑿的地穴，這裡面有盛雨水的池子和水槽。建立這座城市的人早就預見到將會發生多次的戰爭，因爲他們的民族的生活習慣同相鄰各民族相去甚遠，因此他們把城市的每一個部分都修建得好像會發生一次長時期的圍攻似的。但自從這座城市受到龐培的猛攻之後，他們的恐懼和他們的經驗又使他們學到很多東西。而且他們從克勞狄烏斯統治時期羅馬人的貪欲取得好處，因爲他們用賄賂的辦法取得了修築他們的城防工事的特權，他們在和平時期築城就和在戰時一樣。這時這裡的人口由於被攻占的其他城市③的大群民衆的湧入而增加了，因爲天不怕地不怕的叛亂分子都逃避到這裡來，所以這裡的叛亂因素就更多了。那裡有三個統帥，三支軍隊：最外面也是最大的一道城牆④由西蒙⑤防守；城市的中心部分由約翰⑥防守；神殿由埃列亞札爾⑦防守。約翰和西蒙在人力和裝備方面都強。埃列亞札爾則在地形方面占有優勢。在這三個人之間不斷

---

①在該城東部莫里亞山上，神殿每面長度約二二〇碼，周邊有柱廊環繞著。

②這裡塔西佗所指的可能是西羅亞池(Siloam)。耶羅美(Jerome)說這個泉水是間歇性的，不是永不枯竭的。

③這些城市是公元六七年和六八年維斯帕西亞努斯和提圖斯攻占的，它們是約塔帕塔、加瑪拉、吉斯卡拉和呂達。

④即阿格里帕城牆，它把全市圍繞在內，阿克拉山和貝吉塔山也在其中。

⑤西蒙是約旦河以東蓋拉撒(Gerasa)人，原來是一支打劫的隊伍的頭目，他既反對耶路撒冷的迦利里猶太教徒，又反對羅馬侵略者。後來由於城市內部的爭吵，他才在公元六八年被吸收到城裡去，參加了伊都米亞派。他們把他說成是人民的救主。耶路撒冷陷落後西蒙作為最勇敢的猶太領袖被解往羅馬以點綴提圖斯的凱旋式，隨後便被處死了。

⑥約翰是迦利里猶太教徒的領袖，他是在他的故鄉吉斯卡拉陷落後逃到耶路撒冷來的。城市中心部分指神殿除外的安托尼烏斯塔和莫里亞山。

⑦他是愛國的主戰派的領袖。

發生戰鬥、叛變和縱火的事件，而且大批的糧食被消耗掉。繼而約翰藉口奉獻犧牲①派了一隊士兵去把埃列亞札爾和他的軍隊殺掉，從而占領了神殿。這樣市民中間便分成了兩派，直到羅馬人迫近的時候，外患才使他們言歸於好。

13 一些怪事的確發生了②。但是用奉獻犧牲或是許願的方式來迴避這些怪事在這個民族看來卻是不合法的③，這個民族雖然一向迷信，然而他們卻反對任何慰解的儀式。人們在天空中看到了交戰的大軍，武器閃閃發光，突然間從雲間射出的火光照亮了神殿。忽然聖所的門打開了，裡面一個神靈的聲音喊道：「諸神離開了！」就在這個時候，人們聽到了諸神離開時的巨大的騷動聲④。少數人認為這些朕兆是可怕的。大多數人卻堅信他們的古老的宗教文獻曾預言，正是在這個時候，東方才能強大起來，而從猶太出發的人將會占有世界⑤。這一神秘的預言實際上指的是維斯帕西亞努斯和提圖斯，不過普通民眾，正像有野心的人那樣，卻對這些重大的定數作了有利於自己的解釋，甚至在遭到厄運的時候仍不能認識到真理。我們聽

---

①在逾越節的時候，這時一般是要用羊羔獻神的。

②在怪事當中，約瑟普斯曾提到說在神殿裡一隻母牛生了一隻羊羔。但是最奇怪的一個故事卻是：阿那努斯的兒子一個名叫耶穌的，在城市攻陷之前的七年中間不斷地在街上喊：「讓耶路撒冷遭難吧！」人們把他當作無害的瘋子，才沒有懲罰他。但在圍城期間他突然又喊：「讓我自己遭難吧！」就在那個時候他被一塊石頭砸死了。

③參見《舊約全書》，「利未記」，第十九章，第二十六節：「你們不可吃帶血的物，不可用法術，也不可觀兆。」「耶利米書」，第十章，第二節也有類似的說法：「耶和華如此說，你們不要效法列國的行為，也不要為天象驚惶，因列國為此事驚惶。」

④參見味吉爾：《埃涅伊特》，第二卷，第三五一行以次；約瑟普斯：《猶太戰爭史》，第六卷，第二九九頁（尼斯本）。

⑤參見蘇埃托尼烏斯：《維斯帕西亞努斯傳》，第四章。

說，被包圍在城內的男女老少一共是六十萬人①：凡是能使用武器的都能得到武器，而在全部居民中間，願意作戰的人數比人們所能期望的人數要多。男人和婦女表現了同樣的堅決。如果有人強迫他們改變自己的祖國的話，那他們是寧肯求死也不肯貪生的②。

提圖斯·凱撒當前所要進攻的城市和民族就是這樣。由於當地的地勢使他無法發動猛攻或進行任何突然行動，他就決定使用堆土和活動雉堞的辦法。各個軍團被分配了自己的任務。戰鬥暫時停了下來，直到最後他們爲著猛攻一個城市而準備好了古人曾經使用過的，或者是現代的才智之士所發明的每一種辦法的時候。

14 但是在這個時候，在特列維利人那裡遭到了失敗的奇維里斯③卻又在日耳曼把自己的軍隊重新補充起來，並在維提拉紮下了營地。他在這裡有良好的地勢作爲屏障，而且他還要他的蠻族士兵記起他們過去在那裡取得的勝利，從而激發起他們的新的勇氣。凱里亞里斯跟蹤在他的後面，這時他的兵力由於第二、第六和第十四軍團的到來而增加了一倍。此外，還有他早已經下令召喚、但直到他取得勝利之後才趕來同他會合的輔助步兵與騎兵部隊。

雙方的統帥都急於展開戰鬥，但是他們中間卻隔著一大片廣闊的、天然的沼澤地帶。而且奇維里斯還在萊茵河上斜著修了一道水堤，這樣被阻擋的河水便泛濫到附近的地區上來了。這樣的一種地形對我們是

①約瑟普斯在《猶太戰爭史》（第六卷，第九章）裡說，在這次圍攻中死亡的有一百一十萬人，這個數目顯然是誇大了的。

②參見狄奧·卡西烏斯（第六十六卷，第六章）：「他們認為與神殿同歸於盡就是勝利和安全。」

③這裡是接著本書第四卷第七十九章敘述的。

十分不利的，因爲我們不知道浸水地面的情況，這一點對我們很危險。要知道，羅馬士兵背負的武器很重，而且是害怕游泳的。但另一方面，日耳曼人卻習慣於渡河，而且用的是輕武裝，他們的高大的身材使他們能夠把自己的頭保持在水面之上。

15 因此當巴塔維亞人向我們的士兵發動進攻的時候，我們的最勇敢的士兵便迎了上去。但是當人馬陷到深深的沼澤之中的時候，士兵們就立刻感到十分驚恐了。日耳曼人熟悉水下的地形，所以他們在水中跳來跳去，並且往往離開我們的戰線的正面而繞到我們軍隊的側面和後面去包圍我們。在這裡並不曾像通常的步兵戰鬥那樣地發生肉搏戰，而這一戰鬥無寧像是一場海戰，因爲人們都在水裡到處掙扎，而且如果他們找到一塊堅硬的土地，他們就盡一切的力量保衛它。因此受傷的和沒有受傷的士兵，會游泳和不會游泳的人都抓到一處，結果弄得大家同歸於盡。不過就混亂的情況而論，我們損失的人數還不算多，因爲日耳曼人不敢從沼澤中到乾地上來，而是返回了自己的營地。這次戰鬥的結果促使雙方的領袖都想盡快地一決勝負，不過卻出於不同的動機：奇維里斯想把他的勝利的鬥爭進行到底，凱里亞里斯則是想湔雪恥辱；日耳曼人由於自己的勝利而有了勇氣，羅馬人則由於羞恥而感到激動。在夜間，蠻族高歌長嘯，但我們的士兵卻十分氣憤，並發狠要進行報復。

16 第二天，凱里亞里斯把他的騎兵和輔助步兵部隊配置在第一線，而把他的軍團配置在第二線，他自己則親自率領著若干精銳士兵作爲預備部隊，以應付隨時發生的緊急情況。奇維里斯並不是拉開一條長長的戰線來迎擊他，而是把自己的軍隊組成一些縱隊：巴塔維亞人和庫格爾尼人①在他的右手；萊茵河對岸

①參見本書第四卷，第二十六章。

的各部落則據守著左翼，也就是離河較近的一面。將領們並不是通過對全軍的正式呼籲來激勵他們的士兵，而是當他們騎馬行經戰線上的每一部隊時分別加以鼓勵。凱里亞里斯回憶了羅馬這一名字的古老的光榮，他們過去的和不久之前的勝利；他要他們永久地消滅這些已被他們擊敗的叛變的和卑怯的敵人；他們需要的無寧說是報仇，而不是戰鬥。「不久之前你們曾同優勢的敵人作戰，但是你們仍然打敗了日耳曼人，而且那正是敵人的精銳力量。活下來的人只是那些心懷忐忑和背上負傷的人罷了。」他對每一個軍團都作了適當的鼓勵。他稱第十四軍團是「不列顛的征服者」①；他提醒第六軍團說，正是由於這個軍團的影響，伽爾巴才成爲皇帝②；他告訴第二軍團說，他們應當在那天的戰鬥中奉獻他們的新隊旗和他們的新軍旗③。隨後他又騎馬到日耳曼的軍隊④那裡去，伸出雙手請求這些軍隊殺死敵人，以便收復他們自己的河岸和他們的營地⑤。全軍向他發出了熱情的歡呼，因爲有一些人在長期的和平之後渴望作戰，另一些人則又對戰爭感到厭倦而渴望和平。但是他們所有的人則都希望得到報酬和在這之後的休息。

17 奇維里斯在安排他的陣勢時也沒有沉默，他發出號召說，戰鬥的地點將會爲他的士兵的勇敢作證。他提醒日耳曼人和巴塔維亞人說，他們站在光榮的土地上，正在把羅馬軍團的屍骨和灰燼踐踏在腳下。他高聲說：「不管羅馬人的眼睛望著什麼地方，他們所能看到的就只能是被俘、災難和不祥的朕兆。你們不

①參見本書第二卷，第十一章。
②駐在西班牙的維克特利克斯第六軍團曾選伽爾巴為皇帝。參見本書第三卷，第四十四章。
③因為第二軍團是最近才徵募起來的。參見本書第四卷，第六十八章。軍旗(aquila)實際上是鷹徽。
④第一、十六和二十一軍團曾投到高盧人方面去，後來才又重新效忠於羅馬人。參見本書第四卷，第七十二章。
⑤即維提拉。

必因爲你們同特列維利人作戰失敗而感到驚恐①。正是日耳曼人在那裡的勝利成了日耳曼人自己的累贅，因爲他們拋下了自己的武器，而雙手滿都是戰利品。但是從那時以來，一切就都對我們有利，而對羅馬人不利了。凡是明智的將領所應當作的每一項準備工作他都做了：土地雖被淹沒，但是對這片土地我們是非常熟悉的；沼地對我們的敵人是致命的。在你們前面的是萊茵河和日耳曼的諸神。記住你們的妻子、雙親和祖國，在他們的神聖的護佑下去作戰吧。這一天將是我們的祖先所曾經歷的最光榮的一天，否則在我們子孫的心目中，它就是最可恥的一天！」當日耳曼人按照他們的習慣響動自己的武器和狂舞起來以表示贊同這些話時，他們就射出了一陣石塊、鉛彈和其他投射物而開始了戰鬥。但由於我們的士兵沒有進入沼澤地，所以敵人就設法激發他們的怒氣，引誘他們前來接戰。

18 他們把他們的投射物都用完了，戰鬥也越來越激烈了，敵人展開了十分凶猛的進攻。他們的巨大身材和他們那極長的投槍使得他們能夠從遠處刺傷我方在水中滑動和掙扎的士兵。同時又有一隊布路克提里人從我前面所提到的、在萊茵河上修築的那道土堤那邊游了過來。這一行動引起了某種混亂，聯盟步兵部隊的戰線在敵人的壓力下後退了；但這時軍團士兵同敵人發生了接觸，他們制止了敵軍的瘋狂進攻，從而使戰鬥處於相持不下的狀態。這時一名巴塔維亞的逃兵走到凱里亞里斯近前，答應給他一個進攻敵人背後的機會，如果他願意派遣一些騎兵到沼澤地帶的盡頭那邊去的話。他說在那裡是乾燥的土地，而且在那裡守衛的庫格爾尼人是漫不經心的。兩隊騎兵和這個逃兵一同派了出去，結果他們就得以從側面包抄了沒有料到這一點的敵人。當呼叫聲說明這部分士兵已經達到目的地的時候，軍團士兵就從正面發動了進攻；日

①參見本書第四卷，第七十七章以次。

耳曼人被打敗並且向著萊茵河那方面逃走了。如果羅馬艦隊①能及時跟蹤追擊的話，戰鬥本來是可以在當天結束的。但實際上，甚至騎兵都沒有追擊，因爲突然下起雨來，天也快黑了。

19 第二天，第十四軍團被派到上行省②的伽路斯·安尼烏斯③那裡去。從西班牙調來的第十軍團在凱里亞里斯的軍隊裡補了這個軍團的空額。奇維里斯這方面從卡烏奇人那裡得到了一些輔助部隊的支援。雖然如此，他不敢保衛巴塔維亞人的首都④，而是把能夠攜帶的東西都帶走，餘下的一切都燒掉，然後退到島上去，因爲他知道，凱里亞里斯沒有船搭浮橋，而且羅馬軍隊是沒有任何別的辦法可以渡河的。此外他還摧毀了杜路蘇斯·日耳曼尼庫斯所修建的水堤⑤，而由於這道封鎖了萊茵河的水堤被摧毀，他就使萊茵河的河水洶湧澎湃地沿著毫無阻礙的河道洩入了高盧⑥。這樣一來，萊茵河的河水實際上是被洩了出去，結果在島和日耳曼之間的淺淺的河道就使得土地好像是連成一片了。圖托爾和克拉西庫斯以及一百十三名特

---

①羅馬在萊茵河上通常是駐有小艦隊的，參見本卷第二十一章。

②這裡指上日耳曼行省。

③他是上日耳曼行省的長官，參見本書第四卷，第六十八章。

④拉丁文 oppidum Batavorum，就是「巴塔維亞人的城市」的意思。它相當於現在的什麼地方已不易確定，有人認為是今天的克利夫斯(Cleves)。可以肯定的是這一地方在瓦爾河(Waal)的左岸。

⑤這一水堤是杜路蘇斯在公元前九年開始修造的，公元五五年由下日耳曼的長官彭佩烏斯·保里努斯完成。修建這一水堤的目的是加強羅馬的邊界防禦力量：在河道分叉後，通過水堤以增加右面即北面的河道的水量。水堤把南面河道即瓦爾河的部分河水引入了北面的河道。奇維里斯摧毀了水堤，這就使得北面的河道河水枯竭，但南面的河道充滿了河水；這樣一方面加強了對羅馬人的防禦，同時在另一方面又便利了他同日耳曼的聯繫。關於這道水堤，參見塔西佗：《編年史》，第十三卷，第五十三章。杜路蘇斯還開了一道運河，把右面的河道同依賽爾河(Yssel)連接起來。

⑥這是說，萊茵河的河水洩入了它的南面的支流瓦爾河。

列維利人的元老渡過了萊茵河①。在這些元老中，就有我前面所提到的那個被普利姆斯・安托尼烏斯派往高盧的阿爾披尼烏斯・蒙塔努斯②。和他在一起的還有他的兄弟戴奇姆斯・阿爾披尼烏斯。同時所有其他的人也都試圖用訴諸對方的同情心或送禮的辦法，在這些勇敢的和喜歡冒險的部落當中尋求支援力量。

20 實際上戰爭遠未結束，因爲就在同一天裡，奇維里斯在四個地方進攻輔助步兵和騎兵部隊以及正規軍團的常設營地，同時他還在阿列納庫姆③進攻第十軍團，在巴塔沃杜路姆④進攻第二軍團，在格林尼斯和瓦達⑤進攻輔助步兵與騎兵部隊的營地。他還把他的兵力分散開來，使他和他的侄子維拉克斯、克拉西庫斯和圖托爾各領一支軍隊；他們並不指望在每一個地點都取得勝利，但是他們相信，在許多地方同時發動進攻時，他們總會在某一個地方取得勝利的。而且他們認爲，凱里亞里斯的警惕性不是很高，在他接到不同的戰報而從一處匆匆趕向另一處的時候，人們是完全可以截擊他的。準備進攻第十軍團的營地的那支軍隊，認爲向一個軍團發動猛襲是件困難的事情，於是就截擊了離開工事並且忙於砍伐木材的部分士兵⑥，他們還得以殺死了營帥、五名主力百人團長和一些普通士兵；其他的士兵於是就據守在工事裡保衛自己。這時巴塔沃杜路姆的一支日耳曼人的軍隊則試圖摧毀已經在那裡開始修建的一座橋梁；到夜裡才結束了這場不分勝負的戰鬥。

---

①這裡指瓦爾河。
②參見本書第三卷，第三十五章。
③大概在克利夫斯附近。
④大概在尼姆威根(Nymwegen)附近。
⑤這兩個地方不詳。
⑥砍伐木材為修造工事之用，參見本書第四卷，第二十三章。克利夫斯的森林盛產木材。

21 格林尼斯和瓦達兩地的局勢比其他地方更加危險。奇維里斯想用猛攻的辦法攻占瓦達，克拉西庫斯則想用同樣的辦法攻占格林尼斯。我們無法挫敗他們的進攻，因爲我們的最勇敢的士兵都陣亡了，其中就有一個騎兵中隊的隊長不列剛提庫斯。在前面我們提到過①，他是忠於羅馬人並敵視他的叔父奇維里斯的。但是凱里亞里斯率領的一支精銳騎兵部隊的到來，扭轉了這一天的局勢，日耳曼人一直被趕到河裡②去了。正當奇維里斯想把逃跑的士兵重新集合起來的時候，他被我們認了出來，結果我們大量的投槍向他投去，但是他跳下了馬，泅水渡過了河。維拉克斯也是這樣逃跑的。圖托爾和克拉西庫斯則是被前來接應他們的一些船渡過了河的。甚至在這樣的時刻，羅馬的艦隊也未能就近助戰。艦隊的確是接到了作戰的命令，但是恐懼以及橈手被分散去執行其他戰鬥任務的情況，使他們無法執行命令。凱里亞里斯通常確實是不給別人充分的時間來執行他的命令；他的計劃是倉卒的，但勝利卻很輝煌。甚至當他沒有好辦法時，他的運氣都能幫助他取得勝利。結果是他和他的士兵都很不重視紀律。幾天後他幾乎被敵人所俘虜，但是他未能逃脫隨之而來的恥辱。

22 原來他曾到諾瓦伊西烏姆和波恩去，視察正在那裡作爲軍團的冬營③而正在修建的營地，現在正在隨同艦隊一同返回，但他的衛士卻散在各處，他的哨兵也放鬆了警惕。日耳曼人注意到了這一點，組織了一次伏擊。他們選擇了一個烏雲滿天的黑夜順流而下，在無人抵抗的情況下潛進了營地④。他們起初是用

---

①參見本書第四卷，第七十章。
②指瓦爾河。
③這次戰爭已經持續了將近整整一年。
④凱里亞里斯是在河岸上設營的，從上下文來看這裡顯然是烏比伊人的地區，在諾瓦伊西烏姆和維提拉之間。

巧計來幫助他們的進攻，原來他們割斷了營帳的繩索，而趁著營帳壓在士兵們身上的時候殺死了羅馬的士兵。另一支兵力則使艦隊陷入了混亂，因爲他們把鐵鉤子抛向船的甲板，而把船隻拖跑了。起初爲了不引起人們的注意，他們不聲不響地活動，但屠殺開始以後，他們卻又大聲叫喊起來，試圖以此加強對方的惶恐情緒。由於負傷而驚醒的羅馬人，起來去尋找他們的武器，並在營地的通路上跑來跑去。只有很少的人正式地裝備起來，大多數的人只是把外衣捲在胳臂上，抽出刀來作戰。他們那還沒有完全醒來而且又幾乎是裸體的統帥，只是由於敵人弄錯了人才逃了性命。原來日耳曼人拖走了他的上面有旗幟作爲標記的旗艦①，以爲他就在那裡。但是凱里亞里斯卻是在別的地方度夜的，許多人相信這是因爲他同一個烏比伊人的女人克勞狄婭·撒克拉塔私通的緣故。哨兵們想利用他們的統帥的醜行來掩蓋他們自己的錯誤，聲稱他們曾奉命保持安靜，這樣他們的統帥的休息才不致受到干擾，而且正是由於這個原因，才取消了喇叭的信號②和對人們的盤問③，結果他們自己也就睡倒了。敵人在光天化日之下乘著他們俘獲的船離開了；他們把旗艦拖到路皮亞河④作爲獻給維列妲的禮物去了⑤。

23 奇維里斯現在很想在羅馬人面前顯示一下自己的海軍力量，於是他把所有的雙層槳的艦船和所有只

①黑夜裡是看不到旗幟的，因此有人認為可能是日耳曼人在白天已經進行了偵察。根據李維的《羅馬史》（第二十九卷，第二十五章），旗艦上有三個燈籠作為標幟。

②喇叭的信號表示換班的開始。

③主要是口令。

④利珀河(Lippe)。

⑤參見本書第四卷，第六十一章。

有一層橈手的船隻都裝備起來。在艦隊之外，他還加上了大量的小船，每隻小船上配置三十或四十個人①，里布爾尼亞快船上配置的人數一般就是這樣。而同時他俘獲的船隻則都用五顏六色的外衣當作帆，這樣不僅好看，而且可以幫助船隻的運行。選來作爲檢閱的地方是一個小小的海子，說起來這裡正是瑪司河納人萊茵河的河水，然後再把它送入大海的地方②。現在他檢閱這支艦隊的目的，除了要滿足一個巴塔維亞人的生來就有的虛榮之外，還爲了嚇跑來自高盧的運糧船。對奇維里斯的這一行動與其說感到害怕，無寧說更加感到驚訝的凱里亞里斯也把他的艦隊整頓起來。他的艦隊雖然船隻的數量較少，但是質量卻較優，因爲他這方面有較多有經驗的橈手，較多熟練的舵手和更大的艦船。他的艦船受到了順流而下的水勢的幫助，但是他的對手卻得到了順風的幫助。因此兩支艦隊在相互駛過時用較輕便的投射物相互投射了一下便又分開了。奇維里斯卻也不敢再有什麼舉動，而是撤退到萊茵河③對岸去了。凱里亞里斯毫不留情地蹂躪了巴塔維亞人的島，但是卻按照統帥們的常用的辦法，而沒有觸動奇維里斯的土地和房屋④。就在這個時候，

---

①拉丁文原文在這裡有脫落，文意很不清楚，這裡是根據莫爾(Moore)的推測譯出的。但葛爾策(Goelzer)則認為三十或四十是指小船的數目。莫爾的依據似是比爾努(Burnoff)。有的譯者（例如摩斐）則認為大量船隻中只有三四十隻是按照里布爾尼亞人的方式裝備起來的。

②大約六英里寬的水面，當瑪司河和同東萊茵河相接的列克河的合流處。作者這裡是說，瑪司河與瓦爾河匯合之後，又納入了列克河的河水，然後以摩撒河(Mosa)的名字入海。普利尼在《自然史》（第四卷，第十五章）中把這片水域稱為「赫里尼烏姆」(Helinium)。

③這裡指萊茵河的北面的、也就是右手的支流。

④在伯羅奔尼撒戰爭中阿爾奇達姆斯(Archidamus)在進攻阿提卡時，曾對柏利克里斯使用了這個辦法（參見修昔底德：《歷史》，第二卷，第十三章）；漢尼拔對法比烏斯的田產也使用了同樣的辦法（參見李維：《羅馬史》，第二十二卷，第二十三章）。這樣做是為了使支持奇維里斯的人懷疑他同羅馬人有所勾結。

秋天快要過去了，再加上繼之而來頻繁的秋分雨，這就使得河水漲了出來，結果地勢低濕的島看起來便成了一片沼澤。手頭既沒有艦隊、也沒有糧食、而又位於平地之上的羅馬營地也開始被急流沖跑了。

24 奇維里斯後來曾宣稱，羅馬軍團當時本來是可以被殲滅的，而且日耳曼人有這個打算，只是由於他的巧妙的勸說他們才放棄了。實際上，他的這種說法看來同眞實情況相去不遠，因爲他在幾天之後就投降了。原來當凱里亞里斯通過自己的密使向巴塔維亞人指出和平的前景，向奇維里斯指出取得寬恕的指望時，他還勸告維列妲和她的親屬爲羅馬人民及時地做一件事情，以便扭轉一次給他們帶來了許多災難的戰爭的命運：他提醒他們，特別維利人已被割裂，烏比伊人已重新歸附了羅馬人①，巴塔維亞人失掉了他們的故土；他們通過他們同奇維里斯的友誼並沒有得到任何別的東西，而得到的只是負傷、放逐和痛苦。他這個無家可歸的亡命之徒對於任何收容他的人，只能是一個負擔，而且他們由於這樣多次地越過萊茵河已經做了夠多的壞事。如果他們繼續這樣犯錯誤，壞事和罪過將要是他們的，但報復和上天的垂顧卻是屬於羅馬人的了。

25 這些許諾是同威脅夾雜在一起的。當萊茵河對岸諸部落的忠誠發生動搖的時候，在巴塔維亞人中間便也發生了辯論：「我們無論如何不能再把這一多難的戰爭拖下去了；任何一個民族都無法擺脫加到整個世界上面的奴役。我們雖然用火與劍摧毀了羅馬的軍團，但是我們所得到的結果是什麼呢？這只不過是招來更多的軍團和更強的兵力罷了。如果我們過去是爲維斯帕西亞努斯作戰的話，那麼維斯帕西亞努斯現在已經是世界的主人了；如果我們是向武裝的全體羅馬人民挑戰的話，那麼我們就必須認識清楚，我們巴塔

①參見本書第四卷，第七十九章。

維亞人在全人類當中是多麼微不足道的一個部分。看一看萊提人、諾里庫姆人吧，考慮一下羅馬的其他聯盟者的負擔吧。羅馬人不要我們繳納租稅，只要我們拿出勇氣和人員來。這個條件幾乎同自由差不多了。而且如果我們要選擇我們的主人的話，我們忍受羅馬皇帝的統治較之受日耳曼女人的統治更要光榮一些。」以上是普通民衆的說法。至於頭目們，他們的說法就更加激烈了：「我們是由於奇維里斯發瘋才被捲入了戰爭的。他想毀掉他的國家以逃避他自己的不幸。在我們圍攻羅馬軍團、屠殺他們的統帥並且開始僅僅是奇維里斯需要、但對我們卻是致命的這場戰爭的那一天，諸神是敵視巴塔維亞人的。除非我們開始清醒過來，並且通過對這個首要罪犯的懲罰來表示我們的悔過，我們是不會得到任何東西的。」

26 奇維里斯對於人們在情緒上的這種變化並不是不知道，因此他決定走在這些人的前面，這不僅是因爲他已經感到吃夠了苦頭，而且因爲他想求得活命，這一點往往使人們的很大的勇氣受到挫折。當他請求和羅馬人會晤的時候，納巴里亞河①河上的橋被切成兩段，而雙方的統帥就各自來到斷橋的一方。於是奇維里斯就說了下面的一席話：「如果我是在維提里烏斯的一位副帥的面前爲自己辯解的話，我的行動就不會得到任何寬恕，我的言語也就不會得到任何信任；在他和我之間所存在的只是憎恨。他挑起了爭端，而我加劇了爭端。但對於維斯帕西亞努斯，我很久以來就懷有敬意。當他還是一個普通公民的時候，我們就以朋友相稱②。普利姆斯·安托尼烏斯在他送信給我、要我武裝起來阻止日耳曼的軍團和高盧的青年人越

---

①在別的地方都沒有提到過這條河。既然奇維里斯顯然曾撤過了島的北面或右手的邊界，那麼這河也許就是依賽爾河(Yssel)（在阿恩海姆上首從萊茵河向北分支的河流）或威希特河(Vecht)（在稍下手的一個地方把萊茵河同沮伊德湖連接起來的河流）。有人認為是列克河(Lek)。

②希略斯(Heräus)認為，當維斯帕西亞努斯在公元四三年率領第二軍團征討不列顛時，他們就已相識。這樣算來奇維里斯也很有年紀了。

過阿爾卑斯山時，他對這一點是知道得很清楚的。安托尼烏斯在信裡敦促我的事情，霍爾狄奧尼烏斯・佛拉庫斯親自勸過我；這樣我才在日耳曼發動了同木奇亞努斯在敘利亞、阿波尼烏斯在美西亞、佛拉維亞努斯在潘諾尼亞所發動的一樣的戰爭。」……①

①本書到這裡中斷，後面文字已逸失。奇維里斯後來的命運如何我們已不知道了。我們只知道巴塔維亞人後來受到了尊敬的對待（參見塔西佗：《日耳曼尼亞志》，第二十九章：他們保留了榮譽和他們在古時和我們結盟的標誌；他們並未受到必須向羅馬人納貢的侮辱，並未受到包稅人的迫害；他們身上沒有負擔，也無需繳納各種獻金，他們只被留起來用於戰爭的目的，可以說，羅馬人保存他們，就好像是保存我們的武裝和武器似的）。

殘篇

1 被緊緊地包圍住並且沒有機會媾和或投降的猶太人最後快要餓死了，街道上開始到處堆滿了屍體，因爲現在他們已無力掩埋死者了。他們還竟然敢於吃起各種駭人聽聞的食物來，甚至死屍也不放過——除非是由於吃了這類食物而得了癆病的那些人的屍體。

——蘇爾皮奇烏斯·謝維路斯：《年代記》，第二卷，第三十章。

2 據說提圖斯起初召集了一次會議，討論他應不應當摧毀這樣一座強大的神殿。因爲有些人認爲比人類的所有其他建築都更要著名的一座奉獻給神的神殿是不應當被夷平的，他們的理由是，保留這座神殿可以證明羅馬人是有節制的，而把它摧毀卻會使人們永遠記起羅馬的殘暴。但另外一些人，其中包括提圖斯本人卻反對這一意見，他們認爲摧毀這一神殿是首要的事情，因爲只有這樣才能更加徹底地肅清猶太人和基督教徒的宗教。他們的理由是：儘管這兩個宗教相互間是敵視的，但它們卻是從同一個源流產生出來的。基督教徒是從猶太人中間產生出來的。如果根被毀掉，枝幹很快就會枯死了。

——蘇爾皮奇烏斯·謝維路斯：《年代記》，第二卷，第三十章。

3 科爾涅里烏斯和蘇埃托尼烏斯都說在那一戰爭中陣亡的猶太人有六十萬①。

——歐洛西烏斯，第七卷，第九章。

4 隨後，用科爾涅里烏斯・塔西佗的話來說，「奧古斯都年老時被打開的雅努斯〔神殿〕的門，當各個新的民族正在世界的邊界上受到攻擊（這對我們往往是有利的，但有時也造成我們的損失）的時候一直是這樣，甚至到維斯帕西亞努斯的統治時期。」科爾涅里烏斯說的就是這些。

——歐洛西烏斯，第七卷，第三章。

5 戈爾地亞努斯……打開了雅努斯〔神殿〕的門②；至於是否有任何人在維斯帕西亞努斯和提圖斯的統治時期之後把這些門關上，我卻想不起有任何歷史家這樣提過；不過科爾涅里烏斯・塔西佗說，這門是一年後維斯帕西亞努斯親手打開的。

——歐洛西烏斯，第七卷，第十九章，第四節。

6 如果極其細心地撰述了這一時期歷史的科爾涅里烏斯・塔西佗沒有說過撒路斯提烏斯・克利司普斯和其他許多歷史家都同意不提我方損失的人數、而他本人這方面也率先採取同樣辦法的話，那麼關於達奇人的國王狄烏爾帕涅烏斯對羅馬統帥富斯庫斯③的大規模的戰爭和羅馬人的沉重損失，現在就該我來詳加

---

①塔西佗在《歷史》第五卷第十三章裡確實說過被包圍的人是六十萬人。但蘇埃托尼烏斯在他現存的著作中卻沒有提到被殺死的人數。

②公元二四二年。

③科爾涅里烏斯・富斯庫斯在多米提安的統治時期曾在達奇人手下吃了慘重的敗仗。參見蘇埃托尼烏斯：《多米提安傳》，第六章；狄奧・卡西烏斯，第六十七卷，第六章。

論述了。

——歐洛西烏斯，第七卷，第十章，第四節。

7 根據彭佩烏斯①和科爾涅里烏斯的證明，爲所有我們的祖先，甚至爲著名的亞歷山大大帝所畏懼和迴避的、斯奇提亞的那些龐大的民族……我所指的是阿蘭人、匈奴人、哥特人，這些人在多次大戰中受到了提奧多西烏斯的果斷的攻擊，並且被他打敗。

——歐洛西烏斯，第七卷，第三十四章，第五節。

8 但是在住在戴爾波伊附近的這些（羅克里人）被稱爲歐佐里人……，不過遷往利比亞的那些人，根據科爾涅里烏斯·塔西佗的說法，是叫做納索莫尼斯人，他們是納利奇人的後裔。

——味吉爾：《埃涅伊特》，第三卷，第三九九行，謝爾維烏斯注。

①彭佩烏斯·特洛古斯的歷史保存在優斯提努斯的提要裡。

要目索引

說明：*1.*條目首字按漢語拼音字母順序排列；*2.*每一首字項下按該條目（如係人名，則以名字的主要部分爲準）的字數多少的順序排列，同樣字數的條目則按後面一字筆畫多少的順序排列；*3.*各條中的阿拉伯數字，黑體字爲卷次，細體字爲章次。

A

B

D

F

G

H

40.
荷拉提烏斯・普爾維路斯(Horatius Pulvillus) **3**, 72.
赫爾克里士・摩諾伊庫斯(Hercules Monoecus) **3**, 42.
赫爾維狄烏斯・普利斯庫斯(Helvidius Priscus) **2**, 91; **4**,4, 10, 43, 53.
霍爾姆斯(Hormus) **3**, 12, 28; **4**, 39.
霍爾狄奧尼烏斯・佛拉庫斯(Hordeonius Flaccus) **1**, 9, 52, 54, 56;**2**, 57, 97; **4**, 13, 18 以次，24 以次，27, 31, 36, 55, 77;**5**, 26.

基督教徒(Christians) 殘篇，**2**.
加拉提亞(Galatia) **2**, 9.
伽爾巴(Galba) **1**, 1, 5-16, 18 以次，21 以次，26 以次，29-56,64 以次，67, 71 以次，77, 87 以次；**2**, 1, 6, 9 以次，23, 31, 55, 58,71, 76, 86, 88, 92, 97, 101; **3**, 7, 22, 25, 57, 62, 68, 85 以次；**4**, 6, 13, 33, 40, 42, 57; **5**, 16.
伽列里婭(Galeria) **2**, 60, 64.
伽列里烏斯・特拉卡路斯(Galerius Trachalus) **1**, 90; **2**,60.
伽列里亞努斯，卡爾普爾尼烏斯(Galerianus, Calpurnius) **4**, 11, 49.
伽拉芒提斯人(Garamantes) **4**, 50.
迦太基(Carthage) **1**, 76; **4**, 49.
迦太基人(Carthagians) **4**, 50.
金布利人(Cimbri) **4**, 73.

卡皮托(Capito) 見豐提烏斯，維爾吉里烏斯.
卡普亞(Capua) **3**, 57; **4**, 3.
卡路斯(Carus) 見優利烏斯.
卡爾維婭・克利司披尼拉(Calvia Crispinilla) **1**, 73.
卡列努斯(Calenus) 見優利烏斯.
卡米路斯・司克里波尼亞努斯(Camillus Scribonianus) **1**, 89;**2**, 75.
卡西烏斯，蓋(Cassius, C.) **2**, 6.
卡西烏斯・隆古斯(Cassius Longus) **3**, 14.
卡狄烏斯・路福斯(Cadius Rufus) **1**, 77.
卡里古拉(Caligula) 見蓋烏斯.
卡圖路斯(Catullus) 見路塔提烏斯.
卡烏奇人(Chauci) **4**, 79; **5**, 19.
卡提伊人(Chatti) **4**, 12, 37.
卡木里烏斯(Camurius) **1**, 41.
卡司托路姆(Castorum) **2**, 24.
卡爾蘇拉伊(Carsulae) **3**, 60.
卡尼尼烏斯・列比路斯(Caninius Rebilus) **3**, 37.
卡帕多奇亞(Cappadocia) **1**, 78; **2**, 6, 81.
卡拉布里亞(Calabria) **2**, 83.
卡拉塔庫斯(Caratacus) **3**, 45.
卡美里努斯(Camerinus) 見司克里波尼亞努斯.
卡司佩里烏斯・尼格爾(Casperius Niger) **3**, 73.
卡爾普爾尼烏斯・披索（Calpurnius Piso，阿非利加長官） **4**, 38,48 以次.
卡爾維西烏斯・撒比努斯(Calvisius Sabinus) **1**, 48.
卡披托里烏姆(Capitolium) **1**, 2, 33, 39 以次，47, 71, 86;**2**, 89; **3**, 69 以次，75, 78, 81; **4**, 4, 9, 53 以次.
卡爾普爾尼烏斯・列本提努斯(Calpurnius Repentinus) **1**, 56, 59.
卡爾普爾尼烏斯・阿司普列那斯(Calpurnius Asprenas) **2**, 9.
凱撒（Caesar，頭銜） **1**, 62; **2**, 62, 80; **3**, 58,86.
凱列司(Ceres) **2**, 55.

L

M

N

O

P

Q

R

S

T

W

瓦達(Vada) **5**, 20 以次.
瓦羅(Varro) 見欽戈尼烏斯.
瓦倫斯(Valens) 見多納提烏斯，法比烏斯，曼里烏斯.
瓦里烏斯・克利司披努斯(Varius Crispinus) **1**, 80.
瓦倫提努斯(Valentinus) 見優利烏斯.
瓦倫提努斯，優利烏斯(Valentinus, Iulius) **4**, 68 以次，76, 85.
瓦列里烏斯・保里努斯(Valerius Paulinus) **3**, 42 以次.
瓦列里烏斯・費司圖斯(Valerius Festus) **2**, 98; **4**,49 以次.
瓦列里烏斯・瑪利努斯(Valerius Marinus) **2**, 71.
瓦列里烏斯・亞細亞提庫斯(Valerius Ariaticus) **1**, 59; **4**,4.
瓦斯科尼斯人(Vascones) **4**, 33.
萬吉歐尼斯人(Vangiones) **4**, 70.
維也納(Vienna) **1**, 65 以次，77; **2**, 29, 66.
維司塔(Vesta) **1**, 43.
維列妲(Veleda) **4**, 61, 65; **5**, 22, 24.
維納斯(Venus) **2**, 2.
維路斯(Verus) 見阿提里烏斯.
維提拉(Vetera) **4**, 18, 21, 35 以次；57 以次，62; **5**, 14.
維尼烏斯(Vinius) **1**, 1, 6, 11 以次，32 以次，37, 39, 42, 44,47 以次，72; **2**, 95.
維爾凱萊(Vercellae) **1**, 70.
維比烏斯・克利司普斯(Vibius Crispus) **2**, 10; **4**, 41 以次.
維拉尼婭(Verania) **1**, 47.
維克托爾(Victor) 見克勞狄烏斯.
維克托爾，克勞狄烏斯(Victor, Claudius) **4**, 33.
維狄烏斯・阿克維拉(Vedius Aquila) **2**, 44; **3**, 7.
維拉克斯(Verax) **5**, 20 以次.
維凱提亞(Vicetia) **3**, 8.
維提烏斯・波拉努斯(Vettius Bolanus) **2**, 65, 97.
維路拉娜・格拉蒂拉(Verulana Gratilla) **3**, 69.
維爾吉里烏斯・卡皮托(Vergilius Capito) **3**, 77; **4**, 3.
維爾吉里奥(Vergilio) 見阿提里烏斯.
維爾狄烏斯・蓋米努斯(Virdius Geminus) **3**, 48.
維司塔貞女(Vestae Virgines) **3**, 81; **4**, 53.
維司提努斯(Vestinus) **4**, 53.
維拉布魯姆(Velabrum) **1**, 27; **3**, 74.
維洛卡圖斯(Vellocatus) **3**, 45.
維提里烏斯，路奇烏斯（Vitellius, Lucius，皇帝維提里烏斯之父） **1**, 9; **3**, 66, 86.
維提里烏斯，路奇烏斯（Vitellius, Lucius，皇帝維提里烏斯之兄） **1**,88; **2**, 54, 63; **3**, 37 以次，55, 58, 76 以次；**4**,2.
維提里烏斯(Vitellius) **1**, 1, 9, 14, 44, 52,56 以次，67 以次，73 以次，84 以次，90; **2**, 1, 6 以次，14, 16 以次，21,27, 30 以次，38, 42 以次，47 以次，52 以次，80 以次；**3**,1 以次，8 以次，31, 35 以次，47 以次，53 以次，78 以次，84 以次；**4**, 1,3 以次，11, 13 以次，17, 19, 21, 24, 27, 31, 36 以次，41, 46 以次，49, 51,54 以次，58, 70, 80; **5**, 26.
維圖里烏斯(Veturius) **1**, 25.
維努提烏斯(Venutius) **3**, 45.
維提里烏斯・撒圖爾尼努斯(Vitellius Saturninus) **1**, 82.
維提里烏斯派(Vitellians) **1**, 75; **2**, 14 以次，21, 23, 25,27, 31, 34 以次，44 以次，56; **3**, 9, 16 以次，23 以次，27, 29,31 以

X

Y

Z

塔西佗歷史 ／ 塔西佗(Cornelius Tacitus)著；
王以鑄、崔妙因譯. -- 初版. -- 臺北市 ：
臺灣商務, 2004[民 93]
面 ； 公分. -- (Open；2:45)
譯自：The histories
ISBN 957-05-1934-7(平裝)

1. 羅馬帝國 - 歷史

740.222 93020127

OPEN系列／讀者回函卡

感謝您對本館的支持，為加強對您的服務，請填妥此卡，免付郵資寄回，可隨時收到本館最新出版訊息，及享受各種優惠。

姓名：________________ 性別：□男 □女

出生日期：____年____月____日

職業：□學生 □公務（含軍警） □家管 □服務 □金融 □製造 □資訊 □大眾傳播 □自由業 □農漁牧 □退休 □其他

學歷：□高中以下（含高中） □大專 □研究所（含以上）

地址：________________

____

電話：（H）________________（O）________________

E-mail: ________________

購買書名：________________

您從何處得知本書？

□書店 □報紙廣告 □報紙專欄 □雜誌廣告 □DM廣告 □傳單 □親友介紹 □電視廣播 □其他

您對本書的意見？（A/滿意 B/尚可 C/需改進）

內容______ 編輯______ 校對______ 翻譯______

封面設計______ 價格______ 其他______

您的建議：

____

____

____

臺灣商務印書館

台北市重慶南路一段三十七號 電話：（02）23116118・23115538

讀者服務專線：0800056196 傳真：（02）23710274

郵撥：0000165-1號 E-mail：cptw@ms12.hinet.net

網址：www.commercialpress.com.tw